权威·前沿·原创

皮书系列为

"十二五""十三五""十四五"时期国家重点出版物出版专项规划项目

B
BLUE BOOK

智库成果出版与传播平台

革命老区蓝皮书

BLUE BOOK OF OLD REVOLUTIONARY BASE AREAS

革命老区振兴发展报告（2022）

ANNUAL REPORT ON THE REVITALIZATION AND DEVELOPMENT
OF OLD REVOLUTIONARY BASE AREAS (2022)

主　编／刘善庆
副主编／黎志辉　严文波　汪忠华

社会科学文献出版社
SOCIAL SCIENCES ACADEMIC PRESS (CHINA)

图书在版编目（CIP）数据

革命老区振兴发展报告. 2022 / 刘善庆主编. --北京：社会科学文献出版社，2022.12
（革命老区蓝皮书）
ISBN 978-7-5228-1323-3

Ⅰ.①革…　Ⅱ.①刘…　Ⅲ.①农村-社会主义建设-研究报告-中国-2022　Ⅳ.①F320.3

中国版本图书馆 CIP 数据核字（2022）第 254049 号

革命老区蓝皮书
革命老区振兴发展报告（2022）

主　　编 / 刘善庆
副 主 编 / 黎志辉　严文波　汪忠华

出 版 人 / 王利民
责任编辑 / 冯咏梅
文稿编辑 / 郭锡超
责任印制 / 王京美

出　　版 / 社会科学文献出版社·经济与管理分社（010）59367226
　　　　　地址：北京市北三环中路甲 29 号院华龙大厦　邮编：100029
　　　　　网址：www.ssap.com.cn
发　　行 / 社会科学文献出版社（010）59367028
印　　装 / 天津千鹤文化传播有限公司

规　　格 / 开　本：787mm×1092mm　1/16
　　　　　印　张：24.5　字　数：367 千字
版　　次 / 2022 年 12 月第 1 版　2022 年 12 月第 1 次印刷
书　　号 / ISBN 978-7-5228-1323-3
定　　价 / 188.00 元

读者服务电话：4008918866

《革命老区振兴发展报告（2022）》
编　委　会

顾　　问

司树杰　原国务院扶贫办党组成员、中国老区建设促进会原副会长、江西师范大学客座研究员

主　　任

黄加文　江西师范大学党委书记

副　主　任

周利生　江西师范大学党委委员、副校长

委　　员

曾振华　吴怀友　尤　琳　郜亮亮　刘善庆　黎志辉　严文波　汪忠华

专家组组长

范恒山　国家发展改革委原副秘书长

魏后凯　中国社会科学院农村发展研究所所长

专家组成员

彭道宾　江西省统计局原巡视员

王志国　江西省政府发展研究中心原副主任

主　　审

潘玛莉　国家发展改革委地区经济司原二级巡视员

王志国　江西省政府发展研究中心原副主任

主要编撰者简介

彭道宾 江西师范大学苏区振兴研究院（革命老区振兴研究院）首席研究员，高级统计师，江西省统计局原巡视员，新闻发言人，省社联常务理事，第七届中国统计学会常务理事，硕士生导师。长期从事统计工作、统计研究和经济分析研究，先后在省级以上报刊发表论文300多篇，是《统计研究》创刊以来用稿排名前30名的作者；《江西日报》理论版资深作者；编著和合著出版《江西百年沧桑》《中部崛起的引擎》《固定资产投资效应论》《绿色崛起的足音》《统计分析写作知识与技巧》等书30余部，《崛起的江西》进入中南海书架。40多篇分析研究报告获国家、部委和省委省政府领导批示，5项决策咨询成果由省政府作为《参阅文件》印发，80余项研究成果获奖；其中，《谨防通货膨胀影响经济起飞》获全国优秀统计分析作品一等奖。选调参加了省第十一届、十二届、十三届党代会报告起草，多次参加省委省政府文件起草和规划编制。多次被评为全国统计科研先进工作者，获全国统计系统先进工作者荣誉。连续13年被聘为《江西发展蓝皮书》撰稿专家，多次参加省委宣讲团赴市、县和大学宣讲。

刘善庆 江西兴国人，管理学博士，历史学硕士，三级研究员，特岗教授（二类）、博士生导师，江西师范大学苏区振兴研究院（革命老区振兴研究院）院长，江西师范大学乡村振兴教育研究中心主任，中国县镇经济交流促进会常务理事，中国县镇经济交流促进会革命老区发展专业委员会常务副会长，江西省苏区精神研究会副秘书长，《苏区振兴论坛》副主编，《苏区振兴论坛策论专报》主编。主要研究方向为苏区治理和区域发展。主持国家社科基金项目3项、省部级课题30余项。发表学术论文70余篇,30余篇咨询报告获得国家、部委及江西省委省政府领导批示、采纳。出版学术专著26部,主编丛书1套、蓝皮书2部、《全国原苏区振兴理论与实践》4辑,获得江西省社会科学优秀成果奖、教学成果奖8项,其中一等奖3项。

汪忠华 江西崇仁人,副教授,经济学博士,现为江西师范大学苏区振兴研究院(革命老区振兴研究院)党支部副书记,江西省第三届省情研究专家(2021~2023年)、政协江西省第十二届委员会港澳台侨和外事委员会专家、中国县镇经济交流促进会革命老区发展专业委员会副秘书长,《苏区振兴论坛策论专报》编辑,主要从事环境与贸易、区域经济与产业经济、革命老区振兴发展研究。执笔完成的调研报告获副省级及以上领导肯定性批示15次,获国家(部)级采用15次;在专业期刊、报纸发表论文10余篇;完成省级课题25项;参编论著(教材)8部;获省部级奖励4项。

摘　要

　　革命老区是党和人民军队的根，是中国人民选择中国共产党的历史见证。在艰苦卓绝的革命斗争中，老区人民不惜毁家纾难，不惧流血牺牲，为中国革命胜利作出了不可磨灭的贡献。进入新时代，以习近平同志为核心的党中央把革命老区振兴发展摆在治国理政的突出位置，习近平总书记调研最多的是革命老区和贫困地区，惦记最多的是困难群众。近十年来，党和国家支持革命老区振兴发展的力度不断加大，初步形成了"1258"与"1+N+X"的支持政策体系。经过持续努力、攻坚克难，革命老区经济社会发展取得了辉煌成就，发生了沧桑巨变，实现了具有重要历史意义的突破与跨越，谱写了一曲感天动地、气壮山河的奋斗赞歌。

　　本报告分为总报告、专题报告与分报告三个部分，以赣南等原中央苏区、陕甘宁革命老区、左右江革命老区、大别山革命老区、川陕革命老区五大重点革命老区作为研究对象，采用文献研究、实地调研、质性研究、实证研究、统计分析等多种研究方法，梳理了革命老区振兴发展进程及面临的问题，展望了发展前景，具体分析了革命老区乡村振兴、基础设施、特色产业、创新效率、公共服务、红色文旅、生态文明建设等方面的现状，探讨了革命老区振兴发展面临的机遇与挑战，提出了政策建议。

　　2012年以来，国务院先后批准了支持赣南等原中央苏区和陕甘宁、左右江、大别山、川陕等革命老区振兴发展的政策文件，部署实施了一批支持措施和重大项目，在财政、金融、投资、产业、人才等方面给予强有力的支持。老区人民感恩奋进，攻坚克难，与全国人民一道创造出"当惊世界殊"

的发展奇迹，农村贫困人口全部脱贫，2020 年，832 个贫困县和 12.8 万个贫困村全部摘帽，现行标准下农村贫困人口全部脱贫，有史以来第一次消除了绝对贫困和区域性整体贫困，如期全面建成小康社会。进一步夯实了乡村振兴的产业基础、人才基础、文化基础、生态基础和组织基础。创新效率显著提升，找准了文化与旅游融合发展的突破口与路径，文化资源焕发时代价值。立足资源禀赋和比较优势，培育壮大了特色产业。更加完善的基础设施建设赋能当地经济发展。2019 年，陕甘宁、赣闽粤、左右江、大别山和川陕等五大革命老区生产总值合计 55516.52 亿元，比 2013 年增长 66.32%，年均名义增长 8.9%，经济实力迈上新台阶。2015 ~ 2020 年，老区农村居民人均可支配收入年均增长 9.4%，人民生活水平不断提高。在教育、医疗、体育、文化、社会保障等基本公共服务方面取得了优异成果；在生态文明建设与高质量发展的动力转换中不断先行先试，取得优异成绩。截至 2019 年 10 月底，五大革命老区共有 21 个地级市获封"国家森林城市"称号，占所辖老区地级市的 61.76%。

从纵向看，革命老区进步显著，但与全国平均发展水平相比，还存在不小差距和困难。例如，革命老区与全国平均发展水平的差距较大、区域发展不平衡、老区资源优势没有得到合理开发利用、产业结构层次较低、创新驱动力弱等问题依旧存在。因此，在全面建设社会主义现代化国家的新征程中，革命老区应集中力量补短板、内外兼修强弱项，千方百计扬优势，开拓创新、顽强拼搏，努力争取与全国同步基本实现社会主义现代化。一是保持脱贫攻坚政策总体稳定，完善和落实返贫监测帮扶机制，持续巩固"两不愁三保障"成果；二是走好科技创新先手棋，加快构建现代化产业体系；三是以消费升级为抓手扩大内需，着力提高民生福祉；四是统筹新型和传统基础设施建设，深化"放管服"改革，努力打造最佳发展环境；五是高水平推进老区双向开放，营造共建共治共享的治理体系；六是加强红色文化传承发展，力促生态优势上升为绿色崛起优势。

关键词： 革命老区　高质量发展　乡村振兴　特色产业　生态文明

目 录 ⬉

Ⅰ 总报告

Ⅱ 专题报告

Ⅲ 分报告

皮书数据库阅读**使用指南**

总 报 告
General Report

B.1

革命老区振兴发展进程分析与展望

彭道宾　陈全才　吴沁园　姚素雯*

摘　要： 党的十八大以来，为进一步加大对革命老区的支持力度，党和国家
先后出台实施了一系列政策文件，在财政、金融、投资、产业、人
才等方面给予强有力的支持。革命老区人民感恩奋进，攻坚克难，
从落后中奋力崛起，有史以来第一次消除了绝对贫困和区域性整体
贫困，如期全面建成小康社会。在全面建设社会主义现代化国家的
新征程中，革命老区应集中力量补短板、内外兼修强弱项，千方百
计扬优势，以永不懈怠的精神状态和一往无前的奋斗姿态，开拓创
新、顽强拼搏，努力争取与全国同步基本实现社会主义现代化。

关键词： 振兴发展　革命老区　新时代

---

* 彭道宾，高级统计师，硕士生导师，江西师范大学苏区振兴研究院（革命老区振兴研究院）
首席研究员，研究方向为统计学、区域经济学、革命老区振兴发展；陈全才，高级统计师，
江西省统计局科研所研究员，研究方向为宏观经济；吴沁园，南昌师范学院讲师，研究方向
为思想政治教育；姚素雯，江西师范大学马克思主义学院、苏区振兴研究院（革命老区振兴
研究院）硕士研究生。

一 革命老区振兴发展进程回顾

革命老区是党和人民军队的根，是中国人民选择中国共产党的历史见证。[1] 在艰苦卓绝的革命斗争中，革命老区人民不惜毁家纾难，不惧流血牺牲，为中国革命胜利作出了不可磨灭的贡献。新中国成立以来，党中央始终牵挂着革命老区人民，高度重视革命老区的振兴发展，制定和实施了一系列扶持革命老区发展的政策，使革命老区人民的生活水平稳步提升。党的十八大以来，为进一步加大对革命老区的支持力度，国家先后出台了支持赣南等原中央苏区和陕甘宁、左右江、大别山、川陕等革命老区振兴发展的政策文件，在财政、金融、投资、产业、人才等方面给予强有力的支持。革命老区人民感恩奋进，攻坚克难，从落后中奋力崛起，与全国人民一道创造出"当惊世界殊"的发展奇迹，农村贫困人口全部脱贫，有史以来第一次消除了绝对贫困和区域性整体贫困[2]，如期全面建成小康社会。但因革命老区在战争年代留下的后遗症较重、基础条件较差等，与全国平均发展水平相比，革命老区还存在不小的差距和一些突出的困难。在全面建设社会主义现代化国家的新征程中，革命老区应集中力量补短板、内外兼修强弱项，千方百计扬优势，以永不懈怠的精神状态和一往无前的奋斗姿态，开拓创新、顽强拼搏，努力争取与全国同步基本实现社会主义现代化。

（一）在社会主义革命和建设中奠定基础、探索前路

新中国成立前，饱受战争创伤和国民党反动派疯狂摧残的革命老区生灵涂炭、哀鸿遍野、民不聊生、满目疮痍，出现了一个个"无人村""无人区"，致使人口锐减、万户萧疏。据《江西年鉴》记载，1927 年江西人口为

---

[1] 李永华：《全国人大代表、吉安市市长王少玄：红色井冈山坚定走绿色高质量发展之路》，《中国经济周刊》2021 年第 5 期，第 84～85 页。
[2] 黄承伟：《共同富裕进程中的中国特色减贫道路》，《中国农业大学学报》（社会科学版）2020 年第 6 期，第 5～11 页。

2600万，到1949年仅剩1300万，20多年减少了一半。20世纪50年代初，革命老区遵义市、百色市、龙岩市农村居民人均可支配收入分别为58元、24元、66元，处于赤贫状态。

新中国成立后，中国共产党领导人民实行土地改革，对农业、手工业和资本主义工商业进行社会主义改造，为从根本上解决贫困问题提供了最基本的制度保证。在变革生产关系的同时，中国共产党带领人民开展大规模社会主义建设，为消除绝对贫困提供基本条件和物质保障。通过持之以恒地进行基础设施建设、农田水利建设，广大农村交通条件和灌溉设施条件得到明显改善，防洪抗旱能力不断提高。通过加强农村科技服务网络建设，形成基本覆盖农村乡镇的农业技术推广服务网络，为提高农业生产力提供了技术支撑。通过建立农村供销合作及信用合作系统，改善了农村物质流通和金融服务。通过建设农村学校和乡村卫生所、建立"五保"制度，有力地促进了社会事业的发展。

与此同时，党中央派出慰问团到革命老区看望红军家属、烈士后代和广大群众，安置烈士家属，不断送去救济粮、款，不断给予减免税收等各种优惠政策，积极帮助老区恢复生产、重建家园。1951年，中央人民政府成立南方和北方老根据地访问团赴全国各个老革命根据地访问。其中，南方老革命根据地访问团到赣南进行了为期20天的访问活动，赠送了毛泽东主席亲笔题词——"发扬革命传统，争取更大光荣"；在湖南走访了20多个老革命根据地县，把党中央对老区人民的深切关怀传达到群众中，并送去了1100万元急救金，帮助困难群众98万人，极大地鼓舞了人民进行社会主义革命和建设的积极性。1952年，中央成立了全国革命老根据地建设委员会以加强对革命老区发展的领导工作，各地也相继成立了地方革命老根据地建设委员会，革命老区建设工作逐步展开。当时，帮扶政策以救济为主，这种"输血型"帮扶政策延续了30余年。据不完全统计，从新中国成立到20世纪70年代末，我国用于贫困人口的救济费用高达几百亿元人民币。

这一阶段，革命老区人民在党和国家的关心支持下得以休养生息，治愈战争创伤，致力于探索社会主义革命和建设的新路，在艰难曲折中前进，在艰苦奋斗中发展。例如，赣州市生产总值由1949年的2.22亿元增至1980年的13.15亿元，增长4.9倍，年均名义增长5.9%；同期，延安市生产总值由0.34亿元增至4.33亿元，增长11.7倍，年均名义增长8.6%；20世纪80年代初，遵义市、百色市、龙岩市农村居民人均可支配收入分别为182元、64元、203元，比20世纪50年代初增长了2.1倍、1.7倍和2.08倍，年均增长3.9%、3.3%、3.8%。

（二）在改革开放中迸发活力、超常发展

党的十一届三中全会以后，革命老区和全国一道，进入改革开放新时期。改革首先从农村开始，最主要的政策措施就是推行以家庭承包经营为基础、统分结合的双层经营体制，实施提高农产品价格、发展农村商品经济等配套改革，解放了农村生产力，广大农民迸发出巨大的生产积极性，短短几年时间，总体上解决了千百年来人们孜孜以求的温饱问题。农村改革的示范效应促进了以城市为重点的经济体制改革的展开。1984年开始，国家扩大国有企业生产经营自主权，逐步实施企业改革从扩权让利转向全面转换企业经营机制，对小型国有企业、一些亏损或微利的国有中型企业实行租赁制试点，对有条件的国有大中型企业进行股份制试点。20世纪90年代初，国家深入推进企业改革，渐进式开展流通、价格、财税、金融、社会保障等方面的改革，并不断扩大对外开放。随着改革开放的不断推进，以公有制为主体、多种经济成分并存的格局初步形成，封闭、半封闭状态被打破，革命老区与外部世界的联系得到加强，国民经济得到迅速发展。1992年，邓小平南方谈话和党的十四大明确回答了困扰和束缚我们思想的许多重大认识问题，确定了建立社会主义市场经济体制的目标，革命老区财税、金融、计划、投资、外汇、外贸体制改革迈出重大步伐，促进了生产要素合理流动，有力发挥了市场对资源配置的基础性作用。进入21世纪，革命老区以解放思想为先导，把"三个代表"重要思想和"科学发展观"贯穿于发展的新思路、新举措中，积极推动科学发展，促进社会和谐，加快脱贫致富的步伐。

这一时期，党和国家对革命老区的帮扶政策做了相应调整，在"输血"的同时，注重增强"造血"功能。1984 年 9 月，中共中央、国务院发出《关于帮助贫困地区尽快改变面貌的通知》[①]，标志着国家对包括革命老区在内的贫困地区所采取的治理方式在战略思想上的转变，即以综合开发式的治理方式替代单纯救济的治理方式。从 1986 年开始，中央开展了大规模扶贫活动，实施区域开发式扶贫战略。扶贫工作由单纯分散救济向扶持贫困地区发展商品经济转变，由单纯的资金扶持向资金、技术、人才等多方面综合扶持转变，由单纯的减轻负担、休养生息向深化改革、放宽搞活转变，革命老区出现了启动内部活力实现自我发展的新态势。1994 年 3 月，国务院颁布《国家八七扶贫攻坚计划》，明确要求集中力量，力争在 20 世纪最后 7 年，基本解决 8000 万贫困人口的温饱问题。各级党委和政府把革命老区建设和扶贫工作纳入当地经济社会发展规划，制定和实行了"减轻、放宽、搞活"的特殊政策和优惠措施，改革了资金管理办法，重点帮扶各种扶贫经济实体，重点支持能直接有效解决群众温饱问题的产业，重点搞好现有项目的完善、巩固和提高。通过实施"八七"扶贫攻坚计划，革命老区基本解决了绝大多数贫困人口的温饱问题，国民经济超常规发展，农民收入迅速提高。2000 年，赣州市和吉安市这两个革命老区的生产总值分别达 268.07 亿元、155.55 亿元，比 1980 年增长 19.4 倍、14.5 倍，年均名义增长 16.3% 和 14.7%，经济总量均实现从十亿级向百亿级的跨越；农民人均纯收入分别达 2100.47 元、2106.4 元，比 1950 年增长 13.1 倍、9.6 倍，年均增长 14.1% 和 12.5%。[②]

进入 21 世纪，革命老区扶贫开发已经从以解决温饱问题为主要任务的阶段，转入巩固温饱成果、加快脱贫致富、改善生态环境、提高发展能力、缩小发展差距的新阶段。2001 年，党中央、国务院制定并颁布实施《中国

① 郑猛：《基于贫困类型和扶贫政策演变的后扶贫时代文化扶贫方略选择》，《西南科技大学学报》（哲学社会科学版）2021 年第 2 期，第 48~54、78 页。
② 江西省统计局编《江西统计年鉴2001》，中国统计出版社，2001。

农村扶贫开发纲要（2001—2010 年）》①，标志着扶贫工作开始实施村级瞄准机制，强调以村为对象和以村级扶贫规划为基础的整村推进。同时，提出"继续解决和巩固农村贫困人口温饱问题，为促进贫困地区全面发展，为达到小康水平创造条件"的奋斗目标。按照这个目标，革命老区各级党委和政府把扶贫开发的重点从贫困县转向贫困村，把财政扶贫资金主要用到重点村，强化整村推进的资金保障，全面推行参与式扶贫。各贫困村不仅保证贫困群众的受益主体地位，而且突出贫困群众在扶贫开发中的主体作用，让贫困群众参与扶贫项目的决策、实施和监督过程，从而提高贫困户自主脱贫、自我发展的能力，从根本上解决贫困问题。2011 年，党中央、国务院印发《中国农村扶贫开发纲要（2011—2020 年）》，通过有组织、有计划、大规模的扶贫开发，尽最大努力提高老区贫困人口生活水平。该纲要确定了 14 个集中连片特困地区、592 个国家扶贫开发重点县，要求继续坚持开发式扶贫方针，坚持扶贫到村到户。随着改革开放和扶贫开发的深入推进，革命老区取得了长足发展，农民收入大幅度提高。2012 年，赣州市和吉安市的生产总值分别达 1508.4 亿元、1006.3 亿元，比 2000 年增长 4.6 倍和 5.5 倍，年均名义增长率为 15.5% 和 16.8%，经济总量均实现了从百亿级向千亿级的跨越；农民人均纯收入分别达 5301 元、7103 元，比 2000 年增长 1.5 倍和 2.4 倍，年均增长率为 8% 和 10.7%。②

（三）中国特色社会主义新时代圆梦小康、铸就辉煌

党的十八大以来，以习近平同志为核心的党中央高举中国特色社会主义伟大旗帜，准确把握中华民族伟大复兴战略全局和世界百年未有之大变局，以宽广的全球视野和卓越的战略远见，创造性地提出一系列治国理政新理念、新思想、新战略，为新的历史条件下推进我国社会主义现代化建设提供

---

① 郑猛：《基于贫困类型和扶贫政策演变的后扶贫时代文化扶贫方略选择》，《西南科技大学学报》（哲学社会科学版）2021 年第 2 期，第 48~54、78 页。

② 江西省统计局编《江西统计年鉴 2001》，中国统计出版社，2001；江西省统计局、国家统计局江西调查总队编《江西统计年鉴 2013》，中国统计出版社，2013。

了科学理论指导和行动指南。革命老区人民坚持以习近平新时代中国特色社会主义思想为指导，撸起袖子加油干，奋力谱写高质量跨越式发展新篇章。

进入新时代，以习近平同志为核心的党中央把革命老区振兴发展摆在治国理政的突出位置，① 习近平总书记调研最多的是革命老区和贫困地区，惦记最多的是困难群众。习近平总书记深入全国 14 个集中连片特困地区，考察调研了 24 个贫困村，在革命老区集中分布的地区，留下一串串足迹，丈量着从贫困到全面小康的进程，澎湃着党心民心的同频脉动。

近十年来，党和国家支持革命老区振兴发展的力度不断加大，初步形成了"1258"的支持政策体系（即"1 个总体指导意见、2 个区域性政策意见、5 个重点革命老区振兴发展规划、8 个涉及革命老区的片区区域发展与扶贫攻坚规划"）。②

这些政策文件，是党中央、国务院出台的协调革命老区区域性、整体性、综合性发展的重要文件。此外，还有很多政策分散在国家各部委办的相关政策文件之中。这一系列支持政策的制定实施，标志着革命老区帮扶政策在历经区域开发、扶贫攻坚、整村推进之后，转入精准帮扶，确立"两不愁三保障"工作目标，实行"军令状"式责任制，动员全党全国全社会力量，上下同心，尽锐出战，组织实施脱贫攻坚工程，帮扶质量越来越高，帮扶效益越来越好。

经过进入新时代以来的持续努力、攻坚克难，革命老区经济社会发展取得了辉煌成就，发生了沧桑巨变，在以下八个方面实现了具有重要历史意义的突破与跨越，谱写了一曲感天动地、气壮山河的奋斗赞歌。

1. 创造出解决绝对贫困问题的历史奇迹

贫困是人类社会的顽疾，一部中国史，就是中华民族同贫困作斗争的历史，摆脱贫困，成为中华儿女数千年来孜孜以求的梦想。新中国成立后，中

---

① 黄承伟：《共同富裕进程中的中国特色减贫道路》，《中国农业大学学报》（社会科学版）2020 年第 6 期，第 5~11 页。

② 国家发展和改革委员会：《着力打造支持政策体系　全力推动全国革命老区脱贫攻坚振兴发展》，《人民日报》2015 年 11 月 29 日，第 8 版。

国共产党团结带领人民自力更生、发愤图强、重整山河，为摆脱贫困打下了坚实基础。在波澜壮阔的改革开放当中，通过实施大规模、有计划、有组织的扶贫开发，着力解放和发展社会生产力，着力保障和改善民生，取得了前所未有的伟大成就。党的十八大以来，党中央把脱贫攻坚摆在治国理政的突出位置，组织开展了声势浩大的脱贫攻坚人民战争。革命老区人民与全国人民一道，发扬钉钉子精神，敢于啃硬骨头，攻克一个又一个贫中之贫、坚中之坚，脱贫攻坚取得了重大历史性成就。①

2020 年，832 个贫困县和 12.8 万个贫困村全部摘帽，现行标准下农村贫困人口全部脱贫。贫困人口收入显著提高，全部实现"两不愁三保障"，脱贫群众不愁吃、不愁穿，义务教育、基本医疗、住房安全有保障，饮水安全也都有了保障。近 2000 万贫困群众享受低保和特困救助供养，2400 多万困难和重度残疾人拿到了生活和护理补贴。革命老区基础设施建设突飞猛进，社会事业长足进步，行路难、吃水难、用电难、通信难、上学难、就医难等问题得到历史性解决。② 具备条件的乡镇和建制村全部通硬化路、通客车、通邮路。围绕实现贫困人口"基本医疗有保障"的要求，革命老区建立起城乡居民基本医疗保险、城乡居民大病医疗保险、重大疾病医疗补充保险、民政医疗救助等保障线，基本做到了兜底保障。财政资助又使贫困人口普遍提高了基本医保、大病保险和医疗救助水平。形成了一套覆盖幼儿园到大学的贫困学生救助体系，义务教育阶段建档立卡贫困家庭辍学学生实现动态清零。因地制宜发展特色农业、绿色农业，具有劳动能力的家庭普遍参与产业发展，挖掉穷根。红土圣地谱写出旧貌换新颜的壮丽篇章。

2. 胜利实现全面建成小康社会百年目标

"小康"是中华民族对丰衣足食、安居乐业的恒久守望。诗经里"民亦劳止，汔可小康"的美好愿景，经历千年憧憬，在中国特色社会主义新时

---

① 习近平：《在全国脱贫攻坚总结表彰大会上的讲话》，《人民日报》2021 年 2 月 26 日，第 2 版。
② 习近平：《在全国脱贫攻坚总结表彰大会上的讲话》，《人民日报》2021 年 2 月 26 日，第 2 版。

代变成了现实；中国共产党人的接续奋斗，历经百年沧桑，把全面小康的里程碑树立在复兴之路上。在全面建成小康社会的进程中，富有光荣革命传统的老区人民，披荆斩棘、风雨兼程、奋力追赶，与全国同步实现全面小康，用几十年时间，走完了发达国家几百年走过的发展历程。赣南苏区由落后地区到同步小康的嬗变，正是全国革命老区的一个缩影。

（1）从经济发展方面看，2020 年，赣南苏区生产总值达 3645 亿元，比 2010 年增长 1.5 倍，大大快于全国和全省同期经济增长速度，地区生产总值翻一番的目标于 2018 年提前实现。产业结构在转型升级中发生显著变化。2020 年，赣南苏区三次产业结构比例为 11.4∶38.1∶50.5，与 2012 年相比，第一产业和第二产业占比分别下降 5.3 个百分点和 8.1 个百分点，第三产业占比提高 13.4 个百分点，三次产业的序列由"二三一"转换为"三二一"，第三产业所占比重超过了第二产业，成为国民经济第一大产业。城镇化进程加速推进，2020 年，赣南苏区城镇常住人口达 496 万，成为全省城镇人口最多的一个设区市；城镇化率达 55.3%，比 2012 年提高 14.1 个百分点。

（2）从文化建设方面看，赣南苏区"三馆一站"文化服务设施实现全覆盖，其中，文化馆 19 个，组织文艺活动 1115 次，比 2012 年增加 335 次，增长 42.9%；乡镇文化站 283 个，组织文艺活动 3865 次，比 2012 年增加 2400 次，增长 1.6 倍。电视人口覆盖率 99.98%，广播人口覆盖率 99.97%，全面小康实现程度达 100%。

（3）从人民生活方面看，2020 年赣南苏区城镇居民人均可支配收入 3.7 万元，比 2010 年增长 1.6 倍；农村居民人均可支配收入 1.3 万元，比 2010 年增长 2.1 倍，均实现了翻一番的全面小康目标。城镇居民家庭恩格尔系数为 32.2%，比 2010 年下降 11.4 个百分点，农村居民家庭恩格尔系数为 35.5%，比 2010 年下降 10.1 个百分点，反映出这一区域的生活质量在迅速提高。2018 年，赣南苏区平均预期寿命达到 77.95 岁，提前两年达到全面小康目标值。

（4）从民主法治建设方面看，基层民主制度不断完善，公共法律服务体系不断健全，律师从业人数逐渐增加，村（居）民理事会已覆盖所有村委会和居委会，形成了民事民议、民事民办、民事民管的基层协商格局。自治、法治、德治相结合的乡村治理体系建设卓有成效，公众安全感指标也提前两年达到全面小康目标值。

（5）从资源环境方面看，2020年赣南苏区共有森林公园31个，面积14.93万公顷，比2012年增加0.96万公顷，增长6.9%；森林覆盖率达76.3%，分别比全国（23.04%）和全省（63.1%）高出53.26个百分点及13.2个百分点。赣南苏区单位GDP能耗、非化石能源占能源消费比重、环境质量指数、生活垃圾无害化处理率、一般工业固体废物综合利用率、农村卫生厕所普及率6项指标均在2018年就已100%实现全面小康社会目标。

3.经济实力迈上了新台阶

近几年，革命老区生产力得到极大释放，国民经济取得了长足进步。2019年，陕甘宁、赣闽粤、左右江、大别山和川陕等五大革命老区生产总值合计55516.52亿元，比2013年增长66.32%，年均名义增长8.9%。人均GDP是反映经济发展水平的核心指标。陕甘宁、赣闽粤、大别山和川陕革命老区人均生产总值分别为49877元、43614元、29890元、30695元，折合美元分别为7230美元、6322美元、4333美元、4450美元，均已进入中等偏上收入地区的行列；左右江革命老区人均生产总值27362元，折合美元为3966美元，也已接近4126美元的中等偏上收入水平的门槛。

（1）农业综合生产能力迅速提高。2012~2019年，陕甘宁老区人均第一产业增加值由3614元增加到5346元，增幅达47.9%；赣闽粤老区人均第一产业增加值由4085元增加到5695元，增幅达39.4%；左右江老区人均第一产业增加值由3127元增加到5515元，增幅达76.4%；大别山老区人均第一产业增加值由4366元增加到5314元，增幅为21.7%；川陕老区人均第一产业增加值由3604元增加到5429元，增幅达50.6%。同期，全国人均第一产业增加值由3868元增加到5033元，增幅为30.1%。五大革命老区人均第一产业增加值均高于全国平均水平；而且，除大别山老区外，其他四个革命老区人均第一产业增加值增长速度都大大快于全国平均增长速度。其中，左右江老区人均第一产业增加值增长幅度比全国高出 1.5 倍。①

（2）工业化进程跨越式推进。著名经济学家 H. 钱纳里等人运用多国模型实践探索，提出以人均 GDP 水平为标准判断模式，将工业化发展分为初期、中期和后期三个阶段，工业化初期人均 GDP 为 1654~3308 美元，工业化中期为 3308~6615 美元，工业化后期为 6615~12398 美元。2019 年革命老区人均 GDP 达 5208 美元，实现了从工业化初期向工业化中期的历史性跨越。根据西蒙·库兹涅茨的产业结构分析判断，当第一产业比重降到 20% 左右，第二产业比重高于第三产业比重时，工业化进入中期阶段。2019 年革命老区第一产业增加值占地区生产总值的 15.3%，已降至 20% 以下；第二产业所占比重为 43.7%，比第三产业比重高出 2.7 个百分点。产业结构的变化也表明，革命老区从工业化初期过渡到了工业化中期。2019 年，革命老区第二产业增加值达 24278.79 亿元，比 2012 年增长 55.4%，年均增长率为 6.5%。其中赣闽粤老区第二产业增加值 9189.07 亿元，比 2012 年增长 76.3%，年均增长率为 8.4%，发展速度最快；大别山老区第二产业增加值 4709.98 亿元，比 2012 年增长 65.4%，年均增长率为 7.5%，发展速度居第二位；左右江老区第二产业增加值 2116.67 亿元，比 2012 年增长 56.5%，年均增长率为 6.6%，亦高于全国革命老区平均增长速度。显然，革命老区进入了工业化加速推进期。

4. 财政金融状况显著改善

随着经济实力的增强、国家支持力度的加大，长期困扰革命老区的财政拮据、金融虚弱等难题得到缓解。一般公共预算收入较快增长。2012~2019 年，大别山老区人均一般公共预算收入由 670 元增加到 1561 元，增长幅度突破 100%，达 133%，年均增长 12.8%；川陕老区人均一般公共预算收入由 546 元增加到 957 元，增长幅度达 75.3%，年均增长 8.3%；赣闽粤老区人均一般公共预算收入由 1536 元增加到 2576 元，增长幅度达 67.8%，年均

---

① 国家统计局农村社会经济调查司编《中国县域统计年鉴 2013》，中国统计出版社，2013；国家统计局农村社会经济调查司编《中国县域统计年鉴 2019》，中国统计出版社，2020。

增长 7.7%。三大革命老区人均一般公共预算收入增长幅度均大大高于同期全国水平。左右江老区人均一般公共预算收入由 1017 元增加到 1533 元，增长 50.7%，年均增长 6.0%；陕甘宁老区人均一般公共预算收入由 1894 元增加到 2762 元，增长 45.8%，年均增长 5.5%。

（1）一般公共预算支出迅速增长。2012~2019 年，赣闽粤老区人均一般公共预算支出由 3780 元增加到 8272 元，增幅达 118.8%，年均增长 11.8%；左右江老区人均一般公共预算支出由 4237 元增加到 9235 元，增幅达 118.0%，年均增长 11.8%；大别山老区人均一般公共预算支出由 2991 元增加到 6159 元，增幅达 105.9%，年均增长 10.9%。三个革命老区均实现了成倍的增长。川陕老区人均公共预算支出由 3808 元增加到 7350 元，增幅达 93.0%，年均增长 9.8%，比一般公共预算收入年均增长率高出 1.5 个百分点；陕甘宁老区人均一般公共预算支出由 6431 元增加到 11583 元，增幅达 80.1%，年均增长 8.8%，比一般公共预算收入年均增长率高出 3.3 个百分点。得益于中央强有力的帮扶政策，五大革命老区一般公共预算支出数额都远远大于一般公共预算收入数额。

（2）金融机构各项贷款余额实现或接近翻番。除陕甘宁老区贷款余额接近翻番外，其他四个老区都实现了翻番。2012~2019 年，左右江老区人均年末金融机构各项贷款余额由 9439 元增加到 27019 元，增幅达 186%，年均增长 16.2%；川陕老区人均年末金融机构各项贷款余额由 6983 元增加到 19573 元，增幅达 180%，年均增长 15.9%；大别山老区人均年末金融机构各项贷款余额由 6522 元增加到 18041 元，增幅达 177%，年均增长 15.6%；赣闽粤老区人均年末金融机构各项贷款余额由 11712 元增加到 31458 元，增幅达 169%，年均增长 15.2%；陕甘宁老区人均年末金融机构各项贷款余额由 14576 元增加到 28233 元，增幅达 93.7%，年均增长 9.9%。

5. 人民生活水平不断提高

2021 年，赣南老区城镇居民人均可支配收入 40160 元，比 2012 年增长 1.15 倍，年均增长 8.9%，比全省年均增长速度高 0.3 个百分点；农村居民人均可支配收入 14675 元，比 2012 年增长 1.8 倍，年均增长 12.0%，比全省平均增长速度高 1.9 个百分点。

2020 年，大别山老区农村居民人均可支配收入 14789 元，比上年增长 8.7%，比安徽省增速高 0.9 个百分点。从"十三五"时期年均增速看，老区农村居民人均可支配收入年均增长 9.4%，比安徽省年均增速高 0.4 个百分点。

2015~2019 年，巴中城镇居民人均可支配收入年均增速比全国及四川省平均水平分别高出 1.1 个百分点和 0.6 个百分点；农村居民人均可支配收入年均增速比全国及四川省平均水平分别高出 1.1 个百分点和 0.5 个百分点。从绝对额来看，2019 年巴中城镇居民收入绝对额为全国平均水平的 79.5%、四川省平均水平的 93.1%，较 2015 年分别提高 3.1 个百分点和 2.1 个百分点；农村居民收入绝对额为全国平均水平的 82.6%、四川省平均水平的 90.2%，较 2015 年分别提高 3.1 个百分点和 1.5 个百分点。

革命老区人民的生活发生了过去难以想象的变化。"耕地不用牛，点灯不用油"曾经是人们对未来生活的真切向往。老百姓所思所盼的是如何解决温饱问题，梦寐以求的是拥有自行车、缝纫机、手表、收音机"三转一响"，"楼上楼下，电灯电话"就是美好生活的象征，"万元户"更是许多家庭奋斗的目标。如今，革命老区人民的消费已经历了数次重大的提质升级。在 20 世纪 80 年代，就实现了以"三转一响"为代表的温饱满足型消费；继而在 90 年代，转向以彩电、冰箱、洗衣机、电话这新四件为代表的发展型消费；进入 21 世纪，再转向以住房、手机、计算机、家用汽车这高档四件为代表的小康型消费；当前，又逐渐向以文化、旅游、娱乐、康养这高端四项为代表的享受型消费升级。

革命老区人均居民储蓄存款早已超过万元，近年更是大幅度攀升。2012~2019 年，川陕老区人均居民储蓄存款余额由 12314 元增加到 31349 元，增幅达 155%，年均增长 14.3%；大别山老区人均居民储蓄存款余额由 11913 元增加到 28437 元，增幅达 139%，年均增长 13.2%；陕甘宁老区人均居民储蓄存款余额由 14492 元增加到 33600 元，增幅达 132%，年均增长 12.8%；左右江老区人均居民储蓄存款余额由 8664 元增加到 19814 元，增幅达 129%，年均增长 12.5%；赣闽粤老区人均居民储蓄存款余额由 13107 元增加到 28778 元，增幅达 120%，年均增长 11.9%。[1]

6. 社会事业全面发展

（1）革命老区逐步建立起以基本教育的普及为基础，以高等教育为龙头，职业教育和成人教育共同发展的国民教育体系。党的十八大以来，学前教育纳入民生工程，幼儿园"入园难"得到缓解；通过全面实施改善贫困地区义务教育薄弱学校基本办学条件工程，有效改善了老区农村学校办学条件；健全了家庭经济困难学生资助体系，实现从学前教育到研究生教育全覆盖；落实义务教育免试就近入学，扩大普通高中均衡招生比例，实施高校面向贫困地区定向招生专项计划；实施特殊教育提升计划，建立留守儿童关爱体系，城乡、校际和群体教育差距不断缩小，新增劳动力平均受教育年限显著提高，从业人员继续教育参与率稳步上升，人力资本积累对革命老区经济社会发展的贡献能力大大增强。

（2）医疗卫生条件显著改善。以习近平同志为核心的党中央非常关心革命老区卫生事业的发展，大力加强医疗设施的建设和医疗人才的培养及输送，革命老区的卫生事业发生了历史性的巨变。全民基本医疗保险、大病保险实现老区全覆盖，为革命老区人民提供了医疗、卫生、预防的基本保障。社区卫生服务网络实现老区城镇全覆盖，农村合作医疗实现老区农村居民全覆盖。医疗卫生基础设施建设取得了很大成绩，建成了完备的医疗卫生网络体系。按医疗机构的类型分，卫生机构有综合医院、卫生院、疗养院、门诊部、卫生所、医务室、护理站、急救中心、妇幼保健院、社区卫生服务中心（站）和村卫生室等。2021 年赣南苏区共有卫生机构 8687 个，卫生技术人员 5.68 万人，比 2012 年增加 2.91 万人，增长 1.1 倍；卫生机构床位 6.01 万张，比 2012 年增加 3.26 万张，增长 1.2 倍，医疗卫生水平得到极大的提高。

---

[1] 国家统计局农村社会经济调查司编《中国县域统计年鉴 2013》，中国统计出版社，2013；国家统计局农村社会经济调查司编《中国县域统计年鉴 2019》，中国统计出版社，2020。

（3）科技水平逐步提高。赣南苏区是一片神圣的红土地，星星之火从井冈山燃起，中华人民共和国的伟大预演在瑞金启幕，二万五千里长征自于都出发，中国革命从这里走向胜利。这片红土地的英雄儿女在新中国的科技发展史上，又奋力书写了无愧于时代的答卷。近十年，赣南苏区创新能力得到前所未有的增强，科技成果层出不穷。2021年，境内授予专利达1.98万件，比2011年增加1.91万件，增长29倍；技术合同成交金额达到69.7亿元，比2020年增长4.1倍。在赣州市挂牌成立的中国稀土集团有限公司，着力打好科技先手牌，从根本上改变稀土、钨行业低水平、分散状况；中科院赣江创新研究院、国家稀土功能材料创新中心等一批国字号高端科研平台落地，重点攻克关键技术难题，瞄准产业中高端应用延伸产业链，推动产业向稀土永磁电机、永磁变速器等精深加工及应用产品延伸。2021年，赣州有色金属产业规上企业营业收入1377亿元，比2011年增长69%，稀土、钨新型功能材料产业集群入选全国首批战略性新兴产业集群。

（4）社保制度逐渐健全。在党和国家的关怀下，革命老区初步建立起惠及全民的基本养老保险制度，实施了城乡统一的居民基本医疗保险制度，推行了工伤保险制度、生育保险制度和失业保险制度，切实做到养老保险惠及全民，医疗保险保障健康，工伤保险保障安全，生育保险关爱女性，失业保险保障生活。社会救济全面施行，形成了以最低生活保障制度为基础，以五保供养、医疗救助为主要内容，覆盖城乡全体居民的社会救助体系，实现了传统社会救济向现代化社会救助的历史性转变，有效保障了革命老区困难群众的基本生活，有力促进了社会公平和人民共享改革发展成果。关爱老年人、残疾人、孤残儿童的社会福利水平逐步提高。建立健全了国家抚恤、定期定量生活补助以及临时救助等多个层面的抚恤补助体系，为优抚对象的生活、住房、医疗等都提供了与革命老区经济社会发展水平相适应的保障，整个社会保障网络越织越密。生活在罗霄山贫困老区的峡江县仁和镇枥坑村村民肖××，在三年前确诊为白血病，当地政府和医保部门将他列入帮扶救助对象，基本医保、大病保险、医疗救助三重保障，一个都不少。肖××2018年住院花费12万余元，90%的费用都报销了；2019年初，他做了骨髓移植手术，每月吃抗排药要花 2 万多元，一年医疗费用 76 万多元，报销比例也有 90%；2020 年他病情稳定后，6 次在浙江等地复查及本地门诊费用共 1.5 万多元，个人支付不到 2000 元。肖××的病好转后，村里安排他做保洁员，其妻子在县城务工，全家生活一天比一天好起来。

7. 基础设施建设日新月异

富有光荣革命传统的赣南等原中央苏区人民，以"敢教日月换新天"的豪情壮志，筚路蓝缕，艰苦创业，大力推进基础设施建设，建成了一批又一批前人难以想象的宏伟壮丽工程，为实现高质量跨越式发展创造了良好的条件。昌赣高铁通车运营，标志着赣州市和吉安市进入"高铁时代"。赣深高铁建成，赣南苏区人民实现了在家门口坐高铁直达珠江三角洲的梦想，有利于赣州市深度融入粤港澳大湾区"2 小时经济圈"。赣韶铁路、赣瑞龙铁路、向莆铁路、衡茶吉铁路已开通运营，瑞梅铁路前期工作加快推进。赣欧班列开通运营后迅速发展，已实现双向对开，常态化运行，相继打通了满洲里、二连浩特、阿拉山口、霍尔果斯等沿边重要出入境陆运通道，开通了20 多条中欧（中亚）班列线路，辐射到欧洲与中亚等国家和地区。赣南等原中央苏区公路通车里程超过 10 万公里，可环绕地球两圈多，高速公路里程占全省的 1/4，实现县县通高速；农村公路建设发生了历史性变化，25 户以上自然村全部通水泥路。水路建设稳步推进，赣江石虎塘、峡江枢纽已经建成，陡水湖旅游客运码头进行了升级改造。民航产业奋力腾飞。赣州黄金机场、井冈山机场、明月山机场、三清山机场成为江西"一干八支"民用机场布局的重要组成部分。能源保障能力大幅度提高。"十三五"期末，赣南苏区发电装机容量约 398.9 万千瓦，比 2015 年增长 81.4%。电网形成500 千伏"双通道、双环网"供电布局，220 千伏变电站实现"县县覆盖"。农村电网的改造升级，使安全稳定的电能送到千家万户。油气储运体系快速形成。新能源发展扬优成势，风能、太阳能、生物质等新能源装机容量突破200 万千瓦，装机容量和发电量均居全省第一。水利建设进一步加强，宁都永宁、会昌白鹅水利枢纽工程完工投产，寻乌县太湖水库竣工验收，梅江灌区等重大项目列入国家"十四五"规划。

8. 生态环境旧貌换新颜

老区自然资源比较丰富，但又具有生存脆弱的特点。改革开放以来，特别是党的十八大以来，革命老区展开"治山、治水、治污、治穷"攻坚战，描绘出生态文明建设新画卷。生态环境质量显著改善。革命老区人民树立"绿水青山就是金山银山"的理念，厚植绿色生态发展优势。如百色市森林覆盖率达到 63.92%，近 5 年提高 5.32 个百分点。荒漠化治理实现新突破，退耕还林、封山育林、植树造林使山变绿、水变清。延安市自 1999 年实施退耕还林以来，共完成退耕还林面积 1000 多万亩，植被覆盖率由 2000 年的 46% 提高到 81.3% 以上，水土流失综合治理程度达到 68%，入黄泥沙量由退耕还林前的每年 2.58 亿吨降至年均 0.31 亿吨，实现大地基色由黄变绿的历史性转变。甘肃庆阳市从 2013 年开始实施"再造一个子午岭"工程，截至 2020 年，累计完成造林 730.85 万亩，其中，华池县近 60 万亩宜林荒山得到治理，九成农户在培育、出售苗木中实现增收或脱贫，3000 多人在生态护林中就业。位于宁夏东部、毛乌素沙漠南缘的盐池县长期干旱少雨，恶劣的自然环境造成风沙肆虐，严重影响群众生产生活。为了改善生态环境，盐池县群众开始大量种植柠条。在实践中，形成跨区域、跨地界治理，全境覆盖，乔灌草相互搭配的生态治理模式。柠条在防风治沙的同时，成了当地群众的致富之宝。五乐井乡曾记畔村建起柠条加工厂，2021 年村民人均可支配收入超过 11000 元。

黄冈市全面开展生态市创建工作，突出做好生态修复、环境保护、绿色发展"三篇文章"，着力实施长江大保护九大行动、"双十"工程、雷霆行动十大专项整治，全面推进"天蓝、地绿、水碧、土净"工程，区域环境质量明显改善。县级以上集中式饮用水水源地水质达标率为 100%。全市森林公园、湿地公园达到 34 处。黄冈大别山地质公园被联合国教科文组织批准为世界地质公园。[1]

---

[1] 《一部波澜壮阔的奋斗史——新中国成立 70 年来黄冈砥砺奋进的历程、成就与经验》，《黄冈日报》2019 年 9 月 30 日，第 1 版。

金寨县是全国首批 69 个生态示范区之一。2016 年 4 月，习近平总书记来金寨视察时叮嘱要好好传承红色基因、推进脱贫攻坚、保护青山绿水。全县上下认真学习贯彻习近平总书记重要讲话精神，把生态立县摆在五大战略之首，以打造安徽生态文明样板为目标，集全县之智、聚全县之力，多措并举保护环境，致力绿色发展。不懈努力的背后是一串亮眼的数字：空气优良率达到 90.2%，跻身中国天然氧吧；全县出境水质均达到地表水Ⅱ类以上，天堂寨、马鬃岭等山区均为Ⅰ类卫生饮用水；各种林木面积超过 29 万公顷，森林覆盖率超过 75%，消失近 30 年的国家一级保护野生动物安徽麋鹿回到家园。

（1）污染防治攻坚扎实有力。革命老区按照党和政府部署，着力解决本地区突出环境问题，努力达到"净空""净水""净土"目标，变绿水青山为金山银山。福建省生态环境厅把生态环境保护助力老区脱贫奔小康作为重大政治任务和第一民生工程，成立了以厅主要领导为组长的扶贫工作领导小组，认真贯彻党中央和省委、省政府各项决策部署，充分发挥生态环境保护行业优势，在推动绿色发展、健全生态保护补偿机制等方面出台了针对性的扶贫政策，努力将生态环保特色帮扶转化为脱贫攻坚的绿色实效。2013年以来，安排中央水污染防治资金 13.7 亿元、小流域省级"以奖促治"资金 13.1 亿元，实施 370 个流域治理项目，努力实现"水清、河畅、岸绿、生态"；下达中央农村节能环保资金 6.84 亿元，深入推进农村环境综合整治，逐步补齐农村生态环境保护基础设施短板，改善农村人居环境。坚持应划尽划、应保尽保，将革命老区中生态功能极重要区域、生态功能极敏感区域以及重要保护地等纳入生态保护红线。同时，开展"绿盾行动"，推动解决国家和省级自然保护区内 415 个问题；践行"山水林田湖草是生命共同体"的理念，实施闽江流域山水林田湖草生态保护修复试点工程，提升生态系统功能，切实保障革命老区生态安全。

（2）生态产业规模不断壮大。把生态建设与产业发展结合起来是生态文明建设的题中之意和现实途径。革命老区因地制宜，在各自的实践探索中，以"生态建设产业化、产业发展生态化"为突破路径，统筹推进生态建设和产业发展，形成协调并进的新格局。如河南桐柏县紧紧围绕"生态扶贫致富"做文章，多措并举发展生态产业、特色产业，取得了良好的效果。桐柏县现已建成茶园面积 11 万亩，茶叶年产量 2200 吨左右，产值 5 亿元以上，全县有机茶园认证面积达 2 万余亩。艾草种植面积达 5.28 万亩，年产艾草超过 2.6 万吨，年产值 1.6 亿元左右，辐射带动全县 17 个乡镇（集聚区）的 185 个村 7000 余户农户种植艾草，形成集中连片 200 亩以上的艾草种植基地 34 个。全县建成食用菌生产基地 8 个，从事食用菌经营的农户 4000 余户，香菇种植规模达 5000 万袋。通过推广"虾稻共作"等生态模式，全县小龙虾养殖面积 6 万余亩，带动 3300 余户贫困户增收，实现了"一水两用、一田双收"。

（3）群众生态福祉加快提升。新中国成立 70 多年来，党和国家坚持在保护生态环境中增进民生福祉。从 1978 年环境保护的"正式入宪"到"可持续发展""科学发展观"的提出，再到党的十八大将生态文明建设纳入"五位一体"总体布局、把"中国共产党领导人民建设社会主义生态文明"写入党章，充分体现了中国共产党高度重视推进生态文明建设实践。

全国各革命老区通过大力实施造林绿化工程，积极推进林权制度改革，人居环境整治、垃圾分类等一系列举措让天更蓝了、地更绿了、生态更好了，群众的腰包也更鼓了。赣闽粤、陕甘宁、川陕、左右江、大别山五大跨省革命老区狠抓生态环境保护，促进绿色发展取得了显著成效。截至 2019 年 10 月底，这五大革命老区共有 21 个地级市获得"国家森林城市"的称号，占所辖老区地级市的 61.76%。左右江老区森林面积由 2014 年的 8929 万亩增至 9651.49 万亩，森林覆盖率上升到 70.13%。川陕老区流域生态环境的改善，带动了生态经济的发展，2018 年，共创建国家级、省级绿色工厂 51 家，绿色园区 5 家，绿色供应管理企业 3 家。大别山老区森林覆盖率已达到 75%，自然湿地保护率达 80% 左右。原中央苏区中的福建省明溪县从 2002 年开始提出实施"生态立县"战略，在 2008 年正式启动国家级生态县创建工作，编制了《明溪生态县建设规划》。该县创建了 9 个国家级生态乡镇和 35 个省级生态村、48 个市级生态村，国家级生态乡镇创建率达 100%，市级以上生态村创建率达 94.3%。该县空气质量常年优于国家二级标准，县级罗翠水库饮用水源和6个乡镇饮用水源水质达标率为100%。省控断面水口角溪水质达到国家地表水Ⅱ类标准，全县12条主要小流域水质均优于国家地表水Ⅲ类标准，达标率为100%，在2019年1~2月福建省地表水水质考核中位列全省第7，夏阳溪、胡贡溪、渔塘溪在近两年小流域考核中等级均为优秀。同时启动城市建成区生活垃圾强制分类，深入推进农村人居环境整治三年行动，新建改造公共及农户厕所641个，拆除"两违"面积22.34万平方米，农村生活垃圾分类无害化处理率达100%。据2019年的调查统计，该县生态文明知识公众知晓率达99%，生态文明建设公众满意度达90.2%。龙岩市牢记习近平同志"进则全胜，不进则退"的嘱托，以率先推进生态文明领域治理体系和治理能力现代化为目标，全面建设国家生态文明试验区，① 大力推进水、大气、土壤污染综合整治，总结提升水土流失治理"长汀经验"、林改"武平经验"，推进水土流失治理和管理的专业化、规模化，成功创建国家园林城市、国家森林城市、全国绿化模范城市。②

二 革命老区振兴发展面临的问题

革命老区振兴发展取得了重大的阶段性成效，但历史留下的后遗症、资源过度开采造成的生态环境损伤以及改革开放以来农村青壮劳动力等优质资源大量流向沿海发达地区，使生产力最活跃的要素稀缺，发展不平衡不充分的问题仍然较为突出。

（一）革命老区发展水平与全国平均水平差距较大，各地区之间发展不平衡

1. 革命老区发展水平与全国平均水平的差距较大

（1）经济发展差距较大。2019年全国人均国内生产总值为70892元，

① 李德金：《再上新台阶 建设新龙岩 为全面建成小康社会而努力奋斗——在中国共产党龙岩市第五次代表大会上的报告》，《闽西日报》2016年9月29日，第1版。
② 赖献煌：《适应新时代 建设新龙岩——十八大以来龙岩市经济社会发展新成就》，《福建党史月刊》2018年第5期，第7~11页。

陕甘宁老区人均生产总值为 49877 元，只及全国的 70.4%；赣闽粤老区为 43614 元，只及全国的 61.5%；左右江老区为 27363 元，只及全国的 38.6%；大别山老区为 29890 元，只及全国的 42.2%；川陕老区为 30695 元，只及全国的 43.3%。

（2）以工业为主的第二产业差距较大。2019 年，全国人均第二产业增加值 27582 元，陕甘宁老区为 29140 元、赣闽粤老区为 19741 元、左右江老区为 8848 元、大别山老区为 11886 元、川陕老区为 12305 元，仅陕甘宁老区高于全国平均水平，赣闽粤、左右江、大别山、川陕分别只相当于全国平均水平的 71.6%、32.1%、43.1% 和 44.6%。

（3）第二、三产业从业人员差距较大。革命老区第二、三产业对当地人员就业吸纳能力低下。2019 年，全国第二、三产业从业人员占比为 75.3%，而陕甘宁老区为 21.6%，比全国低 53.7 个百分点；赣闽粤老区为 31.3%，比全国低 44 个百分点；左右江老区为 19.4%，比全国低 55.9 个百分点；大别山老区为 37.7%，比全国低 37.6 个百分点；川陕老区为 30.4%，比全国低 44.9 个百分点。最高占比的大别山老区仅为全国平均水平的 1/2 左右，最低占比的左右江老区约为全国平均水平的 1/4。

（4）地方财力差距较大。2019 年，全国人均地方财政一般预算收入为 13599 元，陕甘宁老区、赣闽粤老区、左右江老区、大别山老区、川陕老区分别仅相当于全国平均水平的 20.3%、18.9%、11.3%、11.5% 和 7.0%；全国人均地方财政一般支出为 17061 元，五个革命老区分别相当于全国平均水平的 67.9%、48.5%、54.7%、36.1% 和 43.1%。

（5）金融支持差距较大。2019 年，全国人均住户储蓄存款余额为 58071 元，陕甘宁老区、赣闽粤老区、左右江老区、大别山老区、川陕老区分别相当于全国平均水平的 57.9%、49.6%、34.1%、50.0% 和 54.0%；全国人均金融机构贷款余额为 109362 元，五个革命老区分别相当于全国平均水平的 25.8%、28.8%、24.7%、16.5% 和 17.9%。

2. 各个革命老区之间发展不平衡

（1）各个老区之间人均生产总值悬殊。五个老区经济整体上来说都比较落后，但相比较而言，陕甘宁老区经济基础更好一些，其次是赣闽粤老区，最为落后的为左右江老区。从地区人均生产总值来看，2019年陕甘宁老区为49877元，赣闽粤老区为43614元，分别是左右江老区（27362元）的1.82倍和1.59倍；大别山老区和川陕老区的人均生产总值与陕甘宁老区及赣闽粤老区相比，也存在万元以上的差距。从人均第二产业增加值看，2019年陕甘宁老区为29140元、赣闽粤老区为19741元，分别是左右江老区（8848元）的3.29倍和2.23倍。

（2）各个老区之间的发展速度悬殊。2012~2019年，全国市县人均第一产业增加值增速为4.4%。五个革命老区中，人均第一产业增加值增速高于全国市县平均水平的有左右江（8.4%）、川陕（6.0%）、陕甘宁（5.2%）、赣闽粤（4.9%），而大别山（2.8%）增速低于全国市县平均水平1.6个百分点，左右江、川陕、陕甘宁、赣闽粤老区人均第一产业增加值增速分别是大别山老区增速的3倍、2.14倍、1.86倍和1.75倍。同期，五个革命老区人均第二产业增加值增速依次为赣闽粤（7.7%）、川陕（7.1%）、大别山（6.4%）、左右江（6.0%）、陕甘宁（3.0%），最高相差4.7个百分点，赣闽粤、川陕、大别山、左右江老区人均第二产业增加值增速分别是陕甘宁老区的2.57倍、2.37倍、2.13倍、2倍。[1]

（二）革命老区基础设施相对落后

老区经济基础薄弱，发展相对落后，基础设施存在短板。如川陕老区巴中市的大交通网络格局虽然已经形成，但还存在高速路网未全面连通、机场通航城市较少、铁路网络建设刚刚起步、主干道路不够顺畅、内环道路尚未衔接等问题，巴中到成渝西三大城市的时间距离仍在3小时以上，规划的森林康养产业发展核心区（如光雾山、诺水河、空山）的道路通行力较差。同时，个别康养基地（如空山受喀斯特地质条件限制）居民生产生活用水困难，部分地区的电力、通信等基础设施薄弱；一些地区住宿餐饮档次较

---

① 国家统计局农村社会经济调查司编《中国县域统计年鉴2019》，中国统计出版社，2020。

低，设施简陋，接待能力较弱，个别景区在旅游旺季一房难求、一餐难寻的现象时有发生；公共厕所、停车场、垃圾污水收集处理等配套设施不够；医疗、休闲、娱乐等服务设施较为缺乏，服务项目开发不够，配套服务的能力和质量不高。

（三）革命老区资源优势没有得到合理开发利用

革命老区资源都比较丰富，生态环境相对较好，但生态化开发都不是很充分。如巴中的森林康养项目大多是开发房产让购房者"候鸟式"地旅居和利用巴中的季节优势让游客赏景休憩，综合配套的森林康养产品较为单一，优质、精品森林康养项目较少，适合不同季节、不同人群需要的康养产品开发不足，可供消费市场选用的森林康养产品种类不多，产品体系尚未形成，游客可供选择的范围十分有限，康养主题不够鲜明、亮点特色不够突出，对外的知名度不高、影响力不大、吸引力不强。红色资源挖掘不充分。大别山老区各县区拥有丰富的红色旅游资源，但相关产业发展不足，少部分旧址尚处于未开发利用状态，其他多数停留在遗址保护和纪念馆建设等简单形式层面，缺乏故事性和体验感，产品同质化严重，红色潜力尚待充分发掘。2019 年问卷调查结果显示，47.5% 的调查对象认为对革命老区优势与潜力的发挥和挖掘为"一般"。

（四）产业结构层次较低

革命老区第一产业比重过大。全国第一产业所占比重在 2009 年就降至 10% 以下，江西是在 2017 年出现第一产业占比降至 10% 以下的变化。2021 年，赣闽粤老区的赣州市第一产业仍占 10.3%，比全省高出 2.4 个百分点。农业生产以种植业为主，牧业和渔业发展不足，名、特、优、新农产品规模不大，现代农业发展较慢，农业产业化程度不高。第二产业比重偏小。赣州市第二产业比重为 39.6%，比全省低 4.9 个百分点。赣州市人口占全省人口的 20%，其规模以上工业营业收入只占全省的 9%。工业化进程滞后，赣州市工业化率仅及全省十年前的水平。高新技术产业规模小，具有自主核心技术的高端产品少，对传统资源型产业的依赖性强，稀土、钨新材料后端应用领域发展不足，层次较低，辐射带动作用较弱。新能源汽车及配套产业、生物制药等新兴产业起步晚、拓展慢。电子信息企业多为加工式粗装型，利润不高。传统型服务业"虚高化"问题突出。赣州市第三产业增加值占地区生产总值的50.1%，比全省平均水平高2.5个百分点，在工业化进程远远落后于全省的情况下，出现第三产业比重高于全省的情况，显然属于早产型的"三二一"结构层次。而且，在第三产业中，传统服务业比重过高，现代服务业比重过低，特别是大数据、云计算、物联网、金融保险、工业设计、文化旅游、医疗养生等现代服务业发展较为薄弱。

（五）创新驱动力弱

革命老区高新技术企业、工程技术研究中心、工业设计中心、科技孵化器等科技创新平台少，科技对经济社会发展的贡献率低于全国平均水平。高层次科技人才比较稀缺，智能制造、网络技术、新兴产业等新动能领域"高精尖"人才尤为匮乏，高端人才难引入，本土人才培养能力不足，当地人才外流严重。企业缺乏创新动力，多数规模以上企业没有研发机构，创新的主战场上主力军并未到位。企业普遍重生产、轻开发，重引进、轻消化吸收，重模仿、轻创新。大部分企业依然处在产业链低端，有"制造"无创造，基础技术创新能力弱，原创型产品少，核心关键技术少。企业研发投入占工业增加值的比重极低，仅有的一些研发经费又多用于购买设备，真正用于研发的少之又少。

（六）粮食单产水平和效益偏低

例如，2021年百色市粮食单产292.6公斤/亩，比全区粮食单产平均水平低34.9公斤；赣南老区粮食单产347公斤/亩，比全省粮食单产平均水平低21公斤。2020年大别山老区的小麦和稻谷单产均低于全省平均水平，其中，小麦单产311.8公斤/亩，比安徽省小麦单产平均水平低82.7公斤；大别山老区中有二区十一县为产粮大县，但粮食种植利润却有所下降，农户稻谷（干稻）收购价为 1. 18~1. 25 元/斤，比上年略有下降，而生产成本却大幅上涨，其中复合肥、除草剂等常用农业生产资料每100 斤的价格上涨了 20~60 元不等，粮农种粮效益明显降低。问卷调查显示，71. 7%的老区农村居民认为，农业是当前较为薄弱而又亟须发展的产业。

（七）优质资源不断流失

赣南等原中央苏区靠近东南沿海，毗邻粤港澳大湾区、海西经济区和长江三角洲等经济发达地区，受虹吸效应影响，当地为数不多的优质资源不断流向经济发达地区，导致落后面貌难以改变。例如，苏区大量年轻人涌向沿海发达地区，满足了沿海发达地区的用工需求，创造了财富，繁荣了经济，奉献了人生中最美好的青春年华。其中的多数人却如同浮萍，漂泊在城市，未能实现由农民向市民的转变，步入中老年后，往往还得返回老家。一些留守儿童得不到父母关爱，营养不良、生长迟缓，影响身心健康，造成"未来"之忧。

三　革命老区振兴发展前景展望

（一）革命老区振兴发展的总体思路

当前，革命老区振兴发展正站在一个新的历史起点上。面对新形势，要坚持以习近平新时代中国特色社会主义思想为指导，大力推动经济发展质量变革、效率变革、动力变革；大力促进改革再攻坚、开放再提升、环境再优化，激发创新潜能和创新活力；大力实施乡村振兴战略，发展现代化、生态化、特色化、精品化农业，建设富裕秀美乡村；大力推进普惠性、基础性、兜底性民生工程，千方百计推进就业创业，增强人民群众的获得感、幸福感、安全感。大力弘扬革命老区精神，始终以百姓之心为心，与人民同呼吸、共命运、心连心，努力走出一条新时代振兴发展新路，把革命老区建设得更好，让革命老区人民过上更美好的生活，[①] 与全国同步基本实现社会主义现代化，逐步实现共同富裕。

（二）革命老区振兴发展的主要目标

按照党的十九大确定的"从二〇二〇年到二〇三五年，在全面建成小康社会的基础上，再奋斗十五年，基本实现社会主义现代化"的目标要求，革命老区振兴发展的主要目标如下。

1. 经济实现高质量跨越式发展

今后 15 年，革命老区人均生产总值年均增长 7% 左右，2035 年基本达到全国平均水平，成功跨越中等收入陷阱。固定资产投资年均增长 9%，保持高新技术产业投资以比全社会固定资产投资更高的速度增长，不断增强创新驱动力。社会消费品零售总额年均增长 10%，消费成为主导需求的力量，稳居经济增长的主体地位。出口总额年均增长 8%，形成以精深加工、高技术含量、高附加值制成品为主的外贸出口格局，显著提升共建"一带一路"国家和地区经济合作水平，打造开放型经济升级版。工业化实现从中期到后工业化阶段的跨越；城镇化率达 77% 左右，进入发达经济初级阶段。

2. 建立健全现代产业体系

在推进农业现代化的同时，继续降低第一产业所占比重，促进制造业由大变强，现代服务业取得长足发展。2035 年三次产业比例调整为 4：35：61。加快转变农业生产方式、资源利用方式和管理方式，构建现代农业经营体系；加快推动工业向智能化、网络化、集聚化、低碳化、品牌化方向转变，形成创新引领、集约高效、环境友好、竞争力强的新型工业体系；加快发展现代服务业，推动生产性服务业向专业化和价值链高端延伸，生活性服务业向精细化和高品质转变，[②] 促进服务业发展提速、比重提高、水平提升。着力提高全要素生产率，努力形成科技先进、优质高效、协作紧密、绿

---

① 《新时代支持革命老区振兴发展》，《人民日报》2021 年 2 月 23 日，第 4 版。
② 中国工业经济联合会编《2016 全国经贸形势展望》，中国财富出版社，2016。

色环保的现代产业体系。

3. 创新成为驱动发展的主要动力

把创新驱动放在高质量跨越式发展的核心位置，建立以企业为主体、市场为导向、产学研用深度融合的科技创新体系，[1] 坚持原始创新与引进吸收深化再创新相结合，[2] 坚持设计创新与新产品研发相结合，坚持科学研究与科技成果转化相结合，推动发展从主要依靠传统要素投入向主要依靠创新驱动转变，全面提升科技进步对经济发展的贡献度，创新驱动渗透到三大需求的各个领域各个方面。研究与试验发展经费支出占 GDP 的比重达到 2.5%，科技进步贡献率提高到 65%。

4. 生态文明建设取得重大进展

在革命老区形成山水林田湖草沙系统治理模式，走上生产发展、生活富裕、生态良好的文明发展道路，绿色生产、生活方式普遍推行，生态文明制度体系逐渐完善，生态环境质量优于全国平均水平，森林覆盖率高于全国平均水平，河流水质好于全国平均水平，$PM_{2.5}$浓度低于全国平均水平。二氧化碳及主要污染物排放量持续下降，城镇生活污水集中处理和生活垃圾无害化处理水平进一步提高，农村环境综合整治工程成效显著，城乡环卫一体化基本实现。

5. 人民生活更为幸福富裕

就业、教育、文化、体育、社保、医疗、住房等公共服务体系不断完善，基本公共服务均等化基本实现。收入分配结构得到更为合理的调整，逐渐改变长期以来经济增长特别是财政收入增长高于居民收入增长的状况。2021~2035 年，城镇居民人均可支配收入年均增长 8%，农民人均可支配收入年均增长 9%。城乡收入差距不断缩小，全体人民共同富裕迈出坚实步伐。

6. 社会治理现代化基本实现

科学立法、严格执法、公正司法、全民守法的进程全面加快，法治政

---

① 中国工业经济联合会编《2016 全国经贸形势展望》，中国财富出版社，2016。
② 《江西省国民经济和社会发展第十三个五年规划纲要》，《江西日报》2016 年 2 月 24 日。

府、法治社会基本建成，党的建设制度化水平显著提高，各方面制度更加定型、更加成熟，① 若干领域成为全国改革创新"试验田"和先行区，社会治理体系和治理能力基本达到现代化水平。

四 革命老区振兴发展的对策

（一）巩固拓展脱贫攻坚成果

保持脱贫攻坚政策总体稳定，持续巩固"两不愁三保障"成果，强化培育壮大"四类带动经营主体"。加强扶贫项目资金资产管理和监督。完善提升农业产业扶贫保险、防止返贫致贫保险等有效机制，增强内生发展动力。推动巩固拓展脱贫攻坚成果同乡村振兴有效衔接，② 优先支持将革命老区列为国家乡村振兴重点帮扶区域，在财政投入、土地出让收入、资金基金、金融服务等制度安排方面，落实革命老区农业农村优先发展要求。统筹城乡规划，以交通、能源、水利、信息网络等为重点，加快推进革命老区建设生态良好、宜居宜业乡村。不失时机地推动数字化发展，促进数字产业在农村落地生根、开花结果，让农民吃上"数字饭"。坚持扶志扶智相结合，建立义务教育资源均衡配置机制，提高农村教师待遇，改善农村教师工作和生活条件，打造一支高素质"永久牌"农村教师队伍。大力发展农村职业教育，让更多农村青年接受中高等职业教育。要突出智力扶持、技能培训，提高革命老区低收入群体自我发展能力。

（二）加快构建现代化产业体系

一是实施先进制造业跨越式发展工程。大力推进数字产业化和产业数字化发展。深化互联网在制造业领域的应用，促进新一代信息技术向设计、生

---

① 《江西省国民经济和社会发展第十三个五年规划纲要》，《江西日报》2016年2月24日。
② 《国务院关于新时代支持革命老区振兴发展的意见》，《当代农村财经》2021年第3期，第35~38页。

产、销售环节全面渗透，"线上线下"协调发展。实施智能制造工程，坚持本地培育与招大引强相结合，强化智能制造标准、工业电子设备、核心支撑软件等基础，加强工业互联网设施建设和技术推广，发展基于互联网的新型制造模式，支持建设智能化工厂，推广制造业生产方式向柔性、智能、精细化方向转变。鼓励建立智能制造联盟，着力打造一批智能制造集聚区。发挥工业设计在新型工业化中的主导作用，变制造业"苦笑曲线"为"微笑曲线"，用好能尽快使革命老区品牌多起来、制造业强起来的关键一招。二是做优多元化服务业。推进生产性服务业专业化，鼓励生产性服务企业与制造企业从设计、生产到营销的全业务流程融合，着力发展高技术、高附加值服务外包业务，拓展高端服务外包市场。推动信息服务、科技服务、会展服务、售后服务、研发设计、文化创意、商务咨询等其他重点领域生产性服务业同步发展。促进生活性服务业品质提高。重点规范和发展家政服务、养老托幼、母婴护理等服务，创建一批知名家庭服务品牌。积极培育住房租赁市场，发展旅游地产、养老地产、文化地产新业态，推动法律服务、体育服务、教育培训服务等协同发展，满足城乡居民对美好生活的需求。[①] 三是不断促进农业"接二连三"。以农业为依托，以市场需求为导向，以利益联结机制为核心，促使资本、技术、数据以及资源要素跨产业集约化配置，形成农产品生产、加工、供销和旅游等服务业一体化的智慧产业链，实现农业产业链向第二产业和第三产业延伸，农民收入加快增长。

（三）走好科技创新先手棋

一是采取培育、引进和协作等多种方式，推动规模以上企业研发机构全覆盖，加快形成企业创新主体地位，改变创新主力军缺位的状况。二是开展校企协同创新活动。通过高校各种专业与各个行业的对接，实现多要素联动、多行业互动的系统性创新。三是完善以知识、技能、管理、数据等创新要素参与利益分配的制度，加强对创新人才的股权、期权、分红激励，充分

---

① 中国工业经济联合会编《2016 全国经贸形势展望》，中国财富出版社，2016。

调动万众创新的积极性。四是推广从实验室、中试到生产全过程的科技创新融资模式，促进创新型骨干企业上市，中小微企业挂牌，建立政策性科技担保公司、科技保险公司，加快发展天使投资、创业投资、股权投资等。五是扩大高校和科研院所科研人员自主权，赋予创新领军人才更大的财物支配权、技术路线决定权。[①] 六是实施优秀创新人才特殊政策，突出"高精尖缺"导向，对这些人才参照发达地区的标准给予待遇，使之具有比发达地区更好的生活、工作条件和软环境，以优秀人才聚集推进项目聚集、资本聚集和产业聚集。七是在沿海发达地区设立"人才飞地"。建立健全"不求所有，但求所用"的引才机制，柔性引进国内外优秀人才。八是厚植本土人才优势，加强创新型、应用型、技能型人才培养，壮大高水平工程师和高技能人才队伍。通过创新主体提量行动、创新载体提能行动、创新基础提升行动、创新链条提质行动、创新人才引培行动，千方百计增强创新驱动力。

（四）全面实施乡村振兴战略

把提高农业综合生产能力放在更加突出的位置，大力实施优质粮食工程和现代种业提升工程，优化农业生产结构和区域布局，加大粮食生产功能区、重要农产品生产保护区、特色农产品优势区、绿色农产品基地建设力度。科学编制"多规合一"村镇规划，区分集聚提升、城郊融合、特色保护、搬迁撤并等不同类型，优化村镇建设、农田保护、村落分布、生态涵养等空间布局。深入推进新农村建设，强化农村人居环境整治、农村水系综合整治、农业面源污染治理，完善乡村治理体系，改善农村经济社会发展环境和生产生活条件。要以发展环境的优化为要务，集聚科技、产业、金融、资本等各类要素，促进乡村振兴技术集成化、劳动过程机械化、生产经营信息化、安全环保法制化，加快构建优质高效、生态秀美的高质量发展体系，推动乡村全面振兴。

---

① 中国工业经济联合会编《2016 全国经贸形势展望》，中国财富出版社，2016。

（五）以消费升级为抓手扩大内需

一是以供给水平的提升开发消费新需求。着眼新时代消费需求培育新业态，发展远程教育、高端医养、健康检测、数字文化以及定制消费、时尚消费等新业态。引导社会力量进入旅游、文化、体育、健康、托育、养老、家政物业等居民消费旺盛的消费领域。坚持质量强区、品牌兴业、标准引领，推动老区制造由产品时代迈向适应消费升级的品质品牌时代。二是以消费的提档升级刺激消费需求。保持住房、汽车、家居等大宗消费稳定增长，促进智能手机、智能电视、平板电脑等新型信息消费终端的普及。三是以体验型消费的发展释放消费潜力。鼓励传统商超数字化转型，推行智能订单、刷脸支付、用完就走。引导线上建设网上超市、智慧微菜场，线下发展无人超市和智能售货机等智慧零售终端。大力发展基于5G+VR、物联网、人工智能等的新一代沉浸式体验型消费。四是以消费软环境的改善扩大消费需求。强化市场监管，维护公平竞争的市场环境。健全消费追溯体系、评价制度和消费者维权机制，加大消费领域失信惩戒力度。

（六）统筹新型和传统基础设施建设

一是加强5G、人工智能、大数据、云计算等信息经济基础设施建设，高度重视数据挖掘能力的提升，提高智慧城市建设和数字乡村建设水平。二是按照合理布局、适度超前的原则，加快建设功能完备、智能绿色、互联互通的现代化综合交通运输体系，塑造提升革命老区在国内大循环、国内国际双循环中的重要作用。三是促进能源生产利用方式转变，加快建设清洁煤电项目、跨区域输电工程，持续完善电力骨干网架，推动石油、天然气管道和配套项目建设，充分利用革命老区自然资源优势，搞好水力发电建设，发展太阳能、风能等新能源，形成以电为主、多能互补、清洁低碳、安全高效的现代能源体系。四是持之以恒加强水利基础设施建设，推进一批重点水源工程和大型灌区工程建设，加强大中型灌区续建配套与现代化改造、中小河流治理、病险水库除险加固和洪涝灾害防治，不断提高水资源供给保障与安全保障能力。五是大力推动城镇老旧小区改造，对使用 30 年以上的危房实行原地重建，原居住住址和居住面积不变，改变一个城市新旧两重天的状况，既抑制房价上涨，又彻底改善危房住户的居住条件。

（七）着力提高民生福祉

一是把促进充分就业作为革命老区经济社会发展的优先目标，全面提升就业岗位创造能力、劳动力市场流动能力和供给匹配能力。健全重点群体就业支持体系，帮扶困难人员就业。二是形成老区经济与人民收入基本同步增长机制，支持企业通过提质增效拓展从业人员增收空间，使员工收入增长与企业利润增长保持大体一致，合理调整最低工资标准，使之跑赢物价的涨幅。三是立足老区特色资源推动乡村产业发展壮大，巩固发展农村集体经济，让农民更多分享产业增值收益。四是注重调整收入分配制度，使初次分配更充分体现劳动力要素的贡献，获得更多的"蛋糕"；再分配则应进一步加大对革命老区低收入群体转移支付的力度；更好地发挥三次分配的作用，在高收入人群自愿基础上，以募集、捐赠和资助等慈善公益方式，增加革命老区的社会资源和社会财富，进一步缩小革命老区的收入差距，使老区人民共同过上更加富裕的生活。五是不断完善就业、教育、文化、医疗、体育、社保、住房等公共服务体系，不断提高基本公共服务均等化水平。

（八）努力营造最佳发展环境

一是深化"放管服"改革，建立上下贯通、功能完善、数据共享、运行高效的政务服务体系，推进"免申即享""即申即享""承诺兑现"机制，推进"一窗受理、合并审查、集约审批、一站办结"的审批模式，推动政务服务事项"集中办、就近办、网上办"。全面开展政务服务测评工作，提高政府治理效能和服务效能。二是持续激发各类市场主体活力和创造力。实施国资国企改革创新行动、国企混改攻坚行动，采取合资新设、增资扩股、股改分拆上市等方式推动国有企业面向各类资本开放。改革国企激励机制和工资决定机制，运用市场化机制激励企业增加创新投入。三是坚持

"两个毫不动摇"，积极鼓励支持民营经济发展。对民营经济和国有经济切实做到一视同仁，全面实施市场准入负面清单制度，取消一切地方限制性门槛，推动"非禁即入"普遍落实，引导民间资本进入公用事业、基础设施、环境保护、健康养老等领域，鼓励民营企业参与国有企业重大投资、成果转化和资产整合项目。

（九）高水平推进老区双向开放

一是深度对接国家开放大战略。全面融入"一带一路"建设，务实推进与沿线国家和地区友好往来和经贸合作。抢抓京津冀一体化、长三角一体化、长江经济带、成渝陕经济区、海西经济区、粤港澳大湾区、新时代中部地区高质量发展、西部大开发等重大战略机遇，推动市场对接、产业对接、项目对接、平台对接、通道对接和创新资源对接，实现产业发展合理分工、基础设施互联互通、生态环境协同保护、公共服务共建共享。二是着力推进制度型开放。围绕促进贸易自由便利，复制推广国家自贸区和海南自贸港经验，实施"两类通关、两区优化"和认证企业进口免担保验收等制度。围绕促进投资便利，设立国际投资"单一窗口"，全面落实外商投资准入前国民待遇加负面清单管理制度，试行"极简审批"制度。围绕降低物流成本、提高流通效率，积极发展老区至沿海港口（往返）铁海（水）联运，加快多式联运中心和综合物流枢纽建设。围绕培育国际合作新载体，大力推进技术协同创新园、数字经济港以及装备制造、跨境电商等特色产业园建设。实施科研及孵化前台在沿海或境外，生产、转化和孵化基地在老区的"双飞地"发展模式。三是坚持高质量"引进来"。大力推进"引智、引技、引资"三位一体招商，聚焦重点地区、主导产业、头部企业，采取产业链招商、并购招商、以商引商等方式，引进一批先进制造业和跨国公司地区总部等功能性机构，重点承接沿海先进地区的产业转移。四是推动高水平"走出去"。健全备案为主、核准为辅的对外投资管理体制。拓宽境外融资渠道，鼓励竞争力强、外向度高的企业整体或主营业务到境外主要资本市场上市。推进大型流通企业和专业市场在境外建立商品分拨中心和分市场。依托重点龙头企业，建设产业配套、上下游衔接以及具有明显带动作用和聚集效应的境外产业园区。加快推动对外贸易做大做强，扩大自主品牌、自主营销、高科技含量、高附加值及高效益产品出口，积极培育服务贸易业，打造数字服务出口新业态、新模式。

（十）推动红色文化传承和发展

一是深入开发红色革命资源，建设好、维护好、利用好革命历史类纪念设施，提高革命老区精神的感召力和影响力。二是创作出更多的红色文艺精品，讲好红色故事，进行革命传统教育，建设新时代传承红色基因基地。支持有条件的老区建设红色文化影视创作生产基地。三是推动红色旅游高质量发展，培育红色旅游经典线路，开通红色旅游专线（列），建设红色旅游融合发展示范区，打造一批全国著名的红色旅游目的地。

（十一）力促生态优势上升为绿色崛起优势

一是进一步巩固提升生态优势。统筹推进革命老区山水林田湖草沙一体化治理，大力实施森林生态系统保护培育、水环境保护治理、水土流失治理、矿山环境修复、生物多样性保护、土地整治工程，强化江河湖泊生态保护与治理。大力实施空气清洁工程、大地清洁工程，特别要加快推进城镇雨污分流、乡村生活污水处理和城乡垃圾无害化、减害化、资源化处理。二是构建先进优质高效、绿色循环低碳的生态经济体系，加快能源资源产业绿色发展，延伸拓展产业链，鼓励资源就地转化和综合利用，支持资源开发与生态保护协调并进，促进老区经济可持续发展，使 GDP 随着绿色产业的日益壮大而越来越绿。三是建立健全流域上下游横向生态保护补偿机制，促进赣南等原中央苏区和陕甘宁、秦巴山、六盘山、左右江等革命老区建设长江、黄河、珠江流域重要生态安全屏障。支持大别山、川陕等革命老区实施生物多样性保护重大工程。四是倡导绿色低碳的生活方式，完善生态环境保护市场化机制，推进生态文明建设制度创新，推出一批成效显著、可复制推广的样板，加快促进革命老区实现绿色崛起。

（十二）构建共建共治共享的治理体系

一是完善基层民主制度，畅通民主渠道，健全基层选举、议事、公开、述职、问责等机制，开展形式多样的基层民主协商，推进基层协商制度化。坚持以党建统领全局，以自治为基础，以法治为根本，以德治为引领，健全乡村治理体系。增强全民法治观念，弘扬法治精神，加大全民普法力度，营造尊法、学法、守法、用法的社会风尚。二是广泛深入推进依法行政。加快实现政府活动全面纳入法治轨道，依法行使权力、制约权力、监督权力，依法调控经济、治理社会；按照职权法定、权责一致原则，理顺事权，厘清责任，推行行政权力清单、行政责任清单管理；规范重大行政决策行为，按照公众参与、专家论证、风险评估、合法性审查、集体讨论决定的程序，实行决策终身责任追究制度和责任倒查制度。全面落实行政执法责任制和责任追究机制。三是努力加强和创新社会治理。综合运用大数据、云计算、人工智能等技术，提高社会治理智能化、专业化水平。健全社会矛盾排查预警和多元化解决机制，完善畅通有序的诉求表达、心理干预、矛盾调处、权益保障机制。加强民众安全意识教育，编织全方位、立体化的公共安全网。加快社会治安防控体系建设，保护好人民人身权、财产权、人格权。推动社会治理重心向基层下移，实现政府治理和社会调节、居民自治良性互动，促进社会治理现代化。

专题报告
Special Reports

B.2
革命老区乡村振兴格局及推进策略研究

王江伟　曹佳　冯婧雯*

摘　要： 全国革命老区如期打赢脱贫攻坚战，巩固拓展脱贫攻坚成果、衔接推进革命老区乡村振兴成为当前的重要任务。在党中央、国务院的决策部署下，革命老区依托自身特色资源优势，实现了特色产业壮大发展、人才结构不断优化升级、文化资源焕发时代价值、生态环境持续改善、基层党组织凝聚力和战斗力增强，进一步夯实了乡村振兴的产业基础、人才基础、文化基础、生态基础和组织基础。然而，很多革命老区仍属于欠发达地区，实现乡村振兴的机遇与挑战并存。全面脱贫为乡村振兴奠定了坚实的物质基础，国家对革命老区的帮扶为乡村振兴提供了有力的制度保障，革命老区自身基础资源为乡村振兴提供了有利的发展条件。

---

* 王江伟，博士，江西师范大学马克思主义学院副教授、硕士研究生导师，马克思主义学院院务委员、江西新时代文明实践研究中心副主任，研究方向为基层治理、思想政治教育；曹佳，江西新时代文明实践研究中心研究助理，研究方向为农村社会学；冯婧雯，江西新时代文明实践研究中心研究助理，研究方向为马克思主义理论。

革命老区乡村振兴面临的挑战在于实现农业现代化阻力较大、特色产业活力尚未充分激发、基础设施建设有待加强、防止返贫压力较大。要结合革命老区乡村振兴的有益经验模式，进一步强化党建引领促乡村振兴、因地制宜发展特色产业、多措并举培育乡村振兴人才，以综合的举措推动革命老区振兴发展。

关键词： 革命老区　乡村振兴　"三农"

一　革命老区乡村振兴的基础和现状

革命老区是指在由毛泽东等老一辈无产阶级革命家领导的土地革命战争、抗日战争期间建立起来的革命根据地，大都地处偏远山区。长期以来，老区一直存在交通不便和基础设施不完善的问题，致使老区的经济发展明显落后于其他地区。我国在 2020 年底取得了脱贫攻坚的胜利，老区也成功"摘帽"，与全国一道全面建成小康社会。近年来，革命老区在基础设施建设、教育医疗服务等方面有了较大的发展，经济总量大幅增长，人民生活水平不断提升，革命老区各方面条件的不断改善为实现乡村振兴奠定了坚实的基础。

（一）特色产业实现发展壮大

革命老区的振兴发展，乡村振兴是关键，产业振兴是基础。革命老区有着丰富的特色资源，包括特色农产品、工业资源、红色文化资源、自然和生态环境资源等，为产业振兴提供了良好的资源基础，人民生活水平逐步提升（见表 1）。革命老区的产业发展主要包括两大类，一类是基于当地资源发展特色产业。由表 2 可知，革命老区农业总产值持续增长，特色农业产业发展势头较好。赣州脐橙产量近三年年均增长 8.86%，吴忠市的牛奶产业更是年均增长 16.7%。另一类是依托当地特色文化资源、红色资源、历史资源、

表1 2018~2020年部分革命老区经济发展状况

城市	地区生产总值（亿元）			第一产业增加值（亿元）			第二产业增加值（亿元）			第三产业增加值（亿元）			农村居民人均可支配收入（元）		
	2019年	2020年	2021年	2019年	2020年	2021年	2019年	2020年	2021年	2019年	2020年	2021年	2019年	2020年	2021年
赣州市	3474.34	3654.20	3645.2	376.32	414.64	414.64	1368.19	1389.19	1389.12	1729.83	1841.37	1841.3	11941	13036	13036
遵义市	3483.32	3720.05	3720.05	431.87	489.62	489.62	1593.12	1615.60	1615.6	1458.33	1614.83	1614.83	13565	14718	14718
汉中市	1547.59	1593.40	1768.72	227.63	261.36	273.60	662.88	641.48	755.08	657.08	690.56	740.04	11098	11937	37123
百色市	1257.78	22156.69	1333.73	245.18	3555.82	259.37	508.46	7108.49	531.11	504.15	11492.38	543.25	12195	13523	13305
吴忠市	580.2	621.77	762.47	70.2	85.10	103.81	257.2	273.02	374.98	252.8	263.65	283.68	13337	14698	16138
白银市	486.33	497.27	497.27	86.99	100.52	100.52	180.79	170.32	170.32	218.56	226.42	226.42	7859	10711	8256

资料来源：基于各地 2019~2021 年国民经济和社会发展统计公报数据，表格由笔者自制。

民族资源发展特色旅游业、文化产业及红色研学产业。当前多数革命老区的特色产品、特色产业优势突出，已经形成了全国闻名的产业品牌，如赣南苏区的脐橙产业，大别山革命老区的"信阳毛尖""豫南黑猪""潜江小龙虾"，"井冈山红色教育基地"，等等，具有较好的产业基础。

表2 2019~2021年部分革命老区农业产业发展状况

城市	农林牧渔业总值（亿元）			比上年增长（%）			特色农业产业产量（万吨）			比上年增长（%）		
	2019年	2020年	2021年	2019年	2020年	2021年	2019年	2020年	2021年	2019年	2020年	2021年
赣州市	608.06	674.4	696.58	3.3	10.9	9.0	125.13	137.84	150.42	7.3	10.2	9.1
遵义市	457.03	857.25	921.25	5.5	6.3	9.1	150.43	149.35	152.40	7.5	-0.7	2.0
汉中市	401.78	463.25	484.64	4.3	4.1	6.6	17.66	19.11	20.75	10.2	8.3	8.6
百色市	378.11	413.90	457.36	7.11	9.4	10.5	293.14	285.46	284.22	13.9	-2.6	-0.4
吴忠市	145.10	178.10	215.70	3.5	4.6	6.1	86.20	104.68	124.12	10.1	21.4	18.6
白银市	153.38	172.40	190.33	12.4	9.9	10.4	3.76	3.72	3.51	23.42	-1.19	-5.5

注：各地特色农业产业不一，仅选取有代表性的一种进行统计。赣州特色产业统计的为脐橙产量，遵义特色产业统计的为辣椒产量，汉中特色产业统计的为中药材产量，百色特色产业统计的为甘蔗产量，吴忠特色产业统计的为牛奶产量，白银特色产业统计的为枸杞产量。

革命老区致力于推动特色产业转型升级以实现产业的现代化发展。其中，以农业发展为主的革命老区不断优化农作物种植结构以适应市场的发展需求，同时实现农产品生产、精加工产业的升级发展，加快实现生产方式绿色化、生产过程智能化、生产产品高端化。以赣南苏区的脐橙产业发展为例，近年来，赣南苏区不断实现脐橙产业的转型升级，实现脐橙产业"家庭+承包+企业合作"的组织形式。通过产地的集中承包，实现脐橙生产的规模化效应、机械化生产。赣南脐橙从最初的分散式家庭经营到现在的集中式经营，实现了从单纯的农产品种植业向集种植生产、仓储物流、精深加工于一体的产业集群的转变。① 2019年，全市脐橙总产值132亿元，其中鲜果

① 《赣南脐橙681.85亿名列第一况》，赣州农业农村网，2021年5月13日，http://ny.ganzhou.gov.cn/c100995/202105/1734685799da42f2b0db6ddf217163fc.shtml。

收入 70.1 亿元，帮助 25 万户种植户、70 万名果农增收致富；种植户户均收入 2.804 万元，果农人均收入 10014 元，占果农人均总收入的 85%。① 就红色旅游业发展而言，革命老区不仅有众多的历史遗迹、红色历史文化的沉淀，还有着丰富的当地特色文化资源。近年来，革命老区通过红色文化的宣传保护与历史遗迹的适度开发相结合的方式，打造精品红色文化旅游产业，并通过旅游业的辐射带动效应，形成以红色旅游业为主体，"牵动一产、托举二产"的格局，实现革命老区"一二三产业"全面提质增效、融合发展。

（二）人才结构不断优化升级

乡村的振兴发展离不开各类人才的付出与奉献，人才振兴是乡村振兴的核心要素。对于革命老区的振兴发展而言，人才尤为重要。近年来，在国家政策倡导、社会各界支持和各地方对口帮扶等各方面的努力下，革命老区人才短板有所补强，主要表现在三个方面。一是国家部委和地方对口帮扶输送人才。2019 年，中共中央下发了《关于鼓励引导人才向艰苦边远地区和基层一线流动的意见》，其中提出，目前各老区和一些偏远地区人才资源紧缺，要坚持党管人才，进一步完善各项政策，为老区输送一批优秀的现代化人才，助力老区振兴发展。《边远贫困地区、边疆民族地区和革命老区人才支持计划实施方案》中明确提出："从 2011 年起至 2020 年，每年引导 10 万名优秀教师、医生、科技人员、社会工作者、文化工作者到'三区'工作或提供服务。每年重点扶持培养 1 万名'三区'急需紧缺人才。"二是社会各界人才队伍帮扶革命老区。如福建省人社厅积极响应国家政策，将革命老区的人才扶贫与健康扶贫相结合，与京沪的一批优秀医务专家合作，在福建省的革命老区开展"师带徒"医疗帮扶活动，致力于为老区培育一支高水平、本地化的医疗人才队伍。三是革命老区出台各项举措吸引人才。各地不断健全人才服务机制与加强基础设施建设，加大对乡村人才的帮扶力度，创

---

① 《赣南脐橙产业发展情况》，赣州市人民政府官网，2020 年 2 月 19 日，https://www.ganzhou.gov.cn/zfxxgk/c100459rf/2020/02/19/content_ f3b69e1d01f94753adc5 bacad1f596af.shtml。

造良好的人才发展环境。如赣州市与中国工程院共同建立赣南苏区高质量发展院士专家战略咨询委员会，邀请 33 名院士担任咨询委员会委员，出台"人才新政 30 条"以及"补充措施 18 条"，强化乡村振兴的人才政策支撑。2020 年，赣州市新引进产业领军人才 24 人、高层次人才 301 人、急需紧缺人才 3780 人。[①] 龙岩市为引进人才及优秀企业，出台了一系列配套政策，在人才的安家落户、子女就学、医疗保障及优秀企业入驻等多方面提供了高效且完备的服务。同时，通过互联网媒体、新闻报道等多种形式广泛宣传当地人才引进、产业引进的范例，营造一种爱才惜才重才的社会氛围，有效解决了当地"育才引才留才难"的问题。截至 2021 年 5 月，龙岩市共引进高层次人才项目 38 项，打造高新技术产业发展的新引擎；引进培养国家级、省级高层次产业人才 835 人，有效服务企业创新、产业升级；引进医疗、教育等领域储备人才 327 人，有效补齐民生人才短板。[②]

（三）文化资源焕发时代价值

文化振兴为乡村振兴提供了智力支持和精神支柱，是乡村振兴的灵魂。革命老区文化资源多样，主要包括红色文化、历史文化、民族文化及生态文化。众多历史遗迹、革命旧址、古村落、特色建筑等文化实体承载着这些地区历经千年发展沉淀下来的文化内涵与文化精神，具有较大的开发价值。革命老区依托当地特色文化资源实现特色发展。一方面，对各种历史遗迹、特色建筑保护性地开发，建立相关的文化展览馆、博物馆对红色资源进行保护和开发。文化和旅游部数据显示，2020 年末全国共有各类文物机构 11314 个，其中文物保护管理机构 3373 个、博物馆 5452 个。2018~2020 年，共有 17.8 亿元投入支持约 600 个地方革命文物保护项目。[③] 另一方面，聚力打造特色生态

① 王成兵：《以高质量党建引领革命老区乡村振兴》，《组织人事报》2021 年 1 月 26 日，第 6 版。
② 《深化人才发展体制机制改革访谈》，龙岩市人力资源和社会保障局，2021 年 5 月 11 日，http://rsj.longyan.gov.cn/hdjl/ft/202108/t20210803_1809671.html。
③ 王金伟：《革命文物保护利用开发报告》，载王金伟主编《红色旅游蓝皮书：中国红色旅游发展报告（2021）》，社会科学文献出版社，2021，第 25 页。

示范区，并基于绿色生态发展具有特色的生态旅游、观光旅游，实现生态效益与经济效益的双赢。例如，陕甘宁老区西吉县利用将台堡红军长征会师纪念园等红色资源，打造地方特色旅游产品，2019 年纪念园接待游客约 90 万人次，累计带动周边 5 个村庄 1300 多人实现脱贫致富。① 大别山老区金寨县通过"红+绿""红+古"等方式，实现红色旅游融合发展，2017~2020 年三年间全县红色旅游综合创收约 36 亿元，带动 2 万余名贫困人口脱贫。②

革命老区在积极开发各类文化资源的同时，也不断挖掘当地红色文化、民族文化、历史文化的深刻内涵，实现文化内涵的传递和创造性发展。通过建设红色教育基地以赓续红色血脉，并不断创新优秀历史文化、民族文化资源的保护传承方式，延续历史文脉，凝聚振兴力量。以川陕革命老区为例，川陕地区的"石碑标语""烈士陵园"是其独特的文化资源。地方政府对石碑标语、烈士陵园进行了保护开发，并设立了相关的展馆，创作了大量的歌剧、影视作品等艺术作品，使老区的精神在新时期的地方物态性博物馆和非物质文艺作品中得到继承和发扬，不断滋养人们的精神世界。同时，革命老区高度重视优秀传统文化的育人功能，通过开展相关文化交流会、文艺表演等多种形式实现对优秀传统文化的保护与传承。各地广泛开展形式多样的文化活动，不断营造浓厚的文化氛围，使优秀文化浸润革命老区百姓心灵。并且，各地广泛发动村干部、党员同志定期开展"文明新风"相关的交流会，定期进行村内的好人好事模范表彰，发挥身边党员、优秀群众对于老区百姓的价值引领作用，使文明新风、优秀品质内化于心、外化于行，以不断革除老区村民封建陈旧的思想，推动移风易俗，树立文明乡风。革命老区的文化振兴不仅以文化的力量铸魂育人，同时多样的文艺活动、文化展览馆推动了革命老区的文化建设，打通公共服务的"最后一公里"，既满足了老区群众的精神文化需求，也丰富了他们的生活。

---

① 国家发展和改革委员会社会发展司、文化和旅游部资源开发司编《红色旅游发展典型案例汇编》，中国旅游出版社，2021，第 67~68 页。
② 国家发展和改革委员会社会发展司、文化和旅游部资源开发司编《红色旅游发展典型案例汇编》，中国旅游出版社，2021，第 86~89 页。

（四）生态环境持续改善

生态振兴是乡村振兴的重要组成部分，优良的生态环境是乡村振兴的支撑点，是乡村实现可持续性健康发展的基础。革命老区的生态基础条件十分优越（见表3），老区生态振兴工作主要分为三大部分：一是自然生态的修复与保护；二是村容村貌的改善；三是农村基础设施建设持续加强。在自然生态方面，一些革命老区的生态状况较好，其中川陕地区是长江流域的重要水源涵养区，也是秦巴地区生态系统的重要组成部分，具有较重要的生态地位，因此，各区要对自然生态的修复高度重视。对于历史发展造成的环境污染与破坏，革命老区成立了专门的环境治理小组，集中人力物力财力加以修复。同时，通过加强环境立法，为生态文明的恢复与维护提供法律保障。以大别山革命老区为例，在各地党委、政府的努力下，大别山地区自然生态的修复与绿色发展取得了显著成效。2018年湖北黄冈大别山地质公园获批联合国教科文组织世界地质公园，孝感市完成了全市范围内的森林公园、湿地公园等自然保护地生态保护红线勘界。2019年饮用水水源地水质达标率100%，建立国家级的绿色生态乡镇6个、生态村5个。左右江革命老区在空气治理方面取得较大的成果，2018年、2019年百色市空气质量优良率远超考核标准。2019年，百色市全年大气主要污染物细颗粒物（$PM_{2.5}$）累计平均浓度32微克/立方米（目标值38微克/立方米），较2018年下降13.5%；空气质量优良率95.6%（目标值91.5%），较2018年提升1.8个百分点；空气综合质量、$PM_{2.5}$、优良天数改善程度均排在全区前三位。[①] 同时，川陕革命老区实现了农业农村生态环境监管的创新，通过运用卫星遥感、大数据、App等高新技术，充分利用乡村治安网格化管理平台，建立生态环境监管的网络体系。同时加强环境立法，严格执法，有力地改善了川陕革命老区的生态环境。

在村容村貌改善方面，革命老区积极开展规范宅基地建设、人居环境整

[①] 《百色市生态环境局四举措助力左右江革命老区振兴规划落地生根》，搜狐网，2020年7月14日，https://www.sohu.com/a/407850372_120214185。

治、垃圾治理、"厕所革命"等多种行动。除了通过设置各种环境治理的奖惩项目、"文明意识"宣讲活动激发村民改善环境的内生动力，还通过竞标聘请专业清洁公司承包乡村的日常清洁工作。通过激发村民的环保意识及专业清洁公司的保障，革命老区建立起了村容村貌治理的长效机制，促进乡村面貌进一步改善和村民文明素质进一步提升。以左右江革命老区为例，为不断改善人居环境、构建美丽乡村，贵州省大力推进"厕所革命"，制订了从2018年至2020年的三年"厕所革命"行动计划。在这期间，贵州省共完成农村户用卫生厕所改建173万户，完成村级公共卫生厕所新（改）建14292座，全面完成了三年厕改的任务。毕节市根据当前农村的各种厕所类型以及当地的环境条件，有针对性地提出了整改方案，主要包括完整上下水道水冲式型、三格式水冲式型、生态卫生旱厕型。同时，贵州省不断加强"厕所革命"的后期维持及粪污资源利用的体系建设，有效保护了三年厕改的成就，确保乡村人居改善问题有制度兜底、有资金支持，使老区人民群众真正受益。

表3 2019~2021年部分革命老区生态发展状况

城市	森林覆盖面积（万公顷）			森林覆盖率（%）			空气质量优良率（%）			自然保护区（个）			水质达标率（%）		
	2019年	2020年	2021年	2019年	2020年	2021年	2019年	2020年	2021年	2019年	2020年	2021年	2019年	2020年	2021年
赣州市	14.9	14.9	14.9	76.2	76.2	76.2	91.2	96.7	99.5	51	51	51	96.4	100	100
遵义市	125.0	190.7	190.7	60.5	62.0	62.0	98.1	99.2	97.5	23	23	23	100	100	100
汉中市	194.2	194.2	194.2	59.1	59.1	59.1	91.0	86.1	83.3	5	5	5	100	100	100
百色市	276.2	4154.9	278.1	72.5	72.8	73.0	95.6	96.4	97.8	19	19	19	81.5	100	100
吴忠市	33.3	37.5	38.0	42.3	17.5	18.0	86.6	83.9	82.2	3	25	25	97.49	97	100
白银市	28.8	28.8	28.8	13.6	13.6	13.6	92.9	94.3	88.2	5	5	4	100	100	100

资料来源：基于各地2019~2021年国民经济和社会发展统计公报数据，表格由笔者自制。

同时，革命老区还不断加强当地的基础设施建设，加大对乡村学校、诊所等基本公共服务机构的资金投入力度，不断完善乡村公路交通网络，提高村民生活质量，建立生态宜居、乡风文明、村容整洁的新型美丽乡村。作为全国乡村振兴示范区，浙西南革命老区中的余姚地区大力加强基础设施建设，在统筹推进乡村"八网进村"基础上，聚力打造完善的乡村铁路交通网络体系。加大对移动物联网、"5G"网络建设的支持力度，不断增强老区基础设施承载能力。同时，将实现公共服务均衡作为乡村振兴的战略要点，不断实现老区教育、医疗、社会保障等公共服务均等化，切实提升人民群众生产生活的幸福感与满足感。

（五）基层党组织凝聚力和战斗力增强

组织振兴是乡村振兴的动力引擎，基层党组织是实施乡村振兴战略坚强的堡垒。当前，革命老区组织振兴工作主要包括三个部分：一是村党组织建设；二是基层党组织带头人队伍建设；三是村级组织建设。在加强村党组织建设方面，革命老区以基层党建质量提升为主抓手，贯彻落实"村两委负责人一肩挑"政策，重在使权责更加清晰明确，以防止村干部间的互相推诿，切实提高决策效率和决策水平。在革命老区，乡镇党委要逐村进行调查和调查，了解"两委"骨干成员的基本情况和思想状态，并指导他们进一步学习《中国共产党农村基层组织工作条例》。通过广泛宣讲"村两委负责人一肩挑"政策的各项政策优惠与实施意义，逐步消除基层干部对于新政策的忧虑、疑惑，并在摸底调研的过程中层层筛选、层层把关，推出村"两委"负责人"一肩挑"的预备人选。在基层党组织带头人队伍建设方面，革命老区通过对基层组织领头人的优中选优，确保基层治理效能不断提升。以赣南苏区为例，赣州市全面加强党员致富带头人队伍建设，以村"两委"换届为契机，积极推进村书记、主任"一肩挑"，选优配强实施乡村振兴的"领头雁"。通过对基层干部的走访调研，把握各村的基层治理情况及各基层组织的实际情况，大力整顿了 241 个软弱涣散的村党组织，切实增强了各村党组织的引领能力。培养党员致富带头人 1.7 万余名，换届后的村党支部书记中，致富能手占比达 84.58%。[①] 革命老区不仅高度重视基层

---

① 朱磊、王丹：《建强党组织 共筑致富路》，《人民日报》2021 年 8 月 31 日，第 19 版。

党组织领头人选，还面向全体基层干部开展常态化教育培训，切实提升村干部队伍的整体素质和工作能力。同时，通过对新思想新政策及相关优秀范例的学习，为基层干部提供促进各村发展的新思路新方法，激发推动乡村振兴的活力。村级组织建设主要包括自治组织、社会组织的建设。针对不同发展现状与发展需求，革命老区结合自身发展实际，积极探索乡村治理新机制、新形式。如赣南苏区在新时期解决"三农问题"、建设新农村的环境下，基于中国传统村治的经验，在全国范围内首创了以农民理事会为主的"赣南模式"。在服务型政府的主导下，由乡贤能人、退休干部组成的民间理事会，利用理事会成员的威望，将"宗族威望"转变为"组织势力"，配合基层党组织、政府治理，创造了一种多元化、民主化的乡村治理新模式。大别山、川陕等革命老区通过成立农业合作社的形式增强党组织的凝聚力，也充分体现了新时期农村社会组织建设的创造性。农业合作社在政府的引导与帮扶下，集中乡村的闲散资金、人力，并通过与企业的合作形成规模化生产、销售，有效地促进了老区村民增收以及现代化农业农村的发展。

二 革命老区乡村振兴的机遇和挑战

（一）革命老区乡村振兴的机遇

1. 革命老区全面脱贫为乡村振兴奠定坚实物质基础

在党中央的战略部署下，全国十二个革命老区涉及的 21 个省、自治区、直辖市贫困区的绝对贫困得以消除。革命老区摘掉"贫困帽"的关键在于搭建产业发展平台，助推农民群众增收。在脱贫攻坚阶段，革命老区已经在基层党组织的领导下，基于当地特色文化资源、特色产业资源发展了一批具有影响力的特色优势产业，如红色旅游业，特色农业、林业、畜牧业，打造了各地独有的"产业名牌"，具备一定的产业基础与市场基础。革命老区特色产业的发展壮大，为当地提供了大量的就业岗位及创业机会，老区人民收入得以切实提高，产业经济效益显著增强。基于现有的产业、经济效益，革命老区积极响应乡村振兴战略中的现代化发展要求，不断实行产业结构的优化升级，通过产业的多元化发展、创新性发展，实现革命老区产业经济效益的"多元化"，以及产业扶贫与产业振兴之间的有效衔接。

在助推经济发展的同时，革命老区不断加强基础设施建设。在陕甘宁、川陕、左右江等西部贫困革命老区，过去存在许多危楼、旱厕，有些地方甚至没有通路、通电，基础设施极不完善。革命老区在铁路交通、网络通信、水利电力等方面的欠缺，严重影响了老区群众的生产生活和老区经济社会的发展。经过近八年的脱贫攻坚，革命老区各项基础设施不断完善，综合性交通运输体系基本建立。加强了城乡之间的主干公路建设，逐步实现了"县县有国道，乡乡通干线"。同时，依托周边的铁路运输网络，构建了内外联通的高速公路运输体系。如大别山革命老区形成了"高铁南北贯通、普铁一横两纵、民航一点突破"格局，规划布局了"七纵五横"高速公路网，加上已打通的 5 个省际出口，内联外通的高速公路网日趋完善。[1]

在补齐基础设施短板后，革命老区集中力量发展当地医疗卫生事业、教育事业及社会保障。脱贫攻坚时期，党中央出台了一系列相关扶持政策，加大了资金支持力度，革命老区教育医疗卫生事业有了较大发展。革命老区公共服务能力大幅提升，服务内涵不断扩展，有效提高了老区人民群众的生活质量。医疗事业、教育事业的发展，提高了老区群众自我发展能力和革命老区造血功能，为革命老区的振兴发展奠定了坚实基础。老区人民切实感受到了国家的力量、发展的红利，不仅实现了物质上的脱贫，精神上也是硕果累累，老区人民对于实现乡村振兴、国家繁荣富强的信念更强、动力更足。

2. 国家对革命老区的帮扶政策为乡村振兴提供有力制度保障

乡村振兴是国家发展的重大战略，是我国实现共同富裕的必经之路，是实现中华民族伟大复兴的一项重大任务。近年来，国家各层面共同发力，针对乡村振兴的需求及困境出台了相关扶持政策，助力乡村发展。革命老区作

---

[1] 《黄强：大别山革命老区基础设施建设情况调研报告》，大河网，2019 年 12 月 6 日，http://newpaper.dahe.cn/hnrb/html/2019-12/06/content_388770.html。

为乡村振兴的重要组成部分，也充分享受了国家政策带来的红利。

首先，在脱贫攻坚期间，国家出台了大量的扶贫政策，为乡村振兴提供了持续的支持。《中共中央　国务院关于实现巩固拓展脱贫攻坚成果同乡村振兴有效衔接的意见》中，明确提出要建立和完善巩固脱贫攻坚成果的长效机制，确保主要扶贫政策的总体稳定。过渡期间要落实"四个不摘"，即摘帽不摘责任、摘帽不摘政策、摘帽不摘帮扶、摘帽不摘监管。现有政策要根据乡村振兴发展的需要该延续的延续、该调整的调整，确保政策的连续性。一方面，各种兜底救助类政策、医疗教育等民生保障普惠性政策要继续保持稳定，以维护脱贫攻坚的成果，防止大幅"返贫"的现象。同时持续加大对革命老区基础设施建设及公共服务建设的支持力度。党中央出台多项扶持政策统筹部署革命老区铁路、电力、通信等区域性和跨区域的大型基础设施工程及各地乡村义务教育学校、职业院校及医疗卫生机构的建设与发展，大幅提升了老区的公共服务水平，改善了基础设施条件，增强了革命老区的发展潜力，为老区乡村振兴奠定了良好的基础。另一方面，脱贫攻坚时期针对各项发展计划的财政投入政策、金融服务政策、土地支持政策、人才智力支持政策进一步延续，为老区产业发展、文化振兴等方面提供相应的资金支持，输送了大批优秀人才，为老区乡村振兴提供了有力支持，全面增强了革命老区增收致富能力。以农村农业现代化发展为例，老区不少地区在实现农业机械化、规模化发展方面遭遇了资金困境，各省市严格遵循国家层面的政策要求，对老区农业贷款放宽了条件，加大了对革命老区农业发展的金融支持力度。同时，直面老区农村缺乏现代化人才的问题，国家层面出台了一系列支持高校毕业生返乡就业、扎根基层的政策，各省市区颁布人才引进政策，通过资金补助、购房补贴等，为革命老区乡村广招人才。

其次，国家相继出台了一系列针对乡村振兴战略的政策，为老区的振兴和发展提供了有力的支持。如 2017 年，国家一号文件中将"田园综合体"作为发展农村新型工业的重点举措之一纳入其中，提出了一条关于农村新型农业发展的新思路，即以农民合作社为基础，建设融绿色循环、创意、体验为一体的田园综合体，并通过农业综合开发、农村综合改革转移支付等方式进行试点示范。财政部、农业部在 2017 年 4 月 28 日联合印发了《农业生产发展资金管理办法》，明确指出，农业、农村一二三产业融合发展的资金主要集中在农产品产地加工、产品流通、直供直销、电子商务、休闲农业、农业农村信息化等方面，为革命老区现代化农业农村的发展提供了大量资金补助。2018 年 9 月出台的《乡村振兴战略规划（2018—2022 年）》明确了乡村振兴各阶段的任务，并提出优化乡村发展布局、分类推进乡村发展等具体要求，为乡村振兴战略提出了更加明晰的政策方针引导。各省市根据党中央的宏观部署并结合革命老区现实基础与发展需求，制定了各具特色的乡村振兴规划，并且提供了有针对性的帮扶政策。

3. 革命老区自身基础资源为乡村振兴提供有利发展条件

首先，革命老区具有一定的区位优势。革命老区大多位于大城市群的主要交通物流通道上及周边大城市的经济效益辐射范围内，如大别山革命老区位于中部崛起的战略要地，海陆丰革命老区身处东南沿海要地。革命老区铁路交通网络条件正在逐步改善，为未来与大城市协同发展奠定了良好的基础，各地区可以陆续通过承接大城市外迁产业、下游产业，共享市场、交通、能源资源，逐步形成产业集群，以实现自身的经济发展。国家层面针对不同地区的发展状况制定了相关的发展战略，如西部大开发战略、区域协调发展战略、粤港澳大湾区发展战略、中部地区崛起战略等。革命老区各地能够在自身不断发展的基础上抓住这些战略契机，如将赣闽粤原中央苏区和海陆丰革命老区融入粤港澳大湾区建设，将川陕革命老区纳入成渝双城经济圈建设，在大城市的辐射作用与国家政策的协同带动下实现振兴发展。

其次，革命老区拥有丰富的自然资源、文化资源、生态资源。一方面，革命老区可以依托当地的特色农业资源、特色矿产资源等发展特色产业，形成品牌效应，带动老区发展。另一方面，由于革命老区拥有丰富的历史文化资源，各老区可以根据各地历史发展红色旅游业，对历史遗迹和名人故居进行保护性开发，并通过设立相应的博物馆、展览会、文化节等形式开展一系列的红学研学旅游活动，在实现振兴发展的同时传承中华优秀传统文化、红色精神。并且，多数老区具有较重要的生态地位，不仅对我国的生态保护发挥了巨大作用，同时自身也具有较好的自然生态环境。基于此，革命老区可以创建具有当地特色的生态展示区、示范区，不断提升老区的吸引力，实现田园养老、生态旅居、养生保健、温泉疗养等新型产业的创新发展。

（二）革命老区乡村振兴面临的挑战

1. 革命老区实现农业现代化阻力较大

革命老区多为欠发达地区，长期以来农业生产方式较落后，传统的发展理念及对现代化生产技术的不适应导致当前老区农业生产的规模小、效率低下，难以实现产业化、规模化生产。乡村振兴战略强调科技兴农，但事实上现代化技术在农村的运用并不多。一方面，现代化技术适用于大规模的集约型生产模式，而当前老区农业发展呈现分散化、粗放化特点，现代化技术的使用程度较低。另一方面，现代化农业离不开"职业农民"的参与，但目前老区农业生产者多为中老年的传统农民。现代化农业要求将高新技术应用于农业的生产管理，将现代化经营管理模式应用于农产品的加工销售等，显然，传统农民不具备这样的现代化经营管理素质。因此，革命老区实现农业的现代化生产、发展仍然存在观念、技术、人才等方面的困境。

2. 革命老区特色产业活力尚未充分激发

经过持续的脱贫攻坚，各地都基于当地特色实现了一定的产业发展。就革命老区而言，当前的产业基础主要是依托当地的红色历史、红色文化发展旅游业。除个别革命老区有旅游业之外的特色产业发展，如赣南苏区的脐橙产业，大多数老区的产业仅停留于红色旅游业，或者有企业无产业。并且，当前革命老区的红色旅游业千篇一律，没有形成自己的品牌，不具有独创性与吸引力。总体而言，革命老区的特色资源、特色产品尚未得到充分的利用，特色产业的优势尚未完全彰显。同时，由于经济发展差，产业基础薄弱，革命老区缺乏领头产业、主导产业的带领。革命老区缺乏发展壮大产业的经验，难以将当地已有的资源转化成经济效益，难以形成上中下游协同合作的产业链条。

3.革命老区的基础设施建设有待加强

虽然革命老区在脱贫攻坚阶段不断加强乡村的基础设施建设，但是老区各地的基础教育、医疗卫生服务水平仍然较低。教育和医疗是最大的民生，革命老区在这两方面的短板对老区的振兴发展形成了较大的阻碍。除此之外，老区乡村的交通物流及网络宽带建设虽有一定的成效，但与城市交通、网络水平相比，仍然存在较大差距，需要进一步加强。老区基础设施不完善还体现在老区的软实力较弱上。民主、法治、公平、正义、安全、环境，越来越成为地区的核心竞争力，也成为各地区引进优秀人才、企业的"金字招牌"。当前革命老区在政府的管理与服务水平、社会风气、市场竞争等方面与发达地区存在较大差距，因此普遍面临难以吸引优秀人才和企业的问题。同时，乡村振兴需要大量资金支持，老区基础设施薄弱对其招商引资也产生了较大的阻力。

4.革命老区防止返贫的压力较大

革命老区取得了脱贫攻坚的全面胜利，消除了绝对贫困，但是仍然存在相对贫困。国家统计局数据显示，我国"十三五"期间实现5575万农村贫困人口脱贫，年均超过1000万人口，这些人大多居住在革命老区。在短短几年的时间里实现如此大规模的脱贫，一方面反映了我国脱贫攻坚工作确实卓有成效，另一方面也产生了较大的返贫压力。在脱贫攻坚期间，国家层面出台了许多针对贫困地区、贫困人口的扶持政策及优惠政策，为我国取得脱贫胜利提供了极大支持。同时，也要看到，革命老区许多低收入者并未形成自己的收入来源，或是收入来源不稳定，这一部分群众对于国家政策补助的依赖性较强，脱贫稳定性较弱。而且，近年来新冠肺炎疫情对于各地的产业发展尤其是旅游业发展影响较大。对革命老区而言，旅游业是支柱产业，疫情对其经济发展的影响更为严重。除了新冠肺炎疫情的影响外，部分老区由于自身经济基础弱，极容易受到外部环境波动的影响，经济发展的不稳定性加剧，返贫的可能性大大提升。总之，当前革命老区尚未形成稳定的经济支柱，对于优惠政策、补贴政策的依赖性较强，需要不断健全和完善帮扶机制，防止规模性返贫，以实现乡村振兴这一战略目标。

三 革命老区乡村振兴的经验模式

（一）革命老区生态振兴

乡村振兴的落脚点与施展舞台是生态振兴。只有农村拥有优良的生态环境，才能发挥乡村振兴舞台的最大长处，继而创造出更加宝贵的财富。革命老区吉安市泰和县通过构建生命共同体提高生态宜居度，同时借助良好的生态环境，发展特色乌鸡产业，以综合的眼光推进乡村振兴。

案例1 吉安市泰和县积极构建"山水林田湖草"生命共同体

吉安市泰和县构建"山水林田湖草"生命共同体的主要做法有三方面。

一是将矿山宝藏变为绿色宝藏。针对过度矿产资源开发所造成的生态环境千疮百孔的问题，泰和县深入开展全域废弃露天矿山生态修复工作，进行全域土地综合整治的试点考察，将废弃矿山转化为绿色生态家园进行田园综合体治理，等等。采取政府主导，社会力量投资参与建设，资金由企业外包封闭运行，收益按比例分成的市场化模式，充分调动生态园的经济动力。

二是对小流域进行联合整顿治理。泰和县将水变为一个灵活的枢纽，采取山上山下联合治理、地上地下联合整治、流域上下联合整治的"三同治"模式。除了注重水的枢纽作用以外，泰和县还注重防洪、截污、清淤、生态驳岸、引水蓄水等，让绿色清澈的水滋养流域。

三是实事求是、因地制宜利用当地特色生态资源优势创造经济价值。泰和县深入贯彻落实民本思想，将人民群众作为考虑起点，让群众身处优良环境，依傍优良生态环境生活。泰和县开展了水上移民，在东平湖岸的老湖镇，建立了水泊社区移民新村，一栋栋小楼错落有致地排列开来，安置水上移民8349人。良好的生态环境也为泰和乌鸡的生长提供了良好的条件，乌鸡被农业部列入第五批中国重要农业文化遗产名单。泰和县利用良好的生态环境做大做强乌鸡产业,形成产业链。[①]

通过这个案例,我们可以总结以下经验:(1)因地制宜利用本地特色资源发展,以扬长补短的方式振兴发展,大力发展特色产业,补齐生态短板;(2)用整体、综合的眼光审视全局,将生态与商业结合起来;(3)遵循客观自然规律与发挥主观能动性相统一。

(二)革命老区人才振兴

乡村振兴需靠人才振兴的内生动力,脱离了人才的乡村振兴只是一具躯壳。人才振兴的重点在于吸引并留住充分满足对接乡村数量上和质量上结构需求的人才。针对单个企业体量小、财力有限,引进高端人才往往"有心无力"的短板问题,咸阳市创新人才共享模式,为乡村振兴开新局。

案例 2 咸阳市构建人才共享模式破解企业招才用才难题

一是创新机制吸引人才。咸阳市积极探索构建"产业创新联盟+高校+专家团队"的"人才共享"模式,形成资源共享、协同创新、集群发展的人才科技创新合作体系,打破了信息资源不能全方面管理共享的弊端,解决了聘请全领域高精专人才专家的高额资金问题,提高了人才对接的效率、提升了科技参与产业的比重,调动了人才方面的积极性,让高端人才引得进、优秀人才留得住,使整个产业如活水般灵活流转,为产业发展提供了有力的人才支撑,提高了企业软实力。

二是优化环境吸引人才。为形成良好和谐的生产环境,促进效率提高,咸阳市采取政企分开、政事分开、管办分离的方式,简化审批环节,设立"便商窗口""办不成事窗口",真正关心企业所需、关注市场趋势,做到宏

---

① 黄从周、朱涛、蒋克幸:《积极构建"山水林田湖草"生命共同体》,泰和云网站,2019 年 12 月 6 日,http://taihe.yun.jxntv.cn/xiangzhen/p/4382.html。

观上"管"、微观上"放"的相对平衡自由。同时提供良好的基础设施、标准化厂房、舒适的人才公寓,使人才实现拎包入住,专注事业发展。

三是感情留人。人才要聚得起、吸得来,更要留得住。咸阳市各个企业为了留住人才,从生活上、工作上进行关怀与慰问,各个节日有补贴补助等。同时,解决基本需求,给予房子首付与扶养费等,不让人才产生后顾之忧。①

通过这个案例,我们可以总结以下经验:(1)从实际出发,把握矛盾的特殊性,具体问题具体分析;(2)掌握主要矛盾,发挥主要矛盾的主导作用,做到两点论与重点论的统一,让优秀龙头企业牵头提高影响力。

(三)革命老区文化振兴

革命老区的乡村振兴要靠革命老区所代代相承的苏区精神支撑。依靠高度的文化自强自信,促进乡村振兴的繁荣发展。川陕革命老区依托丰富的红色文化资源铸魂,以文化人,以文育人,增强老区人民的自信心。

案例3 川陕革命老区整合深化红色文化资源助推乡村振兴

一是以文旅融合弘扬传承红色文化。将红色精神融入教材、课本,以经典润童心的方式,从少儿开始抓起,传承红色文化基因,将红色文化内化于心、外化于行,赓续红色血脉。借助"互联网+"为红色文化赋能。坚持五大发展理念,用最新最快的媒介方式打造文旅融合品牌,拓宽文旅融合的发展路径。投入大量资金,加强基础设施建设,为老区文旅发展注入强劲动力。

二是打破行政区域限制,统一协调调动各方力量,推进川陕革命老区乡村振兴。打破行政区域限制,以公平公开公正的"三公"原则调动老区发展积极性,从地域与结构上突破单一发展思维,地域上联合东部绿色产业齐

---

① 《"人才共享"激活企业发展"一池春水"——咸阳市构建人才共享模式破解企业招才用才难题》,咸阳党建网,2021 年 11 月 24 日,http://xysdj.xianyang.gov.cn/zzgz/rcgz/202111/t20211124_772117.html。

发展，结构上拓展文化思维，将自然界与民族风俗文化糅合进文化振兴中，如开展红色旅游、农家乐体验活动等。[①]

通过这个案例，我们可以总结以下经验：（1）突破常规，发挥创新精神，将文化振兴与互联网有机结合，扩大影响力；（2）以联系的眼光看待问题，打造多元化的文化载体与表达方式，打破地域分割状态，革命老区各县市区政府联系合作，激发竞争活力。

（四）革命老区产业振兴

乡村振兴大厦的建设万万脱离不了的就是产业振兴，组成地基的正是县域、农业农村资源、农民、农村一二三产业，贴合乡村实际、贴近群众意愿，激发发展积极性，丰富全方面多样化发展。河南省驻马店市接续奋战，调整产业结构，完善基础设施，打造新业态，"锚定"乡村振兴开新局。

案例4　驻马店打造乡村全面振兴新样板

一是将产业与脱贫攻坚巩固攻克工作紧紧相连。驻马店严格落实五年过渡期内"四个不摘"要求，健全完善稳定脱贫长效机制，做好巩固拓展脱贫攻坚成果与乡村振兴战略有效衔接，确保工作不留空档、政策不留空白。加强基础设施建设，调整产业结构，建立产业扶贫机制，培育发展扶贫产业，防范化解产业风险。把产业扶贫与乡村产业振兴紧密结合，全面整合资金，集聚产业项目，因地制宜，精准施策，培植壮大一批地方特色产业。健全防止返贫动态监测和帮扶机制，保持主要帮扶政策总体稳定，对现有帮扶政策分类调整优化，合理把握调整节奏、力度、时限，逐步实现由集中资源支持脱贫攻坚向全面推进乡村振兴平稳过渡。

二是将产业与乡村振兴工作紧紧相连。驻马店市深入贯彻"三农"方

---

① 韩芹、李炎：《红色文化资源与革命老区振兴——以川陕革命老区为例》，《党史文苑》2020年第9期，第58~61页。

针政策，以高质量替代高数量，坚持打造无公害、绿色、有机农产品的要求，由政府主导打造安全优质农产品品牌，加强规模化、标准化、品牌化、标准化、市场化建设，拥有市场潜力大、区域特色明显、附加值高的特点；坚持一个乡镇培育发展一种主导产业，有重点、按实际发展。①

通过这个案例，我们可以总结以下经验：（1）重点把握主要矛盾，抓住"三农"问题这个重中之重；（2）合理有效的排列组合，使产业结构更加优化，产业融合更加紧密，促进产业现代化。

四 革命老区乡村振兴推进策略与路径

（一）党建引领分层深入推进革命老区乡村振兴

革命老区乡村振兴，党建引领是前提。"火车跑得快，全靠车头带"，"给钱给物，不如给个好支部"。革命老区乡村振兴，尤其要抓好党建引领，选优建强基层党组织，夯实基层治理基础。要把握好党建引领乡村振兴的重点环节，提升基层党组织组织力，坚持"三个强化"，让党建引领革命老区乡村振兴更有力。

（1）强化基层党组织引领振兴的核心作用，让组织领导更有力。各级党委贯彻落实"五级书记抓乡村振兴"机制，尤其是基层县委和乡镇党委要把主要工作放到抓乡村振兴上。一是要做好顶层设计。各级党委、政府要结合中央部署，立足于各个地方的实际特点和基础优势做好革命老区乡村振兴的"顶层设计"。二是要抓好关键领域。革命老区在文化和生态上有优势，在产业和人才上有短板。要通过强化组织建设，在文化和生态领域发展特色优势产业，凝聚人才，补短板、强弱项。三是要强化组织保障。各级党

① 王太广、王玉如、骆成勋：《革命老区乡村产业振兴的路径与思考——以河南省驻马店市为例》，《天中学刊》2021年第1期，第27~35页。

委要发挥组织优势和制度优势，推动人、财、物向农村基层下沉，资源要素向基层集聚，形成大抓基层、大抓乡村振兴的氛围，为老区乡村振兴提供组织保障。

（2）强化村级党组织战斗堡垒作用，让带动提升更有力。村级党组织是革命老区乡村振兴的一线组织者和指挥者，要发挥好这个战斗堡垒的作用。一是要选优配强村级党组织书记。村级党组织书记是农村发展的带头人，要通过选拔、培育、培训等多种方式，将有能力的人充实进村级党组织班子，培养一批能够引领农村发展的"领头雁"和"致富带头人"。二是持续整顿软弱涣散党组织。各地方党委要通过先进村级支部创建、学习教育常态化、业务能力培训等多种方式，提升村级党组织抓乡村振兴的能力，消除软弱涣散组织，建强基层党支部。三是要探索"党建+合作社"的有效模式。革命老区要借鉴"党支部领办合作社"的成熟经验，结合各地实际特点，用好合作社这个农村产业发展的平台载体，实现村级党建工作与发展工作的融合促进。

（3）强化农村党员干部主力军作用，让先锋示范更有力。革命老区农村空心化现象较为普遍，要发挥好农村党员干部群体在乡村振兴中的作用。一是要发挥好农村党员干部的先锋带头作用。农村党员干部是最贴近群众的一批人，要时刻坚持为人民服务的工作态度、求真务实的工作作风、从群众中来到群众中去的工作方法，坚持群众方针与群众路线，坚持倾听群众对于乡村振兴政策落实的意见与建议，提升广大群众投入乡村振兴的积极性与动力。二是要培养一支懂农业、知农村、爱农民的"三农"工作队伍。要充分挖掘退休干部、老党员等党员干部群体的潜力和能力，建立若干支能够发挥作用的老党员干部"三农"工作队伍，充实到乡村振兴工作中，实现党建对人才的引领和凝聚。

（二）因地制宜发展革命老区特色产业

革命老区乡村振兴，产业发展是基础。实事求是是解决问题、办好事情的法宝。在推进革命老区乡村振兴工作过程中，更要因地制宜，具体情况具体分析，依据不同地方的资源优势和特色，推动产业发展，促进乡村振兴与繁荣。

（1）深挖本土特色资源，打造特色产业。一是因地制宜发展现代农业。立足革命老区生态优势，大力推进高标准农田建设，培育优质稻米、粮食作物，提升农产品产量和质量。培育绿色食品、有机农产品，打造农产品品牌，提升农业产业竞争力。二是深挖本地特色资源，打造特色产业。针对特色产业活力尚未完全激发、缺乏领头产业带领的问题，革命老区要创造良好的营商环境，将培育本企业与引进外来企业相结合，做大做强本地特色产业。三是借助互联网赋能。地方政府要扶持本土产业发展，做好"互联网+"产业发展，扩大产业市场。要积极借助互联网宣传本地产业品牌，采取网络直播带货、上架乡村振兴专属产品柜等方式，提升产品影响力和品牌度。

（2）推动红色资源创造性转化和创新性发展。一是发展红色旅游产业。革命老区红色旅游有一定的基础，但要进一步提升品质，走内涵式发展道路。要积极挖掘红色资源，做好红色旅游的内容建设和产品供给，推出精品特色旅游路线，提升旅游品质。二是开发红色文创产业。红色文化和资源是革命老区的宝贵财富。要借助红色资源这个特色优势，通过深挖文化价值，推出群众喜爱的文创产品，开发其经济价值，强化项目和品牌建设。利用"互联网+"搭建游客与红色文艺作品的桥梁，用更多的节点创造出更多的发展潜力，推动革命老区乡村振兴。

（3）以生态振兴推动革命老区乡村振兴。"绿水青山就是金山银山"，革命老区要走绿色生态发展之路，化"绿水青山"为"金山银山"。一是要树立绿色发展理念。"靠山吃山，靠水吃水"很可能会"坐吃山空"，限制长远的发展。生态发展要立足长远，树立开发利用和生态保护并重的理念。生态产业发展要结合人民群众的需求，将农业发展与旅游、文化、康养等产业融合，让生态优势转化为产业优势和经济优势。同时要建立市场化生态补偿机制，让生态保护者获益。二是做好生态振兴规划。要一张蓝图画到底，针对乡村特色农业、休闲产业、乡村旅游等生态发展项目，统一规划、统一品牌、统一经营，形成集聚和规模效益。三是加强乡村发展的软硬件建设。"栽下梧桐树，引得凤凰来"。革命老区发展乡村生态产业，首先要做好软硬件的基础建设，强化乡村发展硬件，提升乡村发展软件，注重对农耕文明、村落建筑、田园风光和乡土生活等地域元素的保护，厚植乡村发展的文化底蕴，通过乡村发展优势吸引投资者、企业家、乡村创客等来经营乡村产业。

（三）多措并举培育革命老区乡村振兴人才

革命老区乡村振兴，人才振兴是关键。人才振兴是乡村振兴的引擎，只有人才振兴才能为乡村振兴提供源源不断的发展动力。人才振兴的关键，是让人才会聚、留下来，持续不断发挥能动性作用，让人才振兴更加对准乡村振兴缺口、满足乡村振兴需要。由于城市的高速发展，乡村人才大量流失，乡村育才、留才、引才难，不利于乡村振兴发展速度和质量的提升。针对革命老区乡村振兴缺乏人才支持的现状，要破解这一难题，必须在育才、引才、用才三方面下足功夫。

（1）培育本土人才，盘活人才存量。聚才应优先从当地村民入手，发掘乡村振兴人才本土资源，大力培养本土人才队伍。一是选优配强村"两委"班子这个"火车头"，优化年龄和学历结构，定期开展业务培训，提升基层治理水平和办事服务能力，为乡村振兴提供坚强的人才支撑和组织保障。二是发掘培育乡土人才队伍。乡村中往往有一些种植能手、养殖大户、发展能人，要用好这些乡土人才，发挥他们的带头引领作用，通过传帮带，为乡村发展聚才。三是实施新型职业农民培育工程。依托各类职业院校和高校，加强对农民的教育和职业技能培训，提升农民的综合素质和能力。

（2）吸引外来人才，扩大人才增量。一是开展返乡创新行动计划。地方政府要出台政策、搭建平台，积极鼓励外来和返乡人员回村干事创业，有针对性地给予政策支持和技术指导，重点培养家庭农场、农业企业、新型农村集体经济组织等类别的致富带头人，促进其发挥辐射带动作用，带领村民们共同致富。二是推动科技人才下乡。适应现代化农业发展需要，积极聘请农业专家、产业指导员、种植能手等专业人士下乡进村，结合当地实际开展培训、解答疑惑与困难，提升农民群众经营管理能力和种养殖技术，促进农村各产业提质增效。鼓励高校毕业生回乡发展。地方政府可以在基层公务员考试、大学生村官考试中予以政策倾斜，鼓励大学生到基层工作。涉及乡村振兴发展的各类企业，可以开展面向大学生的专场招聘，吸引大学生到农村创业发展，政府可以对乡村振兴发展的相关企业招聘引进高校人才回村工作给予一定补贴。

（3）用好人才评价，激发人才活力。人才评价和激励，是聚才、育才、留才的抓手，要让各类人才能够在乡村发展创业，能够留得下、用得好。一是完善乡村人才评价体系。探索建立乡土人才、职业农民的评价机制，对于在乡村发展创业的科技人才，在职称、待遇上可以给予倾斜。二是探索建立乡土人才信息交流共享机制。建立乡土人才评价信息共享平台，强化人才信息服务，推动乡村人才的流动和有效配置。三是建立乡土创业的荣誉机制。地方政府可以出台相应政策措施，对在乡土创业的各类人才，通过评选授予相应荣誉称号，提升各类人才在乡土创业的荣誉感与自豪感。

B.3
革命老区基础设施建设
及其赋能效应研究

刘善庆　祁娟　王艳乔　龙银湘　黄玉发 *

摘　要： 基础设施在经济社会发展全局中具有基础性、先导性、战略性作用。本报告选取五大革命老区为研究对象，分析党的十八大以来，革命老区在交通、能源、水利、信息基础设施方面的建设情况。进一步选择赣州市 2012~2019 年的面板数据为样本，运用 STATA 软件就革命老区基础设施建设对赣州市经济增长的赋能效应进行实证检验。结果表明：基础设施建设能够在一定程度上赋能经济增长，且信息基础设施、交通基础设施对赣州市经济增长水平的赋能效应较为显著，能源基础设施则不够显著。在此基础上，提出对策建议：未来应不断完善政策措施，更加重视革命老区的基础设施建设，着力提高基础设施的利用效率，不断加快革命老区高质量发展步伐。

关键词： 赋能效应　基础设施建设　革命老区

经济发展离不开基础设施建设的助推，基础设施建设可以作为特殊的资本存量促进经济增长，对经济发展发挥强有力的支撑作用。2021 年 2 月，

---

* 刘善庆，博士，教授，博士生导师，江西师范大学苏区振兴研究院（革命老区振兴研究院）院长，江西师范大学乡村振兴教育研究中心主任、区域创新与创业研究中心常务副主任，研究方向为苏区治理和区域发展；祁娟，江西师范大学马克思主义学院、苏区振兴研究院（革命老区振兴研究院）硕士研究生；王艳乔，江西师范大学马克思主义学院、苏区振兴研究院（革命老区振兴研究院）硕士研究生；龙银湘，江西师范大学商学院硕士研究生；黄玉发，江西师范大学马克思主义学院、苏区振兴研究院（革命老区振兴研究院）硕士研究生。

《国务院关于新时代支持革命老区振兴发展的意见》指出，要加快完善革命老区基础设施，培育革命老区发展新动能，提高经济质量效益和核心竞争力，实现到 2035 年形成基础设施完善的发展新局面的目标。那么，当前革命老区基础设施建设的现状如何？对革命老区经济增长的赋能效应如何？存在哪些挑战与不足？应该如何进一步完善？本报告试图回答这些问题。

一 革命老区基础设施建设现状

（一）交通基础设施建设

1. 铁路建设实现突破

交通基础设施包括陆路（铁路、公路）、水路（航运）和航空等多方面。革命老区把高铁建设和既有铁路扩能改造作为重点，力求形成内联外通的铁路网络。赣州市作为赣南等原中央苏区的中心城市，目前建成运营赣韶、赣龙、岳吉、漳龙普速铁路。自赣瑞龙铁路、昌赣客专相继通车运营开始，赣南等原中央苏区全面迈入"高铁时代"；[①] 2021 年 12 月，赣深高铁开通运营，有力推动赣州积极融入粤港澳大湾区。革命老区陕甘宁全线开通西安到平凉铁路客运，结束了咸阳北部和甘肃庆阳无铁路的历史。[②] 国家重点运煤铁路专线准朔铁路正式投入运营，为单线万吨重载运煤电气化铁路。联通左右江革命老的沪昆高铁于 2016 年实现全线贯通。[③] 云桂铁路、南昆铁路南宁至百色段增建二线全线建成，南昆铁路扩能、黔桂铁路复线等项目加快推进。2017 年，位于川陕革命老区的陕西省西安市至四川省成都市

---

① 《推进革命老区振兴典型经验介绍之二：牢记嘱托砥砺奋进推动赣南等原中央苏区全面振兴》，国家发展改革委百家号，2021 年 4 月 29 日，https://baijiahao.baidu.com/s?id=1698304816420961631。

② 《西安至平凉铁路客运业务将全线开通》，人民网，2015 年 6 月 1 日，http://scitech.people.com.cn/n/2015/0601/c1057-27082643.html。

③ 《沪昆高铁全线贯通》，中国政府网，2016 年 12 月 28 日，http://www.gov.cn/xinwen/2016-12/28/content_5153854.htm#1。

的高速铁路全线正式通车，成为中国首条穿越秦岭的高速铁路。[①] 革命老区铁路建设不断实现新的突破，在持续强化对外铁路通道建设的过程中，区域性铁路枢纽功能不断提升，铁路客货站场建设不断加强。

2. 干线公路更加完善

赣南等原中央苏区坚持推进公路体系完善，推进国家高速公路拥挤路段扩容改造，加强国省道改扩建。目前，赣州市高速公路骨架已基本建成。随着兴赣、寻全、昌宁等高速公路建成通车，赣州新增高速公路通车里程631公里，总里程达到1441公里，全市高速公路通车里程占江西全省的四分之一，"三纵三横六连"高速公路网全面形成。[②] 如图1所示，从2012年到2019年，赣州市公路里程数在不断增长，尤其是2018年到2019年，公路里程数增加了42%。全市公路基础设施日益完善。2020年，赣州在实现"县县通高速"基础上，再实现76%的县县通双高速。赣州市有普通国省道1.86万公里，覆盖了100%的县城和86%的乡镇，极大改善了普通公路不足的现状。在陕甘宁革命老区，2019年，陕西省基本形成了"三纵六横八放射"综合运输大通道格局，实现了所有建制村100%通沥青路（水泥路）、通客车。宁夏回族自治区"三环四纵六横"高速公路网基本成形，[③] 甘肃省与相邻的川、陕、宁、青、新、蒙等6省（区）省会（首府）之间实现高速连通，14个市州政府驻地全部实现高速贯通。位于左右江革命老区的马山至平果、崇左至靖西、河池至百色、乐业至百色、靖西至龙邦高速公路建成通车，形成了边境一线连接北部湾、云南、贵州、重庆以及越南等地的高速公路网络。在大别山革命老区，安徽省"五纵九横"高速公路主骨架加速形成，河南省规划布局了"七纵五横"高速公路网，湖北省基本建成了"九纵五横三环"

---

① 《［2017年］我国首条穿越秦岭的高铁——西成高铁开通》，国务院国有资产监督管理委员会，2019年12月6日，http：//www.sasac.gov.cn/n2588025/n2649281/n10784966/c12970621/content.html。

② 《赣州"三纵三横六联"高速路网全面形成》，中国江西网，2017年10月24日，https：//jxgz.jxnews.com.cn/system/2017/10/24/016492936.shtml。

③ 《陕西：使命如山砥砺七十载　初心如磐奋进新时代》，中国报道网，2019年9月11日，http：//www.chinareports.org.cn/djbd/2019/0911/10940.html。

的高速公路骨架网。在川陕革命老区，巴陕、巴广渝、巴万高速公路建成通车。河南省"县县有国道，乡乡通干线"，农村公路交通网络初步形成，湖北省构建了"衔接中部、辐射全国、畅安舒美"的普通国省干线公路网，初步形成了"深度通达，结构优化，安全便捷"的农村公路网。①

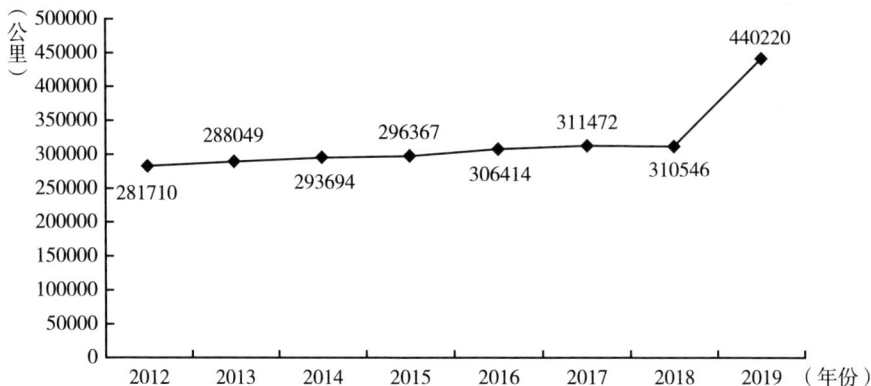

图 1   2012~2019 年赣州市公路里程数

资料来源：《赣州统计年鉴》（2013~2020 年）。

3. 水运基础设施建设提速

赣南等原中央苏区加快重要航道建设。目前，赣江、信江航道基本具备三级通航条件，赣州市"一纵两横"高等级航道网基本建成并运行；新干航电枢纽正式建成，赣江流域的南昌港投入运营，泰和沿溪综合货运码头于2021 年竣工并通过验收，樟树港等多个港口正在积极建设中。在左右江革命老区，被规划为三级航道的广西左江（龙州—宋村三江口）可通过 1000 吨级船舶直达珠江三角洲及港澳地区，西江水道的通航能力得到了极大提高。② 船闸扩能升级正在有序推进。山秀电站至先锋电站可通 500 吨级船舶，左江电站至龙州、上金至宁明、平而河电站之间可通 300 吨级船舶，水口河电站之间及

---

① 《「湖北」畅安舒美成大道——湖北公路"十三五"工作回眸》，潇湘晨报百家号，2021 年 1 月 14 日，https：//baijiahao. baidu. com/s? id=1688861452103433126&wfr=spider&for=pc。

② 《崇左至南宁Ⅲ级航道收尾 千吨级船舶可直达粤港澳》，南宁新闻网，2015 年 5 月 15 日，http：//www. nnnews. net/p/1388574. html。

上游可通过 100 吨级船舶。① 大别山革命老区采取深入推进数字航道生产业务的全面应用和综合服务平台的投入运行等创新举措，实现了航道资源的充分利用；淮河淮滨至三河尖（豫皖省界）四级航道常年通航，淮滨段四级航道已建成。川陕老区地渠江等航道的建设整治不断加强，逐步满足千吨级船舶通航需求，建成南充港河西作业区化学工业园区专用码头等专业化客货运码头，汉江漩涡至安康航运工程、汉江安康至白河航运工程等已经竣工。

4. 航空建设成果显著

快捷便利的航空体系进一步完善了革命老区综合交通体系，促进了客货运输、经贸往来，拓宽了革命老区对外开放的交通渠道，带动了旅游等相关产业发展。赣南等原中央苏区完成了赣州市黄金机场的扩建，② 正式投产运营井冈山机场新航站楼、宜春明月山机场、上饶三清山机场。在陕甘宁革命老区，西安咸阳国际机场三期扩建工程开工建设，延安、安康机场迁建和榆林机场二期扩建完成竣工；庆阳机场完成 4C 级改造；宁夏回族自治区已建成三座民用运输机场——银川河东国际机场、中卫沙坡头机场和固原六盘山机场，两个通用机场——盐池机场、月牙湖机场，基本形成了以银川河东国际机场为核心的"一干两支两通"的民用机场布局。③ 作为左右江革命老区的中心城市，百色市巴马机场已开通 10 个国内重要城市航线，旅客年吞吐量突破 20 万人次。位于大别山革命老区的信阳市明港机场军民合用改扩建工程项目已完成并正式通航。川陕革命老区的巴中恩阳机场于 2019 年正式通航，通航网络覆盖西南、华南、华东、西北、华北五大区域；开通了 14 条航线，成为西南地区通航初期运输量增长最快的支线机场之一。④

---

① 《崇左海事处依托船闸共建共管提升辖区安全监管水平》，搜狐网，2019 年 8 月 16 日，https：//www.sohu.com/a/334050132_120214185。
② 《赣州黄金机场"改扩建"竣工 全新机场启航翱翔》，中国江西网，2019 年 9 月 30 日，https：//xxrb.jxnews.com.cn/system/2019/09/30/018608934.shtml。
③ 《十五年风雨兼程 宁夏机场扬帆再起航》，人民交通网，2019 年 10 月 10 日，http：//www.rmjtxw.com/news/hk/90645.html。
④ 《〈川陕规划〉实施以来巴中发展综述》，通江县人民政府官网，2021 年 4 月 19 日，http：//www.tjxzf.gov.cn/public/6600571/13156481.html。

（二）水利基础设施建设

1. 水库建设扎实推进

赣南等原中央苏区水资源保障水平不断提高，水资源配置格局不断完善。赣州市相继建成运行寒山、太湖、保丰、夏营、石洞5座中型水库，开工建设四方井、花桥2座大型水库和岭下、茶坑等7座中型水库。陕甘宁革命老区建成了亭口水库枢纽工程，232万人的饮水安全得到了进一步保障；陕西渭南市正在加快推进北洛河水库等重点工程建设，让渭北旱塬不再"靠天吃饭"。在左右江革命老区，贵州省榕江县溪口水库工程于2021年底顺利完成下闸蓄水验收，黔西南州正在加快纳达水库等36座中小型水库续建项目建设，累计开工建设望谟油啥、九羊、纳学、兴仁母冲、安龙龙洞、晴隆普岔河、普安河沟头等7座中小型水库，金鸡河水库处于项目工程运行前期阶段。大别山革命老区已建成投用信阳市出山店水库，下浒山水库、太湖东堰口水库通过竣工验收。在川陕革命老区，二郎庙水库、双桥水库完成蓄水验收，红鱼洞水库即将进行下闸蓄水，黄石盘等水库正在加快建设。①

2. 水利灌溉体系日益完善

在赣南等原中央苏区，中大型灌区建设正在有效推进，有力保障了农业生产顺利开展。抚州廖坊水利枢纽灌区于2019年完工，建成高效节水灌溉区域130万亩，新增及恢复改善灌溉区域410万亩；章江等灌区续建配套与节水改造项目进展顺利。位于左右江革命老区的广西驮英水库及灌区工程总干渠隧洞全面贯通，该工程项目对构筑流域防洪体系、保障流域防洪安全、发展灌溉农业、兼顾乡村供水、优化能源结构、带动沿江经济社会快速发展具有重大意义。② 大别山革命老区建设了板桥、薄山、宿鸭湖3座大型灌区现代化工程，以及西平县灌区修复工程、遂平县灌区修复工程、泌阳县华山

① 《〈川陕规划〉实施以来巴中发展综述》，通江县人民政府官网，2021年4月19日，http://www.tjxzf.gov.cn/public/6600571/13156481.html。
② 《广西驮英水库及灌区工程总干渠隧洞全面贯通》，中国水利网，2021年11月23日，http://www.chinawater.com.cn/js/172jxs/202111/t20211123_775115.html。

灌区骨干工程节水配套改造工程、汝南县野猪岗灌区节水配套改造工程、正阳县淮河汝河提灌站修复工程、正阳县固定机电灌站维修工程、宋家场灌区节水配套改造工程，集中供水覆盖率不断提高。

3. 水源调配工程有序推进

在陕甘宁革命老区，宁夏固原地区（宁夏中南部）城乡饮水安全水源工程于 2016 年提前建成通水，使西海固千百年来"喊叫水"的历史一去不复返。① 盐环定扬黄工程更新改造项目全线顺利通水，陕甘宁盐环定老区"水困"历史被彻底改写。引洮供水二期骨干工程在静宁县八里镇正式通水，标志着"圆梦工程"引洮供水工程主体全线建成，会宁北部供水工程相继建成并获得成效，区域性水资源配置格局不断优化。2021 年，位于大别山革命老区的广水市总长 13 公里的宝林隧洞胜利打通，标志着鄂北地区水资源配置工程实现全线贯通。预计到 2022 年底，引江济淮工程一期项目基本建成，2023 年实现通水通航。位于川陕革命老区的三河口水利枢纽是引汉济渭工程调水工程的调蓄中枢，该水利枢纽首台机组（4 号机组）已于 2021 年 12 月 10 日顺利完成 72 小时试运行，正式投产发电，源源不断的清洁能源将进入千家万户。②

4. 综合流域治理加快开展

在赣南等原中央苏区，2021 年，赣州市对赣江流域实施崇仁、永丰等 8 个中小河流重点县综合整治试点建设，治理山洪沟 21 条，完成 1479 座病险水库、6317 座山塘和 14 座大中型病险水闸除险加固，有效消除了病险水利工程安全隐患。在左右江革命老区，黔西南州 2021 年开工建设了 5 条中小河流治理项目，完成了 1 条山洪沟防洪治理的项目建设，水土流失综合治理面积达 255.3 平方公里。③ 截至 2021 年底，川陕革命老区完成了 384 座小型病险水库的除险加固工程。革命老区系列工程的建设，有效增强了重点易涝区排涝能力，水利工程防洪减灾能力不断提升。

（三）能源基础设施部分

1.电源电网建设加快推进，电力保供能力明显增强

在赣南等原中央苏区，赣州市在 2019 年建成投运 500 千伏红都、500 千伏抚州–红都等重点项目，形成了中部（赣州）、南部（雷公山）、东部（红都）三个方位的 500 千伏供电网架，提前四年在全省率先实现 220 千伏变电站县县全覆盖、县县 110 千伏多电源供电。赣州市大力推动风能、太阳能、生物质能等新能源开发利用。寻乌基隆嶂风电项目、中电建江西院会昌盘古嶂风电场分别于 2017 年、2019 年全部机组并网发电，标志着赣州市新能源装机容量突破了 200 万千瓦大关，新能源装机和发电量均位列江西省第一。① 此外，华能秦媒瑞金电厂、赣浙国华信丰电厂一期建成投产。2021 年赣州市电力装机总容量达 753 万千瓦，较 2011 年增长 378%。一系列电源电网建设工程的建成落地，逐步改变了赣州市"缺煤、少电、无油、无气"制约经济社会发展的现状。如图 2 所示，工业生产所需要的能源消耗可反映能源基础设施建设情况，从 2012 到 2019 年，赣州市工业能源消耗的年均增长速度约为 5%，可见，赣州市工业正稳步发展。早在 2010 年，陕甘宁革命老区就建成了世界首个 ±660 千伏工程——宁东至山东（宁夏宁东—山东青岛）直流输电通道，将宁夏的能源资源以直流输电形式"打捆"送到华东地区，开创了宁夏电力大规模外送的先河；六年后，另一条直流外送大通道——灵绍 ±800 千伏特高压直流输电工程（宁夏灵武—浙江绍兴）建成，将宁夏与浙江相连，拉开宁电入浙大幕。富平、洛川、定边、灵台、牛首山、镇罗、同心、志丹、甘塘 330 千伏电网变电工程项目

---

① 《寻乌基隆嶂风电场顺利通过水土保持设施自主验收核查》，国家电投江西电力有限公司，2021年 9 月 18 日，http://www.cpijx.jx.cn/id_ff8080817aad0551017c0e03d1717e8f/news.shtml。

均先后建成投入使用。[①] 左右江革命老区全面完成了农村电网改造升级任务，大幅提升民生用电保障。百色市积极寻求区域内开展共建煤炭、电力电网等能源资源合作，"黔电入百"工程成功并网运行，"云电入桂"等工程积极推进。稳妥推进城镇垃圾发电项目建设，兴义城市生活垃圾焚烧发电厂项目二期扩建工程完工投产，并实现并网发电，为黔西南州城乡生活垃圾处理的无害化、减量化和资源化提供了安全有效的保障。[②] 在大别山革命老区，湖北随州市首座 500 千伏智能变电站——随州编钟变电站于 2017 年正式投产送电；2021 年，随州编钟变电站扩建输变电工程顺利送电投运，鄂北电网"高速路"再添新动能。安徽岳西 150 千瓦光伏电站、金寨 100 兆瓦光伏电站、霍邱 60 兆瓦花园光伏项目均已于 2022 年实现并网发电。在川陕革命老区，汉江白河水电站全部机组并网发电，汉江旬阳水电站大坝工程二期上游围堰顺利合龙，二期大江截流工作圆满成功。革命老区电力保供能力得到明显增强。

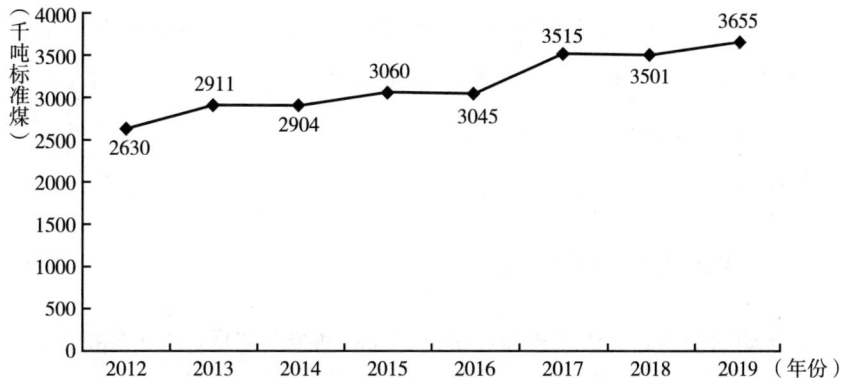

图 2 2012~2019 年赣州市工业生产所需要的能源消耗情况

资料来源：《赣州统计年鉴》（2013~2020 年）。

① 《宁夏举行第五届中阿博览会中阿能源合作高峰论坛新闻发布会》，中华人民共和国国务院新闻办公室，2021 年 8 月 15 日，http：//www. scio. gov. cn/xwfbh/gssxwfbh/xwfbh/ningxia/Document/1710628/1710628. htm。
② 《我市扎实推进与云贵区域重点领域合作》，广西百色市工业和信息化局，2017 年 4 月 7 日，http：//gxj. baise. gov. cn/ztgz/gyyq/yqdt/t3806042. shtml。

2.天然气管道工程建设稳步推进，成品油供应保障能力不断提高

在赣南等原中央苏区，樟树—吉安—赣州成品油管道建成投产，赣州市国家主干网西气东输二线和三线先后建成，实现了长输管道天然气双气源供应，定南中油联合能源成品油库等项目已开工建设，项目建成后将有效提高赣南等原中央苏区成品油供应保障能力。[①] 在陕甘宁革命老区，长庆—呼和浩特石化原油管道工程正式投产，天然气进京又一条"大动脉"陕京四线干线全线贯通。2021 年，西气东输三线中段（中卫—吉安）工程在中卫市举行了开工启动仪式，建成后可与西气东输一线、二线、中靖联络线和中贵线等多条天然气管道互联互通，实现"多点进、多点出"的调配功能，能够极大提高西气东输管道系统的运行可靠性。[②] 在左右江革命老区，百昆（广西百色—云南昆明）成品油输送管道建成投产，截至 2021 年，累计向沿线州市输送成品油突破 2267.77 万吨。川陕革命老区进一步推进城镇燃气设施、管网及专用储气设施建设改造，不断建设完善工业园区输配气管网，并于 2018 年建成龙巴输气管道工程;[③] 达州、广元、巴中等地区不断加大天然气、页岩气勘探开发力度，其中达州市目前已探明的天然气储量达数千亿立方米，多座开采基地产量达到较高水平。

（四）信息基础设施建设

1.移动通信网络升级工程有序推进，互联网接入宽带标准大幅提高

村村通宽带打通了广大革命老区农村接入信息化时代的大动脉，贫困

---

① 《强筋壮骨 筑牢基石——赣州市基础设施建设攻坚战三年回眸》，客家新闻网百家号，2019 年 2 月 20 日，https：//baijiahao.baidu.com/s？id = 1625950233874220092&wfr = spider&for = pc。

② 《西气东输三线中段工程暨中卫压气站二站项目顺利启动》，中卫市人民政府官网，2021 年 9 月 23 日，http：//www.nxzw.gov.cn/zwgk/bmxxgkml/sfzhggwyh/fdzdgknr_49196/bmxx_49231/202110/t20211012_3080181.html。

③ 《西南成品油管道百昆段管输量突破 2267.77 万吨》，人民资讯百家号，2021 年 12 月 14 日，https：//baijiahao.baidu.com/s？id = 1719113144392257648&wfr = spider&for = pc。

地区通信难等问题得到了历史性解决，为全面推进乡村振兴、加快农业农村现代化提供了坚实的网络支撑。在赣南等原中央苏区，截至 2020 年底，赣州市累计新增 5G 基站开通数 6122 个（其中移动 2200 个，电信、联通各 1961 个），占江西省开通数量的 18%，稳居江西省第二位。如图 3 所示，赣州市互联网用户从 2012 年的 68 万户到 2019 年达到 217 万户，互联网用户数增加了 2 倍多，为赣州加快推进产业数字化、数字社会建设，推动生活数字化、公共服务数字化打下了坚实基础。在左右江革命老区，百色市 5G 网络建设项目累计立项 1753 个，城市区域 5G 室外覆盖率超 90%。在大别山革命老区，信阳市已累计投资 5.9 亿元，建设 5G 基站 878 个。在川陕革命老区，巴中市持续实施农村电网改造，建成 5G 试用站 595 个。[①] 总体看，革命老区行政村完成了全区域 4G 网络的连续覆盖，5G 网络的建设步伐正在不断加快，并且均已陆续接通宽带，推进千兆光纤网络的进一步延伸。

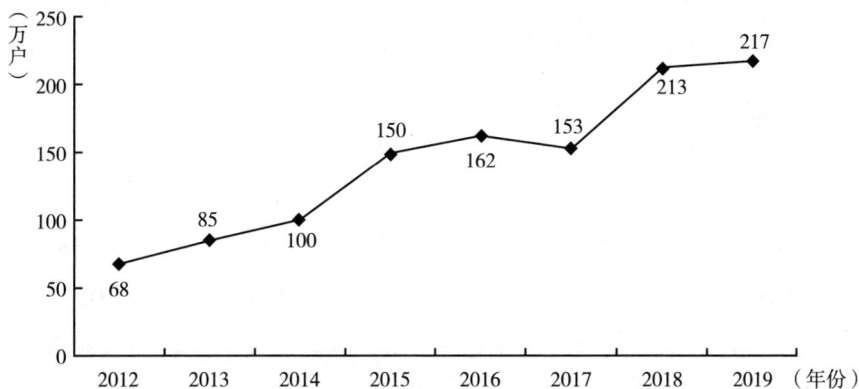

图 3　2012～2019 年赣州市互联网用户数

资料来源：《赣州统计年鉴》（2013～2020 年）。

---

① 《〈川陕规划〉实施以来巴中发展综述》，通江县人民政府，2021 年 4 月 19 日，http://www.tjxzf.gov.cn/public/6600571/13156481.html。

2. 数字城市、智慧城市建设成效显著，信息服务平台应用广泛

赣南等原中央苏区深入实施数字城市、智慧城市等重大工程，赣州蓉江新区在全市范围内率先系统性启动智慧城市建设，采用 EPC 合作模式，围绕建设智慧城市"1411"体系，即一个运行中心，城市治理、社会民生、产业经济、资源环境四大类智慧应用，一个公共信息数据平台，一套公共信息化基础设施，全方位互联互通，实现新区功能泛在感知，政务资源共享互通，区域经济动态可视，市民生活便捷安畅。① 2021 年，赣州市被评为特色型信息消费示范城市。② 2018 年投入运行的赣州经开区城市管理执法分局数字化城市管理监督指挥平台，进一步深化了数字化城市管理理念，提高了赣州市高效数字化管理水平。③ 自 2015 年开始，左右江革命老区深入推进电子政务系统建设，已形成了包括电子政务支撑平台、公文交换系统、办公自动化系统、网上办事大厅、电子监察和商事登记等在内的综合应用体系，广西百色市级电子政务升级上线市"四大办"，132 个市直单位正式使用新系统进行电子化办公。大别山革命老区不断加强应用网络平台建设，正式商用河南省信阳市综合工业网络互联网平台，上线针对本地市民开发的生活类 App——智慧信阳云。湖北省黄冈市积极打造数字城市建设试点，2013 年被列入第二批 103 个国家智慧城市试点名单；六安市霍山县、金寨县分别于 2013 年、2015 年被列入第二批、第三批智慧城市试点名单；2021 年，六安市获评"2021 中国领军智慧城市"。位于川陕革命老区的四川省绵阳市、陕西省宝鸡市于 2013 年被列入第二批 103 个国家智慧城市试点名单，陕西省汉中市于 2014 年被列入第三批国家智慧城市2014 年度试点名单。

---

① 《［聚焦"两会"］智慧城市建设 打造未来之城》，赣州蓉江新区，2020 年 4 月 29 日，http：//rjxq.ganzhou.gov.cn/rjxq/c105081/202004/94c6d1028f6c46eea8af21b632e4f575.shtml。
② 《赣州获评国家信息消费示范城市》，中国江西网，2021 年 1 月 27 日，https：//jj.jxnews.com.cn/system/2021/01/27/019174100.shtml。
③ 《"数字化城管"让城市管理更精细高效》，客家新闻网百家号，2019 年 3 月 5 日，https：//baijiahao.baidu.com/s? id=1627149751156802821&wfr=spider&for=pc。

二 革命老区基础设施的赋能效应研究

（一）模型构建及相关数据说明

1. 模型构建

本模型参考刘生龙等[①]、方福前等[②]学者关于基础设施促进经济增长的理论模型，即：

$$\log(Y_{it}) = \beta_0 + \beta_1 \log(L_{it}) + \beta_2 \log(K_{it}) + \beta_3 \log(G_{it}) + \varepsilon_{it}$$

上式中，Y 代表总产出[③]；K 代表基础设施以外的资本存量[④]；L 代表劳动力；G 代表基础设施；i 表示第 i 个市区县，t 表示时间；β_1、β_2 分别代表劳动力和资本存量对经济增长的影响，β_3 衡量在控制了资本存量、劳动力以及全要素生产率后基础设施对经济增长的直接效应。

2. 数据来源与处理说明

习近平同志在纪念中央革命根据地创建暨中华苏维埃共和国成立 80 周年座谈会上的讲话中指出，"在党创建的各个革命根据地中，中央革命根据地'最具有代表性'，'是其中最大最重要的一个'"。赣州市俗称赣南，是中央革命根据地（中央苏区）的主体和核心区域。因此，本报告以赣州市为例，利用赣州市 2012~2019 年 18 个县（市、区）的面板数据，运用 STATA 软件就革命老区基础设施建设对赣州市经济增长的赋能效应进行实证检验。其中，面板数据均来自 2012~2019 年《赣州统计年鉴》以及 2013~2019 年《中国县域年鉴》。

---

① 刘生龙、胡鞍钢：《基础设施的外部性在中国的检验：1988—2007》，《经济研究》2010 年第 3 期，第 6 页。

② 方福前、田鸽、肖寒：《基础设施对中国经济增长的影响及机制研究——基于扩展的 Barro 增长模型》，《经济理论与经济管理》2020 年第 12 期，第 13~27 页。

③ 总产出 Y 用赣州市各县（市/区）年度实际 GDP 代替。

④ 本报告以县域数据为主，与资本存量相关的数据缺失较多，因此，在参考刘瑞明等学者文献基础上，利用固定资本存量增长速度来衡量。参见刘瑞明、赵仁杰《国家高新区推动了地区经济发展吗？——基于双重差分方法的验证》，《管理世界》2015 年第 8 期，第 30~38 页。

（二）实证分析

1. 描述性统计分析

变量描述性统计分析结果如表 1 所示。

表 1　主要变量描述性统计结果

变量名称	变量描述	样本容量	均值	标准差	最小值	最大值
lngdp	地区实际生产总值	112	13.670	0.491	12.650	14.790
lntrans	交通基础设施（公路里程数）	112	7.366	0.398	6.575	8.361
lnenergy	能源基础设施增长速度	112	0.0164	0.7610	−4.2520	4.1160
lninform	信息基础设施（互联网用户数）	112	10.850	0.810	8.848	12.580
lngov	政府支出（其支出占 GDP 比重）	112	12.500	0.439	11.570	13.510
lnedu	人力资本（高中教师占总人口比重）	112	0.00118	0.000236	0.00070	0.0018
lninstru	产业结构（第三产业总额占 GDP 比重）	112	0.332	0.052	0.225	0.447
lnexp	开放度（进出口总额占 GDP 比重）	112	0.07130	0.05560	0.00772	0.32800
lnasset	社会固定资产（用增速表示）	112	0.00414	0.03070	−0.03830	0.05920
N	样本地区	18	18	18	18	18

从表 1 中可以看出，取自然对数后地区实际生产总值的均值为 13.670，交通基础设施的公路里程数平均为 7.366，+1 并取自然对数后的能源基础设施增长速度的均值为 0.0164，取自然对数的互联网用户数的均值为 10.850。由此可知，三类基础设施均与地区实际生产总值呈正相关关系。

2. 模型回归分析

根据上述模型，2012~2019 年基础设施建设对赣州市经济增长水平赋能的具体效应检验结果如表 2 所示。

表2 回归分析结果

变量	A:静态模型实证分析结果			B:剔除代表性子样本后分析结果	
	被解释变量:地区实际生产总值(GDP)				
	OLS	FE	RE	FE	RE
交通基础设施	0.217	0.298 ***	0.228 *	0.455 ***	0.531 ***
	(1.62)	(3.27)	(1.76)	(5.22)	(4.56)
能源基础设施	−0.035	0.014	0.011	0.020	0.018
	(−1.23)	(0.75)	(0.59)	(1.23)	(1.24)
信息基础设施	0.188 ***	0.471 ***	0.447 ***	0.454 ***	0.429 ***
	(4.45)	(18.12)	(9.24)	(16.52)	(15.78)
政府支出	0.683 ***	0.049 **	0.082 ***	0.050 *	0.072 **
	(4.28)	(2.26)	(2.92)	(1.91)	(2.32)
人力资本	−1147.537 ***	237.701 **	109.885	379.658 ***	401.162 ***
	(−7.05)	(2.40)	(0.58)	(3.99)	(4.18)
产业结构	1.146 **	0.026	0.478	−0.295	−0.602
	(2.03)	(0.06)	(0.75)	(−0.74)	(−1.15)
开放度	1.550 ***	−0.240	0.231	−0.014	−0.005
	(2.91)	(−0.71)	(0.60)	(−0.05)	(−0.01)
社会固定资产	−0.740	−1.135 ***	−1.099 ***	−1.221 ***	−1.172 ***
	(−1.04)	(−13.46)	(−11.04)	(−12.60)	(−13.17)
常数	797.135 ***	−159.017 **	−70.188	−258.576 ***	−273.958 ***
	(7.06)	(−2.32)	(−0.53)	(−3.92)	(−4.08)
观测值	144	144	144	104	104
R-squared	0.714	0.921		0.934	
HausmanX^2(p)		59.01			
		(0.000)			
p-value		2.38e-10			
N		18	18	13	13

注:*** p<0.01,** p<0.05,* p<0.1,*** 、** 、* 分别表示在1%、5%和10%的水平上显著,括号中为t统计值;HausmanX^2(p)表示对静态模型采用随机效应还是固定效应检验的X^2值,括号里为对应p值。

具体方法说明如表3所示。

表 3 不同静态模型估计结果说明

序号	方法	说明
1	普通最小二乘法(Pooled,OLS)	未考虑个体异质性,估计结果偏误较大
2	面板固定效应(Fixed Effects,FE)	考虑了赣州市各个县(市/区)的个体差异,优于普通最小二乘法
3	面板随机效应(Random Effects,RE)	反映个体效应的误差项为随机分布,节省了较多自由度

根据 Hausman 检验结果 χ^2 (p) = 0.000,拒绝了两种方法的估计结果无显著差异的原假设,随机效应的条件未得到满足,因此固定效应的估计结果优于随机效应,选用面板固定效应模型所得到的估计结果进行分析。

从表 2 运用面板固定效应模型所得到的估计结果可知,信息基础设施对地区经济增长水平赋能效应最大,信息基础设施每提高 1 个百分点,总体上可促进地区生产总值提高 0.471 个百分点。交通基础设施效应则次之,交通基础设施密度每提高 1 个百分点,总体上可促进地区生产总值提高 0.298 个百分点。信息基础设施和交通基础设施对赣州市经济增长的促进作用较大的原因在于,2012 年《国务院关于支持赣南等原中央苏区振兴发展的若干意见》出台实施后,中央政府加大了对赣南老区交通基础设施、信息基础设施建设的支持力度,且持续时间较长。交通、信息等良好的基础设施可以大幅缩短老区与其他地区的时空距离,有利于改善投资环境,促进资源的开发和利用,把资源优势转变成经济优势、发展优势,带动沿线革命老区的振兴发展,提高老区人民的生活水平,加快实现共同富裕的步伐。比较而言,能源基础设施建设每提高 1 个百分点,总体上可促进地区生产总值增加 0.014 个百分点,对赣州经济增长水平赋能效应不够明显。这主要是两方面原因所致。一是革命老区能源利用效率不高。与发达地区相比,赣州市单位 GDP 能源消耗仍然存在较大差距。二是能源基础设施完善程度依然存在较大提升空间。与交通基础设施与信息基础设施相比,赣州市在能源基础设施建设方面仍然存在一定差距。

3.稳健性检验结果分析

为了进一步检验计量模型的稳健性，将赣州市部分样本剔除后，进行分样本的稳定性检验。如果子样本实证分析结果与全样本实证分析结果相近，则说明模型具有稳健性，研究结论可靠；反之，则不具备稳健性，研究结论不可靠。

从赣州市来看，章贡区、赣县区、南康区、信丰县、瑞金市五个县（市、区）地区实际生产总值（GDP）较高，剔除以上五个县（市、区）的样本数据后，能够更加真实地反映赣州市各县（市、区）的基础设施对地区经济增长水平赋能的具体效应。将上述五个具有代表性的样本剔除后，进行子样本的实证分析。分析结果如表 2 中的 B 列所示，以交通基础设施为例，可以发现，交通基础设施对地区经济增长水平的赋能效应具有明显的提升作用，表明在赣州市发展水平相对落后的县（市、区），交通基础设施对地区经济增长水平的正向促进效应更加突出，与 A 列的全样本实证分析结果相近。基于此，可以认为本报告所采用的模型具有良好的稳健性。

（三）研究结论

本报告以著名革命老区赣州市为例，通过构建理论模型，利用赣州市 2012~2019 年 18 个县（市、区）的面板数据，实证检验了革命老区基础设施建设对地区经济增长的赋能效应，结果发现：基础设施建设对革命老区经济增长具有显著的促进作用。其中，交通基础设施、信息基础设施对革命老区经济增长的促进作用十分明显；比较而言，尽管能源基础设施的赋能效应不够显著，但对革命老区经济增长仍然具有一定的促进作用。得益于基础设施的持续改善，赣南等原中央苏区、陕甘宁、大别山、左右江、川陕等革命老区经济增长明显，彻底告别了绝对贫困，与全国人民一道同步建成了全面小康社会，踏上了全面建设社会主义现代化国家、迈向共同富裕的新征程。

三 革命老区基础设施建设面临的挑战与不足

（一）交通基础设施建设

1.综合性交通资源配置有待优化

如上所述，党的十八大以来，革命老区基础设施建设虽然得到了强力支持，取得了巨大成就，但是依然存在较大提升空间。在综合性交通资源配置上，依然存在三方面的问题。首先，革命老区综合交通网络结构性矛盾依然存在，高速公路主通道有瓶颈、省际衔接路段相对薄弱，水运主通道亟待畅通，支撑参与国内大循环的主要通道的能力有待提升。其次，革命老区大多位于多省交界的山区，农村地区路网韧性不强，受地形制约，镇至建制村通双车道任务推进困难，与新时代新型城镇化发展和乡村振兴发展的要求不相适应。最后，革命老区多式联运总体水平不高，物流园区、码头内公铁联运、水铁联运等多式联运模式发展基础设施不完善，"最后一公里"问题仍有待解决。

2.智慧化交通发展支撑能力不足

在智慧化交通方面，革命老区智能感知监测体系尚不完善，重点路段、桥隧及边坡数字化监测覆盖率较低，重要节点传感设备布设不足。[①] 大数据分析应用不够，数据整合和交换共享机制尚不健全，交通运输基础设施和运载装备等交通要素数字化程度低，交通系统运行效率较低。革命老区旅游资源丰富，旅游产业链条长、辐射面宽，对革命老区经济增长拉动效应明显，是典型的富民产业。但是，受到老区局部旅游资源、景观资源优质路段没有实现路景融合开发，"交通+旅游"融合发展不畅等因素制约，旅游业发展对革命老区经济增长的拉动作用并没有得到充分发挥。

---

① 宁夏回族自治区交通运输厅：《自治区交通运输厅关于印发〈宁夏回族自治区交通运输"十四五"发展规划〉的通知》（宁交办发〔2021〕58号），2021年9月30日。

3. 外部性多重条件约束趋严

革命老区交通基础设施建设还受到外部性多重条件的约束，主要体现在两方面。

第一，部分处于生态脆弱区的革命老区，往往在规划建设交通基础设施时涉及生态敏感区，不得不面临如何处理经济发展与生态环境保护之间矛盾的问题。不仅如此，规划建设交通基础设施还涉及基本农田的占用问题。一旦涉及生态敏感区、基本农田的建设项目，无论是推进、调规还是报批，都十分困难；不仅土地指标难以解决，而且工作耗时长。[①]

第二，交通基础设施建设任务繁重与革命老区财力薄弱、融资渠道单一的矛盾仍然存在。[②] 交通基础设施建设投入大、成本回收期长。尽管近年来革命老区经济增长速度加快，相对于沿海发达地区，多数老区仍然属于欠发达地区。由于经济活跃度相对较低，革命老区一些交通基础设施建成后的使用率普遍较低，不仅回收期无法确定，就是正常运营维护都显得困难。加之革命老区地方配套资金缺乏，融资渠道单一，以及近年来建设成本上涨，传统建设领域投资收益普遍下行，对社会资本尤其是民间资金吸引力不强，革命老区交通基础建设面临筹资难的困境。

（二）水利基础设施建设

1. 水工程设施体系尚不完善

受全球气候变化加剧的影响，革命老区水旱灾害风险增大，部分城市防洪能力与城市发展要求不相适应，洪涝灾害防御能力有待提高。部分灌区续建配套和节水改造以及农田高效节水灌溉设施和计量设施建设基础薄弱，水资源集约利用效率较低。一些地区农村人口饮水由小型及分散供水工程保障，水源条件有待改善，调蓄能力有待提高，灌区输配水体系不够完善，农

---

① 梅州市人民政府：《梅州市人民政府办公室关于印发梅州市综合交通运输体系"十四五"规划的通知》（梅市府办〔2021〕31号），2021年12月1日。

② 甘肃省人民政府办公厅：《甘肃省人民政府办公厅关于印发甘肃省"十四五"综合交通运输体系发展规划的通知》（甘政办发〔2021〕85号），2021年9月16日。

田水利"最后一公里"问题仍然存在。

2. 供水保障能力有待提升

由于资金支持力度不够,革命老区部分灌区续建配套工作推进缓慢,致使渠系工程停建、缓建,无法充分发挥工程应有成效。[①] 部分承担供水任务的水库工程,由于年久失修,供水设施严重老化,供水效率不高,水量浪费大,实际灌溉面积减少,安全可靠性降低。一些地区的市域水厂及输配水管网工程建设及城乡供水系统升级改造推进缓慢,革命老区部分城乡供水一体化有待提升。

3. 水利管理水平仍需提高

在水利管理方面,革命老区部分已建各类监测设施覆盖度、密度、自动化程度有待提升,堤防、水库、水闸安全监测设施缺乏,河湖排污、水生态、岸线开发利用、涉水工程、河道采砂等监控设施不足。信息交换共享有待加强,不同业务部门应用系统独立分散,不同时期建设的业务系统数据不通、更新联动性差,已有数据资源缺乏全面梳理。[②] 水权交易制度、水价形成机制不够健全,市场在水资源配置中的作用发挥不够充分,水利融资能力较弱。[③]

（三）能源基础设施建设

1. 发展面临的低碳转型压力较大

在"碳达峰、碳中和"背景下,受内外部市场能源消费增速由高速向中低速转变等因素的影响,能源结构偏煤的部分革命老区,实现能源稳定发展的不确定因素增多。压减煤炭消费、降低碳排放需要供给侧、需求侧协同

---

① 巴中市人民政府:《巴中市人民政府关于印〈发巴中市"十四五"水安全保障规划〉的通知》(巴府发〔2021〕10号),2021年9月20日。

② 河南省人民政府:《河南省人民政府关于印发河南省"十四五"水安全保障和水生态环境保护规划的通知》(豫政〔2021〕42号),2022年1月21日。

③ 甘肃省人民政府办公厅:《甘肃省人民政府办公厅关于印发甘肃省"十四五"水利发展规划的通知》(甘政办发〔2021〕122号),2022年1月5日。

发力，需要共同克服用能成本上升、产业结构调整等困难。[1] 对于产业结构依然处于价值链低端、经济增长与发展任务十分艰巨的革命老区而言，这不能不说是一项充满挑战性的工作。

2.能源安全保障能力有待提升

在北方，部分革命老区火电供电煤耗较高，电网适应资源逆向分布的能力需进一步提升，源网发展需进一步协调。能源技术、装备创新能力不强，灵活高效燃煤发电和现代煤化工等技术瓶颈亟须突破，与以新能源为主体的新型电力系统尚有差距。在南方，部分革命老区由于地质条件复杂，勘探开发难度大，成品油、天然气资源主要依靠省外调入，管道与油库互联互通程度较低，安全保供压力依然较大。[2]

3.体制改革和机制创新有待深化

一方面，以绿色能源为导向的价格和交易机制尚不完善，市场主体参与能源领域的活力有待进一步激发，革命老区迫切需要构建与"碳达峰、碳中和"要求相适应的现代能源体系。[3] 另一方面，广大老区的电力交易机制有待完善，需求响应机制还未完全建立；电力跨省跨区域输送利益协调机制缺失，配套辅助成本尚未得到合理补偿；适应油气体制改革的天然气价格形成机制改革亟须加快推进。[4]

（四）信息基础设施建设

1.数字化统筹协调力度有待加大

革命老区各市、县信息化发展水平参差不齐，信息化基础设施建设

① 河南省人民政府：《河南省人民政府关于印发河南省"十四五"现代能源体系和碳达峰碳中和规划的通知》（豫政〔2021〕58号），2022年2月22日。
② 贵州省能源局：《省能源局 省发展改革委关于印发〈贵州省"十四五"油气产业发展规划〉的通知》（黔能源发〔2021〕4号），2021年10月20日。
③ 河南省人民政府：《河南省人民政府关于印发河南省"十四五"现代能源体系和碳达峰碳中和规划的通知》（豫政〔2021〕58号），2022年2月22日。
④ 四川省人民政府：《四川省人民政府关于印发〈四川省"十四五"能源发展规划〉的通知》（川府发〔2022〕8号），2022年3月3日。

程度总体不高、配套不足。市级云节点尚未完全建立，业务专网延伸到乡镇进度缓慢。信息化项目统筹集约建设机制不健全，力度有待加大，信息孤岛现象依然存在，协同、共享程度较低。革命老区不仅在信息化项目方面存在重建设、轻运维、轻运营，后续应用程度较低的现象，而且在推动新基建、新产业、新业态、新经济等方面优势不显、力度不足。总体看，革命老区通过信息化实现高质量发展增效赋能还需统筹协调、加力推进。

2. 数字技术与实体经济融合不足

以大数据、人工智能、物联网、区块链等为代表的新一代数字技术日新月异，因传统产业数字技术应用需要较大的改造成本，且周期长、见效慢，革命老区的中小微企业、传统行业企业"不会转""不能转""不敢转"等问题比较突出；特色农业、红色旅游产业数字化赋能力度亟待加大。[1] 革命老区数字经济产业的上、中、下游产业分布碎片化的情况突出，企业之间的关联度较低，产业链条不完备，数字技术与经济社会各领域全面深度融合不够。

3. 数字要素支撑能力还有待提升

革命老区本地信息化企业、信息化人才较少，项目本地实施能力较弱；数据汇聚、动态更新、服务定制等功能不足，运行的高效性、稳定性、便捷性需要改进，数据挖掘和综合分析应用能力不足，未能充分发挥数据治理、数据决策的作用。[2] 目前看，革命老区信息化投融资渠道较为单一，主要依靠财政投入和国企发展，社会资本投资积极性不高。

四 进一步推动革命老区基础设施建设的对策建议

习近平总书记多次强调，"加快老区发展，使老区人民共享改革发展成

---

① 巴中市人民政府：《巴中市人民政府关于印发〈巴中市"十四五"信息化建设和数字经济发展规划〉的通知》（巴府发〔2021〕8号），2021年8月9日。

② 安徽省自然资源厅：《安徽省自然资源厅关于印发〈安徽省自然资源信息化"十四五"规划〉的通知》（皖自然资〔2022〕2号），2022年1月7日。

果，是我们永远不能忘记的历史责任，是我们党的庄严承诺"。[①] 区域协同发展的理论和实践证明，基础设施互联互通在跨区域协调发展中发挥着基础性、先导性作用。[②] 推动革命老区高质量发展，需要立足革命老区基础设施发展的基础和条件，从根本上打破发展瓶颈，找准基础设施建设着力点。进一步推动革命老区基础设施建设，不是单纯追求投资数量的增加和建设规模的扩大，而是要通过基础设施建设更多地拉动基础设施以外的劳动投入和资本增量增加，促进劳动边际生产率和资本边际生产率的提高，从而达到经济效益与社会效益双重提升的目标。

（一）交通基础设施建设

1. 优化交通资源配置，实现互联互通

积极完善革命老区基础设施网络，规划建设相关区域连接线路，加大公路、铁路路网和机场投资建设和改造升级力度，加快建设京港（台）、包（银）海、沿江、厦渝等高铁主通道。改善农村交通条件和出行环境，基本建成布局合理、连接城乡、安全畅通、服务优质、绿色经济的农村公路网络。通过建设综合立体交通网，提升多式联运承载能力和衔接水平。加快港口物流枢纽建设，完善铁路物流基地布局，有序推进专业性货运枢纽建设。需要注意的是，在优化调整革命老区交通资源配置时，不搞平均主义，有重点地对处于不同交通资源配置效率状态的区域采取不同的政策措施。着重优化高速公路出入口布局，便捷连接重点城镇和重点红色文化纪念地，加快国省道干线改造。逐步提高交通基础设施的利用率。交通基础设施是革命老区经济社会发展的基本物质条件，提高革命老区交通基础设施的密度与利用率，能够进一步对革命老区经济、社会乃至环境产生更多积极影响，降低物流成本，优化营商环境，从而吸引更多投资、扩大就业机会，让老区人民过

---

① 《习近平：汇聚起全面深化改革的强大正能量》，新华网，2013 年 11 月 28 日，http://www.xinhuanet.com//politics/2013-11/28/c_118339435.htm。

② 赵峥、王炳文：《以基础设施互联互通助推革命老区高质量发展》，《社会治理》2020 年第10 期，第 67~70 页。

上更加幸福美好的日子。

2. 推动新型基础设施建设，打造智慧交通

积极响应"新基建"政策，打造智慧交通。以科技为支撑，运用云计算、数字孪生、大数据、人工智能、北斗系统等新一代信息技术，开展智慧交通一体化核心部件研发和关键技术攻关，实现革命老区车路协同，稳步提高数字化水平，降低资产养护成本，提高安全检测预警能力，进一步加强交通基础设施对革命老区经济增长的促进作用。强化顶层设计、谋划中长期发展，加快先进信息技术与交通运输的融合应用，消除信息孤岛，推动信息资源的开放共享。同时，要防范"一窝蜂"投入造成社会资源浪费。在革命老区景观资源优质路段实现路景融合开发，以旅游景区建设带动乡村发展，实现乡村景区化与景点化，从而达到乡村与景区融合协调发展的目的。

3. 整合外部优势资源，形成发展合力

在用地约束条件下，正视革命老区交通基础设施供给结构的区域性差异，寻求交通发展与其他领域发展的配合，兼顾交通建设与资源环境保护要求，实现交通要素的最优配置。要充分发挥各级财政资金的撬动杠杆作用，规范开展政府与社会资本合作，争取在落实信贷资金和民间资本方面取得新突破。要加大投资执行力度。从用地角度评估交通发展亦要具备多维度的全局视角，并兼顾短期和长期效应。提升基础设施行政执法队伍文化素质、法治素养。抓住领导干部这个"关键少数"，全面推行综合行政执法机构领导干部学法用法制度，进一步提高交通运输、法律、管理类专业执法人员的录用比例。鼓励优先提拔使用大学本科以上学历领导干部，持续优化综合行政执法队伍学历结构。[①]

（二）水利基础设施建设

1. 打造设施完备、功能齐全的现代水利工程体系

打造革命老区的现代水利工程体系要坚持分类施策。针对防洪保护区，

---

① 《交通运输综合行政执法队伍素质能力提升三年行动方案（2021—2023年）》，国务院新闻办公室，2021年1月20日，http://www.scio.gov.cn/xwfbh/xwbfbh/wqfbh/44687/45000/xgzc45006/Document/1699350/1699350.htm。

按照山水林田湖草生命共同体系统思想，以河流水系为单元，以中小河流治理及山洪灾害防治为主线，以城镇为重点，构建以堤防护岸为主、水库调蓄为辅的流域水旱灾害防御体系；统筹协调人与水、干流与支流、防洪与水能资源利用等关系。以水旱灾害风险监测预报为重要手段，提高洪水调度和预警，加强洪水风险管理，提升防灾、减灾、救灾全过程综合能力和全民防灾意识，有效降低水旱灾害损失。推进建设一批重点水源工程，推进大中型灌区续建配套与现代化改造、中小河流治理、病险水库除险加固和山洪灾害防治等工程。

2. 提升城乡供水保障能力，保障供水安全

综合考虑革命老区供水工程规模、分布和供水能力，推进建设一批规模化供水工程，建设改造一批规范化小型供水工程，更新改造一批老旧工程和管网。加快老区市域水厂及输配水管网工程建设，推动城乡供水系统升级改造，完善水厂及配套管网建设，提升城乡供水能力。创新工作机制，大力整合资源，加快推进项目建设。制定有利于加快革命老区水利项目建设和促进水利改革发展的政策措施，建立联席会议制度，鼓励与水利有关的工作部门积极配合，切实解决续建配套工程中的困难和问题。

3. 夯实水利基础，提升管理服务水平

推动革命老区智慧系统建设和应用，提升河湖监管信息化水平，不断提高管理的数字化、网络化和智能化水平，提升涉水事务管理能力和风险防控能力，全面提升水治理能力。革命老区要优化完善各省级系统与水利部系统之间的互联互通，实现业务协同和数据共享。[①] 坚持目标导向、问题导向、效用导向，加快水利发展体制机制改革创新。加强水法治建设，完善河湖管理保护机制，强化河湖长制落实，推进水安全保障和水生态环境保护科技创新，加快构建系统完备、科学规范、运行有效的水治理体系。构建更加完善的水法规体系，不断提升水利治理能力和水平。

---

① 《水利部印发 2022 年河湖管理工作要点》，中国政府网，2022 年 2 月 26 日，http：// www.gov.cn/xinwen/2022-02/26/content_5675725.htm。

（三）能源基础设施建设

1. 完善政策措施，健全市场监管体系

在确保合法合规的前提下提高审批效率，提出严格环保要求，尽快形成合法产能，推动革命老区清洁能源、可再生能源形成长期有效的供给能力，保障产业链、供应链稳定和经济持续平稳发展，助力"双碳"目标实现。[①]精准做好对能源行业企业的监督帮扶。加快转变开发利用方式，减少污染物的排放，深入研究革命老区能源基础设施建设高质量发展的具体路径。同时，更加注重审慎、适度、求实，一切从实际出发，严防能源企业"一刀切"停产限产，督促老区各级地方政府依法依规分类调查处理违法违规行为，守牢法治底线。

2. 提升能源安全保障能力，推动经济社会绿色发展

自觉把生态环境保护放在经济社会发展大局中考量。针对部分革命老区以煤为主的能源资源禀赋，要结合生态环保目标要求和年度重点任务，大力推动煤炭产能布局优化和煤炭清洁利用。有序规划建设支撑性清洁煤电项目、煤运通道和煤炭储备基地，加快建设跨区域输电工程，持续完善电力骨干网架，推动石油、天然气管道和配套项目建设，保障革命老区能源稳定供应。结合天然气消费利用现状，不断调整优化用气结构。持续实施城镇燃气、天然气发电、工业燃料升级和交通燃料升级等工程，加快培育天然气消费市场。注重调整能源结构，加大对风能、太阳能等清洁能源基础设施的投资力度。促进数字技术与能源基础设施相结合，建设智慧能源基础设施，提高革命老区能源基础设施对劳动和资本增量及劳动边际生产率和资本边际生产率的促进作用。

3. 深化能源体制改革，鼓励机制创新

坚持创新融合发展，推动革命老区能源技术升级和应用，加快电气化

---

① 《提升能源安全保障能力 推动经济社会绿色发展》，《中国环境报》2021年11月8日，第1版。

和智能化发展，推动能源与相关科技和产业融合发展，鼓励能源基础设施跨界融合发展，深化能源重点领域体制改革和机制创新。坚持统筹协调发展，把握市场改革和保障供应的关系，健全完善能源产供储销体系，打造风光水储综合能源基地。以政策稳定为基础，合理进行制度改革。通过建立专项资金的方式，将可再生资源置于其中，使革命老区新能源项目得到更多支持。

（四）信息基础设施建设

1. 统筹建设高质量的信息基础设施

加快完善革命老区信息基础设施，满足云边互联、公众宽带、政企专线等业务承载需要，增强网络设施安全性和可靠性。因地制宜，大力培育基于云网基础设施的融合应用。采用组织建立项目库、打造示范标杆、推进纳入国家有关工程等差异化手段，引导推进革命老区按照统一规划，统筹推进信息基础设施建设布局，强化云网融合，促进区域协调发展。按照企业主导、政府引导、产业联动的原则，支持数字产业向革命老区聚集。鼓励和支持互联网内容和应用服务企业，结合老区的实际需求，加快研发各类基于"云"和高带宽的应用产品，丰富应用类型和场景。

2. 推进数字与实体经济充分融合与均衡发展

从根本上提升革命老区中小型企业的数字化转型意识，加大对企业数字化转型的精准扶持力度。积极利用大数据了解企业数字化转型的发展定位、困难与需求，建立包容普惠的金融扶持机制，及时为企业提供精准化的服务与支持。加快培育革命老区不同领域内的数字化转型龙头企业与"专精特新"企业，发挥辐射与带动效应，助力更多的上下游企业实现数字化转型。鼓励用数字经济改造传统产业，延长产业生命周期，优化经济存量，充分运用数字化供应链平台强化产业上下游、跨行业协同生产。

3. 加强信息基础设施建设的要素支撑

建立和完善配套政策体系，引导社会各方加大对革命老区信息化新基建的投资力度。培育数字化人才，加强土地、能源等资源要素保障，加大财税支持力度，开展应用试点示范，构建信息化新基建考核评价体系。推动投融资模式创新，解决好革命老区信息基础设施建设资金缺口、投资意愿等问题。拓宽投资主体，创新投资建设方式，进一步拓宽融资渠道。推进革命老区垂直产业链渗透应用投资，有效赋能经济社会发展。

B.4
革命老区特色产业发展面临的挑战与优化思路*

杨　鑫　陈崇立　万玉霜　黄仕佼**

摘　要： 由于独特的历史地理背景，革命老区在党和国家历史中具有特殊而重要的地位。立足革命老区的资源禀赋和比较优势，培育壮大特色产业，是革命老区振兴发展的重要着力点。当前依托特色产业，革命老区走出了"一二三产业协同发展"的振兴路、老区人民发家致富的小康路，但与此同时也面临诸多不足，存在特色产业资源的开发亟待优化、特色产业链条的锻造亟须完善两方面的挑战。需要以产业为基、特色为要，构建因地制宜的特色产业社会网络化发展战略、价值物联的特色产业网络化发展战略，做好"革命老区特色产业振兴"这篇大文章。

关键词： 革命老区　特色产业　资源禀赋

一　革命老区特色产业发展现状分析

"饮水思源，勿忘老区。"革命老区孕育了中国革命，是中国共产党的

---

* 本报告系 2022 年度国家社科基金项目 "'数智化'赋能革命老区特色旅游发展路径和政策研究"（项目号：22BGL268）、江西省教育厅人文社科重点基地项目 "大数据背景下地方政府数据治理体系的创新路径研究"（项目号：JD20073）、江西省高校人文重点基地项目 "赣南苏区红旅融合发展的驱动机制与创新路径研究"（项目号：JD21032）的部分研究成果。

** 杨鑫，博士，江西师范大学商学院副教授，研究方向为苏区振兴发展、企业管理；陈崇立，江西师范大学商学院本科生；万玉霜，江西师范大学商学院研究生；黄仕佼，博士，江西师范大学国际教育学院讲师，研究方向为企业环境理论。

初心之源。2021年3月，习近平总书记在福建考察时强调，要倾力支持老区苏区特色产业提升。① 国务院批复出台实施的《"十四五"特殊类型地区振兴发展规划》贯彻落实习近平总书记重要指示，"支持革命老区传承弘扬红色文化，增强内生发展动力，做大做强特色优势产业，补齐公共服务短板，推动绿色创新发展"。革命老区特色产业可以从农业、工业、服务业三个维度进行界定。农业方面，"特色"体现在农产品的提质升级。在优质品种培育、特色品质保障、农特品牌塑造上下功夫，做大做强一批绿色、有机、无公害农产品；加强农田水利和高标准农田建设，打造经过地理标志认证的"老区品牌"。工业方面，"特色"体现在传统"粗放型"到现代"集约型"的转型升级。一方面，注重矿产资源的开发利用；另一方面，大力支持新材料、能源化工、生物医药、电子信息、新能源汽车等新兴产业发展。服务业方面，"特色"体现在与旅游等行业的有机融合。推出一批精品旅游线路，打造"一村一品"特色旅游小镇，重点发展农家乐、民宿等致富产业。

党的十八大以来，以习近平同志为核心的党中央亲自擘画革命老区蓝图。全国各地的革命老区在宏观政策的引导下，通过扭动"特色产业"这个"牛鼻子"，走出了一条特色产业振兴路，蹚出了一条老区百姓小康路。

（一）革命老区走出"一二三产业协同发展"的振兴路

一是革命老区特色农业的振兴路。2021年颁布的《国务院关于新时代支持革命老区振兴发展的意见》中明确指出，"要做大做强水果、蔬菜、茶叶等特色农林产业"。革命老区以"美丽乡村建设"为"冲锋号"，打造"一村一品""一镇一业"的特色农业格局。以品牌强农为战略导向，实现特色兴农。"赣南脐橙"作为"中国驰名商标"，在2021年5月的"中国品牌价值评价信息发布暨中国品牌建设高峰论坛"上，以品牌价值681.85亿元位居水果类第一。事实上，该品牌已经是第七个年头位居全国初级农产品（水果）类地理标志产品价值榜首。同时，作为被列入中欧地理标志协定保

---

① 《习近平总书记在三明沙县夏茂镇俞邦村调研时的讲话》，2021年3月23日。

护名单的首批"100+100"产品，其为赣南苏区特色农业插上了腾飞的翅膀。① 在川陕革命老区的汉中、广元，前者的国家地理标志农产品多达 13 个，位居陕西省榜首；后者认证 288 种绿色农产品，居四川省第一。② 而在大别山革命老区，当地培育打造了一批"大别山北纬 31°"特色农产品品牌，如"信阳毛尖""豫南黑猪""沁阳花菇""正阳花生"等。③ 各地以产业集群为要，将"特色"标准化、集约化、现代化。左右江革命老区打造核桃、桑蚕等多类特色农产品，已建成集生产、加工、储运于一体的大型农业园区。截至 2020 年，全域累计创建现代特色农业示范区 339 个，示范区数量居全国前列。④ 革命老区积极推动农产品向旅游商品转变，将发展老区旅游与特色农业有机结合，打造休闲农业新业态。在川陕革命老区的达州市，该地以"望得见山、看得见水、记得住乡愁"为核心，依托当地的蔬菜、瓜果、蔬菜等种植基地，打造乡村休闲农业示范区。2018 年，该地的特色农业初具规模，具有国家级、省级现代农业示范园区及万亩亿元示范区 30 个，累计培育休闲农业经营主体 1800 个，实现营业收入 3 亿元。⑤ 2015~2019 年革命老区农林牧副渔业总产值见图 1。

二是革命老区特色工业的振兴路。革命老区以区域核心资源为依托，在打造特色优势产业集群的过程中，蹚出了一条现代工业结构升级的新路子。一方面，老区传统的有色产业、资源产业基础雄厚。"稀土王国"赣州以及"有色金属之乡"河池、百色等革命老区，以稀土、金属钨等矿产资源为跳板，以工业基地、示范园区为载体，致力于矿产资源的绿色开发与规范生

---

① 《小农果撬动大产业　赣南脐橙香飘天下绘就民众致富路》，中国新闻网，http：//www.chinanews.com.cn/cj/2022/04-18/9732060.shtml.

② 陈岗：《川陕革命老区现状及振兴发展路径思考》，《四川文理学院学报》2019 年第 1 期，第 21~27 页。

③ 《为革命老区发展筑牢产业根基》，《河南日报》2020 年 6 月 17 日，http：//dzb.henandaily.cn/html/2020-06/17/content_425022.htm。

④ 康敏华：《广西左右江革命老区产业高质量发展路径研究》，《市场论坛》2021 年第 7 期，第 36~41 页。

⑤ 刘长江：《乡村振兴战略视域下美丽乡村建设对策研究——以四川革命老区 D 市为例》，《四川理工学院学报》（社会科学版）2019 年第 1 期，第 20~39 页。

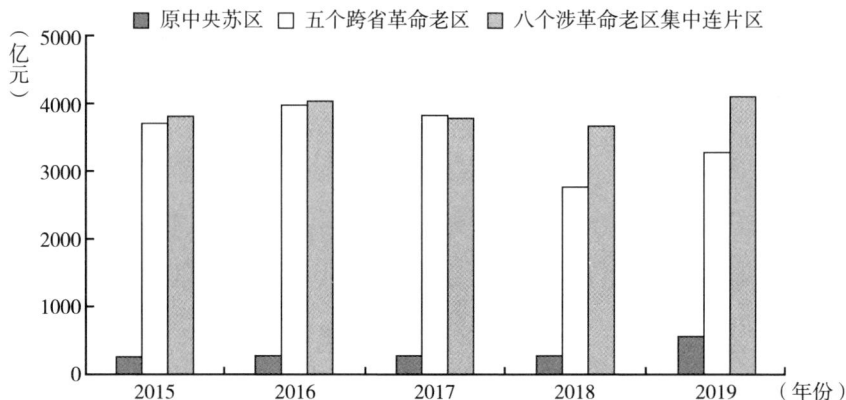

图1　2015～2019年革命老区农林牧副渔业总产值

资料来源：中国革命老区大数据平台。

产。2019年，赣州全市规上稀土企业实现营收257.72亿元，利润13.33亿元，[1] 成功化"稀土"为"稀金"，引领当地特色工业打造成新的"增长极"。陕甘宁革命老区在壮大传统能源产业的同时，发展风能、光能、核能等清洁能源。"中国镍都"金昌在国家"双碳"目标的引领下，围绕新能源电池持续延链、补链、强链，形成了电池产业所需原材料65%以上的本土化生产。[2] 另一方面，老区的高新技术产业扬优成"势"。江西老区将航空产业作为首位产业，近年来"高光时刻"频频——国之重器C919大飞机在南昌试飞成功、首届南昌飞行大会成功举办，从2010年总收入不到100亿元，到2019年成功迈入"千亿元产业俱乐部"，[3] 航空产业这一"工业文明之花"成为激活老区特色工业潜力的"一池春水"。2021年赣州市规模以上企业行业总体分布情况见表1。

---

[1] 《建设平台　培育人才　科技助力江西稀土产业更优更强》，客家新闻网百家号，https：//baijiahao. Baidu. com/s? id=1655312409608805794&wfr=spider&for=pc。

[2] 《"中国镍都"甘肃金昌"底气十足"布局新能源电池产业》，中国新闻网，http：//www. chinanews. com. cn/cj/2022/04-18/9732147. shtml。

[3] 《江西省航空和电子信息产业：站在新起点　蓄力再出发》，人民网，http：//jx. people. com. cn/n2/2020/0116/c190181-33720566. html。

表1 2021年赣州市规模以上企业行业总体分布情况

产业分类	企业户数(户)	占比(%)	营业收入(亿元)	占比(%)
现代家居产业	555	29	369	9
有色金属产业	253	13	1375	35
电子信息产业	493	26	1326.63	33
纺织服装产业	290	15	310.7	8
新能源及新能源汽车产业	158	8	289.3	7
医药食品产业	164	9	320	8
总计	1913	100	3990.63	100

资料来源：由赣州市工业和信息化局发布的《赣州市2021年工业发展情况》整理而得。

三是革命老区特色服务业的振兴路。陕甘宁革命老区将各景区"以点连线"，辅以完善的特色服务体系，开发了香格里拉生态游、黄河文化游、长征红色游、乡村民俗游等旅游精品线路。以甘肃庆阳市为例，当地大力完善商贸、餐饮、物流等服务业的"入驻"举措，与沿线的红色小镇、纪念馆等良性对接，形成配套服务设施完备的"区域性旅游节点"。目前已建成农家乐、特色产成品销售、民宿酒店200多家，提供就业岗位1500多个，年户增收1.3万多元。[1] 闽西苏区坚持"依靠红色，升华红色"的理念，擦亮红军长征第一村中复村等"特色村落名片"，创新旅游产品供给，并推出古田邮戳及信封、古田红军酒等文创产品，以个性化、多样化、体验化的"三化"理念成功"俘获"游客的心。不仅如此，当地依托乡村旅游、红色旅游，引发了带动餐饮业、民宿业及其他服务业齐发展的"蝴蝶效应"。据统计，该地已建成各类酒店、餐馆、小吃店约80家，家庭旅馆、农家乐52家，年营业收入达1.68亿元，[2] 以诚意满满的配套服务让游客能同时拥抱"诗和远方"，更让老区百姓收获了"特色服务"这一"聚宝盆"。

---

[1] 《庆阳市长朱涛：努力把庆阳建成陕甘宁区域性旅游节点城市》，每日甘肃网，http://gansu.gansudaily.com.cn/system/2019/09/08/017259068.shtml。

[2] 《让红色历史"活"起来 让老区群众富起来 福州探索革命老区特色发展之路》，福州新闻网，http://news.fznews.com.cn/dsxw/20210411/607314820c6cc.shtml。

（二）特色产业让老区人民走出发家致富的小康路

一是政策的"造血式"扶持。在"1258""1+N+X"等系列政策支持下，革命老区走出了一条以"造血式"政策为后盾的人民小康路。以赣南苏区为例，该地依托资源优势，形成一系列特色产业。由政府出资，提供赣南脐橙种植启动资金，引导金融机构提供贷款支持，鼓励合作社提供技术指导，打造"政府+合作社+农户"的利益联结机制。2021年，全市脐橙总产值达166亿元，成为赣南苏区老百姓的"当家树"；不仅如此，还解决了100万农村劳动力就业，帮助了25万种植户、70万果农增收致富，是赣南老百姓的"黄金果"。[①] 赣南苏区深入实施"2+6+N"产业高质量跨越式发展行动计划，确定"两城两谷两带"发展战略（"两带"之一为赣州电子信息产业带），依托赣深高铁等交通网的"过道效应"，与沿路的电子信息企业、行业协会等开展结对共建与区域合作，打造成为京九（江西）电子信息产业带上的一颗璀璨明珠。仅2019年，全省电子信息产业营收突破4000亿元大关，产业规模位居中部第一。[②] 位于川陕革命老区的广安市，抢抓成渝地区双城经济圈建设的战略机遇，紧扣四川"5+1"现代产业体系的部署，把食品饮料产业这一特色优势产业向广安市转移，并打造集"原料种植、加工检测、仓储物流、展销体验"于一体的火锅产业园。以武胜工业园区为例，目前已培育以火锅为主的农产品加工企业73家，带动就业3600余人。[③] 以火锅底料、火锅配料、自热火锅为主的全产业链体系，成为当地推动服务业发展的"香饽饽"。赣南依托资源形成的特色产业见表2。

---

① 《江西赣州：赣南红土地上的脱贫橙色》，新华网百家号，http：//baijiahao. baidu. com/s? id=1617792957982393594&wfr=spider&for=pc。

② 《江西革命老区驶入振兴发展快车道》，新华网百家号，http：//baijiahao. baidu. com/s? id=1654073947906346641&wfr=spider&for=pc。

③ 《小火锅大产业 小米粉香飘全国——四川广安致力打造川渝特色餐饮服务业》，新华网百家号，http：//baijiahao. baidu. com/s? id=1654073947906346641&wfr=spider&for=pc。

表2　赣南依托资源形成的特色产业

产业类别	资源及产业	产业特色	品牌	影响力
农业	脐橙、油茶、烟叶、蔬菜、茶叶、生猪	赣南脐橙、油茶的种植、加工供港生猪养殖基地	"赣南脐橙"品牌价值居全国农产品价值榜榜首	脐橙种植面积世界第一，产量位居世界第二、亚洲第一
工业	稀土、钨	稀土、钨开采、精深加工	"世界钨都"和"稀土王国"	全国稀土、钨产业集群及研发创新
旅游业	红色故都瑞金、客家围屋古村、赣江和东江源头	红色、绿色、古韵特色旅游产业	红色故都、客家风情、江南宋城、生态家园	红、绿、古交相辉映,全国重要的旅游目的地

资料来源:李志萌、张宜红:《革命老区产业扶贫模式、存在问题及破解路径——以赣南老区为例》,《江西社会科学》2016年第7期。

　　二是"互联网+"的融合运用。革命老区紧跟时代步伐,将"互联网+"与现代化产业相结合,走出了一条以技术为依托、可持续发展为宗旨的人民小康路。在大别山革命老区的驻马店市,该地大力助推特色农业驶入互联网这一快车道,积极打通农货的线上渠道,让这些藏在老区的"宝贝"通过电商平台"飞入寻常百姓家"。当地已培育出金雀电子商务、来村网、晨钟生物、天中农业等知名电商企业2800多家,年营业收入达13.9亿元,带动了4.7万户农民实现致富。[1] 无独有偶,在闽西苏区的长汀县中复村,该地积极推进"全民触网""电商换市"两大战略,秉持"互联网+红色旅游"的融合理念,昔日的红军街摇身一变成了电商街,游客化身忠实用户,老区村民足不出户,"钱袋子"就鼓起来了,中复村"红军第一村"的名号也打响了。赣南苏区积极发展"互联网+"产业交流平台,会集了一批产业顶尖的高科技人才,目前已吸引了中国稀土集团有限公司、中国科学院稀土研究院等"国家队"的入驻,形成了以科技研发为核心的特色工业集群。截至2018年,赣南苏区建有8个国家级科技创新平台和基地、45个省级创

---

[1]　王太广、王玉如、骆成勋:《革命老区乡村产业振兴的路径与思考——以河南省驻马店市为例》,《天中学刊》2021年第1期,第27~35页。

新平台、78 个市级创新平台，① 在稀土资源保护、利用与开发等领域逐渐具备全国一流的研发优势，同时吸引了一大批人才留在老区、扎根老区、建设老区。

二 革命老区特色产业发展面临的不足和挑战

尽管革命老区在发展特色产业的过程中取得了一些成果，但应客观指出，由于历史遗留等原因，革命老区欠发达、后发展的特征尚存，特色产业发展仍面临诸多的不足与挑战。综观革命老区特色产业的结构，一二三产业不均衡的"通病"依然存在。此外，革命老区战略新兴产业发展速度较慢，难以从传统的"输血"向"造血"转变，释放老区的发展"红利"。外加新冠肺炎疫情这一不稳定因素，目前老区产品的生产、销售、储运等方面都按下了"慢进键"，影响了老区特色产业的进一步发展。

（一）特色产业资源的开发亟待优化

由于自然环境、历史地理等因素影响，"一方水土养不起一方人"是许多老区的真实写照，更是许多老区特色产业发展的制约之处。其中，资源导向型企业面临的挑战最为严峻，老区的经济发展也因此受到一定掣肘。

1. 基础设施建设存在短板，自然资源开发不容乐观

革命老区基础设施的完善与否，关系到老区特色产业的"后勤保障"是否健全。目前，革命老区村、县的"行路难"问题依然突出；农田水利设施建设较为落后，机械化水平较低；缺乏科学管理，"人种天养"的粗放型模式尚未得到很好解决。以大别山革命老区的驻马店为例，该地是农业大市，但在 400 多万亩中低产田中，有 150 多万亩农田为丘陵、山岗地形，②

---

① 《创新型赣州建设提速 推动产业转型升级》，赣州市工业和信息化局官网，http//gxj. Ganzhou. Gov. cn/gzsgxj/c103150/202105/ca203fd692de4225b7ee5f3a78d22eab. shtml。

② 王太广、王玉如、骆成勋：《革命老区乡村产业振兴的路径与思考——以河南省驻马店市为例》，《天中学刊》2021 年第 1 期，第 27~35 页。

驻马店的特色农业发展因此受到很大制约。更严峻的状况在于，由于缺乏灌溉条件，农田水利设施配备不足，存在旱不能浇、涝不能排等问题，这对耕地资源珍贵的驻马店来说无异于雪上加霜。作为国家级能源战略基地，陕甘宁革命老区能源储备十分丰富，但现有的主干通道大多分布在陕北、宁东等边缘地带，密度低、通行能力差，处在该区域中部的陇东一带，则十分缺乏主干通道，使该区域内大规模的能源产品运输面临巨大压力。

自然资源的开发利用不容乐观，已经成为摆在老区人民面前的一道"鸿沟"。赣南苏区基于自身的资源优势，大力开发以稀土和钨为主的有色金属资源，传统工业发展迅速，此举不仅占据了许多耕地，农林业的发展因此受到限制，也使得矿产资源消耗过大。据有关部门测算，赣州的金属钨、稀土等矿产资源的储有量最多只有 10 年；高钇重稀土作为"稀金"，更是只能维持 5~8 年，[①] 资源型企业的发展由此受到严重制约。陕甘宁革命老区榆林市煤炭产能规模庞大，但由于早年开采技术落后，煤田工矿区的塌陷现象严重，目前已有 8000 多平方公里的地层采空区，道路变形、地层错位、房屋损坏等灾情严重，煤矿废水污染现象突出；湖泊由 869 个减少到 70 多个，湖面面积缩小至 7 万亩。[②]

2. 红色文化资源开发利用粗放

谈及革命老区实现"弯道超车"的绝佳路径，红色资源首先会被提及。作为老区人民最深厚的"底气"，红色文化资源在助力革命老区特色产业的发展过程中起到了至关重要的作用。习近平总书记就指出："要把红色资源利用好、把红色传统发扬好、把红色基因传承好。"然而，部分革命老区规划程度不高，导致这一资源禀赋无法得到最大程度的转化。以大别山革命老区为例，该地是土地革命战争时期中国共产党领导的第二大苏区。但由于红色文化资源的整合程度不高，存在开发不当、抓不住资源精髓等问题，"红

---

① 《赣州建立矿产资源储备体系　实现战略资源可持续发展》，赣州市人民政府官网，https://www.ganzhou.gov.cn/gzszf/c100022/201206/6014290b7cfb42bd9a541aa59052e412.shtml。

② 杨邦杰、严以新、胡旭晟：《论陕甘宁革命老区的振兴与可持续发展——现状、问题与对策分析》，《中国发展》2013 年第 1 期，第 1~6 页。

色"的底色尚未凸显，"市场化""产业化"的元素渐渐占据上风，有些地方存在宣传推介不实、商业气息过重的发展情况，导致红色文化资源开发"畸形"化，这对老区的可持续发展而言是个不小的挑战。

因此，要秉持可持续与高质量这一"双发展"理念，这直接关系到老区特色产业的未来。从走"粗放型"的老路向"集约型"大踏步迈进，从"坐吃山空"、靠"地"吃饭向转型升级转变，是革命老区特色产业尤其是资源导向型产业迈过"鸿沟"的关键。

（二）特色产业链条的锻造亟须完善

综观革命老区特色产业战略，产业结构松散、各环节角色职能发挥有限、内生发展动力受限等是摆在老区人民面前亟须迈过的坎。能否迈过这些坎不仅关系到革命老区特色产业整体的发展效益与水平，更关系到老区特色产业在激烈的自由竞争市场中能否占据一席之地。

1. 产业结构松散

一是特色产业园区集聚与扩散效应不显著。当前，革命老区特色工业的发展进程缓慢，对广大农村市场的渗透不强，适销对路的特色工业品不多，拖慢了地区的发展速度。同时，地方特色产业布局较分散，区域企业关联程度不高，难以形成产业集聚。区域内主导企业无法发挥扩散效应，也难以带动全产业发展。以赣南苏区为例，该地区的"三南"园区产业分工仍然较为模糊，存在电子信息、稀土、现代轻工（尤其是纺织、服装、玩具）等产业结构趋同的现象。同时，龙南经济技术开发区、全南园区、定南园区首位产业集聚度分别为26.2%、8.7%、11.4%，与2020年开发区集聚度平均为45%的目标差距较大，优势产业尚未形成专业化、规模化集聚。[①]

二是产业链条短，市场核心竞争力不强。虽说"老区振兴，产业为基"，但目前，革命老区特色产品产业链条较短，"丰收不增收""丰产滞销"的现象仍然存在。以物流成本为例，该项成本占了革命老区产品总成

---

① 刘旭辉：《"三南"园区一体化建设研究》，社会科学文献出版社，2017。

本的 30%~40%；倘若是鲜活的特色产品，就会占 60% 以上的比重，直接摊薄了产业链的整体利润。[①] 同时，由于自主创新能力有限，一些"高、精、新"产品的深加工技术落后，难以形成连续的特色产品加工产业链。产成品的附加值低，产业层次不高，只能居于价值链中低端，难以在激烈的市场竞争中站稳脚跟。作为四川第一块革命根据地的达州市，近年来受区位、技术、人才等多重影响，农产品"深加工"程度不高，许多特色优质农产品如橄榄、富硒茶、优质柑橘等仍处在"提供原材料"这一初级阶段，难以推进特色农业提质增效。在大别山革命老区的六安市，当地有水库有机鱼、皖西白鹅、大别山灵芝等众多农特品牌，开发效果显著，但论及品牌的影响力与营销力，却还有一条很长的路要走。该地涉及的农特资源项目整体覆盖面较小，延链、补链、强链不足，尚未打造出具有影响力的、高品质的品牌。

2. 各环节协作程度不高

要想实现特色产业的"赶考路"，离不开各环节、各角色的协同配合。但受内外部因素的影响，特色产业在该层面存在的问题尤为凸显。

一是政府扮演的"强心剂"角色不够。作为首要环节的顶层设计部分，革命老区部分地方政府尚未给中小企业提供一个良好的"氛围感"。由于政策宣传不太到位，企业家尤其是民营企业家不了解老区的利好政策，有可能一下子输在了"起跑线"。一些政策缺乏实施细则，可操作性不强，并未体察"民情"，根据中小企业具体的"生存环境"对症下药。在市场准入方面，仍存在一定程度上的地方保护主义现象。国有企业依然占据大头，民营企业存在较高的资本门槛或技术壁垒，尤其在金融机构的融资条件上，仍存在融资成本高、缺乏稳定的融资渠道、融资费时长等金融服务体系相对不完善的问题。

二是龙头企业扮演的"主心骨"角色不突出。革命老区龙头企业的

---

① 邱琳：《广西农产品网络营销策略分析》，《现代经济信息》2016 年第 7 期，第 349、351 页。

"龙头"引领成效一般，带动特色产业这一"龙身"的能力不强，在内部的核心凝聚力、组织分工水平等方面还有很大的提升空间。以赣南苏区为例，当地大多数龙头企业的利益联系机制不完善，能够上联市场、中联基地、下联散户的龙头企业数量十分有限，主要还是些从事销售、初加工的企业。

三是合作社扮演的"纽带"角色不完善。作为与老区人民联系最紧密的合作社，未能很好地"融于民"。革命老区农民合作社存在三个普遍挑战——组织规模小、经营不规范、服务内容单一，无法带动广大老区百姓增收致富。不仅如此，由于地形地貌、历史遗留等问题，老区人民对特色产业发展认识不全面，生产积极性没有充分调动起来。大多数生产经营仍以家庭型分散经营为主，农民加入农业合作社的比例相对较低，难以全身心投入并参与到特色产业的建设中来。

（三）内生发展动力受限

革命老区特色产业的"后劲"足不足，关键看核心资源。核心资源离不开创新驱动，而创新驱动的背后离不开人才驱动。目前，革命老区普遍面临的挑战在于，针对龙头企业的科研投入普遍不足，致使特色产业整体的自主创新能力不强。其中既有企业创新意识偏弱的内部原因，也有缺乏适配性政策支持的外部因素，更有老区人才短缺的原因。

近年来，各地区"抢人"的现象频频发生，各种海归留学、名校背景出身的毕业生，成为各地区机关机构、龙头企业的"香饽饽"。革命老区也不例外。事实上，一座城市、一片地区是否有发展的前景空间，很大程度上就在于这里的人才多不多，是否充满年轻人的蓬勃朝气。革命老区受"虹吸效应"等多因素影响，人才引进的效果十分有限，外流人才较多，存在人才引进难、留住难、使用难的问题。以特色农业为例，革命老区存在的一个普遍挑战是，经营管理型、技能服务型、专业生产型人才缺乏。在川陕革命老区的达州市，尽管实施了"千名硕博进达州"等计划，但目前吸引的优秀人才屈指可数，留在乡村基层、生产第一线的人才数量甚微，有研究能力、创新能力、学术影响的高水平人才更是少之又少，极大地影响了地方特色产业的创新发展。①

三 革命老区特色产业发展的优化思路

探索革命老区特色产业的振兴发展之路，不仅要有自己的特色，还要走出具有提档升级成效的新路，构建因地制宜的社会网络与价值物联的产业网络，形成多样化的"组合拳"，擦亮并唱响一批"特别特""独一份""好中优"的老区品牌，打造特色产业"老区样板"。

（一）构建因地制宜的特色产业社会网络发展思路

1. 横向——领域协作求转型

一是发挥领域联合优势，破除多领域的合作壁垒。发挥各领域的合力优势，在多领域打出"组合拳"；打造"特色产业+文化旅游、科技、教育"等多领域的耦合统一体，形成特色小镇、农村电商、乡村旅游等新业态，实现产地生态、产业融合、产出高效的"三产成果"，注入产业链各板块合作的源头活水。重点要做好以下三方面工作。

首先，在源头上重品质，在人才培养与技术创新上提质把关。一方面，要把好"人才培养"关。技术创新，离不开人才的教育和孵化，除了聘请相关权威专家以外，更重要的是联合当地高校，发掘、培养、输送下一代，与特色农业相对口专业的高水平创新创业团队和科技领军人才对接，造就创新型龙头企业。另一方面，要把好"平台搭建"关。把控特色产业质量，建设技术创新中心和成果孵化转化等科技创新平台，实现科技创新能力与核心竞争力的有效提升。

其次，在产品上重监管，在生产方式与产业机制上转型突破。借用网络

---

① 陈岗：《川陕革命老区现状及振兴发展路径思考》，《四川文理学院学报》2019年第1期，第21~27页。

平台，提高生产加工过程的"透明度"。搭乘"数智化"的东风，构建产业"云监测"平台，完善农产品技术与交易网络，推动农村电商发展，实现"互联网+产业科技"；健全产业综合信息服务体系，打造老区示范样板。

最后，在产成品上重推广，扎根红色文化进行广泛宣传。以赣南苏区的瑞金市为例，该地被誉为"共和国摇篮"，每年前来研学实践的游客络绎不绝。该地瞄准自身资源定位，大力宣传红色旅游资源，加强与文化和旅游部门对接，力争让游客的红色之行"活"起来。与井冈山、长汀等地的红色旅游景区开展区域联动，推出系列大型红色旅游主题活动，共同打造红色旅游精品线路，创造性地推出集培训、参与、体验于一体的研培基地，构建完整的红色文化推介体系。①

通过发挥领域联合优势，最终实现源头、生产、加工、销售等产业各环节的畅通，助力革命老区特色产业规范发展。

二是秉持行业双赢原则，破除行业之间的合作壁垒。在行业合作共赢中，打出行业互惠互利的"组合拳"。其中关系最密切的行业当属旅游业和服务业两大"巨头"。

首先，联合服务业，筑牢特色产业网络基础。在销售与售后环节注重服务，建立现代化服务业，打造"一条龙服务"。为摆脱农产品的销路困境，赣州市积极探索创新营销模式，其中"学校+基地（公司）+农户"的营销模式成效显著，通过高校与特色农业基地的良性互动和有效对接，不仅客观上降低了学校食堂的餐价，还解决了学校蔬菜供给中的安全问题，获得了"1+1>2"的叠加效应。

其次，联合旅游业，后向延伸特色产业网络。以特色农业为例，充分依托老区特色农业资源，与当地优质的生态资源和文化资源融合，构建以乡村旅游等新产业为主导的现代特色产业体系。如广东革命老区的惠州市高潭镇，以乡村旅游、乡村服务引领老区产业振兴，打造"特色东江菜"这一

---

① 《打造红色旅游+培训的"瑞金样板"》，中国旅游新闻网，http：//www.ctnews.com.cn/hsly/content/2019-10/25/content_54037. Html。

地方美食品牌，建设了一批红色主题餐厅；深挖红色文化资源，设计了一批红色文创；举办了一系列红色演出，重温革命历史场景；丰富旅游产品供给，打造了一批红色民宿。截至2019年底，高潭镇的旅游人数达到了46万人次/年，老区百姓的年收入从原来的人均1.2万元增加到1.9万元。①哈尔滨革命老区凭借优越的旅游自然条件，探索田园养生、研学体验、休闲垂钓、农耕体验等新业态，形成了主题鲜明、特色突出的文旅品牌。对于成年游客，可以感受"采菊东篱下，悠然见南山"式的闲情逸趣——品尝自产有机绿色食品，体验现场采摘果蔬；对于儿童这一特殊群体，则可以与瓜果蔬菜、小动物进行亲密接触，收获"沉浸式体验"。

2. 纵向——内部关联助升级

由于历史遗留原因，革命老区百姓的整体受教育程度不高，观念也较为保守，老区经济发展缺计划、缺技术的现状依然严峻，仅依靠自身基础，特色产业发展举步维艰。必须打造特色产业内部庞大且关系紧密的"朋友圈"，从上至下众志成城、共同参与。其中牵涉到中央及地方政府的顶层设计、龙头企业的带动以及合作社的组织协调。

第一，强化政府"强心剂"引导作用。政策引导是特色产业发展的风向标。中央政府的大力支持，加上地方政府的有力扶持，构成了特色产品提质升级、健康发展的"坚强后盾"。首先，从国家层面出发，根据不同革命老区的"区情"，形成特色产业配套的特殊机制和体制。不仅要制定适用于革命老区的政策，还要根据不同革命老区的发展现状制定不同措施，如出台东部发达地区与中部相对落后的革命老区结对的"一对一"对口帮扶政策。如陕甘宁革命老区的延安、榆林两地，在国家石油开采政策的支持下，延长石油集团和中石化华北油田分公司凭借当地石油资源禀赋优势，获得了石油资源勘探权。随着石油总产量不断增加，其原油比长庆油田分公司每年多为地方财政注入数十亿元财政收入，使其发展速度和质量明显优于其他资源类

---

① 杨俊丽：《基于红色文化资源的广东革命老区内源型发展路径探索》，《文化创新比较研究》2021年第1期，第172~174页。

型相近的城市，为老区资源导向型产业开创了高质量跨越式发展新前景。①
其次，从地方层面出发，形成各具特点的政策举措，具体包括如下几个方面。一是实施严格的市场监管体制。一方面，防止"劣币驱逐良币"；另一方面，由地方政府出面干预，探索异质竞争，将同类产品错峰上市，保证革命老区当地的特色产业在市场上占有独特地位。二是实现弹性的资金投入。资金的投入，牵扯到具体的产业方针，具体来说，可以将资金投入同金融支持、政府扶持相统一，鼓励引导资本注入特色产业这一"蓄水池"。对于龙头企业，也要加大政策扶持力度，在配套项目落地、科研人员安排、专项资金分配等方面优先考虑。三是采取完善的人才引留模式。一方面，利用利好政策——"海纳百'才'"。借助中西部协作机制，与老区的对接地区"牵线搭桥"，创新"政府搭桥+企业搭台+项目筑巢"等机制。同时，聚焦人才福祉——"贴心留才"。建立人才奖励制度，尤其提高"三农"工作队伍和科技人才的福利待遇，包括在税收、房贷、子女教育等方面适当"开绿灯"，体现政府的人文关怀，减少后顾之忧。另一方面，"授人以鱼，不如授人以渔"。建设老区自己的"后备军"是产业可持续发展的不二法门。为此，培养一批非遗代表性传承人，建设一批家庭特色工厂和传统手工作坊；着重培训一批高素质农民、种养技术能手，建立老区基层的创新与技术人才队伍链，为特色产业一体化发展提供智力支撑，最终让人才真正能留在老区、扎根老区、建设老区。

第二，发挥龙头企业"主心骨"的带动作用。在做大蛋糕的同时，更要分好蛋糕：在政府与个体之间，要充分发挥"牵线搭桥"的功能，帮助解决产品销路困境；作为某一细分领域的"领头羊"，要搭好企业、合作社、散户三者之间联结的"骨架"，通过"企业+合作社+散户"等多方位合作，并利用订单参与、股份合作、劳务分工等多种形式形成利益联动，最终畅通特色产业的"血脉"。如赣州市兴国县的龙头企业创新性地将农副产

---

① 杨邦杰、严以新、胡旭晟：《论陕甘宁革命老区的振兴与可持续发展——现状、问题与对策分析》，《中国发展》2013年第1期，第1~6页。

品进行"农校对接",创新模式,集中供餐;立足市场,壮大产业,共建营养餐菜品供应基地;订单合作,精准帮扶,实现了蔬菜种植和销售的无缝对接。

第三,激发合作社"纽带"的联结作用。合作社是集体经济的一种形式。作为最接近百姓的一环,合作社在夯实特色产业"地基"、实现老区百姓对美好生活向往的进程中不可或缺。通过扶持资金、劳动力投入、成立经济组织等方式,加工并销售农户家庭生产的农产品,以多形式的规模经营发展壮大集体经济,推动整体产业链向后发展,让老区人民的幸福指数不断上升。老区特色产业好不好,最终还得在老区人民身上找答案,最终还得让老区人民把握、配置和平衡社会资源带来的机会,积极参与到特色产业的建设中来。要紧抓合作社的统一规范建设,通过党支部领办合作社等方式,加强宣传引导,提供就业岗位,激发老区百姓的积极性。提高其专业技能,推动老区百姓在新型农业等特色领域"撸起袖子加油干",迅速提高自我发展能力,为形成特色鲜明、标志显著的革命老区特色产业贡献力量。闽西苏区的宁德七淀村紧抓"高山食用菌"这一农特品牌的"高端化"转型,以党支部为引领,以合作社建设为抓手,打造"村支部+合作社+农户""三方共赢"的组织方式,蹚出了一条香菇种植的致富路。2020年,七淀村接种共计45万筒蘑菇棒,日产蘑菇1.5万多公斤,年收入达500万元。虎浿镇的成功经验也带动了周边的梅河、文峰等村庄的发展,形成了一支"千人大军",这一区域的种植面积现已接近600亩,年产值超过3000万元,特色产业集群初具规模。[①] 老区人民告别了过去"外出就务农,闲时打零工"的生活,真正实现了家门口致富。

(二)构建价值物联的特色产业网络发展思路

革命老区可以利用现有的特色产业资源优势,通过网络进行资源共享与

---

① 《宁德蕉城区虎浿镇:特色产业兴 老区乡村旺》,东南网,http://fjnews.fjsen.com/2020-09/08/content_30470491.htm。

知识溢出，与区域内的各方形成利益联结，实现"价值物联"，促进内生可持续发展。

1. 因地制宜，培厚产业资源的价值土壤

因地制宜，实质上是发挥比较优势，把地方政府规划与生态、人力资源开发统一起来。通过打造地方特色"IP"，联合旅游和服务业两大巨头，探索资源合理转化的多元可能性，让革命老区独特的资源禀赋和优势带来更大的效益。

第一，发挥生态资源的转化作用。坚持保护好生态这一"富口袋"，是实现革命老区经济高质量发展的关键途径之一。当前，水土流失是全国很多革命老区发展共有的制约因素，倘若把这个问题解决好，既可以保持土壤肥力，增加农产品的生产，更能从中"涵养"壮大相关的特色产业。赣南脐橙、定西土豆、陕北苹果等农特品牌，就是通过有效的水土治理擦亮了品牌，目前已累计带动3000万人实现就业增收。革命老区赣州的水土流失问题曾经很严重。数十年来，赣州将生态修复与农业种养方式转变相结合，打造"顶林—腰果—底谷（养殖）"的治理模式，让曾经的"光头山"变为老区百姓增收致富的"花果山"，实现了产业与生态双轮驱动。"十三五"期间，赣州市累计完成水土流失治理面积3400多平方公里，水土保持率达到82.36%，创造了水土流失治理的"赣州经验"。[①]"人养山，山也养人。"赣州的百姓用自己勤劳的双手，在石头缝中种出了千亩果林，不仅富了生态的"口袋"，还红了日子，鼓了"腰包"。当然，赣州水土治理的脚步也并未停下。该地探索常态化治理机制，开创"准实时+精细化"监管模式，将来之不易的"绿水青山"继续保护好，开发好，使其成为老区百姓的"金山银山"。

第二，激发人文资源的转化作用。充分发掘、整合、优化人文资源，主打培育革命老区特色中的"拳头产品"——红色旅游。广东革命老区的韶

---

① 《我国实现水土流失面积由增到减、强度由高到低的历史性转变 一坡一岭，护好美丽中国鲜明底色——践行习近平生态文明思想的水土保持实践》，《人民日报》2021年12月11日，第2版，http://paper.people.com.cn/rmrb/html/2021-12/11/nbs.D110000renmrb_02.htm。

关市怀仁县依托丰富的红色文化资源，支持旅游企业设计具有"红色印记"的旅游线路、产品及服务，打造特色小镇。在"七一"、"八一"、国庆等节日，沿着当地精心谋划打造的红色乡村游路线，游客得以重走革命路，重听红军事，重温红军情。同时，游客还能饱览沿路的山水之景，品尝当地的鸟梨、油柑等农特产品。这些都能焕发老区发展活力。① 闽西苏区的长汀县是国家历史文化名城中唯一的县级市，具有深厚的人文底蕴。为了让千年古城的"古韵""红韵"留存，该地做起了"加减法"，对于革命遗址等老旧建筑的修缮做减法，以保留原汁原味的红色文化；对于红色资源的深度融合做加法，加大红色遗存的收集和保护力度，辅以开发"红旅+"等新业态。建设红军长征步道，让游客体验"重走长征路"的文化氛围。②

2. 有的放矢，健全产业链条特色中的"特色"

要发挥革命老区特色产业各领域的联合优势与各行业的合作优势，还需进行深入融合，探寻出一条特色产业中的"特色"发展之路。

第一，优化产业结构和延伸价值链条。主打推进以"二"促"一"，即第二产业助推第一产业的发展，打造农林牧副渔等推动工业转型升级的新业态。以现有的精深加工企业为龙头，建立产业化联合体。专注产品的专业性与规模化，形成产品生产、流通到销售的链路闭环。以农业产业链为例，一方面，促使农业加工链纵向延伸，开发新兴产品，并以科技驱动，提升产品加工转化的质量与附加值；另一方面，促使农业服务链横向扩展，发展农业社会化服务，搭建"产学研政企协"平台，同时提高采后商品化处理能力和产地遇冷产能，延长产业链的价值链条。宁波革命老区的余姚横坎头村从原来的因地制宜种植樱桃树，到后来引进了蓝莓、桑果、红心猕猴桃等多品种，产业集聚效应显著，也因此获得了"花果红乡"之名。在端午节等传统节日，当地必不可少的"送礼之选"——"梁弄大糕"，通过《舌尖上的中国》纪录

① 杨俊丽：《基于红色文化资源的广东革命老区内源型发展路径探索》，《文化创新比较研究》2021 年第 1 期，第 172~174 页。
② 《福建长汀：畅游非遗名城　尽享古韵风采》，中国旅游新闻客户端，https：//h5. newaircloud. com/news_detail? newsid = 14251967_zglyxw。

片进军海外市场，实现了从产地到餐桌的产业延伸与价值延展。① 闽西苏区的罗源县八井村依托畲乡产业的良好布局，延展出了一条"红古融合"的特色产业链条，为老区发展注入新动能。据八景村党支部书记雷可寿介绍，为了建设畲族文化和民俗风情小镇，2021年，该地投资约700万元用于凤鸣街道建设。凤鸣街的畲药、畲族服饰等纪念品产品，以及黑米、糯米、地瓜鬼等特色美食，都有助于拓宽市场。仅在2018年，八景村就接待游客25万多人次，旅游收入超过3000万元，从"后进村"一跃成为"富美村"。②

第二，优化产业战略布局。首先，构建自下而上的战略体系，以"规模效应"增辐射。通过当地政府推动、资金引导、农户积极参与，促进农村优势和特色产品规模扩大化营销。如哈尔滨革命老区，一改过去单一的养殖合作社，形成了以畜牧、种植业、农机服务为核心的多功能型联合社。根据"牛羊肉、小粗粮、中医药、农业游、经济林"五大特点主导产业，形成了"一村一品"的经济发展布局。截至2018年，累计实施"一村一品"项目513个，3万多老区农户从中受益，12.9万人实现就业增收，规模效应显著，大大提升了地区的市场辐射功能。③ 其次，实现资源的区域转化与充分利用，以"集聚效应"巧布局。着力规划建设一批现代特色产业融合示范园区，推进特色产业集群发展。如川陕革命老区毗邻西安、重庆、成都"西部金三角"，具有良好的区位优势。基于此，川陕革命老区积极发挥通道作用，一方面，对接"一带一路"倡议与西部大开发战略，建立特色工业产品和农产品基地，构建与中西部地区的贸易合作网络。另一方面，对接长江经济带建设，打造成为长江中下游地区产业配套、能源输出与特色产品加工的"后花园"。再次，发挥革命老区的地方"造血"功能，以品牌效应立口碑。形成以特色产品品牌为核心的、具有较强影响力的特色产业格局，

① 《从"红绿搭配"到全面振兴 余姚打造全国革命老区共富样板》，浙江日报百家号，https://baijiahao.baidu.com/s? id=1728590464489801672&wfr=spider&for=pc。
② 《让红色历史"活"起来 让老区群众富起来 福州探索革命老区特色发展之路》，福州新闻网，http://news.fznews.com.cn/dsxw/20210411/607314820c6cc.shtml。
③ 边清山：《哈尔滨革命老区乡村特色产业发展研究》，《黑龙江史志》2020年第5期，第14~17页、第39页。

实现老区特色产业的持续发展。如山东沂水县许家湖镇面对多丘陵、山地的地形特点，因地制宜，鼓励当地农民种植榛子，既能涵养水土，又能提高产量，化生态劣势为百姓红利，打造"榛子"特色农业品牌。由于气温相对较高，当地榛子比东北地区早熟约一个月，使得两地的榛子可以错峰上市，不仅获得先行抢占市场的契机，打通了销售渠道，而且保持了价格优势，让老区农民受益。由于榛子在当地并不多见，许家湖镇创新性打造榛子采摘观光园，拓宽了农民小康路上的受益面，达到了健康致富的耦合效果。最后，着力推动地理标志申请与商标注册，提升革命老区品牌营销力与影响力。闽西苏区的宁德黄家村用活用好"黄家蒸笼"这个国家地理标志注册商标，采用"线上+线下"营销模式：线上深入推进"互联网+"，在淘宝、京东、亚马逊等平台进行长期运营，目前共有 40 多家企业迈入跨境电商渠道，助力"黄家蒸笼"走出国门，相关的蒸笼成品已远销 20 多个国家和地区，年出口额达 1000 多万美元；线下加快手艺改进与创新，开发出盒、碟、瓶等 300 多种工艺品，让"黄家蒸笼"品牌熠熠发光。①

---

① 《宁德蕉城区虎㴐镇：特色产业兴　老区乡村旺》，东南网，http：//fjnews. fjsen. com/2020-09/08/content_30470491. htm。

B.5
革命老区创新效率及其影响因素分析

王俊姝*

摘　要： "十三五"时期，在党和国家的坚强领导下，革命老区振兴发展取得了举世瞩目的成就。革命老区创新发展是推动革命老区振兴发展的重要内容和关键路径，对新发展阶段革命老区高质量发展至关重要。运用数据包络法对2016~2020年赣州、新余、吉安、榆林、长治、三明、龙岩、临沂、郴州和随州10个革命老区国家级高新区创新效率值进行测算。基于产出导向的BCC模型分析表明，10个革命老区国家高新区整体综合效率均值为0.849，处于中效区，创新效率仍有提升的空间；纯技术效率和规模效率均值分别为0.857和0.986，规模因素的影响力强于技术进步因素；基于Malmquist指数模型研究表明10个革命老区国家高新区龙岩、随州和郴州国家高新区全要素生产率提高；龙岩、随州国家高新区技术水平进步、技术效率提升（双高型）；郴州、吉安、长治、三明和榆林国家高新区技术效率提升，但技术进步相对不足（高低型）；新余、临沂、赣州国家高新区技术效率和技术进步相对不足（双低型）。促进革命老区创新发展亟须从强化创新发展顶层设计、提升创新驱动发展动力和深化协同创新开放合作等方面发力。

关键词： 革命老区　创新发展　效率评价　数据包络法

---

* 王俊姝，博士，江西省科学院科技战略研究所副研究员，研究方向为产业科技与发展战略。

党中央、国务院高度重视革命老区振兴发展工作，2012 年以来先后印发了支持赣南等原中央苏区和陕甘宁、左右江、大别山、川陕等革命老区振兴发展的政策文件，有力推动了老区经济社会跨越式发展，为新发展阶段革命老区的高质量发展奠定了坚实基础。党的十九届五中全会提出坚持创新在我国现代化建设全局中的核心地位。新发展阶段，革命老区的创新发展，既是革命老区高质量发展的重要内容，也是革命老区振兴发展的重要路径。

一 革命老区创新发展现状

（一）革命老区振兴发展政策

2012 年 3 月 25 日，国务院印发首个革命老区振兴规划《陕甘宁革命老区振兴规划》，在西部大开发战略实施的背景下，从财税金融、投资、国土资源、生态环境及社会支持等方面为原西北革命根据地振兴发展提供了更加有力的政策措施，助力老区经济社会跨越式发展。2012 年 6 月 28 日，《国务院关于支持赣南等原中央苏区振兴发展的若干意见》印发。2014 年 3 月 20 日，国务院批复《赣闽粤原中央苏区振兴发展规划》。2015 ~ 2016 年，国务院相继批复左右江、大别山、川陕等革命老区振兴发展规划，部署实施了一批支持措施和重大项目（见表 1）。为贯彻落实革命老区振兴发展规划，陕西、江西、福建、河南、湖北和四川等省先后出台了省级革命老区振兴发展规划实施方案，创新发展的重点主要是促进革命老区发展特色优势产业、推进产业结构优化升级。

表 1　国家革命老区振兴发展政策

时间	政策及规划
2012 年 3 月 25 日	《陕甘宁革命老区振兴规划》（规划期为 2012 ~ 2020 年）
2012 年 6 月 28 日	《国务院关于支持赣南等原中央苏区振兴发展的若干意见》
2014 年 3 月 20 日	《赣闽粤原中央苏区振兴发展规划》（规划期为 2014 ~ 2020 年）
2015 年 2 月 16 日	《左右江革命老区振兴规划》（规划期为 2015 ~ 2025 年）

时间	政策及规划
2015 年 6 月 5 日	《大别山革命老区振兴发展规划》（规划期为 2015～2020 年）
2016 年 8 月 3 日	《川陕革命老区振兴发展规划》（规划期为 2016～2020 年）
2021 年 1 月 24 日	《国务院关于新时代支持革命老区振兴发展的意见》
2021 年 11 月 26 日	《"十四五"特殊类型地区振兴发展规划》（规划期为 2021～2025 年）
2022 年 3 月 15 日	《国务院关于同意建设赣州、闽西革命老区高质量发展示范区的批复》

资料来源：中国政府网。

在党中央、国务院的坚强领导下，革命老区经济社会保持健康发展，历史性解决了绝对贫困问题，与全国一道同步全面建成小康社会。考虑到革命老区很多仍属于欠发达地区，在胜利完成脱贫攻坚任务后，有必要继续研究实施新的支持政策，助力革命老区巩固拓展脱贫攻坚成果，开启社会主义现代化建设新征程。2021 年 1 月 24 日，《国务院关于新时代支持革命老区振兴发展的意见》印发，明确提出增强革命老区发展活力，发展特色产业体系，提升创新能力，培育革命老区振兴发展新动能，提高经济质量效益和核心竞争力。2021 年 11 月 26 日，国务院印发《"十四五"特殊类型地区振兴发展规划》（规划期为 2021～2025 年），专章部署促进革命老区振兴发展，提出支持革命老区增强内生发展动力，做大做强特色优势产业，推动绿色创新发展。2022 年 3 月 15 日，国务院同意建设赣州、闽西革命老区高质量发展示范区，提出打造新时代革命老区振兴发展的样板，为革命老区全面贯彻新发展理念、加快构建新发展格局提供了新的路径。

（二）革命老区创新发展成就

"十三五"时期，在党和国家的坚强领导下，全国革命老区取得了脱贫攻坚的胜利，经济实力持续增强，取得重要的阶段性进展。但革命老区大部分位于多省交界地区，很多仍属于欠发达地区，创新资源相对薄弱，创新活动主要集中在高新技术企业，因此本报告以革命老区所在城市拥有的国家级高新技术产业开发区（简称国家高新区）为研究对象评估革命老区创新发展效

率。国家高新区是国务院批准成立的国家级科技工业园区，从 1988 年第一个
国家高新区获批成立起，国家高新区就已经成为我国自主创新的重要载体，
在区域创新中扮演重要角色，其创新水平在相当程度上能够反映区域创新发
展的整体情况，其创新效率的高低也是评估区域整体创新水平的重要角度。

根据革命老区国家高新区分布及数据可及性，本报告选取江西新余、山
东临沂、陕西榆林、山西长治、湖南郴州、福建三明、福建龙岩、江西赣
州、江西吉安和湖北随州 10 个国家高新区开展创新效率研究。总体来看，
10 个革命老区国家高新区成立时间较晚，其中新余高新区获批建立时间为
2010 年，是首个位于革命老区的国家高新区；临沂国家高新区获批成立于
2011 年，榆林国家高新区获批成立于 2012 年，其他 6 个位于革命老区的国
家高新区获批成立时间均为 2015 年。经过多年的发展壮大，10 个革命老区
国家高新区形成了具有自身特色的高新技术产业体系（见表 2）。

表 2　革命老区国家级高新技术产业开发区概况

革命老区/苏区	所属省市	高新区名称	批准时间	主导产业
赣南等原中央苏区	江西新余	新余高新区	2010 年 11 月	新能源、钢铁装备、新材料
沂蒙革命老区	山东临沂	临沂高新区	2011 年 6 月	电子信息、装备制造、新材料
陕甘宁革命老区	陕西榆林	榆林高新区	2012 年 8 月	煤化工
太行革命老区	山西长治	长治高新区	2015 年 2 月	煤化工、装备制造、生物医药
湘赣边革命老区	湖南郴州	郴州高新区	2015 年 2 月	有色金属精深加工、电子信息、装备制造
赣南等原中央苏区	福建三明	三明高新区	2015 年 2 月	机械装备、林产加工、纺织轻工
赣南等原中央苏区	福建龙岩	龙岩高新区	2015 年 2 月	机械、专用车、环境科技
赣南等原中央苏区	江西赣州	赣州高新区	2015 年 9 月	钨新材料、稀土、食品
赣南等原中央苏区	江西吉安	吉安高新区	2015 年 9 月	电子信息、精密机械、绿色食品
大别山革命老区	湖北随州	随州高新区	2015 年 9 月	汽车及零部件、农产品深加工、电子信息

资料来源：科学技术部火炬高技术产业开发中心。

1. 革命老区国家高新区经济综合实力增强

2016~2020 年，10 个革命老区国家高新区总体经济综合实力明显增强，
主营业务收入和工业生产总值分别达到 6827.68 亿元和 6391.58 亿元，增长
率分别为 41.13% 和 32.20%；净利润和上缴利税分别达到 515.20 亿元和
327.71 亿元，增长率分别为 98.08% 和 98.81%（见表 3）。其中，榆林国家

表 3　2016 年和 2020 年各革命老区国家高新区主要经济指标

单位：千元，%

城市	营业收入			工业总产值			净利润			上缴税费		
	2016 年	2020 年	增长率	2016 年	2020 年	增长率	2016 年	2020 年	增长率	2016 年	2020 年	增长率
长治	26418600	45016650	70.40	24263635	33223740	36.93	2064832	1861200	-9.86	1346963	3971630	194.86
三明	33090908	34924687	5.54	34152179	40399011	18.29	628274	1100738	75.20	616699	452323	-26.65
龙岩	33414819	52781407	57.96	35080055	51279923	46.18	1371971	3702620	169.88	1410083	1305436	-7.42
赣州	35167252	32024500	-8.94	35331700	21568833	-38.95	1609942	1945156	20.82	741083	800915	8.07
吉安	35540241	56117822	57.90	35705726	55086076	54.28	2269763	4702495	107.18	1955043	1499004	-23.33
临沂	134070581	86352984	-35.59	134837804	87572310	-35.05	7856518	7058309	-10.16	4178304	3375688	-19.21
郴州	20290818	29116204	43.49	19135035	22967406	20.03	330014	630449	91.04	385330	638034	65.58
榆林	30476945	111443169	265.66	29058096	80705148	177.74	4259982	16658784	291.05	2441462	14290823	485.34
新余	106220695	162774369	53.24	106056013	151869310	43.20	4471148	9438910	111.11	2713835	4594159	69.29
随州	29107249	72216047	148.10	29860421	94486730	216.43	1146967	4421594	285.50	695207	1843329	165.15
合计	483798108	682767839	41.13	483480664	639158487	32.20	26009411	51520255	98.08	16484009	32771341	98.81

资料来源：火炬统计年鉴。

高新区主营业务收入和工业生产总值分别增长 265.66% 和 177.74%；随州国家高新区主营业务收入和工业生产总值分别增长 148.10% 和 216.43%，增长幅度最大。

2020 年，10 个国家高新区中新余国家高新区和榆林国家高新区主营业务收入达到千亿级别，分别为 1627.74 亿元和 1114.43 亿元；临沂、随州、吉安和龙岩国家高新区营业收入达到五百亿以上，分别为 863.53 亿元、722.16 亿元、561.18 亿元和 527.81 亿元；长治、三明、赣州和郴州国家高新区营业收入分别达到 450.17 亿元、349.25 亿元、320.25 亿元和 291.16 亿元。

2020 年，10 个国家高新区中新余国家高新区工业生产总值最高为 1518.70 亿元，达到千亿级别；随州、临沂、榆林、吉安和龙岩国家高新区工业生产总值达到五百亿以上，分别为 944.87 亿元、875.72 亿元、807.05 亿元、550.86 亿元和 512.80 亿元；三明、长治、郴州和赣州国家高新区工业生产总值分别达到 403.99 亿元、332.24 亿元、229.67 亿元和 215.69 亿元。

2016~2020 年，吉安、榆林、新余和随州国家高新区主营业务收入整体呈现连续上升趋势，长治、三明、龙岩、赣州、临沂和郴州国家高新区主营业务收入波动式变化（见图 1）。2016~2020 年，长治、吉安、榆林和随州国家高新区工业生产总值整体呈现连续上升趋势；三明、龙岩、赣州、临沂、新余和郴州国家高新区工业生产总值规模波动式变化（见图 2）。其中，新余国家高新区主营业务收入和工业总产值规模最大，郴州、长治和赣州国家高新区主营业务收入和工业生产总值规模偏小。

2. 革命老区国家高新区收入结构持续优化

从体量上看，2016~2020 年，10 个革命老区国家高新区整体技术收入实现大幅增长，从 2016 年的 13.03 亿元增长到 2020 年的 111.94 亿元，增长率为 759.23%。2020 年，龙岩国家高新区技术收入最高，达到 41.37 亿元；三明国家高新区技术收入为 0.31 亿元，规模最小（见表 4、图 3）。

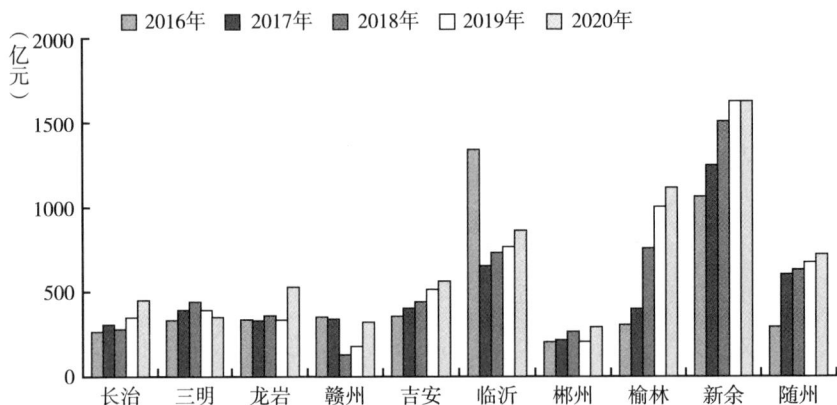

图1 2016~2020年各革命老区国家高新区主营业务收入

资料来源：火炬统计年鉴。

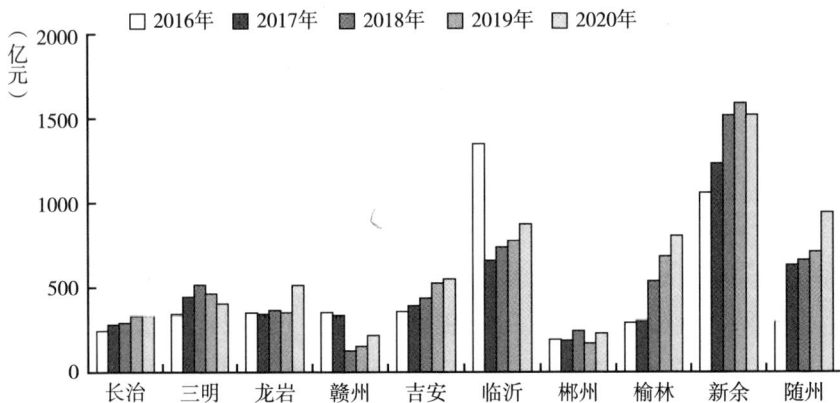

图2 2016~2020年各革命老区国家高新区工业生产总值

资料来源：火炬统计年鉴。

2016~2020年，10个革命老区国家高新区整体出口总额从2016年的31.67亿元增长到2020年的61.44亿元，增长率94.00%。2020年，吉安国家高新区出口总额最高，达到324.45亿元；榆林国家高新区出口总额为1.52亿元，规模最小（见表4、图4）。

表4 2016年和2020年各革命老区国家高新区技术收入和出口总额

单位：千元，%

城市	技术收入			出口总额		
	2016年	2020年	增长率	2016年	2020年	增长率
长治	5185	397561	7567.52	68479	376860	450.33
三明	233	30924	13172.10	387396	1059076	173.38
龙岩	118074	4136905	3403.65	962249	1935718	101.17
赣州	269435	455272	68.97	2311095	2312785	0.07
吉安	1784	171856	9533.18	6558339	32445264	394.72
临沂	223119	600425	169.11	7589602	3485286	-54.08
郴州	113549	758452	567.95	2818375	6739229	139.12
榆林	22906	1477898	6352.01	—	151783	—
新余	505832	1408739	178.50	5096368	7982142	56.62
随州	42656	1755812	4016.21	2712911	4954830	82.64
均值	1302773	11193844	759.23	3167202	6144297	94.00

资料来源：火炬统计年鉴。

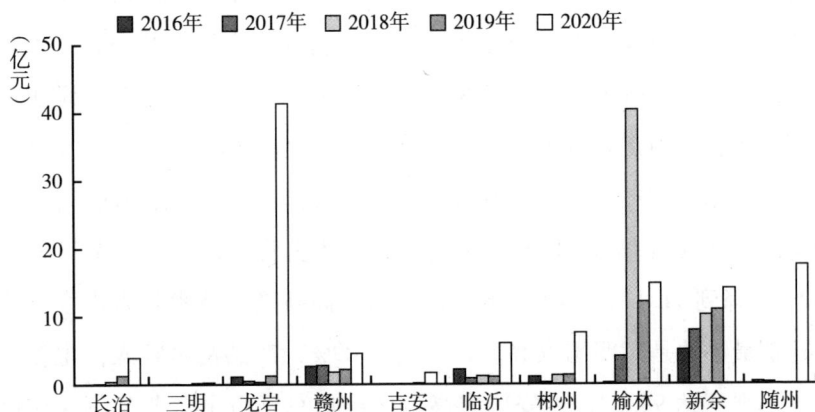

图3 2016~2020年各革命老区国家高新区技术收入

资料来源：火炬统计年鉴。

从主营业务收入构成来看，2016年，10个革命老区国家高新区整体产品销售收入、技术收入和出口总额占主营业务收入比例分别为97.20%、

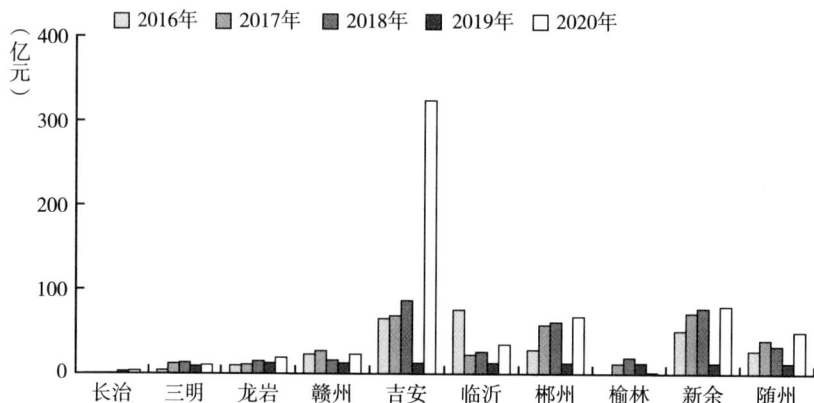

图 4 2016~2020 年各革命老区国家高新区出口总额

资料来源：火炬统计年鉴。

0.26% 和 6.55%，技术收入和出口总额占比均低于全部国家高新区技术收入占比，主营业务收入结构有待优化；2020 年，10 个革命老区国家高新区整体产品销售收入、技术收入和出口总额占主营业务收入比例分别为 94.02%、1.99% 和 9.00%。产品销售收入占营业收入比例减小，技术收入和出口总额占营业收入比例增长率分别高达 665.38% 和 37.4%，说明革命老区国家高新区创新能力大幅提升，产品竞争力提高。2020 年，10 个革命老区国家高新区中，龙岩 2020 年技术收入占营业收入比例最高，达到 7.84%，比 2016 年增长 2140%；产品销售收入占营业收入比例从 2016 年的 97.92% 下降到 91.11%。10 个革命老区国家高新区中技术收入占主营业务收入比例最小的是三明国家高新区，为 0.09%，产品销售收入占主营业务收入比例则高达 98.38；吉安国家高新区出口总额占主营业务收入比例最高，达到 57.82%；榆林国家高新区出口总额占主营业务收入比例为 0.14，比重最低（见表 5）。

但同时也应看到，革命老区国家高新区技术收入占主营业务收入比例仍远低于全部国家高新区平均值。2016 年、2020 年，革命老区国家高新区技术收入占营业收入比例分别是全部国家高新区平均值的 2.67% 和 14.48%。革命老区国家高新区出口总额占主营业务收入比例也与全部国家高新区平均值存在一定差距，产品销售占主营业务收入比例仍高于全部国家高新区平均水平。

表5　2016年和2020年各革命老区国家高新区主营业务收入构成

单位：%

城市	技术收入		产品销售收入		出口总额	
	2016年	2020年	2016年	2020年	2016年	2020年
长治	0.02	0.88	95.12	90.61	0.26	0.84
三明	0.00	0.09	98.95	98.38	1.17	3.03
龙岩	0.35	7.84	97.92	91.11	2.88	3.67
赣州	0.77	1.42	96.64	95.95	6.57	7.22
吉安	0.01	0.31	99.33	98.69	18.45	57.82
临沂	0.17	0.70	99.41	98.80	5.66	4.04
郴州	0.56	2.60	96.56	95.07	13.89	23.15
榆林	0.08	1.33	93.92	84.75	0.00	0.14
新余	0.48	0.87	99.03	98.40	4.80	4.90
随州	0.15	2.43	95.17	92.77	9.32	6.86
均值	0.26	1.99	97.20	94.02	6.55	9.00
全国平均	9.74	13.74	74.20	69.16	10.54	10.45

资料来源：火炬统计年鉴。

3. 革命老区国家高新区创新实力明显增强

企业是创新主体，入统企业数和高新技术企业数可以从一定程度上反映出国家高新区创新主体规模和创新能力。2016~2020年，革命老区国家高新区工商注册企业数、入统企业数和高新技术企业数增长率分别达到142.53%、42.53%和132.87%，数量分别达到40439家、2108家和673家，创新主体规模扩大（见表6、图5和图6）。其中，除三明、龙岩和临沂国家高新区入统企业数减少外，其他革命老区国家高新区入统企业数均增加，榆林国家高新区入统企业增长率高达895.45%，增幅最大；10个革命老区国家高新区高新技术企业数均出现增长，榆林国家高新区高新技术企业增长率高达950.00%，增幅最大。从入统企业数量和高新技术企业量来看，2020年，临沂国家高新区入统企业最多，达到376家；随州国家高新区高新技术企业最多，达到112家。

表6 2016年和2020年各革命老区国家高新区企业情况

单位：家，%

城市	工商注册企业数			入统企业数			高新技术企业数		
	2016年	2020年	增长率	2016年	2020年	增长率	2016年	2020年	增长率
长治	2580	8565	231.98	94	157	67.02	34	94	176.47
三明	391	703	79.80	110	104	-5.45	14	24	71.43
龙岩	1390	1909	37.34	200	150	-25.00	24	42	75.00
赣州	386	1581	309.59	119	207	73.95	18	73	305.56
吉安	268	627	133.96	127	169	33.07	23	61	165.22
临沂	3518	7245	105.94	390	376	-3.59	34	66	94.12
郴州	842	1384	64.37	55	101	83.64	17	59	247.06
榆林	2153	6844	217.88	22	219	895.45	4	42	950.00
新余	2950	5668	92.14	232	281	21.12	41	100	143.90
随州	2196	5913	169.26	130	344	164.62	80	112	40.00
总计	16674	40439	142.53	1479	2108	42.53	289	673	132.87

资料来源：火炬统计年鉴。

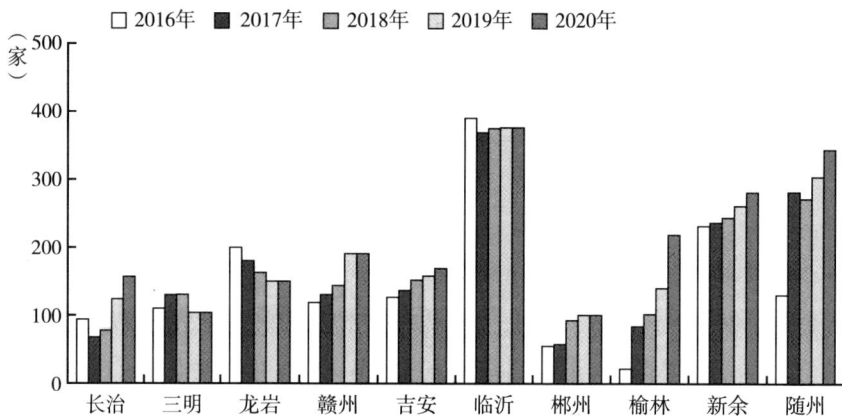

图5 2016~2020年各革命老区国家高新区入统企业数

资料来源：火炬统计年鉴。

科技活动投入是企业开展创新活动的支撑，2016~2020年，10个革命老区国家高新区科技活动经费内部支出和科学研究与试验发展（R&D）内部支出均呈增长趋势，增长率分别为92.04%和361.62%（见表7、图7和图8）。其中，吉安国家高新区科技活动经费内部支出增长率最高，达到327.69%；榆林国家高新区R&D经费内部支出增长率最高，达到

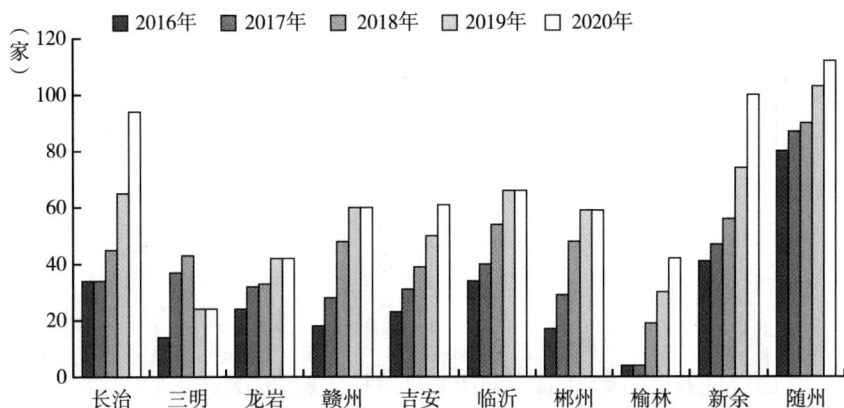

图6 2016~2020 年各革命老区国家高新区高新技术企业数

资料来源：火炬统计年鉴。

3550.82%。2020 年，临沂国家高新区创新投入最高，科技活动经费内部支出和 R&D 经费内部支出分别达到 25.07 亿元和 14.79 亿元；三明和郴州国家高新区创新投入不足，三明科技活动经费内部支出分别为 3.48 亿元；郴州 R&D 经费内部支出为 2.36 亿元。

表7 2016 年和 2020 年各革命老区国家高新区创新投入

单位：千元，%

城市	科技活动经费内部支出			R&D 经费内部支出		
	2016 年	2020 年	增长率	2016 年	2020 年	增长率
长 治	610016	1258667	106.33	264921	619904	134.00
三 明	159193	348232	118.75	121340	255379	110.47
龙 岩	713505	1442414	102.16	525973	956753	81.90
赣 州	301820	761067	152.16	187549	443864	136.67
吉 安	382689	1636726	327.69	290259	1209453	316.68
临 沂	1669637	2506719	50.14	1322459	1478582	11.81
郴 州	459725	924147	101.02	228571	235851	3.19
榆 林	355302	835639	135.19	9377	342337	3550.82
新 余	761402	2363781	210.45	519345	1760950	239.07
随 州	879392	1688780	92.04	217331	1003244	361.62
总 计	6292681	13766172	118.76	3687125	8306317	125.28

资料来源：火炬统计年鉴。

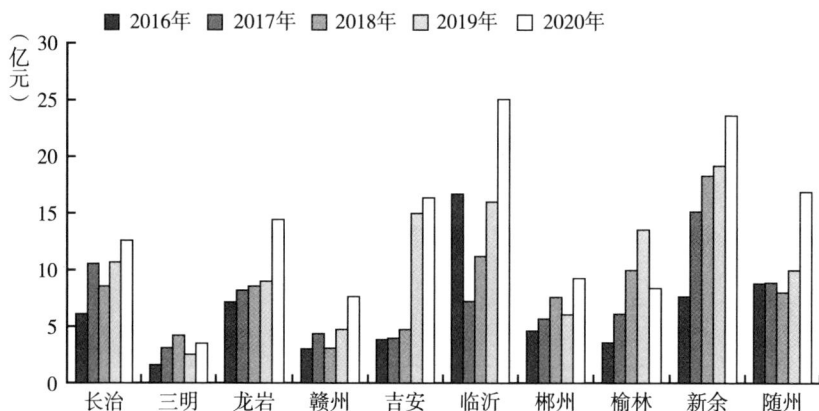

图7　2016~2020年各革命老区国家高新区科技活动经费内部支出

资料来源：火炬统计年鉴。

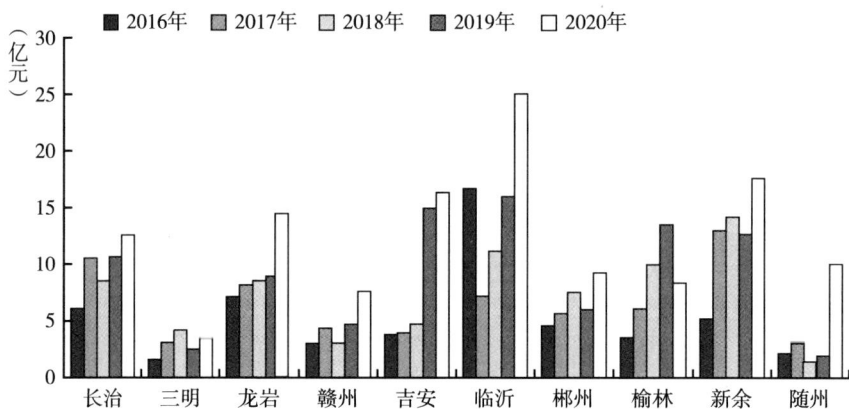

图8　2016~2020年各革命老区国家高新区 R&D 经费内部支出

资料来源：火炬统计年鉴。

R&D 活动作为科学技术活动的核心，R&D 经费内部支出强度即 R&D 经费内部支出占工业总产值比例是衡量国家高新区创新投入的重要指标。2016~2020 年，10 个革命老区国家高新区整体 R&D 经费内部支出强度大幅增长 75.16%，从 2016 年的 1.11% 提高到 2020 年的 1.95%，有力推动革命老区国家高新区的科技创新。其中，赣州国家高新区增长率高达 313.06%，从 2016 年的 0.85% 提高到 2020 年的 3.53%。2020 年，郴州国家高新区 R&D 经费内部支出强度最大，达到 4.02%；三明国家高新区 R&D 经费内部支出强度不足，仅为 0.86%（见表 8、图 9）。

表 8 2016 年和 2020 年各革命老区国家高新区 R&D 经费内部支出强度

单位：%

城市	2016 年	2020 年	增长率
郴州	2.40	4.02	67.48
长治	2.51	3.79	50.69
赣州	0.85	3.53	313.06
吉安	1.07	2.97	177.22
临沂	1.24	2.86	131.17
龙岩	2.03	2.81	38.29
新余	0.49	1.16	136.79
随州	0.73	1.06	45.88
榆林	1.22	1.04	−15.32
三明	0.47	0.86	84.92
均值	1.11	1.95	75.16

资料来源：根据火炬统计年鉴测算。

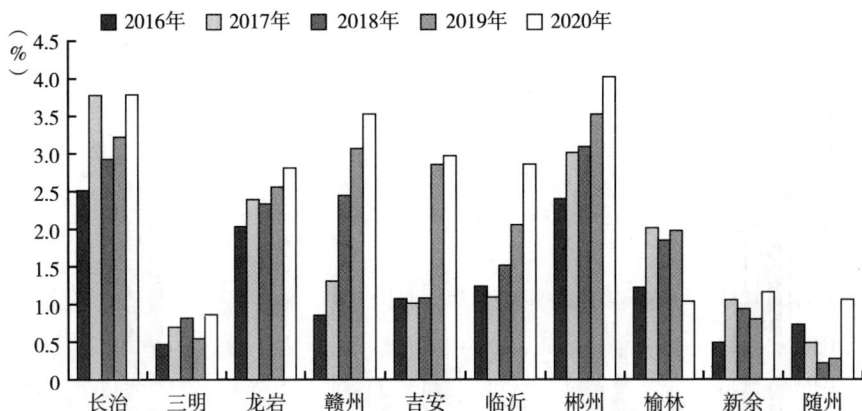

图 9 2016~2020 年各革命老区国家高新区 R&D 经费内部支出强度

资料来源：根据火炬统计年鉴测算。

2016~2020 年，10 个革命老区国家高新区 R&D 人员全时当量大幅增长 87.08%，从 2016 年的 9731 人年增长到 2020 年的 18205 人年。其中，榆林国家高新区增长率最大，高达 10583.33%，长治国家高新区则出现倒退。2020 年，新余国家高新区 R&D 人员全时当量最大，达到 4284 人年；榆林国家高新区 R&D 人员全时当量不足，仅为 641 人年（见表 9、图 10）。

表 9　2016 年和 2020 年革命老区国家高新区 R&D 人员全时当量

单位：人年，%

城市	2016 年	2020 年	增长率
新余	2636	4284	62.52
吉安	342	2308	574.85
临沂	831	2255	171.36
长治	2852	2206	-22.65
龙岩	1511	1991	31.77
随州	397	1680	323.17
赣州	211	1309	520.38
三明	412	795	92.96
郴州	533	736	38.09
榆林	6	641	10583.33
总计	9731	18205	87.08

资料来源：火炬统计年鉴。

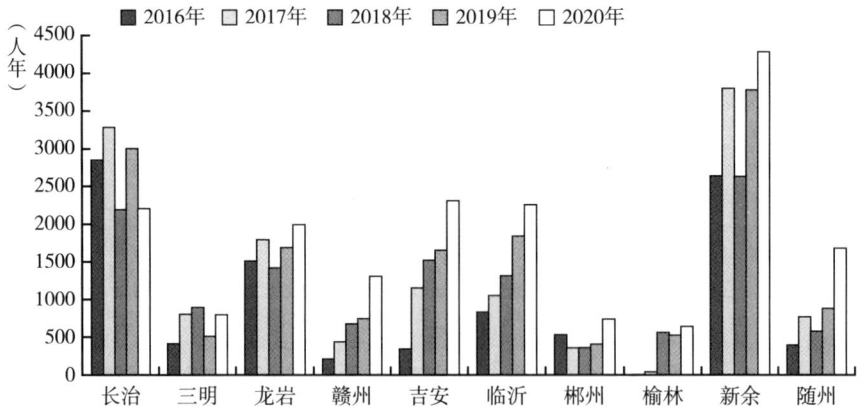

图 10　2016~2020 年各革命老区国家高新区 R&D 人员全时当量

资料来源：火炬统计年鉴。

2016～2020 年，10 个革命老区国家高新区整体年末从业人员、留学归国人员、外籍常驻人员和大专以上人员数均呈增长趋势，增长率分别达到 21.46%、46.41、139.11% 和 112.62%。其中，大专以上人员占年末从业人员总数的比例逐年提升，说明革命老区国家高新区从业人员专业素质稳步提升，有力支撑创新活动开展（见表 10、图 11）。

表 10　2016 年和 2020 年各革命老区国家高新区企业人员情况

单位：人，%

城市	年末从业人员			留学归国人员			外籍常驻人员			大专以上		
	2016 年	2020 年	增长率	2016 年	2020 年	增长率	2016 年	2020 年	增长率	2016 年	2020 年	增长率
长治	50892	46464	-8.70	9	35	288.89	1	24	2300.00	21387	22875	6.96
三明	16546	18327	10.76	7	3	-57.14	4	7	75.00	2076	5459	162.96
龙岩	39121	31276	-20.05	19	34	78.95	8	18	125.00	7248	7778	7.31
赣州	23640	19015	-19.56	121	130	7.44	42	66	57.14	6299	9050	43.67
吉安	40490	41836	3.32	18	86	377.78	10	333	3230.00	5337	13726	157.19
临沂	69094	61957	-10.33	44	134	204.55	14	68	385.71	12093	37082	206.64
郴州	17110	23850	39.39	9	22	144.44	12	31	158.33	3722	8418	126.17
榆林	14249	52197	266.32	4	19	375.00	—	—	—	9578	32503	239.35
随州	57148	55083	-3.61	398	52	-86.93	221	6	-97.29	12675	20381	60.80
新余	28065	82829	195.13	26	444	1607.69	5	205	4000.00	7149	28908	304.36
总计	356355	432834	21.46	655	959	46.41	317	758	139.12	87564	186180	112.62

资料来源：火炬统计年鉴。

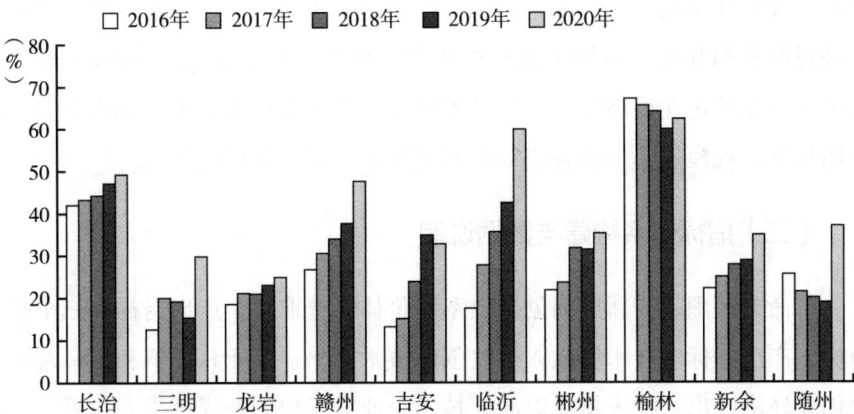

图 11　2016～2020 年各革命老区国家高新区大专以上从业人员比例

资料来源：火炬统计年鉴。

二 革命老区国家高新区创新效率评价方法

（一）数据包络法

基于火炬统计年鉴相关数据，采用数据包络法（Data Envelope Analysis，DEA）评价山西长治、福建三明、福建龙岩、江西赣州、江西吉安、江西新余、山东临沂、湖南郴州、陕西榆林和湖北随州 10 个革命老区国家高新区创新效率。本报告分别采用产出导向的 BCC 模型和 Malmuquist 指数模型进行综合效率和效率动态评价。

BCC 模型是在初始 CCR 模型基础上增加了约束条件，使投影的生产规模与被评价的决策单元的生产规模处于同一水平，假设规模报酬可变的前提下，将纯技术效率从综合效率中剥离出来，以此来贴近实际情况，其作用在于计算分析同一时期各单位的综合效率。

Malmuquist 指数模型可以测度多个决策单元在一定时期内效率的动态变化，用来反映生产效率与技术进步之间的变化程度。Malmquist 全要素生产率 $tfp = effch \times tech = pech \times sech \times tech$。$tech > 1$，$effch > 1$，分别表示决策单元技术进步，技术效率提高；反之，则表示技术进步相对不足，技术效率下降，需要进行调整和升级。$pech > 1$ 表示决策单元纯技术效率提高，$sech > 1$ 表示决策单元的规模正在逐渐优化。纯技术效率反映现有技术在生产过程中的有效利用程度，规模效率反映各决策单元是否处于最优生产规模。

（二）指标体系构建与数据说明

革命老区国家高新区的创新效率评价体系选取三个产出指标和三个投入指标，产出指标以技术性收入反映创新技术产出、工业总产值和出口总额反映创新经济产出；投入指标以高新技术企业数反映创新规模投入、研究人员全时当量反映创新人员投入、R&D 经费内部支出反映创新资本投入（见表11）。

表 11　革命老区国家高新区创新效率指标体系

一级指标	二级指标	三级指标	单位
产出指标	技术产出	技术性收入	千元
	经济产出	工业总产值	千元
		出口总额	千元
投入指标	规模投入	高新技术企业数	家
	人员投入	研究人员全时当量	人年
	资本投入	R&D 经费内部支出	千元

创新产出方面，2016~2020 年，10 个革命老区国家高新区技术性收入最大值为 41.37 亿元，最小值为 0 元，均值为 4.57 亿元，标准差为 8.66 亿元；工业总产值最大值为 1591.26 亿元，最小值为 124.92 亿元，均值为 544.35 亿元，标准差为 372.21 亿元；出口总额最大值为 324.45 亿元，最小值为 0 元，均值为 39.39 亿元，标准差为 56.68 亿元，说明不同高新区产出差异较大。

创新投入方面，2016~2020 年，10 个革命老区国家高新区高新技术企业数最大值为 112 家，最小值为 4 家，均值为 47.32 家，标准差为 25.41 家；研究人员全时当量最大值为 4248 人年，最小值为 6 人年，均值为 1372.26 人年，标准差为 1058.97 人年；R&D 经费内部支出最大值为 25.07 亿元，最小值为 1.43 亿元，均值为 8.18 亿元，标准差为 5.15 亿元，说明各高新区间研究人员分布较离散、创新投入差异较大（见表 12）。

表 12　2016~2020 年各革命老区国家高新区产出与投入变量描述性统计

类别	变量	均值	标准差	最大值	最小值
产出变量	技术性收入（千元）	457253.3	865837.31	4136905	0
	工业总产值（千元）	54435425	37221123.62	159125678	12491985
	出口总额（千元）	3939052	5668230.78	32445264	0
投入变量	高新技术企业数（家）	47.32	25.41	112	4
	研究人员全时当量（人年）	1372.26	1058.97	4284	6
	R&D 经费内部支出（千元）	818408.3	514577.45	2506719	142824

资料来源：根据火炬统计年鉴测算。

三 革命老区国家高新区创新效率实证研究

（一）革命老区国家高新区创新效率 DEA 静态分析

DEA 静态分析选取基于产出导向的 BCC 模型，采用 DEAP2.1，对 2016~2020 年 10 个革命老区国家高新区综合效率值、纯技术效率与规模效率进行测算（见表 13）。10 个革命老区国家高新区整体综合效率均值为 0.849，处于中效区，说明整体上创新投入的产出仍有提升的空间；纯技术效率和规模效率均值分别为 0.857 和 0.986，说明规模因素的影响力强于技术因素，规模因素在上述高新区创新投入产出效率中起主要作用。其中，三明、赣州、吉安、临沂、榆林、新余和随州国家高新区综合效率（ $crste$ ）为 1，达到 DEA 有效，属于高效区。郴州国家高新区综合效率（ $crste$ ）值为 0.820，大于 0.75，属于中效区，其规模效率为 0.958，规模效益呈递增趋势，即其综合效率主要为规模带动，纯技术效率低是限制因素。而长治和龙岩国家高新区综合效率（ $crste$ ）低于 0.75，DEA 无效，属于低效区；纯技术效率过低（分别为 0.253 和 0.458）是主要的限制因素；规模效率分别为 0.970 和 0.930，且规模效益呈递减趋势。

表 13　2016~2020 年各革命老区国家高新区综合效率

类别		综合效率（ $crste$ ）	纯技术效率（ $vrste$ ）	规模效率（ $scale$ ）	规模效益
高效区	三明	1.000	1.000	1.000	—
	赣州	1.000	1.000	1.000	—
	吉安	1.000	1.000	1.000	—
	临沂	1.000	1.000	1.000	—
	榆林	1.000	1.000	1.000	—
	新余	1.000	1.000	1.000	—
	随州	1.000	1.000	1.000	—
中效区	郴州	0.820	0.856	0.958	irs

类别		综合效率 （*crste*）	纯技术效率 （*vrste*）	规模效率 （*scale*）	规模效益
低效区	龙岩	0.426	0.458	0.930	drs
	长治	0.245	0.253	0.970	drs
	均值	0.849	0.857	0.986	

注：表中"规模效益"列中"drs"表示"递减"，"irs"表示"递增"，"—"表示"不变"。

（二）革命老区国家高新区创新效率 Malmuquist 指数模型动态分析

1. 革命老区国家高新区整体效率

采用 DEAP2.1 进行 Malmuquist 指数模型分析决策单元创新效率的动态演化规律。2016~2020 年，10 个革命老区国家高新区整体全要素生产率和技术进步处于波动状态，技术效率除 2020 年外均处于倒退状态（见图 12）。5 年间全要素生产率指数均值为 0.950，即 2020 年全要素生产率相比 2016 年降低了 5%。全要素生产率的降低主要受限于技术进步和规模效率，分别降低了 4.5% 和 0.8%，而纯技术效率提高了 0.3%。2019~2020 年，10 个革命老区国家高新区整体全要素生产率达到最大值 1.177，说明比 2018~2019 年提高了 17.7%。全要素生产率的提高得益于技术进

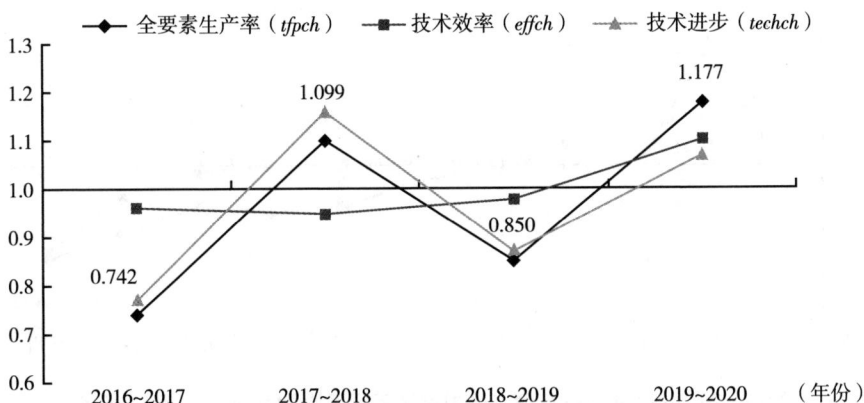

图 12　2016~2020 年各革命老区国家高新区整体 Malmquist 指数和分解

步和技术效率的共同改善，分别提高了 10.1% 和 6.9%，其中技术效率的提高利益于纯技术效率和规模效率的共同驱动，分别提高了 6.5% 和 3.3%（见表 14）。

表 14　2016~2020 年各革命老区国家高新区整体 Malmquist 指数和分解

年份	技术效率 （effch）	技术进步 （techch）	纯技术效率 （pech）	规模效率 （sech）	全要素生产率 （tfpch）
2016~2017	0.961	0.772	0.953	1.009	0.742
2017~2018	0.948	1.158	1.087	0.872	1.099
2018~2019	0.977	0.870	0.915	1.067	0.850
2019~2020	1.101	1.069	1.065	1.033	1.177
均值	0.995	0.955	1.003	0.992	0.950

2. 革命老区国家高新区平均效率

2016~2020 年，10 个革命老区国家高新区中仅龙岩、随州和郴州国家高新区全要素生产率提升，其余 7 个国家高新区全要素生产率出现不同程度的倒退。根据 10 个革命老区国家高新区平均全要素生产率及指数分解结果可以分为三类（见图 13）。

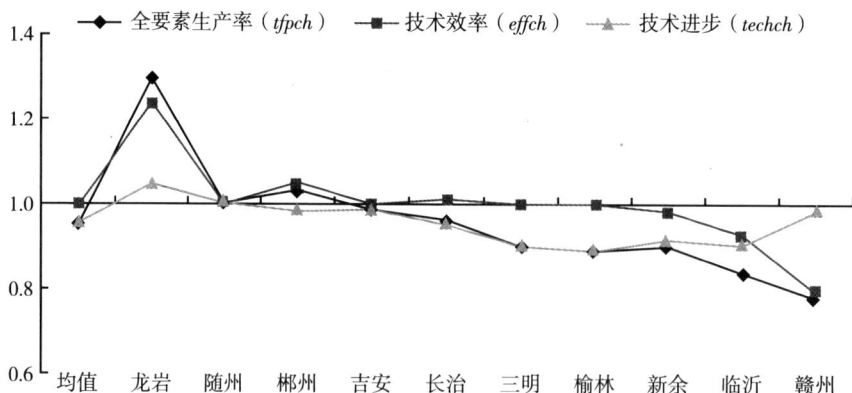

图 13　2016~2020 年各革命老区国家高新区平均 Malmquist 指数和分解

（1）双高型（$effch \geq 1$，$techch \geq 1$，即技术效率提高，技术进步），包括龙岩和随州国家高新区。龙岩国家高新区平均全要素生产率最高，达到1.296，即2020年全要素生产率比2016年提高了29.6%。全要素生产率的提升得益于技术效率提高和技术进步的共同驱动，分别提高了23.8%和4.7%；其技术效率的提高得益于纯技术效率和规模效率的共同提高，比2016年分别提高了21.6%和1.8%。随州国家高新区全要素生产率为1.003，即2020年全要素生产率比2016年分别提高了0.3%，主要得益于技术水平进步。

（2）高低型（$effch \geq 1$，$techch < 1$，即技术效率提高，技术进步相对不足），包括郴州、吉安、长治、三明和榆林国家高新区。2016~2020年，郴州国家高新区平均全要素生产率为1.033，即2020年全要素生产率比2016年提高了3.3%。全要素生产率的变化主要得益于技术效率的提高，2020年技术效率比2016年分别提高了5.1%，但2020年技术进步则比2016年降低了1.7%。2016~2020年，吉安、长治、三明和榆林国家高新区平均全要素生产率均低于1，分别为0.987、0.963、0.901和0.890，即2020年全要素生产率比2016年分别下降了1.3%、3.7%、9.9%和11%，全要素生产率降低的主要限制因素是技术进步驱动不足。吉安、三明和榆林国家高新区2020年技术效率、纯技术效率和规模效率均与2016年持平；长治高新区技术效率受纯技术效率提高驱动增长1.2%，但其规模效率出现倒退。

（3）双低型（$effch < 1$，$techch < 1$，即技术效率下降，进步相对不足），包括新余、临沂和赣州国家高新区。赣州、临沂和新余国家高新区全要素生产率、技术效率和技术进步率均低于1，即上述3个国家高新区2020年全要素生产率、技术效率和技术进步与2016年相比均出现下降。新余国家高新区技术效率主要受规模效率限制，其纯技术效率持平。临沂和赣州国家高新区技术效率则是纯技术效率和规模效率倒退的综合结果，即技术在生产过程中的有效利用程度低，且生产规模不利于创新（见表15）。

表15 2016~2020年各国家高新区平均创新效率的Malmquist指数及分解

城市	技术效率 （effch）	技术进步 （techch）	纯技术效率 （pech）	规模效率 （sech）	全要素生产率 （tfpch）
I 双高型：effch≥1，techch≥1					
龙岩	1.238	1.047	1.216	1.018	1.296
随州	1.000	1.003	1.000	1.000	1.003
II 高低型：effch≥1，techch<1					
郴州	1.051	0.983	1.040	1.011	1.033
吉安	1.000	0.987	1.000	1.000	0.987
长治	1.012	0.952	1.042	0.971	0.963
三明	1.000	0.901	1.000	1.000	0.901
榆林	1.000	0.890	1.000	1.000	0.890
III 双低型：effch<1，techch<1					
新余	0.983	0.916	1.000	0.983	0.900
临沂	0.928	0.903	0.948	0.979	0.837
赣州	0.793	0.983	0.822	0.965	0.779

3. 革命老区国家高新区效率动态分析

（1）双高型国家高新区效率动态。从时间跨度来看，龙岩国家高新区2017~2018年和2019~2020年全要素生产率提升，其中2020年全要素生产率、技术进步和技术效率大幅提升（见图14、表16）。2016~2020年，随

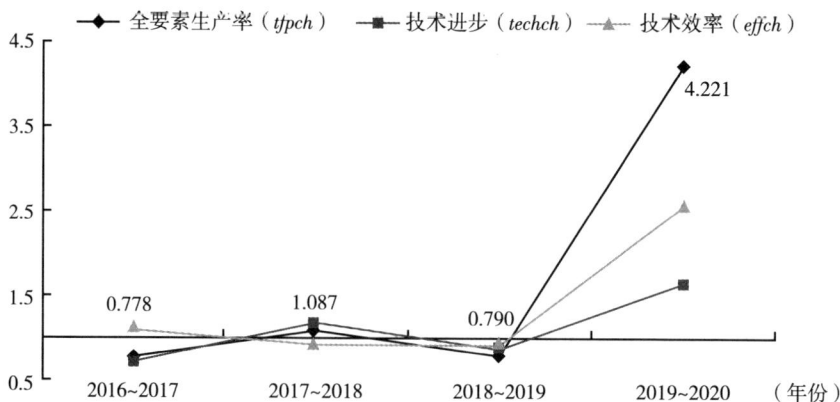

图14 2016~2020年龙岩国家高新区创新效率的Malmquist指数及分解

州国家高新区技术效率持平，全要素生产率由技术进步决定呈现先升后降的趋势，2020 年全要素生产率最低为 0.745，技术水平的倒退成为创新效率的限制因素（见图 15、表 17）。

表 16　2016～2020 年龙岩国家高新区创新效率的 Malmquist 指数及分解

年份	全要素生产率 （tfpch）	技术进步 （techch）	技术效率 （effch）	纯技术效率 （pech）	规模效率 （sech）
2016～2017	0.778	0.712	1.092	1.017	1.074
2017～2018	1.087	1.183	0.919	1.166	0.788
2018～2019	0.790	0.865	0.914	0.729	1.254
2019～2020	4.221	1.648	2.561	2.527	1.014

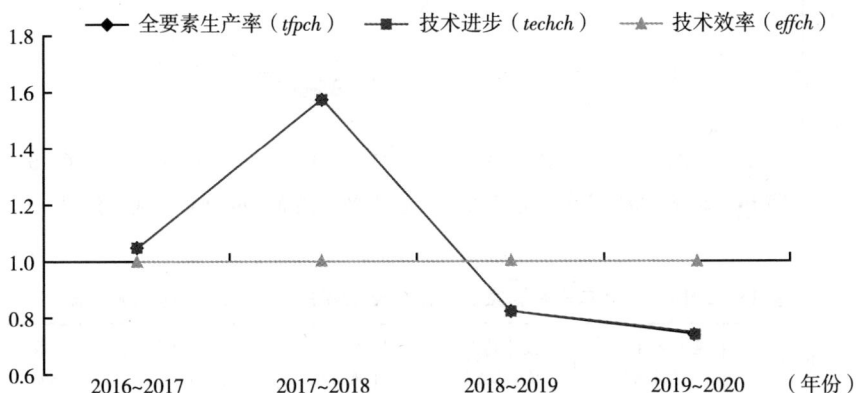

图 15　2016～2020 年随州国家高新区创新效率的 Malmquist 指数及分解

表 17　2016～2020 年随州国家高新区创新效率的 Malmquist 指数及分解

年份	全要素生产率 （tfpch）	技术进步 （techch）	技术效率 （effch）	纯技术效率 （pech）	规模效率 （sech）
2016～2017	1.046	1.046	1.000	1.000	1.000
2017～2018	1.575	1.575	1.000	1.000	1.000
2018～2019	0.823	0.823	1.000	1.000	1.000
2019～2020	0.783	0.783	1.000	1.000	1.000

（2）高低型国家高新区效率动态。2016～2020 年，郴州国家高新区全要素生产率变化呈现波动趋势，其技术进步和技术效率变化趋势一致，即技术进步与技术效率的提升相一致，协同驱动 2017～2018 年和 2019～2020 年全要素生产率提升。2016～2017 年全要素生产率下降受到技术进步的相对不足和纯技术效率的倒退影响；2018～2019 年全要素生产率下降则受到技术进步的相对不足和规模效率倒退影响（见图 16、表 18）。

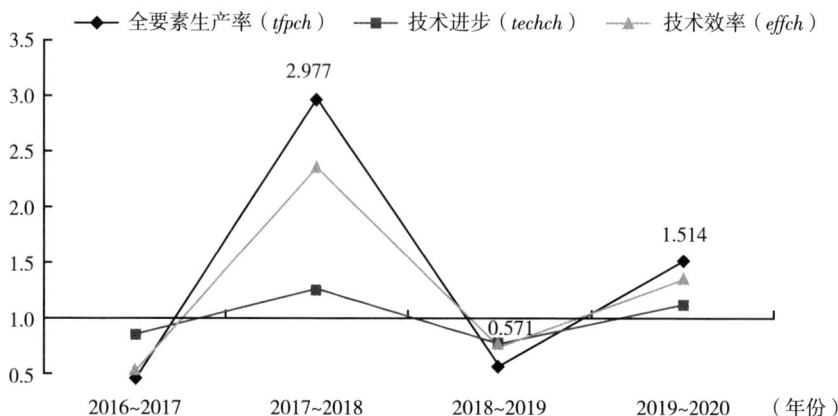

图 16　2016～2020 年郴州国家高新区创新效率的 Malmquist 指数及分解

表 18　2016～2020 年郴州国家高新区创新效率的 Malmquist 指数及分解

年份	全要素生产率（tfpch）	技术进步（techch）	技术效率（effch）	纯技术效率（pech）	规模效率（sech）
2016～2017	0.442	0.853	0.518	0.510	1.016
2017～2018	2.977	1.265	2.354	2.290	1.028
2018～2019	0.571	0.770	0.742	1.000	0.742
2019～2020	1.514	1.123	1.348	1.000	1.348

2016～2020 年，吉安和榆林国家高新区技术效率、纯技术效率和规模效率均持平，全要素生产率由技术进步决定。2018～2019 年和 2019～2020 年，吉安国家高新区全要素生产率受技术进步驱动分别为 1.388 和 1.105（见图 17、表 19）；2016～2017 年和 2019～2020 年，榆林全要素生产率受技术进步驱动分别为 1.071 和 1.292（见图 18、表 20）。

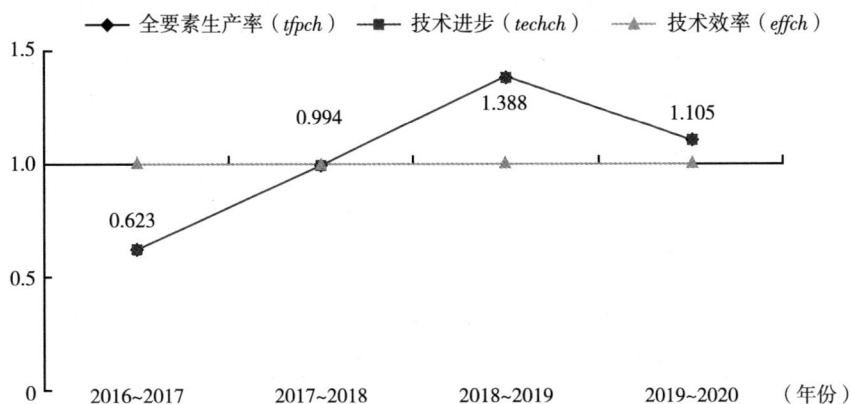

图 17　2016～2020 年吉安国家高新区创新效率的 Malmquist 指数及分解

表 19　2016～2020 年吉安国家高新区创新效率的 Malmquist 指数及分解

年份	全要素生产率 （tfpch）	技术进步 （techch）	技术效率 （effch）	纯技术效率 （pech）	规模效率 （sech）
2016～2017	0.623	0.623	1.000	1.000	1.000
2017～2018	0.994	0.994	1.000	1.000	1.000
2018～2019	1.388	1.388	1.000	1.000	1.000
2019～2020	1.105	1.105	1.000	1.000	1.000

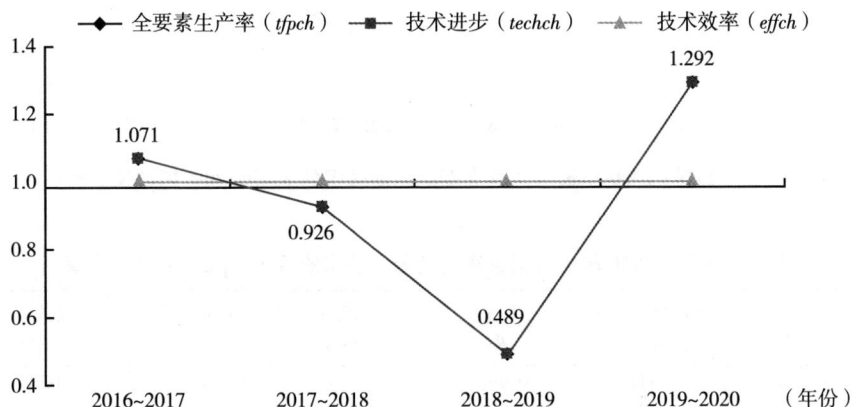

图 18　2016～2020 年榆林国家高新区创新效率的 Malmquist 指数及分解

表 20　2016~2020 年榆林国家高新区创新效率的 Malmquist 指数及分解

年份	全要素生产率（tfpch）	技术进步（techch）	技术效率（effch）	纯技术效率（pech）	规模效率（sech）
2016~2017	1.071	1.071	1.000	1.000	1.000
2017~2018	0.926	0.926	1.000	1.000	1.000
2018~2019	0.489	0.489	1.000	1.000	1.000
2019~2020	1.292	1.292	1.000	1.000	1.000

2016~2020 年，长治和三明国家高新区全要素生产率、技术效率变化呈现波动趋势。2017~2020 年，长治国家高新区技术进步趋势稳定，但 2017~2019 年，其技术效率和技术进步变化呈现相反的趋势，直到 2019~2020 年，技术进步和技术效率提高协同驱动全要素生产率提升，但当年规模效率出现倒退（见图 19、表 21）。三明国家高新区仅在 2018~2019 年，受技术效率提升和技术进步协同驱动，全要素生产率提升，为 1.514（见图 20、表 22）。

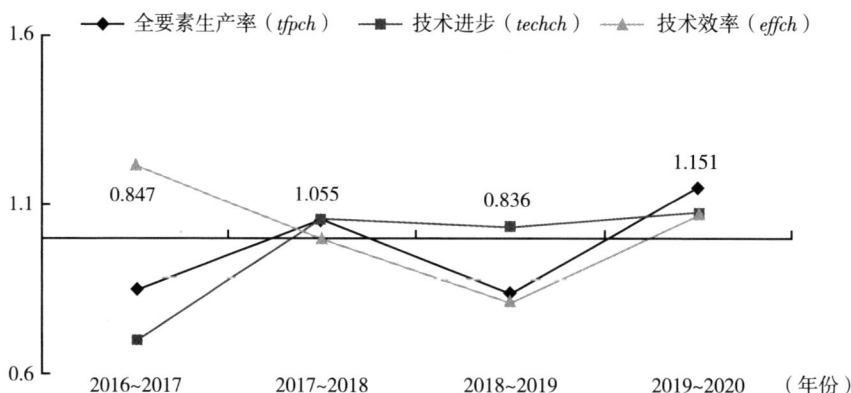

图 19　2016~2020 年长治国家高新区创新效率的 Malmquist 指数及分解

表 21　2016~2020 年长治国家高新区创新效率的 Malmquist 指数及分解

年份	全要素生产率（tfpch）	技术进步（techch）	技术效率（effch）	纯技术效率（pech）	规模效率（sech）
2016~2017	0.847	0.697	1.215	1.192	1.020
2017~2018	1.055	1.058	0.998	1.092	0.914
2018~2019	0.836	1.033	0.809	0.753	1.074
2019~2020	1.151	1.077	1.068	1.205	0.886

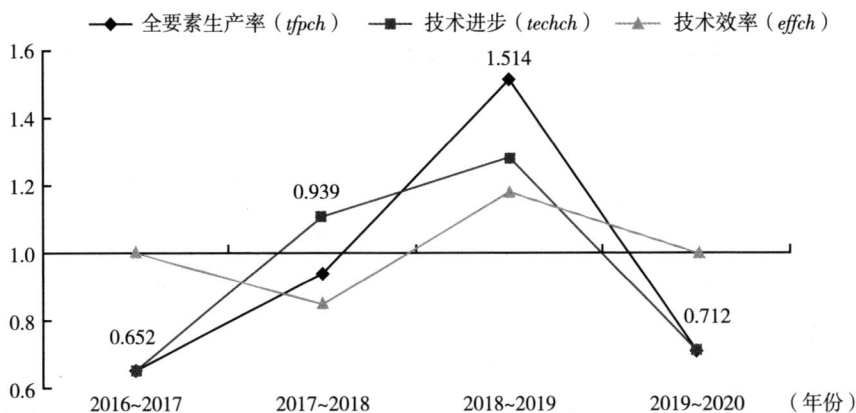

图 20　2016~2020 年三明国家高新区创新效率的 Malmquist 指数及分解

表 22　2016~2020 年三明国家高新区创新效率的 Malmquist 指数及分解

年份	全要素生产率 (*tfpch*)	技术进步 (*techch*)	技术效率 (*effch*)	纯技术效率 (*pech*)	规模效率 (*sech*)
2016~2017	0.652	0.652	1.000	1.000	1.000
2017~2018	0.939	1.108	0.848	1.000	0.848
2018~2019	1.514	1.283	1.180	1.000	1.180
2019~2020	0.712	0.712	1.000	1.000	1.000

（3）双低型国家高新区创新效率动态

2016~2019 年，新余国家高新区技术效率基本持平，因此全要素生产率主要受技术进步决定，仅 2017~2018 年提升。2019~2020 年，新余国家高新区全要素生产率和技术效率均出现下降，其中技术效率受规模效率倒退影响（见图 21、表 23）。

表 23　2016~2020 年新余国家高新区创新效率的 Malmquist 指数及分解

年份	全要素生产率 (*tfpch*)	技术进步 (*techch*)	技术效率 (*effch*)	纯技术效率 (*pech*)	规模效率 (*sech*)
2016~2017	0.800	0.800	1.000	1.000	1.000
2017~2018	1.099	1.099	1.000	1.000	1.000
2018~2019	0.917	0.917	1.000	1.000	1.000
2019~2020	0.815	0.874	0.933	1.000	0.933

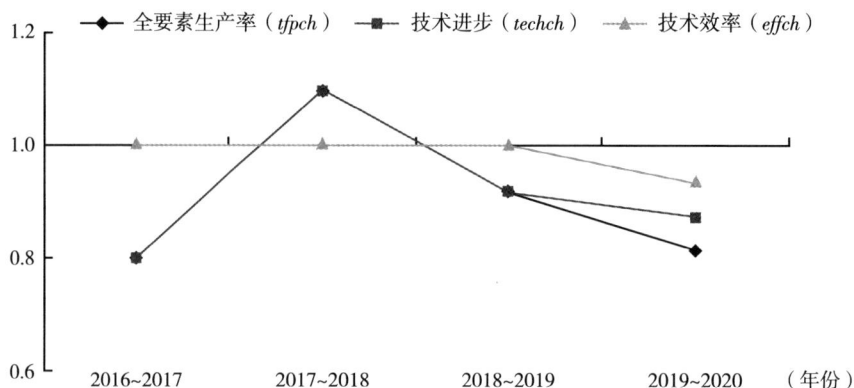

图 21　2016~2020 年新余国家高新区创新效率的 Malmquist 指数及分解

2017~2019 年间，受技术效率倒退影响，临沂国家高新区全要素生产率均出现倒退，特别是 2017~2019 年，在技术进步的情况下，全要素生产率仍出现下降，主要由于纯技术效率和规模效率均出现下降。2019~2020 年，纯技术效率和规模效率分别为 1.803 和 1.187，有力驱动了技术效率的提升，全要素生产率为 1.111（见图 22、表 24）。

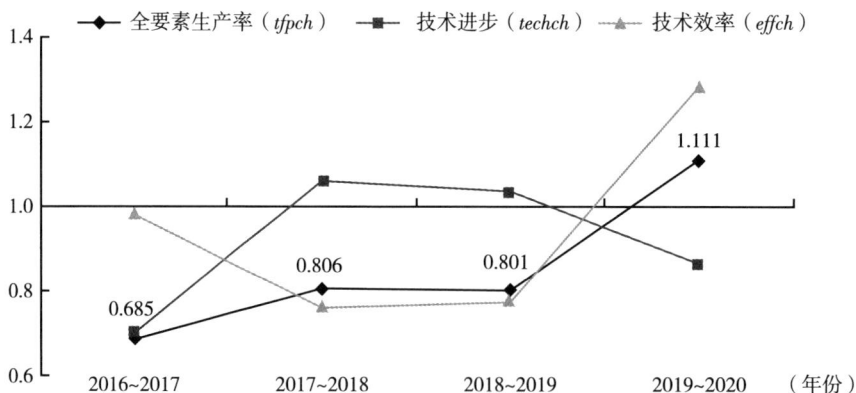

图 22　2016~2020 年临沂国家高新区创新效率的 Malmquist 指数及分解

表 24　2016~2020 年临沂国家高新区创新效率的 Malmquist 指数及分解

年份	全要素生产率 （tfpch）	技术进步 （techch）	技术效率 （effch）	纯技术效率 （pech）	规模效率 （sech）
2016~2017	0.685	0.699	0.981	1.000	0.981
2017~2018	0.806	1.060	0.760	0.793	0.959
2018~2019	0.801	1.036	0.773	0.939	0.824
2019~2020	1.111	0.865	1.285	1.803	1.187

2016~2020 年，赣州国家高新区每年的技术效率和技术进步的变化呈现相反的趋势，即技术效率或技术进步对全要素生产率的促进作用被另一因素的反向趋势所抑制，表现为全要素生产率的倒退或基本持平（2019~2020 年，全要素生产率为 1.012）（见图 23、表 25）。

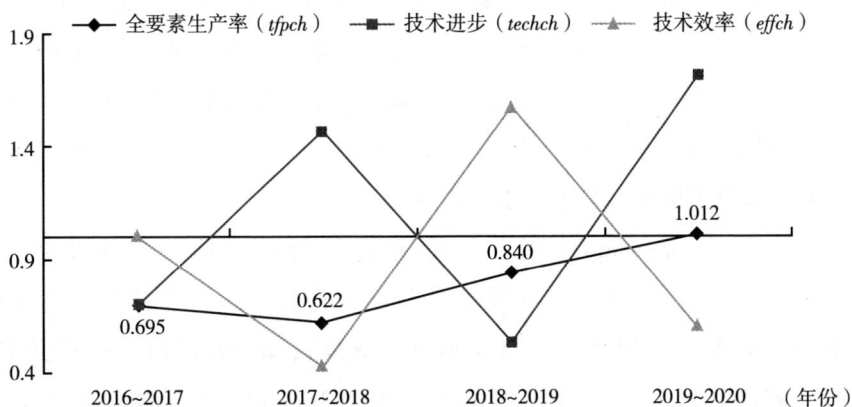

图 23　2016~2020 年赣州国家高新区创新效率的 Malmquist 指数及分解

表 25　2016~2020 年赣州国家高新区创新效率的 Malmquist 指数及分解

年份	全要素生产率 （tfpch）	技术进步 （techch）	技术效率 （effch）	纯技术效率 （pech）	规模效率 （sech）
2016~2017	0.695	0.695	1.000	1.000	1.000
2017~2018	0.622	1.468	0.424	1.000	0.424
2018~2019	0.840	0.533	1.576	0.799	1.972
2019~2020	1.012	1.714	0.591	0.570	1.36

（三）革命老区国家高新区创新效率实证研究结论

（1）基于产出导向的 BCC 模型分析，2016～2020 年，10 个革命老区国家高新区综合创新效率、纯技术效率和规模效率均值平均值分别为 0.849、0.857 和 0.986，即综合创新效率处于中位区，规模效率驱动综合创新效率作用大于纯技术效率作用。10 个革命老区国家高新区综合创新效率整体上得到了一定提升，未来通过提升纯技术效率和规模效率促进创新投入有效产出仍有提升的空间。三明、赣州、吉安、临沂、榆林、新余和随州国家高新区综合效率为 1，位于高效区；郴州国家高新区综合效率为 0.82，位于中效区；而长治和龙岩国家高新区综合效率较低，位于低效区，创新投入结构有待调整。

（2）基于 Malmuquist 指数模型分析创新效率的动态演化规律表明，2020 年，龙岩、随州和郴州国家高新区全要素生产率较 2016 年提高，吉安、长治、三明、榆林、新余、临沂和赣州 7 个国家高新区全要素生产率均出现不同程度的倒退。2016～2020 年，10 个革命老区国家高新区中仅龙岩和随州国家高新区平均技术进步率提高。

（3）基于 Malmuquist 指数模型分析创新效率的动态演化规律，2016～2020 年 10 个革命老区国家高新区根据技术进步和技术效率可以分为三个类型，分别是Ⅰ：双高型（$effch \geqslant 1$，$techch \geqslant 1$），包括龙岩、随州国家高新区，技术进步，技术效率提升；Ⅱ：高低型（$effch \geqslant 1$，$techch < 1$），包括郴州、吉安、长治、三明和榆林国家高新区，技术效率提升，但技术进步相对不足；Ⅲ：双低型（$effch < 1$，$techch < 1$），包括新余、临沂、赣州国家高新区，技术效率和技术进步相对不足。因此，对于高低型国家高新区，促进革命老区国家高新区创新效率提升需大力促进技术进步；对于双低型国家高新区，促进技术进步率提升和优化技术效率并重。

四　提升革命老区创新效率的政策建议

（一）强化创新发展顶层设计

一是对接国家重大发展战略，立足自身禀赋和区域产业发展，统筹谋划产业布局和发展定位，聚焦延链补链强链，全力做大做强特色产业。二是统筹推进"双碳"目标，全面深入践行绿色发展理念，促进产业绿色转型，适度调整产业结构优化和产业布局完善，稳妥推进落后产能、过剩产能的退出或升级，加快引入绿色产业，构建绿色产业体系。三是统筹推进数字经济发展，大力推动 5G 移动通信网络、工业互联网、物联网等新型基础设施建设，因地制宜协调促进数字产业化和产业数字化，加快传统产业的数字化转型，打造数字化产业园区。

（二）提升创新驱动发展能力

一是强化科技创新平台载体建设，统筹推动科技研发平台、科技成果转化平台、科技资源共享平台、产业转型升级平台和创新创业载体的合理布局和创新能力建设。支持龙头企业和创新能力强的科技企业设立研发机构、研发中心和技术研究院等机构。二是实施科技企业倍增计划，壮大创新型龙头企业队伍，大力培育"专精特新"企业，打造一批细分行业和细分市场领军企业、单项冠军和"小巨人"企业，推进科技型中小企业入库工作，构建层次分明、结构合理的科技创新型企业梯队。促进创新型大中小型企业融通发展，围绕特色产业构建创新企业集群。三是构建良好科技创新生态，构建引导企业开展科技创新的政策体系，通过税收、研发经费后补助等措施引导企业加大研发投入，鼓励企业以产业化为目标开展技术创新和共性关键技术研发，形成创新集聚区。四是强化企业创新主体地位，促进创新资源向企业集聚，深化产学研结合。五是打造高水平创新型人才聚集地，完善人才政策和激励机制，加大人才培养和引进力度，推动高层次技术人才和高技能人才队伍建设。

（三）深化协同创新开放合作

一是基于自身区位积极对接粤港澳大湾区、长江经济带、中部崛起等国家重大区域战略，加强与区域创新资源集聚的科技创新中心合作，发挥区域产业发展优势和科技驱动潜力，增强创新发展动力。二是大力推动区域产业合作试验区、承接产业转移示范区等平台建设，融入区域产业发展大局，实现区域协同发展。三是持续提升开放合作水平，不断完善科技合作体制机制，通过"科技飞地""人才飞地"建设，依托科技创新中心创新资源，与高校、科研院所及企业等创新主体开展技术研发、成果产业化合作，破解自身产业技术发展难题，提升创新能级。

B.6

革命老区基本公共服务均等化面临的
挑战与优化思路

——以赣州市为例

周　琪　黄小红　杨丽萍*

摘　要： 习近平总书记多次指出，要让老区人民过上更加幸福美好的生活，加快老区发展，使老区人民共享改革发展成果，是永远不能忘记的历史责任。近年来，国家对革命老区的发展支持力度很大，在教育、医疗、体育、文化、社会保障等方面取得了显著的成果。但受限于自然条件、区位因素等客观条件，革命老区在基本公共服务均等化上与沿海等发达地区存在差距，基本公共服务水平有待提高。推进基本公共服务均等化是一个历史性、经济性、社会性和政治性的命题，是推进革命老区高质量发展的重要目标，在革命老区共同富裕中起着重要的作用。

关键词： 革命老区　基本公共服务　均等化

革命老区是党和人民军队的根，是中国人民选择中国共产党的历史见证，为新中国的成立和社会主义事业的发展作出了重要的贡献和牺牲。2021年国务院印发《关于新时代支持革命老区振兴发展的意见》，进一步明确了

---

* 周琪，中国地质大学（武汉）马克思主义学院博士研究生，江西师范大学苏区振兴研究院（革命老区振兴研究院）研究助理；黄小红，江西师范大学商学院硕士研究生；杨丽萍，江西师范大学马克思主义学院、苏区振兴研究院（革命老区振兴研究院）硕士研究生。

新发展阶段支持革命老区振兴的主要任务、重点领域和主要政策措施，提出了到 2025 年，革命老区居民收入增长幅度高于全国平均水平，到 2035 年，革命老区与全国同步基本实现社会主义现代化，居民收入水平显著提升的目标，这都体现了党中央、国务院对革命老区振兴发展的高度重视。但是目前革命老区基本公共服务面临诸多挑战：服务标准不一，相关政策在执行过程中易出现偏差；资金安排方式单一，管理改革有待深化；人才引进机制不健全，专业技术人员匮乏；公共服务基础设施建设与运行管理脱节，后期运行与维护乏力；政府对居民需求掌握不充分，提供公共服务时出现偏差；等等。推进革命老区基本公共服务均等化具有重要的政治意义和实践意义。

一 革命老区基本公共服务均等化取得的成效[①]

《中共中央关于制定国民经济和社会发展第十四个五年规划和二〇三五年远景目标的建议》发布后，一方面重点强调"全覆盖"的目标，一方面将基本公共服务均等化与"以人民为中心"的社会主义原则相结合，进一步提出在新时代、新征程上要"坚持把实现好、维护好、发展好最广大人民根本利益作为发展的出发点和落脚点，尽力而为、量力而行，健全基本公共服务体系"。[②] 广大革命老区大多处于老少边穷地区，经济发展落后，为加快老区基本公共服务均等化步伐，我国先后在《陕甘宁革命老区振兴规划》《赣闽粤原中央苏区振兴发展规划》《大别山革命老区振兴发展规划》《左右江革命老区振兴规划》《川陕革命老区振兴发展规划》等规划中着重提出要完善基本公共服务，加快发展教育事业、医疗卫生事业、就业事业、社会保障事业等，促进革命老区基本公共服务均等化发展。

（一）补齐短板，推动各级各类教育迈上新台阶

"教育兴则国家兴，教育强则国家强。"教育是完善革命老区基本公共服务

---

① 若未特别说明，本部分数据均来源于相应地区统计年鉴、统计公报及政府官网。
② 尚虎平：《保障与孵化公民基本生存与发展权利——我国基本公共服务均等化的历程、逻辑与未来》，《政治学研究》2021 年第 4 期，第 64~74、156~157 页。

体系的重要抓手，是革命老区振兴发展的重要力量源泉。因此，五大革命老区优先发展教育事业，促进各类各项教育大发展，不断提升当地教育服务水平。

人生百年，立于幼学。在学前教育方面，革命老区贯彻落实《国务院关于当前学前教育的若干意见》的要求，陆续实施三期"学前教育三年行动计划"，时间期限横跨 10 年，从学前教育的顶层设计上持续发力，有效地缓解了革命老区"入园难""入园贵"等问题。赣闽粤革命老区核心区赣州市大力实施学前教育行动计划和全面实施学前教育普惠攻坚工程，保障财政投入水平，每年划拨 1300 万元扩充普惠性学前教育专项资金，通过补贴租金、购买学位、奖励升级等形式，扶持一批民办幼儿园办成普惠性幼儿园。① 截至 2021 年，赣州市拥有各级各类幼儿园 3538 所，入园幼儿数和在园幼儿数分别达 138506 人和 352548 人，基本实现了"幼有所教"。2020年，川陕革命老区核心区巴中市创建市级示范幼儿园 7 所，认定普惠性民办园 29 所，累计认定 74 所；落实学前教育建设资金 2.6 亿元，新（改、扩）建城乡公办幼儿园 35 所，普惠性幼儿园覆盖率 78%，推动革命老区学前教育普惠发展。2017 年，陕甘宁革命老区延安加大资金支持力度，新（改）建 39 所公办幼儿园，保障"一乡镇一园"目标的实现，有效地缓解甚至解决了幼儿入园的难题。同时，当地不断加大市县城区各类学校改造力度，加强学校基础设施建设，2020 年，新增学位 1.6 万个，实现了广大学生从"有学上"向"上好学"的转变。② 河南省则印发《河南省教育厅关于支持大别山革命老区振兴发展意见》，进一步支持学前教育普惠发展，提高学前教育水平，确保建档立卡等特殊困难群体幼儿享受学前教育资助，支持省内优质幼儿园与大别山革命老区幼儿园结对帮扶，提升管理水平和保教质量，保障所有幼儿"能入园""入好园"。

在义务教育方面，2014 年，赣州市制定实施《加强义务教育学校标准化

---

① 《赣州：大力实施学前教育行动计划》，澎湃新闻，https：//www.thepaper.cn/newsDetail_forward_2861429。

② 《延安：新增学位 1.6 万个 实现"有学上"向"上好学"转变》，延安市融媒体中心，2021 年 1 月 3 日，https：//www.163.com/dy/article/FVEDI0K40550B0VU.html。

建设提升学校品质工作实施方案（2014—2018 年）》，分解工作任务，明确时间表和路线图，推动义务教育办学条件的全面改善。同年，赣州市被教育部评选为"加强义务教育学校标准化建设提升学校品质试点地区"。经过多年发展，赣州市九年义务教育巩固率多年来处于 99% 以上的水平，2021 年达 99.74%。2020 年，川陕革命老区核心区巴中市实施义务教育薄弱环节改善与能力提升项目 102 个，南江县博骏公学等已建成投运，化解义务教育阶段大班额 230 个，全市义务教育阶段大班额比例下降至 2.9%，义务教育课后服务受益学生 20 万人，义务教育实现基本均衡发展。陕甘宁革命老区延安则大力改善贫困地区学校的基本办学条件，督促提升办学质量，并取得良好成效，2018 年有高中 8 所、初中 16 所、小学 40 所，每年可新增小学生约 600 人。九年义务教育巩固率连年上升已达到全国平均水平，县域义务教育实现基本均衡发展。[1]

在高中教育方面，革命老区注重积极推进，不断提升高中阶段毛入学率。2017 年，赣州市出台《关于全面提升普通高中教学质量三年行动计划》，大力推动高中教育发展。赣州市统计公报和年鉴数据显示，赣州市 2021 年普通高中招生 8.27 万人，在校学生 24.08 万人，毕业生 7.75 万人，比 2014 年招生增加 1.9 万人，在校学生增加 6.12 万人，毕业生增加 2.5 万人。此外，赣州市 2018～2021 年高中阶段毛入学率均高于 91%，分别为 91.33%、91.8%、93.24% 和 93.27%。川陕革命老区核心区巴中市积极推进高中阶段普及攻坚计划，实施新高考"选课走班"教学改革，在 23 所高校启动项目，新改扩增普通高中学校校舍 3 万平方米，新增高中教师 200 多人，2020 年实现高中阶段毛入学率 93.5%。

在职业教育和高等教育方面，革命老区注重交流合作，达到了"1+1>2"的合作效果。近年来，赣南老区主动引进深圳远恒佳教育集团建设赣州市远恒佳职业学院，推动深圳市职校与寻乌县职校开展"2+1"联合办

---

[1] 延安市教育局、延安市财政局：《关于实施农村义务教育薄弱学校改造计划的通知》，360 文库，https://wenku.so.com/d/14705792eb4cfe4a984018ff18221f0c。

学，为寻乌 833 名教师提供专业培训、85 名教师提供跟岗学习机会，有效地提升了当地职业教育水平。2015 年 7 月，"大别山革命老区高校联盟"在河南省信阳市新县成立，联盟包括鄂豫皖三省 17 所高校。该联盟通过定期举办高峰论坛，共谋区域高校发展，积极推动大别山革命老区高等教育发展。川陕革命老区核心区巴中市先后整合巴中师范学校、通江中等职业卫生学校和巴中市技工学校，成立巴中职业技术学校，有效地提升了川陕革命老区高等教育水平和质量。该学校目前拥有现代化图书馆馆藏纸质图书 15.29万册，3000 余种报刊，电子图书 20 余万册（1TB），教学科研仪器设备总值2117.5 万元。左右江革命老区拥有广西百色干部学院、百色学院、广西民族师范学院等高等院校，当地通过创新财政投入机制，完善教师工资待遇、职称评聘等方面的激励机制，稳步促进高校转型发展、特色发展，进一步推进高等教育资源合理有效利用。① 陕甘宁革命老区重点关注教育发展，一方面培育了延安大学等知名高等院校，另一方面推动延安职业教育发展，夯实职业教育基础能力，优化职业院校规模和专业布局，发展一批适应产业发展、具有区域特色的学校，并加强集团化办学、现代学徒试点示范，将职业教育和优秀民族文化传承建设相结合，推动延安职业技术学院创建"国内一流、特色鲜明"的优质高职院校。②

（二）加强医疗资源有效供给，满足群众多层次、多样化健康服务需求

习近平总书记在福建考察时指出，"现代化最重要的指标是人民健康，这是人民幸福生活的基础，把这件事抓牢，人民至上、生命至上应该是全党全社会必须牢牢树立的一个理念"。为促进医疗卫生事业发展，赣南等原中央苏区持续加大力度深化医药卫生体制改革，吉安市建立健全分级诊疗和现代医院管理制度。赣州市政府办公厅及相关部门相继印发《赣州市城市公立医院

---

① 李俊楠：《百色市基本公共服务均等化问题研究》，硕士学位论文，南宁师范大学，2019。
② 陈恬：《陕西省县域基本公共服务发展研究》，硕士学位论文，西南财经大学，2018。

综合改革实施方案》《加强乡村卫生健康服务能力建设实施方案》《赣州市医疗卫生行业综合监管实施意见》等政策文件，形成了"1+N"深化医疗改革政策体系，积累优质医疗资源。2019年，赣州市三级医院增至17所，3所医院通过中国胸痛中心认证，其中赣州市人民医院成为国家级"综合卒中中心"。同年，赣州市远程医学中心与18个县级远程医学中心建成，医疗平台逐步实现市、县、乡全覆盖。2020年，川陕革命老区核心区巴中市大力发展卫生健康事业，建成投运市中心医院南坝院区、市儿童医院、市骨科医院兴文院区，县域内就诊率达到90.5%，基层诊疗量占比、传染病控制水平均居全省第二。陕甘宁革命老区一方面健全县、乡、村三级和城市社区医疗卫生服务网络，整合县域医疗卫生资源，加强县级医院和乡镇卫生院、村卫生室建设，提高服务能力和医疗装备水平，推动实现"乡村一体化"卫生管理机制目标。另一方面，多措并举提升基本公共卫生服务水平，提高人均经费标准，扩大国家基本公共卫生服务项目范围，引进专业人才，加强人才队伍建设，充分发挥专业人才和社会人才的力量，聚力推动革命老区医疗卫生事业发展，推动建设多元化办医格局。左右江革命老区核心区百色市先是将疾控、妇幼、康复保健纳入同一体系，建立健全市、县多部门医疗体系建设，提升传染病等重大疾病防控能力和水平，然后强化卫生监督执法和食品安全监督，不断完善食品安全检验检测体系，健全医药卫生监管和疾病防控机制，努力提高应对公共卫生突发问题防控、应急处理能力。

（三）推进文化基础设施建设，充实群众精神生活

习近平总书记强调，"要着力提升公共文化服务水平，让人民享有更加充实、更为丰富、更高质量的精神文化生活"。五大革命老区从文化基础设施、文化传承保护、文化惠民工程三方面发力，大力提升公共文化水平，以高质量文化供给增强人民群众的幸福感和获得感。

一是大力支持公共文化基础设施建设。赣南苏区通过财政补贴方式支持公益性博物馆、纪念馆、图书馆（站）、文化馆（站）等文化单位进行免费开放，努力实现公共文化场所"零门槛"。截至2021年，赣南苏区电视人

口覆盖率 99.98%，广播人口覆盖率 99.97%。赣州有 19 个市级文化馆，组织了 932 次文艺活动；283 个乡镇文化馆，组织了 4834 次文艺活动；19 个专业艺术表演团队，演出场次 2884 次；19 个公共图书馆，藏书 529.31 亿册，图书流通 202.46 亿册次；23 个博物馆，文物藏品 8.61 万件（套），参观人数 255.33 万人次。川陕革命老区核心区巴中市加快推进秦巴群众文化活动中心和巴中博物馆项目重大文化设施建设，早在 2016 年就实现市、县（区）、乡镇、村（社区）四级公共文化基础设施建设全面覆盖，2019 年实现全市 225 个公共文化场馆全部对外免费开放，开展 13 次"精品剧目进巴中"文化惠民活动、660 余次送文化下乡活动、200 余次全民阅读活动、1500 场次群文辅导活动。陕甘宁革命老区以红色资源的开发和基础设施建设为基础，特别是在对革命旧址保护恢复以及纪念场馆建设上，形成完善的红色文化与红色旅游的产品体系。当地一方面通过交通基础设施和公共服务设施建设，串联现有红色文化基地和景点，连"点"成"线"，塑造特色品牌红色文化、旅游线路与完善的公共服务设施体系。另一方面，强化红色文化社会服务功能，抓住西部大开发战略以及"一带一路"倡议的历史机遇，建设"一带一路"综合交通枢纽中心、国际商贸物流中心、科技文化教育中心、能源经济中心、经贸合作中心，打造陕甘宁革命老区红色教育中心和示范区。

二是大力保护和传承传统文化，焕发文化新活力。2013 年，赣州市获批成立国家级客家文化（赣南）生态保护实验区，并全面启动保护区规划编制及建设。2013~2017 年，赣州市在 200 多次田野调查、45 次座谈会、走访 1080 人（次）基础上，筛选了 2207 个非物质文化遗产项目，其中重点调查了 601 个项目，秉持优中选优的原则，向省级、国家级推荐。截至2022 年，赣州市共有国家级非遗代表性项目 103 项、省级 108 项、市级 327 项、县级 983 项，获认定国家级非遗代表性传承人 8 人、省级 100 人、市级309 人、县级 844 人。由全市统一规划建设非遗项目传习所（点）168 个，目前建成 219 个，超出规划建设数量 30%。建有省市级传播基地、传承基地、研究基地、生产性保护示范基地等设施，有效推动了非遗项目的活态传承，让非遗走进了百姓的日常生活。巴中市积极建设"巴文化名家精英工程""文化繁荣精品工程""巴人巴风巴俗荟萃工程""巴中文化名片创建"四大工程，着力讲好巴中故事，夯实巴中精神支撑。

三是大力开展多元化、多样性的文化惠民工程，进而提高公共文化服务设施服务能力和水平。作为江西省内第一个启动公共文化服务标准化建设试点的地级市，赣州市以"六个一"标准在公共文化设施薄弱的乡村或社区兴建文化广场，结合网络信息技术实施"农家书屋+电商"工程，让每一个人不仅有休闲的场所，还能沐浴在文化海洋中。巴中市坚持"送文化"与"种文化"相结合，积极开展内容丰富、形式多样的群众文化活动，年均开展送文化下基层活动 300 多场次，放映公益电影 2.8 万余场次。大别山革命老区安庆市坚持文化惠民，举办文化"四进"活动年均达 5 万场次、服务群众超过 1000 万人次。左右江革命老区加快推进非物质文化遗产保护和国家级百色壮族文化区申报工作，传承民族技艺，打造民族品牌，打响"一县一节"文化品牌。百色现有民族特色文化项目包括环江喀斯特世界遗产展示馆及遗产保护工程、中国糖文化博物馆、环江毛南族生态博物馆、东兰红水河民俗风情谷等成为全国 12 个重点红色旅游区的经典项目之一。①

（四）锚定全民健身蓝图，促进体育产业稳步向前发展

"没有全民健康，就没有全民小康。"体育锻炼增强体魄是促进人的全面发展的必然要求，是广大人民群众的共同追求。革命老区支持城乡公共体育设施建设，构建全民健身公共服务体系。

一是不断加大资金投入，补齐群众身边的体育设施短板，使城乡公共体育设施得到很大改善。2020 年，赣州市政府工作报告首次将体育目标任务具体化、量化，明确要求在全市范围内新建篮球场 194 个、足球场 86 个、羽毛球馆 161 个，每个县（市、区）建有健身步道 300 公里，社区体育设施实现全覆盖。截至 2020 年 9 月，赣南苏区目标完成情况简要如下：全市

---

① 王柯、黄友军、黄山鹰：《左右江革命老区红色资源保护策略与开发路径探究》，《体育风尚》2019 年第 9 期，第 231~232 页。

篮球场开工建设 172 块，完成 153 块，任务完成率 70.81%；羽毛球场（馆）开工建设 148 块，完成 129 块，任务完成率 76.33%；赣州市区社会足球场地攻坚行动计划项目任务数 103 片，完成 126 片，任务完成率达 122.33%；全市建成健身步道 3550.36 公里，任务完成率 65.75%；实现社区体育设施全覆盖任务已开工建设 513 个，完成 496 个，社区（行政村）体育设施覆盖率已达 64.4%。[①] 2021 年，巴中市开展健身设施建设"补短板"专项行动，加强重点项目基地建设，加快推进"两馆"质量缺陷整改，创建望王山运动公园四星级体育服务综合体，全市建成 1 个二、三星级体育综合体，实施 500 个农民体育健身工程。百色市建立健全市、县、乡、村四级群众体育运动场馆体系，加大力度建设新运动场馆和业余体育运动学校，不断优化基层青少年训练网点分布，重点建设百色民族体育中心、百色水上训练基地、东巴凤金三角山地自行车运动训练基地，积极打造老区少数民族传统体育项目研究与开发训练基地。陕甘宁革命老区已建成新区全民健身运动中心等第十四届全运场会场馆，深入开展群众性体育活动。

二是体育健身休闲产业稳步向前发展。2017 年 1 月，以民建民营方式建设的章江足球主题公园正式对外开放，走出了赣州市引入社会资本建设运营管理体育设施的第一步。南康乒乓球基地获批江西省乒乓球项目后备人才训练基地，赣县帆船小镇、宁都梅江运动小镇、定南足球小镇等列入全市享受政府扶持的特色小镇创建名单。截至 2021 年，全市共组织有影响的各类群众健身活动 602 次，参与人数 500 万人次；市级体育社会组织 73 个 [其中市级协会 54 个，市级俱乐部 19 个（含市级青少年俱乐部）]。巴中市依托地方文化、巴山新居、森林康养等优势资源，大力实施"体育+旅游""体育+康养""体育+文化"等融合发展战略，建成光雾山研学旅行实践营地、青少年户外活动营地，打造平昌·巴河国际休闲垂钓大赛等品牌项目，促进体育旅游休闲产业发展。

---

① 《赣州市国民体质达标率公布！赣州有哪些网红健身好去处》，网易新闻，https://www.163.com/dy/article/FMT069TN054280Z5.html。

（五）完善可持续社会保障体系，增强群众获得感和幸福感

就业是重要的民生工程，社会保障是人民幸福感的一个重要指标，二者均与人民群众的切身利益紧密相连，是基本公共服务体系的重中之重。广大革命老区坚持以人为本，加强民生建设，以更大决心推动群众就业、创业，以更大力度建立健全社会保障制度，推进公共服务体系建设，增强人民群众获得感和幸福感。

一是多措并举推进就业创业。赣州通过建立健全就业机制、拓宽就业渠道、稳定就业岗位、优化就业服务、保护重点对象等举措大力保障民众能就业、就好业。截至 2021 年 7 月底，赣州累计发放扶持补助补贴超 230 亿元，直接扶持个人创业超 10 万人次，带动就业近 46 万人；开展"点对点"劳务输出，帮助全市农村劳动力转移就业 195.43 万人；建成三级就业公共服务大厅 346 个，开展补贴性职业培训 35.67 万人次。巴中市积极落实就业和创业激励措施，全市新增城镇就业 34786 人，超 2000 人次返乡、下乡进行创业，并创办超 600 个实体，展示了新时代大众创业、万众创新的新气象。①

二是着力加强可持续社会保障体系建设。近几年来，赣州市不断改革、发展和完善社会保障制度，目前已取得良好成效，基本建成保基本、广覆盖、多层次、可持续的社会保障体系，社会保障水平逐步提升。截至 2021 年 7 月底，赣州市基本养老保险参保人数达 599.62 万人，失业保险参保人数达 38.88 万人，工伤保险参保人数达 72.24 万人，保险基金累计结余达 124.35 亿元。巴中市统筹推进全民参保计划，医疗保险和基本养老保险覆盖率均超 90%，分别达 92%和 98%；同时还推进部分士兵"两保"接续工作有序进行和"电子社保卡"基本普及，进一步做好重点对象的帮扶救助工作；逐步完善城乡养老服务体系，不断推进农村妇女"两癌"筛查工作，初步建成 120 个村（社区）的残疾人之家，且保障残疾人基本康复和辅具的适配率达 80%。大别

---

① 《巴中市 2019 年国民经济和社会发展计划执行情况及 2020 年计划草案报告》，巴中市人民政府办公室，http://www.cnbz.gov.cn/public/6600041/12885961.html。

山革命老区安庆市加大民生工程建设力度，截至 2018 年，安庆市累计投入财政资金超过 460 亿元，民生支出占财政支出比重由 80% 提高到 85%，城乡低保标准分别提高了 56% 和 118%。陕甘宁革命老区提高城乡居民基本医疗保险筹资财政补助标准，每人可达 550 元，参保率、报销比例均超额完成该省的要求，已总计发放 8.4 亿元补贴困难群众，累计投资 32 亿元用于民生十件实事，临时救助困难群众达 9.8 万人次。百色市加强保障性安居工程建设，支持优抚医院、社会福利院、养老院、应急避难所建设。

三是积极促进劳动关系和谐发展。赣州始终把维护劳动者权益、构建和谐劳动关系放在突出位置。相继出台《赣州市保障农民工工资支付工作考核办法》《赣州市保障农民工工资支付常态化监管实施意见》《防范和治理欠薪问题若干措施》等相关政策，大力推广"赣裁通""智慧仲裁"，推进基层劳资纠纷调解平台建设，建立县（市、区）、乡镇（园区）、企业"三位一体"的劳动争议调解网络，打造全方位劳动关系调节体系。"十三五"期间，赣州市调解仲裁受理案件 11586 件，调解仲裁结案 11481 件，仲裁结案率达 98.12%。巴中市积极保障农民权益，2020 年帮助农民工追回欠薪 6400 余万元。[①] 推进公共就业服务信息平台建设，提高公共就业服务信息化水平，统筹做好毕业生、就业困难人员就业等重点群体就业，加强工业园区和重点企业用工需求，大力发展服务业，特别是中小微企业和服务业，促进劳动者就近就业。

二 革命老区基本公共服务均等化面临的挑战

长期以来，中央及各省市政府大力支持革命老区的发展，出台了多项政策，不断加强革命老区基本公共服务设施建设，但是在实际工作中还存在以下五个方面的问题。

[①] 《3000 人！6400 万！巴中市总工会 2020 年暖心行动！》，澎湃号，https：//m.thepaper.cn/newsDetail_ forward_10868536。

（一）基本公共服务标准不一，相关政策在执行过程中易出现偏差

基本公共服务具体内容、服务标准不一，导致相关政策在具体执行过程中容易出现偏差。在教育上，大部分革命老区办学基础设施不足，教育资源短缺，资源分布不尽合理，现有学生人均占地面积低于国家标准。具体表现为学生活动场所少、教育设施设备普遍落后，功能教室难以满足使用需求。大多数中学在老城区，幼儿园布点少，校舍闲置、生源不足的问题比较突出。此外，师资队伍还面临活力不足、缺乏完备的师资流通和上升机制、出入皆难、职称评定方式单一等问题。在医疗卫生上，偏远山区和农村的医疗服务机构规模小、设备简单，医疗机构的药品种类也相对较少，[①] 医疗工作人员的文化素质和医疗技能都不太高，缺乏一定的治疗经验，很难满足农民的就医需要，看病的难度加大。

（二）资金安排方式单一，管理改革有待深化

通常而言，中央政府大多采用资金补偿的财力调节方式来推进基本公共服务均等化，这对各地公共服务水平提升特别是贫困地区发展能够起到作用，但这种方式方法较为单一，[②] 在具体的分配过程中存在扶持政策顶层规划衔接不到位、清理整合"表面化"、资金分配有效整合能力弱等问题。此外，各级政府层次较多，信息流通难度大，信息不对称度高，特别是在革命老区，当地政府的财政收入有限，投入基本公共服务设施建设中的资金也有限。

在教育上，革命老区学校办学经费普遍不足。一是基础信息化资金投入难以保障，信息化资源开发、教师培训等信息化基础环境建设严重受阻，在城乡教育上差距上更为明显。二是革命老区大多学校总体规模比较小，单位成本较高，虽然国家财政支持的经费一一落实，但是学校在主观层面上较为

---

① 杨远根：《城乡基本公共服务均等化与乡村振兴研究》，《东岳论丛》2020年第3期，第37~49页。

② 缪小林、张蓉、于洋航：《基本公共服务均等化治理：从"缩小地区间财力差距"到"提升人民群众获得感"》，《中国行政管理》2020年第2期，第67~71页。

忽略教师培训、教学研究等环节的重要性，经费投入严重不足。[1] 据统计，在年度教育总经费的支出中，维持学校正常运转和教学活动的经费占比仅为16.5%，不足总经费的1/5。

在红色文化传承上，作为革命老区，受地区经济社会发展水平的制约，能投入旅游中的资金非常有限，红色旅游资源发展资金严重短缺，多数红色旅游资源尚未开发，部分已经建成景区，也由于资金不足，处于较低的开发阶段。很多红色旅游景区基础设施建设滞后，开发利用不足，建设档次较低，主要体现在景区的路面等级较低，排水设施、通信设施以及环卫设施比较落后。很多革命遗址也未能得到有效的保护和修缮，毁坏严重，部分重要的遗址正在消失，陈列馆陈旧破烂等一系列问题成为制约红色旅游资源开发的重要因素。

在公共文化服务体系建设上，财政资金分配方式过于粗暴，存在平均分配的现象，并没有结合当地客观实际，导致城乡间、经济发达和欠发达地区间公共服务体系建设差距明显，主要表现为：不同区域博物馆、图书馆、文化广场等文化场所建设数量和质量不一，"村村响""户户通"等文化设施建设情况存在差异，全民阅读建设活动规模和频率存在较大的差异，文化工作人员素质参差不齐。[2] 简单地采取平均主义分配财政资金的做法，严重阻碍了落后地区如革命老区追赶经济发展较好地区的公共文化服务能力和水平的动力，加大了基本公共服务均等化目标实现的难度。

在医疗卫生上，大多革命老区县财政本身在发展过程中就缺乏资源和资金，对乡镇卫生院的财政拨款稍显不足，对村卫生室和街道社区门诊的财政投入则相对更少，较难满足人民群众对医疗卫生的需求，也很难带动相关投资者对医养产业进行投资。[3]

① 黄斌、王丹妮：《四川革命老区基础教育信息化现状调查及对策研究》，《中国教育信息化》2020年第1期，第78~81页。
② 杨巧、苗小雨：《大别山地区公共文化服务的现状及建设路径研究——以湖北黄冈为例》，《内蒙古科技与经济》2021年第1期，第24~27页。
③ 何秋洁、姜雨欣、任倩、陈国庆：《医养结合养老服务动力机制与路径优化研究——以四川革命老区为例》，《黑河学院学报》2021年第12期，第68~70页。

（三）人才引进机制不健全，专业技术人员匮乏

人才是经济发展的重要命脉之一，大部分革命老区均面临着人才体制机制不健全的难题，由此容易引发在基本公共服务领域专业人员配备少、人才引进不足等问题，从而阻碍本地区基本公共服务能力和水平的提升。

在文化传承上，基本公共服务建设队伍存在结构不合理、人员比例不科学等问题，导致本区域难以发挥科学组织的最大效应，难以有效地传承和挖掘当地文化特色和传统、推广和传播文体设施的用途、引导和宣传文化活动，阻碍了本地公共文化服务建设进度。

在教育上，大部分革命老区优质教育信息资源开发不充分，学校信息化建设顶层设计业余，专业人员缺乏信息化规划，校际交流闭塞，教师培训次数与效果不容乐观，教学理念落后。此外，多数革命老区发展水平较落后，生活条件较为艰苦，工资福利待遇难以吸引人，导致很多年轻教师不愿扎根乡村教育，教师群体老龄化严重。老一辈的教师虽然愿意扎根乡村教育，但相对年轻教师而言，文化层次更低，教育理论和方式较为古板和单一，不符合日渐提高的新时代教学发展要求，从而导致革命老区教学质量难以进步，甚至存在倒退的风险。[1]

在医疗卫生事业上，人才引进机制不健全，从事基本公共服务事业的专业技术人员匮乏。受经济实力、薪酬待遇等多种因素影响，医疗卫生人才引进难，医疗水平较好的医护人员也通常选择外出就业。而留在乡村的医护人员医护技术和能力十分有限，且多为家庭传承制，缺乏专业医疗系统的培养，医疗水平难以保障，医疗质量普遍较低。

在体育上，社会体育人口较少，专职体育人员更少。革命老区多为山区，人口分布多成点状，村小学生数量较少，难以吸引专职体育老师任职。初级中学虽位于乡镇，但受观念和编制等主客观因素影响，体育老师较为缺

---

[1] 农小玲、李绍来：《左右江革命老区农业转移人口市民化问题及对策》，《区域治理》2019年第40期，第230~232页。

乏，无法作为补充社会体育人才的后备军。此外，体育部门培训的社会体育指导员一般以满足县城和乡镇体育发展需求为主，村级难以兼顾，个别老区甚至连一名社会体育指导员都没有。[①]

（四）公共服务基础设施建设与运行管理脱节，后期运行与维护乏力

在基本公共服务基础设施建设方面，大部分革命老区存在重前期投入、轻后期维护的问题，科学养护薄弱，难以有效、持续性地提升老区基本公共服务水平和能力。一方面，缺乏前期投入资金约束机制，配套设备购置及维护、资源建设开支过于随意，缺乏监管；另一方面，缺乏后期设备检查和监督机制，检查、监督主观认识不到位，无法正确把控项目的实际运行进程和力度，导致已建或在建的公共设施设备使用效率不高，作用不大。

在公共文化服务体系建设方面，大部分地区文化机构的官方网站后期运营维护意识不足，内容更新慢，宣传效果不佳。部分地区图书馆、博物馆、体育场馆等场所虽免费开放，吸引了一大批民众进入相关活动场所，使用率有所提升，但也会出现设施被破坏或损害等问题，而这些设施的维修周期长、成本高，很多时候都是有领导来视察才会进一步修缮；"户户通"和"村村响"工程虽陆续建设，但维修路途远、数量多，维护成本高，维修服务中心专业技术团队难以及时维修、维修时效性和效果不佳，无法满足实际管理与维护需求。

在教育上，学校硬件基础设施较为落后。在信息化建设方面，偏远乡村的小学甚至初中计算机课程普及率较低，即使设置相关课程也多是空有其名。在学校环境建设方面，在城镇普遍较好，但是很多偏远的山村学习环境仍然较为艰苦，很多基础设施只有一次建设，后期的维护监管力度不够，严重影响日常教学质量和工作管理，使得很多农村地区教育质量偏低、教学成

---

① 杨占明：《对陕甘宁革命老区社会体育扶贫路径的思考》，《体育研究与教育》2021年第2期，第1~9页。

果较差。

在体育锻炼上，大部分革命老区地理位置偏僻，人口居住分散，体育锻炼场所分布通常以行政单位或村部为参考依据，与人口分布不一致，导致场地使用率低，出现有场所没人来、没人用，无场所人群聚集，没场地可用的尴尬境地。[1]

在医疗卫生上，乡镇医疗卫生资源严重不足，主要体现在医疗配套设施有待改善、医护人员水平都有待提升，如设备使用过久、"赤脚医生"医护水平不足，仅能处理头疼脑热等常见的疾病，稍微复杂一点的疾病只能外出求医，甚至跨省求医，导致不能及时得到救治或影响救治效果。

（五）政府对居民需求掌握不充分，提供公共服务时出现偏差

随着社会的发展，人们的需求也不断增长，日益高层次化、多元化。然而，革命老区缺乏完备的信息沟通渠道和平台，政府部门难以及时了解公众切实所需，从而基于自身偏好为公众提供基本公共服务，导致出现"政府部门提供的服务不是群众切实所需、所想的"，难以有效推进基本公共服务均等化。[2]

政府部门通常采取"自上而下"的方式建设公共文化服务基础设施，导致单向性服务供给困境的产生，资源不足与浪费共存，公共服务的供给效率低，难以达到公众的理想预期，具体表现如下。一是农家书屋使用率较低。各村（社区）虽均已基本实现综合文化服务中心全覆盖，但大部分农家书屋资源闲置，空有其表，纸质和电子图书借阅少。二是在农村放映电影，群众响应度不高。现在大部分人都通过手机和电视等进行观影，观影的方式发生了深刻的变化，而很多下乡放映的农村电影片源较为古老且单一，电影本身实用性、趣味性不足，加之宣传力度不够，根本无法吸引农民群众

---

① 杨占明：《对陕甘宁革命老区社会体育扶贫路径的思考》，《体育研究与教育》2021年第2期，第1~9页。

② 缪小林、张蓉、于洋航：《基本公共服务均等化治理：从"缩小地区间财力差距"到"提升人民群众获得感"》，《中国行政管理》2020年第2期，第67~71页。

前往观影，经常出现"两三人包场"现象。三是"村村响"节目形式和内容单一，而现今大部分人家里都是使用网络电视，少部分农村地区的"户户通"还在观看，但是观看效果较差，且维修难度比较大。四是"送戏下乡"需求大，供给少。在广大的农村，中老年人偏多，这类群体大多爱听戏、看戏，需求旺盛，但供给却呈现不足的现象，场次少，有些地区甚至一年一次"送戏下乡"活动需求都难以满足。[①]

在社会保障方面，革命老区发展机会少，上升空间有限，难以留住青壮年劳动力。一是农村就业服务力度不够，就业信息平台缺乏，即使有也很难保障信息的实用性和时效性。二是农村经济发展不够，就业机会较少、薪酬待遇一般，大部分年轻人为寻求更好的待遇和机会均会选择外出就业。

三　革命老区基本公共服务均等化优化思路

习近平总书记指出，"要重点加强基本公共服务，特别是要加大对革命老区、民族地区、边疆地区、贫困地区基本公共服务的支持力度，加强对特定人群特殊困难的帮扶，在此基础上做好教育、就业、收入分配、社会保障、医疗卫生等各领域民生工作"。这说明党和国家高度重视对特殊地区、特殊人群供给基本公共服务，更体现了当今的时代诉求是进一步完善均等化转移支付制度。[②] 推进基本公共服务均等化要完善顶层设计，构建高位组织协调机制；优化支出结构，保障资金规范合理使用；注重人才吸纳，提高从业人员整体素质；推进多方联动，引导多方力量共建及维护；立足民众诉求，提供优质公共服务。美好生活的形成、主要矛盾的解决，关键就在于推动基本公共服务实现均等化。

---

① 杨巧、苗小雨：《大别山地区公共文化服务的现状及建设路径研究——以湖北黄冈为例》，《内蒙古科技与经济》2021年第1期，第24~27页。
② 尚虎平、石梦琪：《基本公共服务均等化事业的理论归依——习近平新时代中国特色社会主义思想对基本公共服务均等化的理论奠基探析》，《理论探讨》2021年第6期，第62~69页。

（一）完善顶层设计，构建高位组织协调机制

习近平总书记在多个场合强调"要饮水思源，决不能忘了老区苏区人民"。推进基本公共服务均等化发展，要以习近平总书记的讲话精神为指导，高位推动、统筹布局，完善顶层设计，建立健全组织协调机制。编制教育等社会事业专项规划时应结合革命老区实际，倾听群众呼声，想民众之所想，急民众之所急，并相应地给予财政支持。对待重大民生问题，革命老区相关政府应高瞻远瞩，站在社会福利和区域协同发展的战略高度，建立健全人社厅、教育厅等多部门协调机制，如成立委员会，统一协调就业就学、医疗卫生等基本公共服务事务，并适当加大民生领域的支持力度，尤其是人力资本投资，从而凝聚多元力量推动实现基本公共服务均等化目标。革命老区的边远农村地区是实现其基础教育信息化全面可持续发展的重要突破口。因此，在教育上，要秉持"公平、均衡、素质、质量、协调"的发展理念，政策倾斜和工作重点均应优先考虑老区的边远农村，并充分发挥科技的作用，大力加强信息化建设，提升远程教育的能力和水平，通过"远程教育"实现优质教育资源的输送，助力革命老区实现基础教育信息化、均衡化的发展目标。在医疗卫生事业上，要给予财政政策倾斜，加强医疗卫生基础设施建设，通过预算安排、整合资金、专项投入、对上争取等形式妥善处理各方矛盾，统筹安排资金，让每一分医疗卫生经费都花得值，让革命老区人民看得了病、看得起病，减少人民跨城、跨省求医的频次。

（二）优化支出结构，保障资金规范合理使用

资金是推动基本公共服务均等化的血液，是建设基础设施的必要条件，要打包各专项资金，提高资金使用效率。在公共文化服务领域，要采取客观考量、摸底调查、实时监督、因地制宜的专项资金使用方针，提升资金使用效率。一是针对现有各类专项资金设置情况，客观、科学考量设置的必要性、规模的合理性和资金整合的可能性。二是进行摸底调查，使用专项资金前，应充分调研，对现有的各类专项资金使用和政策执行情况进行全面的摸

底调查，做到不乱用资金，把钱花在刀刃上。三是建立健全资金使用监督机制，对不合时宜的或使用绩效不高的专项资金及时进行压减或清理。四是因地制宜，根据不同区域实际情况，了解是否存在具有整合性的专项资金，若有必要，整合打包公共文化服务建设项目包含的多项专项资金，合理安排预算，提高资金使用效率。

在教育上，资金是促进基础教育信息化必不可少的要素。为保障信息化资金的可持续性投入，革命老区应充分调动各级各类学校积极性，拓宽资金来源渠道，不单独依靠政府拨款。一方面，可以积极寻求社会力量的帮助，如争取社会赞助，让社会力量推动教育事业发展。另一方面，可以充分发挥优秀校友的作用，争取有余力的优秀校友反哺母校，助推母校发展。

在医疗上，财政卫生事业经费的投入是确保医疗卫生事业正常发展的基础条件，也是政府职能的重要体现。一是逐渐增加革命老区卫生事业经费的财政投入总量，加大财政支持力度，保证其在人力资源、技术能力、医疗设施、服务质量上都能够满足人民的基本医疗卫生需求。二是选准医疗卫生机构财政投入目标，加大资金管理力度。以医疗卫生机构医务人员数量和服务区域人口数量为主要指标，以医疗卫生机构负荷量和服务质量为奖励指标，以职工技术素质、医疗用房面积和医疗卫生设备状况等为参考指标，综合制定一套科学合理，便于操作和考核的卫生事业经费预算拨款新机制，并引进适当的奖惩制度，规范卫生事业经费的使用，最终实现以促进医疗卫生机构硬件建设、医疗卫生人才建设和医疗卫生质量建设为重点的财政投入目标。与此同时，规范医疗卫生财政专项补贴或专项转移支付制度，增强分配的规范性和公平性，将公开透明原则贯彻落实到资金分配、计算、审核批准、拨付使用、监督检查的全过程；建立健全程序标准，确保每一环节均有标准可依，确保中央和省级财政资助的医疗卫生项目立项准确、审批快速、资金及时、质量合格。三是扩大医疗卫生机构财政投入范围，提高医疗卫生服务档次。首先要加大财政对乡镇卫生院、村级卫生室和街道门诊等医疗卫生机构的投入力度，使革命老区的县市级、乡镇级、村街级三级医疗卫生机构平衡发展。同时加大财政对公共卫生项目和公共卫生机构的投入力度，特别是加大对乡镇卫生院、村级卫生室和街道门诊的投入力度，包括人员工资、技术培训、设备购置、药品提供等方面的投入，建立全面、适用、经济、稳固的乡村公共卫生服务体系，满足广大农民的最基本公共卫生需求。还要转变医疗卫生机构财政投入方式，合理分流闲散人员。最后要科学核定基本卫生事业经费，根据医疗卫生机构所在服务区域的行政级别、经济发展程度、人口密度与数量状况，重点规范地市、县区、乡镇、村街等不同等级、不同类别的医疗卫生机构的标准，在此基础上科学核定包括职工基本工资和医疗卫生机构基本办公经费在内的基本卫生事业经费，由财政通过预算的形式按月拨付，确保医疗卫生机构的基本运转。在不影响医疗卫生机构运转的前提下，建立以"政府购买服务"为主的财政补偿机制，用于激发医疗科室和人员工作热情，如根据实际绩效发放绩效工资，从而鼓励和引导优质的医疗卫生服务。四是拓宽医疗卫生机构的资金渠道，允许和鼓励外国政府、民间组织、企业以及个人支持公立医院，并且加大对医疗卫生事业的财政支持力度，保障医疗救助资金的持续供给，扩大基本医疗救助范围。[1]

（三）注重人才吸纳，提高从业人员整体素质

人才是实现基本公共服务均等化的基础，因此要十分注重人才队伍的建设。一是壮大基本公共服务队伍的规模。一方面，提高人才队伍的工资待遇，为人才的引进和留续营造一个良好成长环境。另一方面，用绩效说话，逐步完善人事管理和薪酬制度，建立健全人才激励机制和约束机制，吸引和鼓励专业人才从事基本公共服务的管理工作，提高人才队伍的工作积极性和规范性。二是提高人才队伍素质。一方面，加强对基本公共服务工作人员的培训，提高基本公共服务能力和水平。另一方面，基本公共服务要注重对业余文化爱好者的指导和引领，培养一批推进基本公共服务事业发展的专业人

---

① 李硕、王惠琴：《新时代基本公共服务均等化路径优化研究——以广西为例》，《陕西行政学院学报》2018年第3期，第9~14页。

才，逐步提升基本公共服务从业人员的整体素质。

在教育上，党的十九大报告中提出，优先发展教育事业是提高保障和改善民生的重要举措，优质的师资力量是教育发展的重要基石。一是要创新人才引进机制，拓宽人才引进渠道，建立教师保障和激励机制，出台一系列政策对教师编制、职称职务、绩效分配以及培训交流等进行保障，努力为教师开展教学活动提供优质的支持，让革命老区"引得进"优质的青年教师。二是重点培育本土优秀教师，全面加大教师培训力度，提高教师信息素养与业务水平，解决革命老区"引人难、留人难、用人难"的问题。① 基础教育信息化的好坏与教师的教学理念和业务水平息息相关。因此，教育单位要加强本土教师的培训，采用引进专家培训和外调培训等多种方式提升本土教师的教学水平，尤其要注重引入先进的教学理念。同时给予青年教师更大的教学实验空间，增强青年教师的归属感和成就感，调动本土青年教师的教学热情，充分运用其教学研究能力。三是提高偏远地区教师的工资待遇，为其提供奖励或补贴，改善住宿环境，为教师创造良好的学习和生活环境。此外，加大力度培训教师使用现代教学设备，提升其操作能力，提高各类硬件设施和软件资源的使用效率。四是加强与驻地高校的联系与合作，与其建立更加全面深入的校政、校地合作关系，不断完善相关配套保障。同时，各地要在政策、经费等方面全力支持驻地高校进一步扩大办学规模、提升办学层次、增强办学实力、扩大办学影响，进一步提升本地高等教育对本地经济社会与文化事业发展的支撑度、引领力和贡献率。②

在医疗上，要转变卫生人才培养模式，建立健全高校与革命老区卫生机构间的协同育人机制，提升医护人员专业水平。科学核定革命老区卫生机构编制，动态足额配备革命老区卫生人才，完善准入、使用、待遇保障机制，

---

① 张洪强：《革命老区县域义务教育均衡化发展的困境和对策》，硕士学位论文，华东政法大学，2020。

② 叶怀凡：《革命老区教育精准扶贫的价值与优化路径——基于川东革命老区的考察》，《四川理工学院学报》（社会科学版）2019 年第 4 期，第 88~100 页。

加大政策倾斜力度。建立革命老区卫生人才薪酬激励机制、职称评审机制，推动医护人员医疗水平不断提高。[1]

（四）推进多方联动，引导多方力量共建及维护

推进多方联动，不断探索新型管理机制，简政放权，发挥社会、个人、企业等多主体的力量，多渠道输送公共服务，以便更好地缓解基本公共服务建设过程中各方协调不力、政府供给不足和后期维护乏力等问题。

在公共文化服务上，一是健全政府部门间协调合作机制。公共文化服务体系建设涉及面广，囊括文化、体育、新闻出版等多个政府部门。因此，各地区要建立党委、政府统一领导，政府各部门间组织协调的体制机制，整合多部门资源，推动政府间的高效联动，确保各级各类文化服务供给活动顺利开展。二是注重发挥社会力量，共建共享共同维护。首先，推广运用政府和社会资本合作等模式，缓解政府财政资金投入压力、促进公共文化服务提供主体和提供方式多元化。其次，采取政府招标、项目补贴、委托管理、定向资助等扶持政策，同时出台相关财税金融等激励政策引导和鼓励企业、个人和社会力量参与公共文化服务体系建设。最后，引导当地成立相关的文艺协会，通过协会监管和维护基础设施，引导有文艺专长的民间艺人、业余骨干和志愿者积极开展文艺工作和培训，举办多种形式的文艺活动，并给予一定的物质奖励和精神荣誉。

在教育上，着力开发优质教育资源，实现教育资源共享。目前优质教育资源分布尚不均衡，破解这一难题可以由基层教育部门引进一些优秀的教育资源并让教师学习，之后再由当地教师根据实际情况开发适合当地学术需求的优质教育资源，慢慢建立一个教育资源目录索引中心，采用现代化信息技术，将这些资源进行集中处理和分类，并通过宽带网络无缝连接成一个覆盖当地的教育资源库，从而保证各学校都能共享全省甚至全国的优质教育资源。

---

[1] 王延中：《新冠肺炎疫情防控背景下中国医疗卫生与医疗保障制度的优化》，《社会保障评论》2022年第3期，第57~69页。

（五）立足民众诉求，提供优质公共服务

重视民意诉求，尊重民意，把民众诉求作为了解民情、集中民智、维护民利、凝聚民心的契机，不断提高人民群众的幸福感和获得感。一是"自下而上"建立健全民意表达机制和监督机制，让民众表达自己的真实诉求，同时拓宽民众意见反馈渠道。二是发挥基层组织的服务功能和作用，加大对即将要举办的活动的宣传力度，多到实地进行走访，了解民众的真实需求，吸纳群众的建议，进而使群众加深对基本公共服务的了解，举办让群众更加满意的活动，提高群众参加活动和建设基层的积极性。三是根据民众的诉求，建设民众真正需要的基本公共服务项目，紧跟时代的变化，对老化的设施和反馈较差的项目进行整合、改进或者撤销，如现今民众对跳广场舞和体育锻炼非常感兴趣，这些项目能进一步提升群众的生活质量和生活水平，通过建设相关的场地和引导当地民众成立相关的协会进一步调动广大群众参与的热情，实现资源的共享，达到让老百姓满意的最优效果。

四　结语

当今中国进入全面建设社会主义现代化强国的新发展阶段，雄厚的物质基础推动基本公共服务均等化建设取得显著成效。然而，当前基本公共服务在革命老区发展不够均衡，仍与人民的美好生活需要存在差距。新发展阶段的基本公共服务均等化建设需要达到更高水平、更高层次、更高质量的目标，以发挥基本公共服务均等化在补齐基本服务短板弱项、统筹城乡区域协调发展、巩固民生根基、显扬中国特色社会主义制度优势等方面的重要作用。

B.7
革命老区红色文化+旅游融合
问题的思考与认识

古屿鑫　江　玲*

摘　要: 革命老区红色文化与旅游融合问题是新时代推进革命老区振兴发展的重大课题,为找准文化与旅游融合发展的突破口与路径,赣州市做了多年的实践探索,并取得了丰硕的成效。本报告以赣州市红色文化+旅游融合发展的现况为例,综合分析其在融合过程中存在的主要问题,并对做好新时代革命老区红色文化+旅游融合发展提出了四点对策建议:一是筑牢红色文化+旅游深度融合发展文化支撑;二是构建红色文化+旅游融合发展产业体系;三是构建红色文化+旅游融合发展治理体系;四是构建红色文化+旅游融合发展创新体系。

关键词: 革命老区　红色文化　文旅融合

　　革命老区作为党和人民军队的根,是中华儿女在历史时刻选择共产党的重要见证。为加强革命老区自我"造血"能力,2012年6月,《国务院关于支持赣南等原中央苏区振兴发展的若干意见》印发,将赣南老区定位为"红色文化传承创新区",指出要"推动红色文化发展创新,提升苏区精神和红色文化影响力,建设全国爱国主义教育和革命传统教育基地,打造全国

---

* 古屿鑫,哲学博士,文学博士后,江西师范大学苏区振兴研究院助理研究员、江西省文化产业研究中心副主任;江玲,浙江工商大学马克思主义学院博士研究生。

著名的红色旅游目的地"。① 2021 年年初的《国务院关于新时代支持革命老
区振兴发展的意见》又着重指出，要"推动红色旅游高质量发展，建设红
色旅游融合发展示范区，支持中央和地方各类媒体通过新闻报道、公益广告
等多种方式宣传推广红色旅游"。② 由此可见，新时代革命老区红色文化+旅
游融合发展迎来重大历史机遇。

文化和旅游的关系密不可分，文化是旅游的核心与灵魂，旅游是文化弘
扬与传承的载体与形式。坚持"以文塑旅、以旅彰文"，推动文化和旅游融
合发展，是新发展阶段文化和旅游高质量发展的方向和目标。近年来，赣州
市坚持以红色、绿色、古色、特色为导向，弘扬老区精神，传承红色基因，
整合红色资源，发展红色旅游，目标是将自身打造成中国南方著名的旅游目
的地、全国红色旅游一线城市、世界客家文化传承体验地、东南沿海地区休
闲度假后花园。本报告以赣州市红色文化+旅游融合发展为案例分析，认为
应坚持以文塑旅、以旅彰文，推动红色文化和旅游产业在更大的范围、更深
的层次及更高的水平上融合发展。

一 赣南等原中央苏区文化+旅游融合发展优势及成效

赣南红土地孕育了伟大的苏区精神、长征精神。不仅红色文化资源底蕴
深厚、意蕴厚重，而且红色旅游资源的类型丰富、特色鲜明。近年来，随着
红色主题教育、研学文旅等的兴起，赣南红色旅游呈现快速发展的态势，发
展成效良好。

（一）红色文化+旅游融合发展的优势明显

1. 红色文化资源丰富，底蕴深厚
赣州作为原中央苏区的核心区域，素有"红都圣地"和"共和国摇篮"

---

① 《国务院关于支持赣南等原中央苏区振兴发展的若干意见》，国发〔2012〕21 号，2012 年 6
月 28 日。
② 《国务院关于新时代支持革命老区振兴发展的意见》，国发〔2021〕3 号，2021 年 1 月 24 日。

之称。1931年11月7日，瑞金叶坪村诞生了中华苏维埃共和国，是毛泽东思想和苏区精神的重要发源地。作为全国著名的革命老区之一，赣州红色文化资源内容丰富。

红色文化作为革命老区的特色文化，最集中、最具有震撼力的表现形式是红色精神，"苏区精神、长征精神"正是革命先烈英勇向前、努力拼搏的生动映现。此外，赣南是全国著名的革命老区，赣南中央苏区有众多的革命遗址遗迹，生动、真实地再现了中国共产党带领赣南人民奋斗的历程，体现了革命英烈们坚毅不可摧的革命精神，是我们党不可再生的宝贵财富。据文物部门统计，赣州市拥有革命遗址1080处，馆藏革命文物45366件，其中重要的革命旧址和活动地545个，革命领导人旧居85个，革命烈士墓26个，革命纪念设施119个。

红色文化承载革命记忆，传承历史文化，在强化政治教育、凝聚社会人心、维系民族精神等方面具有重要作用。历史赋予我们的是厚重的红色文化资源，时代则告诉我们要借助这些资源引领革命老区振兴发展。"从某种意义上来说，旅游是一种文化形式，利用红色旅游来传播老区特色文化，能达到既保护与传承文化遗产，又发展经济与改善生活的双赢的目的。因此，开发红色旅游资源对传承老区特色文化具有不可替代的作用。"① 赣州市红色文化底蕴深厚，亟待与红色旅游进一步融合发展，这对当下传承红色基因、弘扬爱国主义精神、带领革命老区人民走向共同富裕等具有重要的现实意义。

2.红色旅游资源丰富，分布广泛

赣州红色旅游资源特色鲜明，拥有"红色故都""共和国摇篮"等强力品牌资源，是毛泽东思想"活的灵魂"的重要发祥地。此外，还有模范兴国、寻乌调查、宁都起义等优质红色旅游资源。其中，共和国摇篮、长征出发地、赣南围屋等是具备世界级影响力的红色文旅资源，具体红色文化资源类型见表1。

① 黄细嘉、龚志强、宋丽娟：《红色旅游与老区发展研究》，中国财政经济出版社，2010，第121页。

表1 赣南红色文化资源类型

主类	亚类	代码和基本类型	主要单位示例
E 遗址遗迹	EB 社会经济文化	EBA 历史事件发生地	瑞金革命旧址群、宁都起义总指挥部旧址
		EBB 军事遗址与古战场	红军第三次反"围剿"战场遗址、石城阻击战遗址
		ECD 废弃生产地	瑞金中央造币厂旧址、官田中央兵工厂旧址
F 建筑与设施	FA 综合人文旅游地	FAE 文化活动场所	中央红军长征出发纪念馆、兴国革命历史纪念馆
	FB 单体活动场馆	FBC 展示演示馆	苏区干部好作风陈列馆、兴国将军馆
	FD 居住地与社区	FDD 名人故居与历史纪念建筑	毛泽东等革命前辈旧居、毛泽东长岗乡调查纪念馆
	FE 归葬地	FEA 陵寝陵园	金莲山革命烈士陵园与刘伯坚烈士墓、思顺王尔琢烈士墓
	FF 交通建筑	FFA 桥	兴国红军桥、于都长征大桥
	FG 水工建筑	FGB 水井	瑞金沙洲坝红井
H 人文活动	HA 人事记录	HAA 人物	毛泽东、周恩来、邓小平、朱德、王稼祥等革命前辈
	HA 艺术	HAB 事件	"一苏大"的召开、红军长征出发地
		HBB 文学艺术作品	红色歌谣、标语、漫画、革命诗词等

资料来源：根据《赣南红色旅游》（红旗出版社，2005）相关内容汇总整理而成。

赣南红色旅游资源丰富，分布广泛，形成了"县县有红色故事、县县有革命旧址"的县域文化风貌。以 A 级及以上景区分布为例，赣州市东部为瑞金，分布着叶坪、沙洲坝、云石山、大柏地四旧址群，一展"红色故都"风貌；西部为上饶、崇义，方志敏纪念馆、闽浙皖赣革命根据地旧址和上饶集中营旧址等三大红色景区享誉海内外，王尔琢烈士墓、新溪毛泽东旧居、上堡整训旧址群等革命旧址、旧居娓娓述说那段光辉、惨烈的历史；北部为宁都、兴国，有苏区干部好作风陈列馆、宁都起义总指挥部旧址、反"围剿"战场遗址等，充分体现将帅文化；南部为龙南、定南、全南，"红绿古客"文化在这里交相辉映，三南特色展现得淋漓尽致。总体而言，在空间上形成了一种以瑞金为核心，南部、北部以及西部共同闪光的"金龙捧珠"的布局，形成了东连闽西、南下粤北、西进湘南、北上井冈山的赣南红色文化旅游区。[①] 赣州作为全国 12 个重点的红色旅游区、30 条红色旅游精品路线以及 100 个红色旅游经典景区之一，拥有"红色故都、江南宋城、客家摇篮、东江源头"四大旅游品牌，形成了内容广泛、形式多样的红色文化资源，为赣南革命老区进一步推动红色文化+旅游的融合发展打下了良好的基础。

（二）红色旅游发展成效显著

近年来，赣南老区大力发展红色旅游，大力挖掘红色资源，讲好本土红色故事，加大红色教育力度，深化区域合作程度，努力将赣南老区建设成为全国知名红色旅游目的地，让各方游客因"红"而动、为"红"而来、帮"红"代言，老区红色旅游发展迅速，取得了不错的成绩。

1. 红色景点数量不断攀升

2020 年，赣州市新增省级以上旅游景区品牌 37 个，其中 4A 级景区 11 处。全市各类省级以上景区品牌总数达 163 个，其中 A 级旅游景区 55 个，4A 级旅游景区 32 个，A 级红色旅游景区 6 个（见表 2）。

表 2　赣州市 A 级红色旅游景区名录

序号	景区名称
1	共和国摇篮景区
2	于都中央红军长征集结出发地纪念园景区
3	兴国苏区干部好作风纪念园
4	赣州市瑞金市浴血瑞金景区
5	瑞金市中共中央政治局、中央军委旧址
6	赣州市石城阻击战纪念园景区

资料来源：江西省文旅厅官网。

2. 红色旅游格局不断完善

近年来，赣州市红色文化和旅游领域体制机制改革不断深入，《赣州市

---

① 谢庐明、陈建平：《赣南红色文化资源分析评价与开发研究》，《党史文苑》2007 年第 20 期，第 56~59 页。

发展全域旅游总体规划》和《红色旅游区专项规划》等系列规划相继出台，起到了加强政策引领的作用。赣州市不断提升红色资源整合利用率，围绕"一核三区"①的战略定位，力图打响"红色故都"和"红军长征出发地"等品牌。首先，赣州市作为全省最早完成市县两级文广新旅局机构改革的城市，其措施有收回南武当山、龙秀温泉、栗园围经营权，以市场化手段盘活闲置资源，大大推动了经济社会发展。其次，赣州市委、市政府每年召开旅游产业发展大会，高位推进赣州市旅游产业发展工作，做到早动员、早部署、早出成效，持之以恒放大品牌效应，加强景点景区品牌塑造，深化旅游线路品牌塑造，打造区域性特色品牌，为赣州新一轮旅游产业大发展吹响了号角。再次，赣州市坚持完善市领导"一核三区"挂片协调机制、市直单位联席会议制度，协调解决旅游发展的重大问题。加强文化和旅游行政职能部门自身建设，在机构整合、人事安排、工作推动等方面深度融合，进一步提升文旅品牌影响力。最后，为加强对革命遗址的保护与利用，出台《赣州市革命遗址保护条例》，通过整理、修缮，让革命遗址重焕荣光，让游客走进红色故都，了解红色故事，爱上红色遗址，感悟红色精神。

3. 红色研学旅游初见成效

从 2012 年国家出台革命老区相关政策以来，赣南旅游事业加速发展，并自 2019 年开始趋于平缓。其中，旅游总人数从 2012 年的 2146.73 万人次增长至 2020 年 1.35 亿人次，旅游总收入也从 164.55 亿元增至 1413.9 亿元（见图1）②，呈几何倍数增长。2016 年红色旅游接待人数 1826.91 万人次，红色旅游收入 169.74 亿元人民币。"2019 年，全市共接待红色旅游 5940.3 万人次，同比增长 53.69%；红色旅游收入 564.8 亿元，同比增长 62.45%"，③ 红色旅游影响力日益壮大，在旅游产业中的地位愈加凸显。

---

① 是指构建以瑞金为龙头，兴国、于都为重点，宁都、会昌、寻乌、石城、大余、信丰为支撑的"1+2+N"红色旅游协同发展格局。
② 数据参见潘勇等《浅析赣南旅游业在经济发展中的作用和地位》，《改革与开放》2014 年第 9 期，第 6~7 页；《赣州统计年鉴》（2021）。
③ 《红色文化兴旺红色旅游》，《赣南日报》2020 年 5 月 16 日，第 1 版。

经过多年发展，赣州市充分利用已有的红色资源，打造了一批高质量研学体验旅游产品。例如，于都县的中央红军长征出发地红色景点群，不仅是全国爱国主义教育示范基地，还是全国性的红色旅游精品研学线路。"于都景区以革命旧址、旧居、长征渡口、浮桥、遗物、文物资料、革命纪念设施、模拟情景、革命故事，以及沙盘、图表、画、声、电、光等现代手段，生动、形象地再现中央红军长征出发的悲壮历史。"① 游客们走进革命纪念馆，仿佛重温一段激情燃烧的岁月，在行走中深切感受红色文化。

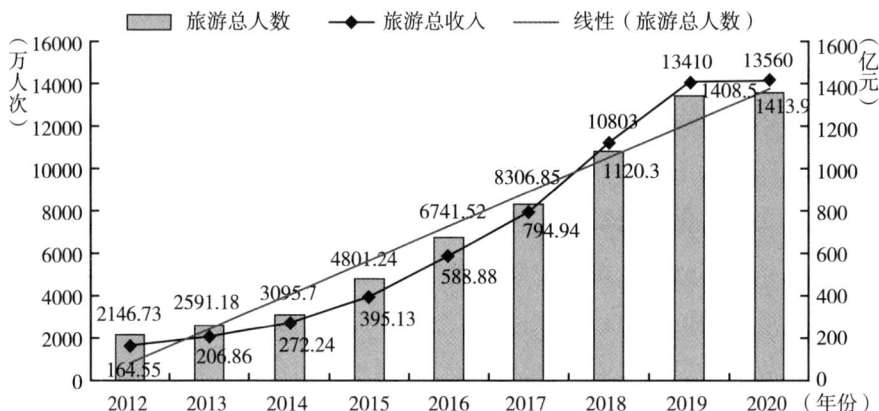

图 1　2012~2020 年赣州市旅游数据统计

资料来源：《赣州统计年鉴》（2013~2021 年）。

4. 红色开放旅游愈加凸显

赣南革命老区虽位于中部地区、多山地，但是有赖于党和政府振兴发展政策的不断实施，对外开放的程度逐步提高，开放旅游也逐步发展，从图 2 可以看出赣州老区在多年的发展过程中，对外旅游加速发展，呈直线上升的趋势，至 2019 年境外旅游人数高达 488000 人次。同时，借助"一带一路"倡议，在德国汉堡、俄罗斯圣彼得堡等地举办赣州旅游推介会，在国外其他地区设立"赣州市旅游推广驿站"。"十三五"旅游外汇收入、入境旅游接

① 江西省旅游局编《江西旅游景区景点大全》，江西人民出版社，2008。

待人数较"十二五"末期实现翻番。聚焦粤港澳大湾区、长三角、海西经济区、长征沿线及省内等主要客源市场,全媒体宣传推广,创新开展"引客入赣"工程,"红色故都客家摇篮"旅游城市形象更加鲜明。

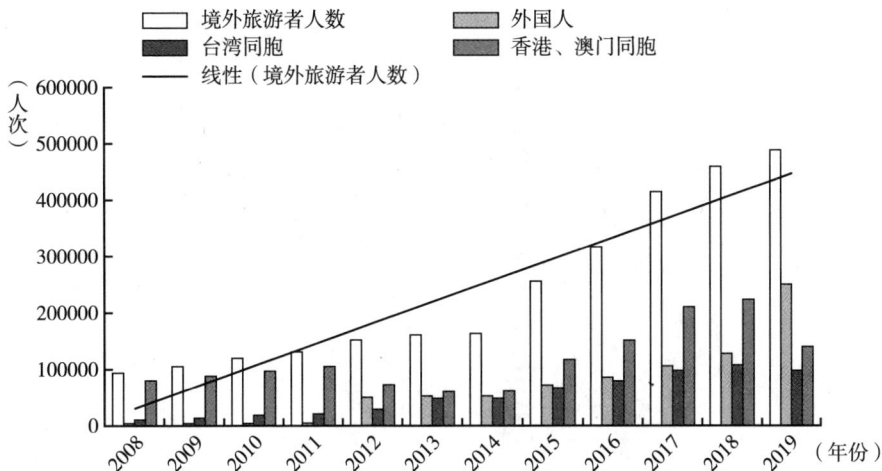

图 2　2008~2019 年赣州老区境外旅游人数及趋势

资料来源:《赣州统计年鉴》(2009~2020 年)。

5. 红色旅游配套设施不断完善

连通南昌市与赣州市的昌赣高铁于 2019 年 12 月通车,该线路是中国"八纵八横"高速铁路网京港(台)主通道的重要组成部分,标志着井冈山革命老区、赣南等原中央苏区正式跨入高铁时代。赣深高铁于 2021 年全面通车,北起江西赣州,南至深圳,完善了区域路网布局,加速推动江西融入粤港澳大湾区,促进"湾区+老区"的"双区联动",赣州迎来粤港澳大湾区亿万级客源市场。厦长渝高铁的赣龙厦段已开通,赣州已经能够直达海西城市群腹地,逐步完善"两横两纵两放射"的综合立体通道(见图 3),未来赣州将进一步加强高速路网建设,深度融入珠三角和海西城市群 4 小时高速经济圈,充分带动赣州红旅经济发展。

旅游之路讲究吃得尽兴、住得舒适。赣州市着力加强旅游配套设施建设(见图 4),星级宾馆数总体保持正增长,且房间数与床位数总体不断增加,

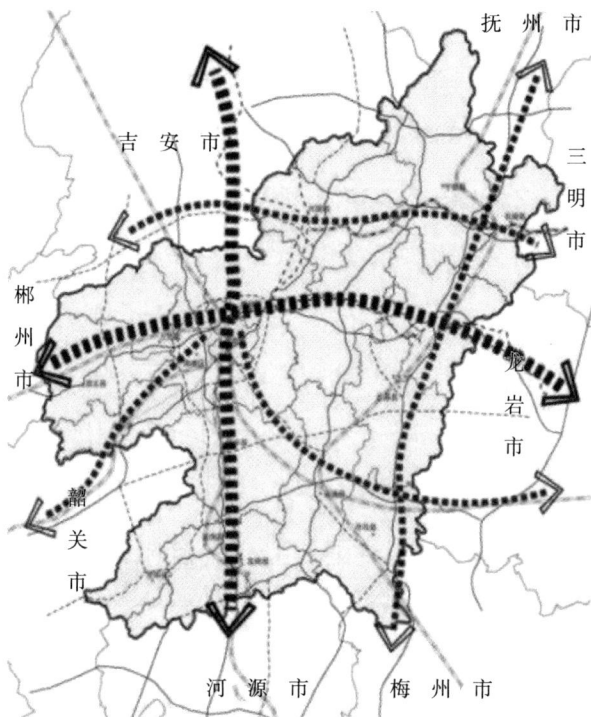

图 3　赣州市综合立体通道图示

资料来源:《赣州市"十四五"综合交通运输体系规划》。

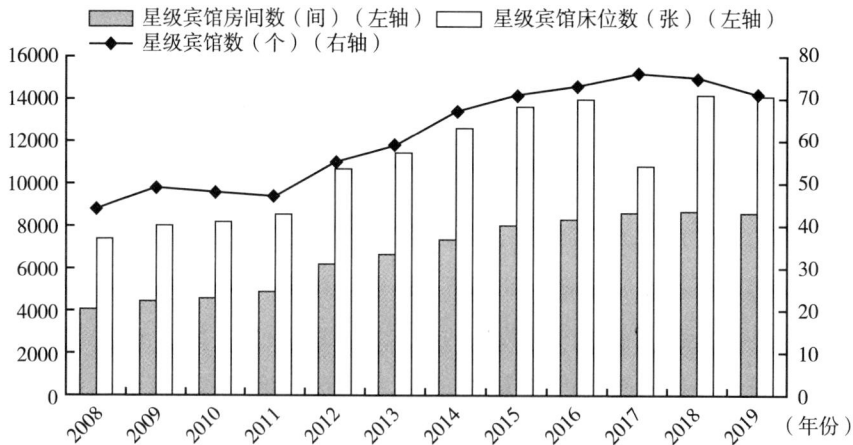

图 4　2008~2019 赣州市星级宾馆数、房间数以及床位数

资料来源:《赣州统计年鉴》(2009~2020 年)。

尽量满足旅客住宿需求，且从图5中也可以看出赣州市星级宾馆客房出租率也保持在一个高水平的阶段，但是多种原因导致赣州市2019年的客房出租率略有下降，但仍保持了59.30%的客房出租率。

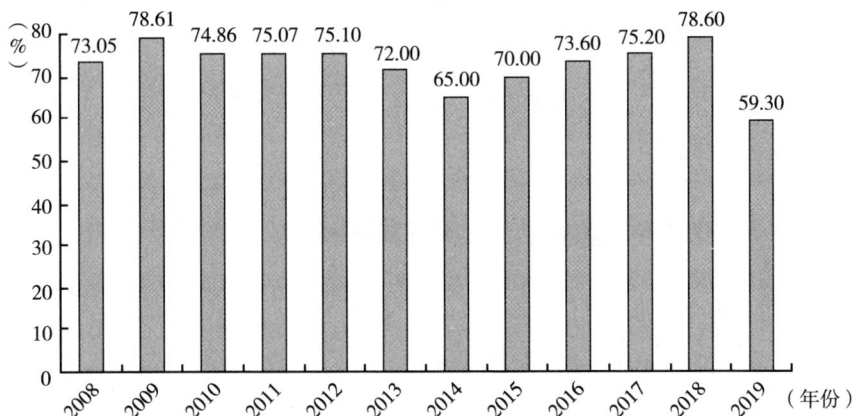

图5 2008~2019年赣州星级宾馆客房出租率

资料来源：《赣州统计年鉴》（2009~2020年）。

除此之外，赣州市旅游从业人员的不断增加，也保障了赣州革命老区红色旅游市场的服务软实力（见图6）。

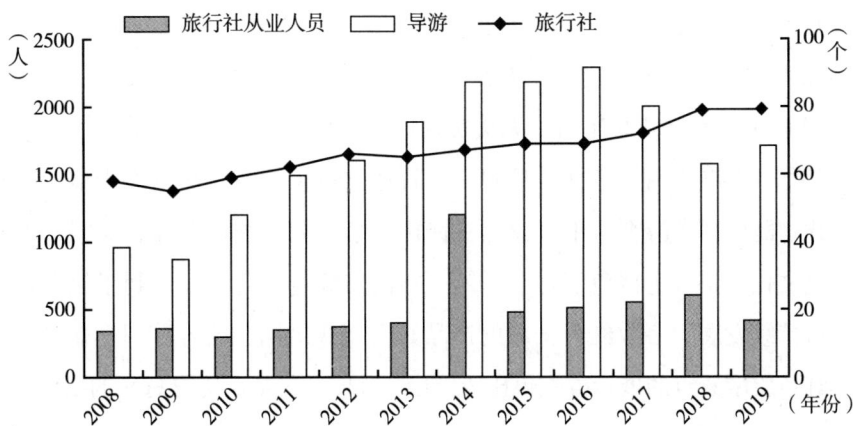

图6 2008~2019年赣州市旅行社、旅行社从业人员及导游数量

资料来源：《赣州统计年鉴》（2009~2020年）。

二 赣南等原中央苏区红色文化+旅游融合
发展的问题探究

赣州红色旅游起步较晚，目前还处在逐步探索阶段，因此存在红色文旅融合发展内容不深、红色品牌知名度不高、旅游基础设施建设滞后以及融合方式较为单一等问题。

（一）红色文化+旅游融合资源开发不深

"赣州市目前定位为红色旅游区的7个县（市）分别为瑞金、兴国、于都、石城、宁都、寻乌。"① 其中，瑞金主打"红色故都""共和国摇篮"品牌，对中央苏区的有关历史进行了较为深入的挖掘与多种方式的展示；兴国县也有多处相对完善的陈列馆、纪念馆等对外开放；对比之下，其他县市对于红色资源的挖掘、利用不足、不深。

一方面，这些县市对于已有红色文化资源的利用仅限于保护基础旧址，或者是建立一个纪念馆等，没有真正做到深入挖掘内涵，不少旧址仍处于未开发利用状态，有种"空有银两万贯，却不知使用"的浪费。另一方面，这些县市的"红旅"融合趋于表面。很多旅游产品和项目缺乏对于文化内涵的深入挖掘与理解，仅将红色文化作为一个符号简单附加到旅游产品中，起到博眼球、争市场的作用，无法实现传播红色文化内涵的目的。

例如，某些乡村红色文旅项目，主打地方特色旅游，却不恰当地植入外来文化，既破坏了游客对于"悠然见南山"般美丽乡村的印象，又谈不上传播红色文化，将自身特色消融于千篇一律的市场竞争之中，不利于旅游目的地的可持续发展。多数红色文旅的产品开发模式雷同、内容陈旧、知名度不高。红色旅游景点的展示方式也比较落后、陈旧，对革命历史意义的揭示、说

---

① 《官员分析赣州红色旅游发展问题：经典红色旅游线路还未形成》，澎湃新闻，2018年3月25日，https://www.thepaper.cn/newsDetail_forward_2041907。

明不够充分，难以深入人心。有些景点紧随潮流开展了诸如"重走红军路"等参与性活动，但是仅停留在拍照、观赏以及品尝当地饭菜的初级层面上，没有深挖和展现景点的革命文化，尚未形成系统的复合型的红色文化+旅游产品。

（二）红色文化+旅游融合方式单一

红色文化+旅游融合中的短板是缺少具有影响力和震撼力的重点项目。首先，旅游景点项目多数通过照片、橱窗、复原室内场景、革命文物陈列等静止形式展示，偏重以介绍、讲解为主的灌输式宣传，缺乏新奇感、参与感，因而对年轻人的吸引力不足。其次，已开发利用的红色纪念馆表现手法相似，特色不突出，缺乏对革命历史内涵的深入挖掘与研究。最后，对革命老区红色历史与精神的展示方式也基本限于纪念馆、展览馆、旧居展示、演艺表演等传统方式，缺乏创新。配备的讲解员、传播员等也只是机械地讲解历史故事、重复历史事件，游客在游览的过程中，难以通过现有的展示形式深刻理解及认同苏区精神，导致整体景点无聊乏味。

以瑞金为例，游客大多数情况下只会乘车直奔目的地——红井或者叶坪，而不会选择去看看周边环境、城市建设，或者是感受瑞金这座城市的气息。仅仅局限于参观纪念地、宾馆、博物馆这样的点对点游览模式，而不是由点及线，由线及面。没有从红军纪念地到当地丰富发达的落脚民宿，也没有从错落别致的民宿向赣南各个县市丰富的城市江河岸线、原始山林风景延伸，未能形成一条从红色出发，游览养生城市，回归山林大自然的全通道旅游线路。

除此之外，一方面，赣南各地的红色旅游资源与其他优势资源之间出现了一定的融合趋势，但是总体上仍旧没有"顶梁柱"的出现。目前，赣南独有的"红""绿""古"特色缺乏融合，其中，"红+绿"一直是景区产业链扩展、盈利的主要模式，"红+古""红+乡"模式的重要性虽然被人们逐渐了解，但是相关项目依旧较少。另一方面，赣州对于"互联网+"、优势IP的打造，在项目的展现方式与方法上较为落后，相对"保守"，因此，红色文化+旅游资源的有效融合还需要进一步加深、加强，其发展模式也有待于进一步的探索、发现。

（三）红色文化+旅游融合产品同质化严重

在赣南的红色旅游区中，瑞金对中央苏区的革命历史进行了较为深入的挖掘、探索及运用，兴国县有几处相对完善的陈列馆、纪念园，于都县也有中央红军长征出发地纪念馆等对外开放，其余县市对红色资源的利用则较为单一，一些知名度不那么高的旧址年久失修，无人问津，逐渐失去历史赋予的厚重感，项目建设有待进一步加强。在红色文化旅游行业中，传统红色文化旅游产品往往容易陷入同质化境地，精加工不足，跟风设计失去原有红色意义，使得多数知名度较低的红色旅游景点逐渐消失于观众的视野中。这一现象在赣南等原中央苏区也较为普遍，主要表现在观光旅游路线的同质化、项目特色的同质化以及文创产品的同质化这三个方面。首先，观光旅游路线的同质化是指大多数景区以带领游客参观红色遗址、博物馆等历史建筑为主，缺少互动性，很难让游客产生浓厚兴趣。其次，项目特色的同质化是指在某一次旅游行程中，只是单纯地参与周边"红色项目"，较少在此基础上联动创造更多的消费场景，导致该区域红色文化旅游的融合度不高，使游客难以获得更多有关红色文化旅游的深度体验。最后，文创产品的同质化是指基于旅游地的文化衍生产品逐步走向统一，缺乏地方特色。文旅产品生命周期短，上下游、产业链衔接延伸短、窄，红色文化产业内涵挖掘需要进一步深入，地方手工艺、红色文化资源转化为文化产品的创新能力不足，导致文创产品同质化现象严重，与故宫博物院、大英博物馆、丝路花雨系列文创产品相比，赣州市既没有深层挖掘文创内涵，也未打出有力的文创品牌，导致知名度不高、市场化（电商化）程度低。

（四）红色文化+旅游融合品牌不强

赣州市旅游资源丰富、多样，但未能形成一个强有力的品牌引领以串联众多旅游景点，使得赣州市各处景点各自为局，如一盘散沙，缺乏合力，合作联动不够。在赣州市的红色文旅融合过程中，各县区深陷自身的点状发展之中，没有将自己融入到全国、全省的旅游产业整体中去统筹发展，也没有将自己置身于红色旅游发展大局中发展，忽略了整体性与局部性的相互依存，极易成为"木桶效应"中的那一块短板。从内部来说，一方面，赣州市总面积近 4 万平方千米，占江西省总面积的 1/4 左右，虽然旅游资源众多，但是分布比较疏散。其中，丘陵面积占全市总面积的 60% 左右，[①] 虽然群山环抱的宜人景色令人身心舒适，但景点与景点之间路途遥远，加大了进出难度，提高了交通时间成本，降低了人们的游览兴致。赣州市各红色景点对省外及车程较远的游客更加缺乏吸引力，虽然各个景点的知名度都非常高，但是尚未梳理出一条"叫得响"的主线将所有的"珍珠"串联起来，因而业界常称赣州旅游"满天星星，不见月亮"。从外部来说，江苏的沙家浜景区，浙江的嘉兴南湖革命纪念馆、红船，上海的中共一大会址等红色旅游景点，利用本省经济优势、旅游优势大力宣传，打造了一个响亮的红色旅游大 IP。在这样强有力的红色旅游品牌的夹击之下，赣南想发挥自身特色优势，打造"叫得响"的红色旅游品牌，难度可想而知。

（五）红色文化+旅游融合要素保障不够

赣州市文旅产业的品质服务保障能力不足，其面临的一个核心问题是高品质旅游接待设施数量少，与游客美好旅游需求的差距大。截至 2019 年底，全市仅有 2 家五星级酒店、3 家客家美食旗舰店，成型的美食街数量不多，规模偏小。全市星级旅行社共 16 家，其中，四星级旅行社仅 2 家。此外，全市还缺少具有影响力的旅游文化演艺节目等，缺乏相应的吸引力。交通不便利也是赣州旅游业发展受限的一大原因。直达赣州的动车和高铁数量都比较少，发展速度较为缓慢，飞机航班数量也有限。同时，休闲配套设施的不完善也是影响游客出行体验的一个重要现实因素。以住宿为例，许多地区的住宿设施建设都处在一个从无到有的阶段，少数提供住宿服务的景区也是规模甚小、布局较为分散，导致景区周围舒适的自然环境与参差不齐的住宿服

---

① 《赣州市全域旅游发展总体规划（2021—2035 年）》，赣州市人民政府，2021 年 8 月 19 日，http://wlj.ganzhou.gov.cn/whgdxwcblyj/c103370/202108/ebf90ab881d44a1d95264b959aff5137.shtml。

务质量形成了鲜明对比，对该区域内住宿行业必要的规范管理不足，难以形成"过夜经济"，从而难以撬动夜间经济的发展。除此之外，赣州市多数旅游景点坐落于群山之间，青山环绕，美不胜收，但进山之路曲折多变，可进入性差。

从全市范围来看，虽然住宿、餐饮、购物等服务性场所的数量逐年增长，但是与日益增长的游客需求不匹配。首先，在观光步道、休息设施、旅游厕所、垃圾收集等接待服务方面存在明显的不配套现象。其次，赣州市对旅游资源后续的资金投入与维护有限，致使一些配套设施老旧、退化。比如，一些"农家乐"尚停留在初始阶段，且布局分散、规模较小，品位有待提高，设施建设乏力。再次，赣州市各县区内的旅游发展目标不明确，内容形式与经营项目多有雷同，区域之间的互补性较差，容易形成"恶性竞争"的局面。最后，这些产品开发深度不足，文化内涵缺乏，市场营销滞后，从而更加限制了红色旅游的发展。

三 加快推动赣南等原中央苏区红色文化+旅游融合发展对策

红色文化作为中国先进文化的有机组成部分，承载着厚重的革命历史，是中国精神的重要载体，在政治宣传教育、传承民族精神、凝聚社会人心、推动经济发展等方面起着十分重要的作用。因此，如何有效地开发红色旅游资源以便更好地挖掘和传承红色文化，以及如何在充分提升红色旅游资源价值的同时打造红色文旅特色品牌，成为当前亟待解决的重点问题。

（一）筑牢红色文化+旅游深度融合发展文化支撑

1.深度挖掘红色文旅资源
深度挖掘红色文化中的革命历史元素。在对红色文化资源的挖掘过程中，应对革命历史文化进行更为深入、仔细、全面的挖掘、整理与解读，发掘现有红色文化中更具开发价值的红色元素、革命元素。

提升苏区精神、长征精神等红色文化影响力。探索创建长征国家文化公园（赣州段），贯彻落实中共中央办公厅、国务院办公厅公布的《关于实施中华优秀传统文化传承发展工程的意见》，统筹推进长征国家文化公园建设，指导建设一批标志性工程，将于都中央红军长征出发纪念馆扩建项目，兴国、寻乌等展示园项目纳入长征国家文化公园重点项目，并纳入国家"十四五"重点项目。

加大对革命老区红色文旅资源的开发力度。培育兴国"苏区干部好作风——模范兴国"、宁都"反'围剿'战争纪念、毛泽东军事思想"、寻乌"寻乌调查"等红色旅游特色。整合"南方三年游击战争""赣南三整"等红色旅游资源，进一步加强全域红色研学旅游产品建设。办好"红色故都"文化旅游节、"不忘初心"重走长征路活动。推进成立苏区大学、长征学院，开发瑞金"苏区精神"、于都"长征精神"等红色研学精品课程。

2. 推进红色文化传承与弘扬

支持革命老区开展红色文艺创作。通过实施国家舞台艺术精品创作扶持工程、戏曲振兴工程、国家艺术基金等重大工程项目，对革命老区予以关注和倾斜。支持赣南采茶戏《一个人的长征》、兴国山歌剧《苏区干部好作风》等剧目周期性展演。鼓励创作一批以原赣南等原中央苏区革命历史为背景的重大历史题材的红色文艺作品并加以推广。

支持优秀红色文艺作品传播推广。在国家级展演展示活动中，推选革命老区优秀作品参加，为其提供传播推广平台，同时支持《一个人的长征》《八子参军》等赣州剧目开展全国巡演活动。支持将相关革命历史、经典故事纳入中小学生教材和党员干部培训教材，扩大红色作品覆盖面。

依托红色教育及研学产业传承发展红色文化。鼓励创办全国中小学生研学旅游示范基地，引导全国中小学生到赣州开展研学活动。鼓励中央国家机关依托赣南等原中央苏区革命旧址等挂牌设立机关党校或党性教育培训基地，组织干部赴赣州开展寻根溯源等教育活动。高标准打造一批红色教育培训、研学基地，联合大湾区开展红色研学旅游、粤港澳青年文化之旅等。支持瑞金干部学院与中国井冈山干部学院、延安干部学院、浦东干部学院等联合办学。贯彻落实《国务院关于新时代支持革命老区振兴发展的意见》（国发〔2021〕3 号）精神，支持赣州红色旅游发展，打造全国知名的红色旅游目的地、红色文化传承创新区。

（二）构建红色文化+旅游融合发展产业体系

1.打造赣南革命老区红色文化+旅游首选地

实施"引客入赣"工程，构建以粤港澳大湾区、海西、省内为主体的重点客源市场体系，延伸至以长三角、京津冀等城市群为重点的区域合作平台，在广东、湖南、福建等主要客源地建立和拓宽客源输送渠道。深入推广精品旅游线路，打造赣州全时文旅节会体系。创新系列文化和旅游投融资活动，拓宽赣州文化旅游营销及投融资渠道。

补齐赣州红色旅游产业的发展短板，着力提升赣州红色旅游的知名度，借助赣州丰富的红色资源优势推动实现旅游产业的高质量发展，将资源优势转化为产业优势。支持和指导全国五大革命老区联通协调发展，提升旅游吸引力。支持安远三百山、大余丫山等实现"红、绿、古"协同发展，同时支持瑞金市、龙南市创建国家全域旅游示范区。

2.打造红色文化+旅游精品项目和旅游线路

打造一批新的红色文化旅游精品项目。加大招商推介力度，鼓励、支持和引进央企、文化旅游头部企业等参与赣州等革命老区红色文化旅游资源的开发。结合苏区乡村振兴、生态文明建设成就、客家文化传承保护等主题，积极拓展新时代红色研学旅游产品，发挥红色研学旅游带动作用。

打造国内一流的红色文化旅游精品。其一，整合县市区多种红色文旅资源，不断开发更具体验性与参与性的旅游项目，创新并丰富红色文旅项目的产品形式与复合种类。其二，逐步改善和提高展示馆、故居旧址的档次，改变原有的图片展示、橱窗展示等简单的文物陈列方法，引进、新增 3D 展示、VR 互动等方式，使红色资源的演示、红色故事的讲解更加科学化、现代化。

打造形成三大户外线路主题，即长征出发主题线、第五次反"围剿"

主题线、突破第一道封锁线主题线，打造"初心之旅"精品线如"巡礼红色苏区"主题线路、"重走长征路"主题线路。推动"红色+乡村""红色+文创""红色+研学"等融合发展，推出一批精品线路，支持和指导赣州创建红色旅游融合发展示范区。

3. 完善红色文化+旅游品牌体系

加快红色旅游转型升级，积极发展红色研学产业，打造红色文化+旅游"赣州品牌"。结合《长城、大运河、长征国家文化公园建设方案》要求，推进长征国家文化公园（赣州段）规划建设。围绕长征国家文化公园，以长征历史和线路为依托，打造"新时代重走长征路"研学产品。以于都、瑞金为重点，加快红色旅游联动发展，打造赣州旅游引擎。

加大对革命老区红色文旅资源的宣传推广力度，提升知名度和影响力。在央视等主流媒体增加赣州红色旅游公益广告播放量，在中央以及地方各类党报党刊等平台加强对赣州红色文化旅游的宣传及新闻报道。在大型推介会、红色旅游博览会、展销会等平台做好对赣州红色旅游景点、精品旅游线路、旅游商品的宣传推广。

支持在赣州举办全国性的红色主题文化旅游推广活动、长征主题系列文旅节会等。支持赣州与长征沿线城市组建长征之路文化馆联盟、图书馆联盟等文旅联盟，举办文艺会演、学术交流等活动。支持全国性的红色文化论坛落户赣州。支持赣州、遵义、延安、桂林等长征沿线城市共同发起的"红军长征论坛"，并支持将其上升为国家级论坛，支持赣州举办"瑞金论坛"活动。

构建线上线下一体的文化和旅游商品营销体系。制订品牌提升计划，以品牌带动文化传播、旅游推广。各县（市、区）要根据自身资源禀赋确定旅游目的地品牌与宣传口号，构建市县、景区、产品三位一体的"红色故都 客家摇篮"品牌体系。推进"天工开物园"及"赣州礼物"旅游商品店设点布局，深挖赣州红色文化底蕴，利用特有历史"IP"为品牌加持，深度挖掘当地风土人情，巧用创新思维，结合文化素养，开发差异化品类，做让游客"买得起，用得了，不忘记，常回忆"的文创产品，并持续研发推出"赣州礼物"系列文创产品，形成强劲的品牌续航力。

（三）构建红色文化+旅游融合发展治理体系

1. 深化体制机制改革

加强文旅市场监管。提高市县乡三级政府和文旅管理部门依法行政监管能力，建立文化和旅游市场联合执法监管机制、投诉统一受理机制、信息互联共享应用机制，构建"1+3+N"市场综合监管模式，持续组织开展文化和旅游市场专项整治行动，让"体检式"暗访常态化，动态更新相关领域的问题隐患和制度措施"两个清单"，实施旅游市场黑名单制度。

强化文化和旅游产业链督查调度，形成"每月调度，每季通每半年开会"的工作机制。重点开展瑞金共和国摇篮景区、阳明湖景区等国有景区景点体制机制改革试点。构建红色文旅融合发展的指标评价体系。建立科学有效的文化和旅游统计、评价与绩效考核制度，加强旅游统计成果的应用与推广。

2. 完善服务与管理

加强公共文化服务设施建设，推动红色文化繁荣发展。支持赣州依托红色旅游景点打造一批户外开放式的群众性红色文化活动广场，配备基本的活动设施设备。支持在长征国家文化公园沿线城市建设红色主题城市书房，并给予资金补助。支持赣州完善公共文化场所应急体系，以便能够建立有效的应对突发事件的机制，不断探索执法监管的新兴技术，确保文化和旅游市场安全、有序。

增加专项财政资金，加大财政支持力度。切实贯彻国家、省支持文化和旅游发展的税费及用地等相关政策，出台《赣州市旅游产业高质量发展三年行动计划（2021—2023年）》的配套政策，在大数据平台优势下，巩固统计数据的精准性，努力提升红色文化+旅游统计的规范化管理水平。

优化红色文旅市场监管工程。组建市级红色文化+旅游资源评估专家委员会，以委托专家、第三方企业暗访的方式开展红色星级景区、红色乡村旅游点评定和复核，出台红色旅游质量等级"动态退出"机制，全面指导推进红色文化旅游资源品牌高质量建设。

（四）构建红色文化+旅游融合发展创新体系

1. 创新文化和旅游推广形式

创新红色文化+旅游融合形式。推进业态融合、产品融合、市场融合、服务融合，不断丰富新型文化和旅游消费业态，支持建设集文化创意、休闲娱乐、教育培训等于一体的旅游景区、主题酒店、文旅综合体等消费形式。探索红色文化场馆走向文旅融合示范新途径，"推动红色博物馆、美术馆、非物质文化遗产展示场所等成为旅游目的地，培育主客共享的美好生活新空间"。①

开发红色文旅创意品牌。对有市场前景的红色文创商品做好营销方案，不断扩大营销渠道，全方位满足消费者的个性化需求，力图使红色文创商品产销的增长速度翻倍。要根据不同红色旅游区的自身形态特点，开发以革命圣地、领袖人物、革命文物等为主题的系列红色文创纪念品。鼓励发展红色文创商品销售网点，借助不定期举办的红色文创商品推广活动，将有创意和亮点的设计作品转化为拥有知识产权的红色文化资产。

2. 实施文旅科技赋能工程

创新科技与红色文旅产业融合新模式，推进文旅与科技融合。"推动5G、人工智能、物联网、大数据、云计算、北斗导航等在文化和旅游领域应用。"② 运用 VR、AR、MR 技术，提升沉浸式的体验感。加快推出一批旅游和科技深度融合的试点示范项目，着力打造符合时代脉搏的数字文化和旅游融合新产品，不断促进红色创意文化向旅游产业的深度融合。

推进红色文旅融合活化工程。进一步丰富馆藏文物的展示手段，运用VR、AR、AI 等现代科学技术，提高展陈水平，使内容活起来。探索"全媒体看赣州"模式，建设新媒体网络营销联盟，创新文化和旅游营销矩阵。

---

① 《"十四五"文化和旅游发展规划》，文旅政法发〔2021〕40 号，2021 年 6 月 4 日，https：//zwgk.mct.gov.cn/zfxxgkml/zcfg/zcjd/202106/t20210604_925006.html。

② 《"十四五"文化和旅游发展规划》，文旅政法发〔2021〕40 号，2021 年 6 月 4 日，https：//zwgk.mct.gov.cn/zfxxgkml/zcfg/zcjd/202106/t20210604_925006.html。

3. 推进红色文化旅游人才建设

支持文旅系统干部双向挂职交流。加强相关职能部门对革命老区红色旅游发展指导，增派干部挂职锻炼、学习。支持举办全国性红色旅游导游、讲解员培训班，选派专家开展巡讲培训。支持革命老区延续"三区计划"文化工作者专项，继续支持实施乡村文化人才振兴等项目，在人才分配名额和专项支持经费上予以倾斜。每年选派优秀文化工作者参与对口帮扶，提升基层文化队伍整体素质，巩固拓展脱贫攻坚成果，促进乡村振兴。

强化红色文旅人才引育。建立文化和旅游专家智库，为革命老区文化和旅游业高质量发展提供智力支撑。鼓励高等学院和职业院校开设旅游教育专业，探索建立产学研合作人才培养新模式。扶持发展导游（讲解员）服务公司，建立导游服务培养及激励机制，培养一批符合国际服务标准、能讲好红色文旅故事的高水准导游员（讲解员）。以国际级旅游服务为标准，定期举办住宿、餐饮及导游等相关行业的培训与职业技能大赛，进一步规范提高一线员工技能水平、服务意识、服务态度。

赣州市红色文旅发展未来应在以下几个方面加强突破：一是加强资源整合，面对大市场，形成大品牌；二是加强旅游基础设施和公共服务建设，补足旅游服务短板；三是加强产业融合，创新旅游产品供给；四是发挥旅游产业功能，助力老区振兴发展。文化讲求内涵的厚度、旅游诉求体验的深度、产业追求接受的广度。今后，红色文化和旅游融合发展，要坚持"宜融则融、能融尽融"，推动赣州红色文化+旅游形成融合新优势。

总体而言，革命老区红色文化+旅游融合发展，要始终坚持"宜融则融、能融尽融"的发展思路。首先，应深入挖掘革命老区积淀的深厚红色文化资源，让游客在沉浸式体验中感受革命文化的精神和力量。其次，要着力推进红色文化与旅游产业融合，寻找红色文旅产业链条的融合点，发挥各自特色与优势，加强统筹协调，促进业态与产品的融合，不断推进红色文化事业、文化产业与旅游业的统筹整合，发挥市场在资源配置中的决定性作用，力争形成红色文化+旅游有机融合的特色品牌。再次，继续深化红色文旅融合中相关体制机制改革，统筹公共服务机构功能设置、资源配置及设施建设管理，完善革命老区红色文化+旅游融合发展治理体系。最后，应借助最新的科学技术手段，改革创新，力争形成共建共治共享的红色文旅融合新局面，切实推动革命老区红色文化+旅游融合的高质量健康发展。

B.8
革命老区生态文明建设与高质量发展的
动力转换研究[*]

汪忠华 王 凯 李 娜 王绍龙[**]

摘 要： "十四五"开局之年，建设美丽中国、健康中国的重要战略举措在于大力推进生态文明建设，绿色已然成为高质量发展的鲜明底色。革命老区的生态文明建设是我国生态文明建设的重要组成部分。近年来，我国革命老区在生态文明建设与高质量发展的动力转换中先行先试，针对政府、市场、技术、人才等动力转换机制进行分析，总结出我国革命老区生态文明建设助力高质量发展的成功经验。"十四五"阶段，我国革命老区如何践行以生态优先为基础、绿色发展为导向的高质量发展理念，成功构建以五大体系为主体的生态文明体系的政策保障显得尤为重要。

关键词： 革命老区 生态文明建设 高质量发展 动力转换

加强生态文明建设，推动高质量发展，既是当代发展的需要，也是未来发展之策，是实现中华民族伟大复兴的必由之路。"从'新发展理念'到高

---

* 项目来源：2022年度江西省智库研究项目"'双碳'目标下革命老区生态文明建设模式与路径研究"（项目编号：22ZK46）。

** 汪忠华，博士，江西师范大学苏区振兴研究院（革命老区振兴研究院）副教授，研究方向为苏区振兴、环境与贸易；王凯，江西师范大学马克思主义学院、苏区振兴研究院（革命老区振兴研究院）硕士研究生；李娜，江西师范大学马克思主义学院、苏区振兴研究院（革命老区振兴研究院）硕士研究生；王绍龙，江西师范大学商学院硕士研究生。

质量发展，是关系中华民族永续发展的根本大计。"①《国务院关于新时代支持革命老区振兴发展的意见》（以下简称《意见》）指出，要促进绿色转型发展，加快能源资源产业绿色发展，延伸拓展产业链，鼓励资源就地转化和综合利用，支持资源开发和地方经济协同发展，以期到 2035 年实现生态环境优美的目标。2021 年 11 月，国家发展改革委发布《"十四五"特殊类型地区振兴发展规划》，旨在落实生态文明建设战略部署，坚持山水林田湖草沙冰一体化保护，协同推进生态退化地区综合治理，实现人与自然和谐发展，共同建设美丽中国，到 2035 年，特殊类型地区与全国同步基本实现社会主义现代化，绿色转型方面取得更大成效，生态环境质量实现根本好转。② 那么，当前革命老区生态文明建设与革命老区高质量发展的资源、政府、市场、技术、人才动力转换现状如何？革命老区实践情况如何？进一步完善需要哪些政策保障？本报告试图回答这些问题。

一 革命老区生态文明建设与高质量发展的动力转换

加强生态文明建设，推动高质量发展，是解决发展和保护这一基本矛盾的科学办法。作为高质量发展重要内容和重要载体的生态文明，是人类在保护和建设美好生态环境过程中取得的物质、精神和制度成果的总和。高质量发展是体现在经济、政治、文化、社会和生态文明建设的各个方面中，能够很好地满足人民群众对美好生活需要的发展，其与生态文明建设相辅相成、协同推进。一方面，革命老区的生态文明建设推动着革命老区的高质量发展。从革命老区经济社会发展同生态环境保护方面看，现阶段革命老区的污染防治三大保卫战仍然任重道远。只有保持良好的生态环境，守住生态红色

---

① 《推进生态文明建设与高质量发展的重大意义》，红网，2021 年 6 月 4 日，http：//moment. rednet. cn/pc/content/2021/06/04/9436329. html。

② 《〈"十四五"特殊类型地区振兴发展规划〉专家解读之二：精准推进特殊类型地区高质量振兴发展》，国家发展改革委官网，2021 年 12 月 13 日，https：//www. ndrc. gov. cn/fggz/fgzy/xmtjd/202112/t20211213_1307683. html？code=&state=123。

底线，才能让人民群众喝上干净的水和呼吸新鲜的空气，享受放心的食品，促进人与自然和谐相处并实现生态、环境和社会效益的协调统一，进而激发高质量发展的内生动力，其中的关键就在于通过生态文明建设，转变传统的发展方式，推动传统产业智能化清洁化转型，培育壮大新兴产业。另一方面，革命老区生态文明建设的驱动力是革命老区的高质量发展。高质量发展能够推进经济循环低碳绿色发展，形成绿色化的现代经济体系；推动全社会牢固树立"绿水青山就是金山银山"的理念，形成生态文明建设的长效机制；推动生态文化和生态文明制度建设，形成有力的"硬约束"和"软约束"，规范人们的社会行为，让生态文明建设取得事半功倍的效果。① 因此，革命老区需要协同推进生态文明建设与高质量发展。

（一）革命老区生态文明建设与高质量发展的资源动力

革命老区大多分布在山区，山川秀美，资源丰富。2016 年 2 月，习近平总书记在视察江西革命老区时指出，绿色生态是江西最大财富、最大优势、最大品牌；2021 年 2 月，总书记在考察贵州革命老区时明确指出，优良生态环境是贵州最大的发展优势和竞争优势。革命老区也始终坚持"绿水青山就是金山银山"的发展理念不动摇，在老区振兴发展工作中尤其注重对生态环境的保护，致力于老区振兴发展和生态环境保护协调统一，坚持维护发展和生态两条红色底线，不断促进生态系统朝着良性循环方向发展，努力走出一条生态优先、绿色发展的新路子。从森林覆盖率指标来看，2020 年革命老区 20 个重点城市的森林覆盖率达到 70% 以上的占比为 35%、60% 以上的占比为 60%、40% 以上的占比为 85%；从地表水 Ⅰ~Ⅲ 类水质优良比例指标来看，2020 年革命老区 20 个重点城市的地表水 Ⅰ~Ⅲ 类水质优良比例达到 100% 的占比为 75%、90% 以上的占比为 90%；从空气优良率指标来看，2020 年革命老区 20 个重点城市的空气优良率达到 90% 以上的占比为

---

① 《推进生态文明建设与高质量发展的重大意义》，红网，2021 年 6 月 4 日，http：//moment.rednet.cn/pc/content/2021/06/04/9436329.html。

70%、80%以上的占比为90%；森林公园数量、自然保护区数量、森林蓄积
量等指标具体见表1。

表1　2020年革命老区20个重点城市生态文明建设资源禀赋情况

城市	森林覆盖率（%）	森林公园数量(个)	自然保护区数量(处)	森林蓄积量（亿立方米）	空气优良率（%）	地表水Ⅰ～Ⅲ类水质优良比例(%)
赣州	76.20	31	51	1.35	87.4	92.8
吉安	67.61	9	24	0.82	94.9	100
龙岩	79.30	12	3	0.14	99.7	100
三明	78.73	6	11	1.86	100	100
梅州	74.50	177	51	0.64	98.5	100
延安	53.07	7	7	0.75	92.6	83.0
庆阳	26.02	9	16	0.23	95.6	100
六安	45.17	8	4	0.34	84.7	100
信阳	42.19	12	9	0.38	81.9	100
黄冈	43.12	35	61	0.43	88.5	100
百色	72.80	6	19	1.23	98.5	100
巴中	63.18	5	7	0.66	96.7	100
郴州	68.10	9	4	0.65	95.4	97.4
张家界	71.00	5	5	0.31	97.8	100
恩施	65.96	6	10	1.31	96.4	100
遵义	62.00	22	24	1.24	99.2	100
长治	23.00	5	2	0.11	74.3	88.2
汕尾	49.00	—	—	0.07	97.8	100
临沂	23.49	—	—	—	63.1	100
丽水	81.70	9	6	0.84	99.7	99.0

资料来源：2020年各市国民经济和社会发展统计公报。

（二）革命老区生态文明建设与高质量发展的政府与市场动力

革命老区的生态文明建设与高质量发展离不开政府与市场的合力。从制
度供给角度而言，政府所出台的社会政策、制度等具有天然的强制性。无论
是中央政府还是地方政府，都对革命老区的生态文明建设与高质量发展十分

重视，出台了种种政策措施，为革命老区推动生态文明建设、实现高质量发展提供了有力保障。市场是社会资源的主要配置者，市场主体处于社会经济的中心，也是社会经济发展的根本动力。① 革命老区的生态文明建设与高质量发展要求市场和市场主体将更多资源倾斜向生产效率和产品质量更高的产业领域，从而带动市场上各产业的升级、改造。政府与市场的共同作用推动革命老区的生态文明建设和高质量发展不断取得新成就、呈现新面貌、开创新格局。

1. 政府动力：有效的制度供给是动力转换的有力保障

党的十八大以来，党中央、国务院在深入调研的基础上，制定和颁布了一系列推进革命老区振兴发展的政策文件，其中的大部分文件都有涉及生态文明建设方面的内容，让老区发挥生态特色优势，提升发展质量，与全国同步基本实现社会主义现代化。

（1）"1258"的支持政策体系。在习近平总书记的亲切关怀、国务院统一部署下，国家发展改革委研究制定了支持老区开发建设的指导意见，坚持分类指导，统筹谋划重点老区、贫困老区振兴发展，研究制定支持特殊困难老区的政策措施，编制实施重点老区振兴发展规划，统筹规划集中连片特困地区发展，初步形成了"1258"的支持政策体系（即 1 个总体指导意见、2 个区域性政策意见、5 个重点革命老区振兴发展规划、8 个涉及革命老区的片区区域发展与扶贫攻坚规划）② 以及重点革命老区的一系列配套政策，具体见表 2。

表 2 支持革命老区生态文明建设与高质量发展的动力转换的部分规范性文件

序号	文件名称	部门	时间
1	《关于加大脱贫攻坚力度支持革命老区开发建设的指导意见》	中办、国办	2016 年 2 月 1 日

① 娄成武、张国勇：《基于市场主体主观感知的营商环境评估框架构建——兼评世界银行营商环境评估模式》，《当代经济管理》2018 年第 6 期，第 60~68 页。
② 国家发展改革委：《打造"1258"老区支持政策体系 推动革命老区脱贫攻坚振兴发展》，《中国经贸导刊》2016 年第 6 期，第 18~20 页。

续表

序号	文件名称	部门	时间
2	《关于支持赣南等原中央苏区振兴发展的若干意见》	国务院	2012 年 6 月 28 日
3	《关于山东临沂革命老区参照执行中部地区有关政策的通知》	国办	2011 年 9 月 17 日
4	《陕甘宁革命老区振兴规划》	国家发展改革委	2012 年 3 月 25 日
5	《赣闽粤原中央苏区振兴发展规划》	国家发展改革委	2014 年 3 月 20 日
6	《左右江革命老区振兴规划》	国家发展改革委	2015 年 2 月 9 日
7	《大别山革命老区振兴发展规划》	国家发展改革委	2015 年 6 月 18 日
8	《川陕革命老区振兴规划》	国家发展改革委	2016 年 8 月 3 日
9	《燕山-太行山片区区域发展与扶贫攻坚规划》	国务院扶贫办、国家发展改革委	2012 年 12 月 5 日
10	《武陵山片区区域发展与扶贫攻坚规划》	国务院扶贫办、国家发展改革委	2011 年 11 月 2 日
11	《秦巴山片区区域发展与扶贫攻坚规划》	国务院扶贫办、国家发展改革委	2012 年 5 月 25 日
12	《吕梁山片区区域发展与扶贫攻坚规划》	国务院扶贫办、国家发展改革委	2013 年 2 月 21 日
13	《六盘山片区区域发展与扶贫攻坚规划》	国务院扶贫办、国家发展改革委	2012 年 9 月 5 日
14	《罗霄山片区区域发展与扶贫攻坚规划》	国务院扶贫办、国家发展改革委	2013 年 2 月 21 日
15	《大别山片区区域发展与扶贫攻坚规划》	国务院扶贫办、国家发展改革委	2013 年 2 月 21 日
16	《滇桂黔石漠化片区区域发展与扶贫攻坚规划》	国务院扶贫办、国家发展改革委	2012 年 7 月 19 日
17	《关于江西开展赣州革命老区交通运输高质量发展等交通强国建设试点工作的意见》	交通运输部	2020 年 11 月 30 日
18	《关于印发左右江革命老区振兴规划（2015—2025 年）任务分工的通知》	贵州省人民政府	2015 年 8 月 13 日
19	《四川省川陕革命老区振兴发展规划实施方案》	四川省人民政府	2017 年 6 月 20 日
20	《川陕革命老区振兴发展重点工作推进方案》	四川省人民政府	2018 年 4 月 3 日
21	《河南大别山革命老区振兴发展规划实施方案》	河南省人民政府	2016 年 4 月 5 日
22	《关于支持贫困革命老区加快发展的意见》	河北省人民政府	2015 年 6 月 4 日
23	《安徽省贯彻落实大别山革命老区振兴发展规划实施方案》	安徽省人民政府	2015 年 12 月 17 日

资料来源：根据政府及其部门门户网站公开发布的文件整理而得。

（2）新时代的"1+N+X"政策体系。2021年是"十四五"规划开局之年，国务院出台《意见》，支持赣南等原中央苏区和陕甘宁、左右江等革命老区建设长江、黄河、珠江流域重要生态安全屏障，支持新安江等流域探索生态保护补偿，支持大别山、川陕等革命老区实施生物多样性保护重大工程等。① 各地区、各部门认真贯彻落实党中央、国务院决策部署，落实《意见》要求，加快建立健全新时代支持革命老区振兴发展的"1+N+X"政策体系，推动革命老区转型发展，纷纷出台了系列战略、政策及规章制度（见表3），为革命老区建设生态文明、实现高质量发展提供了保障，也激发了革命老区政府与人民保护家乡生态环境，实现经济绿色、可持续发展的决心和动力。

表3　新时代支持革命老区生态文明建设与高质量发展的动力转换的部分规范性文件

序号	文件名称	部门	时间
1	《关于新时代支持革命老区振兴发展的意见》	国务院	2021年1月24日
2	《"十四五"特殊类型地区振兴发展规划》	国家发展改革委	2021年11月26日
3	《"十四五"支持革命老区巩固拓展脱贫攻坚成果衔接推进乡村振兴实施方案》	国家发展改革委	2021年11月30日
4	《关于新时代进一步推动江西革命老区振兴发展的实施意见》	中共江西省委、江西省人民政府	2021年4月21日
5	《赣州革命老区高质量发展示范区建设方案》	国家发展改革委	2022年3月17日
6	《闽西革命老区高质量发展示范区建设方案》	国家发展改革委	2022年3月17日
7	《湘赣边区域合作示范区建设总体方案》	国家发展改革委	2021年10月16日
8	《关于新时代进一步推动福建革命老区振兴发展的实施方案》	福建省人民政府	2022年1月30日
9	《加快推进新时代广西左右江革命老区振兴发展三年行动计划(2021—2023年)》	广西壮族自治区人民政府	2021年8月17日
10	《关于新时代支持左右江革命老区振兴发展的实施意见》	云南省人民政府	2021年12月29日
11	《关于新时代推动革命老区振兴发展的实施意见》	重庆市人民政府	2021年11月4日
12	《关于新时代支持革命老区振兴发展的实施意见》	四川省人民政府	2021年8月25日
13	《新时代支持革命老区振兴发展若干措施的通知》	陕西省人民政府	2021年8月12日
14	《关于新时代支持革命老区振兴发展的实施意见》	甘肃省人民政府	2021年7月2日

① 《〈关于新时代支持大别山革命老区振兴发展的实施意见〉政策解读》，安徽省人民政府官网，2021年9月26日，https://www.ah.gov.cn/public/1681/554044371.html。

序号	文件名称	部门	时间
15	《关于新时代支持革命老区振兴发展的实施意见》	宁夏回族自治区人民政府	2021 年 12 月 15 日
16	《关于新时代支持革命老区振兴发展的实施意见》	河南省人民政府	2021 年 9 月 10 日
17	《河南省革命老区振兴发展促进条例》	河南省人民政府	2021 年 8 月 13 日
18	《关于新时代支持革命老区振兴发展的实施意见》	湖北省人民政府	2021 年 10 月 17 日
19	《关于新时代支持重点革命老区振兴发展的实施意见》	河北省人民政府	2021 年 3 月 29 日
20	《石家庄市新时代支持重点革命老区振兴发展的实施方案》	石家庄市人民政府	2021 年 9 月 3 日
21	《关于新时代支持大别山革命老区振兴发展的实施意见解读》	安徽省人民政府	2021 年 8 月 10 日
22	《关于新时代支持山西太行革命老区振兴发展的实施意见》	山西省人民政府	2021 年 11 月 8 日
23	《关于新时代支持琼崖革命老区振兴发展的实施意见》	海南省人民政府	2021 年 10 月 8 日
24	《关于新时代支持浙西南等革命老区振兴发展的实施意见》	浙江省人民政府	2021 年 7 月 30 日
25	《关于新时代支持沂蒙革命老区振兴发展的实施方案》	山东省人民政府	2021 年 10 月 25 日

资料来源：根据政府及其部门门户网站公开发布的文件整理而得。

2. 市场动力：升级的需求偏好是动力转换的根本牵引

建设绿色的家园是人民共同的期盼，生态文明建设离不开高质量发展的依托，高质量发展也离不开良好的生态环境。只有科学施策来解决生态问题，革命老区才能保持美好，老区人民才有安乐家园。革命老区坚持绿色发展，把生态优势转化为发展优势。2020 年 4 月 21 日，习近平总书记在陕西安康市平利县老县镇蒋家坪村考察时指出："人不负青山，青山定不负人。绿水青山既是自然财富，又是经济财富。"① 2021 年 4 月 30 日，习近平总书

---

① 《推动绿色发展与乡村振兴相得益彰》，光明网，2021 年 1 月 14 日，https：//m. gmw. cn/baijia/2021-01-14/34541980. html。

记在主持十九届中共中央政治局第二十九次集体学习时强调："生态环境保护和经济发展是辩证统一、相辅相成的，建设生态文明、推动绿色低碳循环发展，不仅可以满足人民日益增长的优美生态环境需要，而且可以推动实现更高质量、更有效率、更加公平、更可持续、更为安全的发展，走出一条生产发展、生活富裕、生态良好的文明发展道路。"① 革命老区的绿色发展道路需要处理好"绿水青山"和"金山银山"的关系，并坚定不移走生态优先、绿色发展之路，既要珍惜来之不易的绿色生态"金字招牌"，又要绿色发展支撑和擦亮这块"金字招牌"，大力推进产业生态化和生态产业化，不断提升绿色发展水平。②

从第三产业增加值占 GDP 比重的指标来看，2020 年革命老区 20 个重点城市的产业转型成效非常显著，第三产业增加值占 GDP 比重 50% 以上的革命老区重点城市有 7 个，占 40% 以上的革命老区重点城市有 17 个，在革命老区 20 个重点城市中占比分别为 35% 和 85%（见表 4）。这项数据不仅表明革命老区发展第三产业的成果丰硕，也说明各个革命老区的生态环境保护工作落到了实处，以生态旅游服务业为主的第三产业蓬勃发展，革命老区的生态优势得到了充分利用。

表 4 2020 年革命老区 20 个重点城市市场动力转换情况

城市	人均 GDP（万元）	第三产业增加值占 GDP 比重（%）	工业 SO_2 排放量（万吨）	万元 GDP 能耗（吨标准煤/万元）
赣州	4.08	50.51	1.01	0.30
吉安	4.84	44.86	0.85	0.26
龙岩	10.55	44.86	0.76	0.27
三明	10.83	36.48	1.23	0.32
梅州	3.10	49.50	2.04	0.62
汕尾	4.20	49.50	0.08	0.33
延安	2.47	32.80	6.36	0.42
庆阳	3.46	39.85	6.98	0.51

① 《习近平谈治国理政》（第四卷），外文出版社，2022，第 361 页。
② 刘奇：《奋力书写共抓大保护的合格答卷》，《人民日报》2020 年 9 月 9 日，第 17 版。

城市	人均 GDP （万元）	第三产业增加值 占 GDP 比重(%)	工业 SO₂ 排放量(万吨)	万元 GDP 能耗 （吨标准煤/万元）
六安	3.79	49.40	3.06	0.47
信阳	4.49	45.30	6.67	0.74
百色	3.73	40.70	8.00	0.53
巴中	2.32	50.90	0.37	0.44
郴州	2.72	50.02	—	0.48
张家界	1.91	69.57	—	0.40
遵义	3.72	43.40	0.15	1.38
长治	3.60	43.90	—	0.52
临沂	4.36	54.27	—	0.65
丽水	3.77	55.10	0.09	0.34
黄冈	6.51	49.40	11.60	0.62
恩施	3.37	54.40	—	0.38

资料来源：2020 年全国及各市国民经济和社会发展统计公报。

从五大重点革命老区城市城乡收入差距指标看，2012 年五大重点革命老区城市的城乡收入差距倍数高于全国的占比为 41.18%，2020 年占比下降为 26.47%；2020 年与 2012 年五大重点革命老区城市的城乡收入差距倍数相比，城乡居民收入倍差持续缩小（见表 5）。由此可见，高水平生态文明建设正通过健全对限制开发区、生态涵养区等欠发达地区的生态补偿机制推动其高质量发展，从而真正地把"绿水青山"变成"金山银山"。

表 5　2012 年与 2020 年革命老区城乡收入差距情况

革命老区	地级市	2012 年(元/人)			2020 年(元/人)		
		城市	农村	差距倍数	城市	农村	差距倍数
赣闽粤	赣州	18704	5301	3.53	37031	13036	2.84
	吉安	20134	7103	2.83	39608	16491	2.40
	新余	22470	10048	2.24	42531	20747	2.05
	三明	23429	9375	2.50	39259	19533	2.01

续表

革命老区	地级市	2012 年(元/人)			2020 年(元/人)		
		城市	农村	差距倍数	城市	农村	差距倍数
赣闽粤	龙岩	23765	9396	2.53	40190	20150	1.99
	南平	22235	8945	2.49	36492	18557	1.97
	梅州	18699	9036	2.07	29942	17430	1.72
川陕	巴中	16999	5387	3.16	35821	14429	2.48
	广元	17012	5649	3.01	35740	14367	2.49
	南充	17225	6726	2.56	36057	16431	2.19
	绵阳	20755	8212	2.53	39680	19303	2.06
	达州	17801	7047	2.53	36001	16876	2.13
	安康	20300	5815	3.49	28247	11288	2.50
	汉中	19827	6181	3.21	34417	11937	2.88
	商洛	19998	5425	3.69	26616	10773	2.47
大别山	六安	17640	6597	2.67	33647	14449	2.33
	安庆	20453	6820	3.00	35947	15567	2.31
	信阳	17256	7008	2.46	30942	15018	2.06
	驻马店	17671	6599	2.68	30835	13867	2.22
	随州	18171	8419	2.16	30587	17624	1.74
	黄冈	16765	6142	2.73	30826	14693	2.10
陕甘宁	庆阳	16662	4262	3.91	33616	10422	3.23
	平凉	15506	4215	3.68	31096	9756	3.19
	吴忠	20006	6767	2.96	31160	14698	2.12
	固原	16223	4984	3.26	30052	11951	2.51
	中卫	16610	6021	2.76	30478	12123	2.51
	延安	24748	7655	3.23	36577	12845	2.85
	榆林	24140	7681	3.14	35682	14319	2.49
	铜川	21929	7134	3.07	34143	11054	3.09
左右江	河池	17964	4620	3.89	30881	11074	2.79
	百色	19561	4774	4.10	33964	13305	2.55
	崇左	19370	6263	3.09	34562	14306	2.42
	文山州	18125	5261	3.45	33079	12001	2.76
	黔西南	19472	4625	4.21	35154	11441	3.07
全国平均		24565	7917	3.10	43834	17132	2.56

资料来源：根据 2012 年与 2020 年全国及各市国民经济和社会发展统计公报整理而得。

（三）革命老区生态文明建设与高质量发展的技术与人才动力

当今世界正经历百年未有之大变局，科技发展的成果已经逐步融入居民的生活，革命老区生态文明的建设以及高质量发展都离不开发达的科学技术。同样，国家发展进入新时代之后，对于人才的需求较以往也发生了明显的变化，科研人员的选拔标准也从过去只专注于单一领域研究的人才逐步转变为跨学科、多领域的学科交叉研究型人才。革命老区要想顺利建成生态文明和高质量发展的示范区，不仅需要借助大量的高端科技来规划、建设、改造革命老区区域内的基础设施，同样也需要大批领域内的复合型领军人才为革命老区的发展建言献策、贡献力量。

1. 技术动力：创新的资源利用方式是动力转换的内在驱动

随着全国各省市对于革命老区生态文明建设与高质量发展的重视程度日益提高，各地革命老区对于自身拥有的自然、文化以及红色资源的开发利用也愈加谨慎，通过何种方式科学、绿色、可持续地利用自身的资源成为摆在各革命老区政府眼前的难题，既要创新资源的利用方式，引导革命老区产业转型，带动革命老区经济发展，又要保护好革命老区的生态环境，实现可持续发展。

"科学技术是第一生产力。"在国家层面，党中央不仅加大了对科技创新的研发投入力度，还陆续出台政策鼓励应用科学技术改造提升传统产业、发展高新技术产业和社会事业，争取实现地区的高质量发展。此外，国家还全力支持跨地区、跨行业和跨领域的科学技术合作，重点扶持革命老区、民族地区、边远地区和欠发达地区的科学技术进步。在地方层面，各个革命老区也意识到了科技的重要性，纷纷加大了对于科学技术领域的预算投入。从2008年至2019年，五大革命老区在科学技术领域的预算支出占公共预算总支出的比重整体呈上升态势，且上升势头显著，具体见图1。

在中央和地方政府的大力支持下，革命老区的科学技术研发工作取得了重大突破，在2008年至2019年这十余年的时间里，五大革命老区的专利授权数量逐年攀升，成绩十分亮眼。其中，赣闽粤革命老区在科学技术

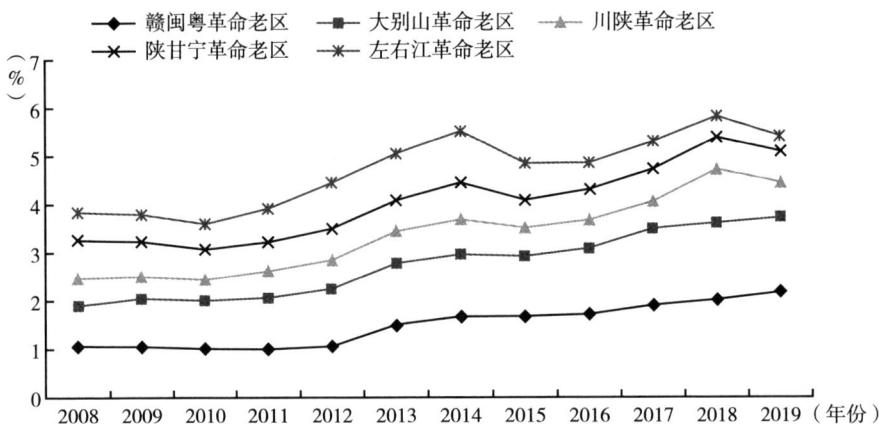

图1　2008~2019年五大革命老区科学技术支出占地方公共预算支出的比重情况

资料来源：根据2009~2020年各市国民经济和社会发展统计公报数据绘制。

研发层面取得的进步尤为显著，专利授权量占专利申请量的比重在五大革命老区中最高，具体见图2。

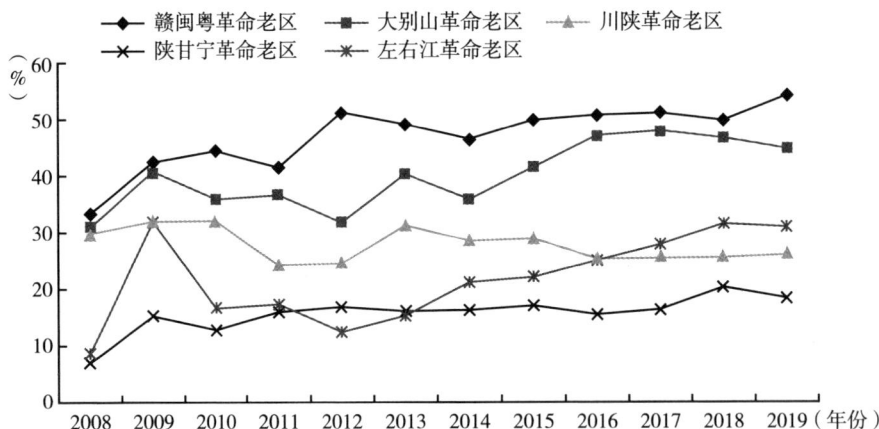

图2　2008~2019年五大革命老区专利授权量占专利申请量的比重情况

资料来源：根据2009~2020年各市国民经济和社会发展统计公报数据绘制。

（1）创新综合实力稳步提升。"十三五"以来，庆阳市合同交易额累计达到27亿元；广元市全社会研发投入年均保持20%以上增幅，经费投入总额达 16.72 亿元，2020 年投入强度 0.55%，位居川东北经济区前列；赣州市全社会研发投入占 GDP 比重由 2015 年的 0.56% 大幅提高到 2020 年的 1.58% 左右，增幅位于江西省前列；吉安市综合科技创新指数在全省排名前移 4 位，R&D 经费投入强度提高 1 个百分点。"十三五"期间，汕尾市获省级科技进步奖三等奖 1 项、省级科技进步奖优秀奖 1 项；龙岩市 R&D 经费占 GDP 比重突破 2%，全社会 R&D 经费支出从 2015 年的 25.14 亿元增加到 2020 年的 60.47 亿元，占 GDP 比重从 1.45% 提高到 2.11%，占比居全省第三位。百色市"十三五"期间研发投入经费持续增长，2020 年全社会 R&D 经费投入达到 4.20 亿元，共吸纳技术交易额 195.77 亿元，基本完成"十三五"规划 3 亿元的总体目标。"十三五"期间，百色共获得自治区科学技术奖励 27 项，其中自然科学二等奖 1 项、三等奖 1 项，技术发明三等奖 2 项，科技进步一等奖 1 项、二等奖 10 项、三等奖 12 项；黄冈市农科院荣获国家科技进步二等奖；延安市有 20 项科技创新成果获得省级以上科学技术奖。其他指标见表 6。

表 6　2020 年革命老区部分城市创新综合实力指标

城市	专利申请量（件）	授权专利量（件）	研发经费投入强度（%）	每万人发明专利拥有量（件）
庆阳	8102	3330	—	0.42
广元	1707	910	0.55	—
汕尾	2998	2672	—	—
龙岩	—	—	—	5.34
百色	—	—	0.32	1.40
丽水	—	—	2	9

注：部分数据未获得，以"—"表示，以下不再一一注明。
资料来源：根据 2020 年各市国民经济和社会发展统计公报整理而得。

（2）区域创新体系日臻完善。"十三五"期间，中科院赣江创新研究院挂牌运行，国家稀土功能材料创新中心等"国字号"科研平台落户赣州；百色全市共完成科技成果转化 109 项；黄冈市高新技术企业数量居全省第 4

位，高新区晋升国家级高新区；丽水市国家高新技术企业数增长 2.3 倍，省级科技型中小企业数增长 2.7 倍；梅州市 2020 年全市规模以上工业企业突破 500 家。"十三五"以来，庆阳市共获得省级科技（专利）奖励 30 项，年均转化科技成果 20 余项，累计获批建设国家农业科技园区等研究机构 7 个；认定国家级星创天地、野外观测站、省级技术转移示范机构等科技创新平台 13 个；认定国家高新技术企业 20 家。广元市累计转化科技成果达 1000 余项，实现成果转化产值 940.3 亿元，2020 年取得重大科技成果 63 项，是 2015 年的 1.7 倍。汕尾市 2020 年共有高新技术企业 492 家，科技型中小企业 123 家，高企数量规模接近 2015 年的 10 倍。截至 2020 年底，郴州全市园区拥有国家级众创空间 3 家、科技企业孵化器（创业孵化基地）16 家、省级工程（技术）研究中心 9 个，18 个企业成功申报 2021 年新培育的湖南省专精特新"小巨人"企业。"十三五"时期，延安市合作建设院士工作站 36 个，先后与全国 20 多所高等院校、10 多个研究机构合作实施科技项目 85 个。其他指标见表 7。

表 7   2020 年革命老区部分城市区域创新体系指标

城市	高新技术企业数量(个)	创新平台数量(个)
赣州	1107	—
吉安	547	—
梅州	242	—
三明	147	—
广元	—	76
临沂	—	866
汕尾	492	—
龙岩	255	139

资料来源：根据 2020 年各市国民经济和社会发展统计公报整理而得。

（3）创新支撑作用日益明显。吉安市高新技术产业、战略性新兴产业增加值占规模工业增加值比重分别提升到 54.4% 和 35.2%，均位列全省第一。① 丽水市高新技术产业增加值占比提高 18.7 个百分点，战略性新兴产业、装备制造业增加值年均分别增长 14%、14.2%，规上工业企业全员劳动生产率达到 22.6 万元/人。龙岩市高新技术产业增加值年均增长 22.2%。汕尾高新区申报国家级高新区、海丰经济开发区申报省级高新区顺利推进，汕尾陆河高新区获批建设省级高新区，② "明珠数谷"大数据产业园建设有序推进。2020 年，全市先进制造业、高技术制造业增加值占规模以上工业总产值比重分别达 41.7% 和 31.1%，比 2015 年分别提高了 16.7 个百分点和 10.9 个百分点。高新技术企业产值 295.78 亿元，占规模以上工业总产值的 23.9%。建立科技特派员工作站 3 个，建成科技金融服务机构 1 家，科技助农工作成效显著。其他指标见表 8。

表 8　2020 年部分重点革命老区城市生态文明建设与高质量发展的技术动力

城市	R&D 经费投入占 GDP 的比重(%)	每万人口高价值发明专利拥有量(件)	技术市场合同成交额(亿元)	国家高新技术企业数量(家)	专利授权量(件)
赣州	1.58	1	11	1107	17619
龙岩	2.11	5.34	—	255	—
三明	1.24	3.375	0.35	147	—
梅州	0.37	1.22	—	242	4074
庆阳	0.23	0.42	8.54	20	—
六安	1.09	4.7	—	251	—
百色	0.32	1.4	2.985	65	—
巴中	2.3	0.077	—	39	2987
恩施	0.2	0.88	7.45	62	1327
长治	0.92	—	21	178	2291
汕尾	0.56	0.83	0.02	49	2972
临沂	1.7(2019 年)	1.54	52.13	718	11174

资料来源：根据 2020 年各市国民经济和社会发展统计公报整理而得。

---

① 《放大正向效应——写在赣深高铁正式开通之际》，文明江西，2021 年 12 月 10 日，https：//wmjx. m. jxwmw. cn/news/1449782？app＝wmjx。

② 《关于公开征求〈汕尾市加快实施创新驱动发展三年行动方案（2020—2022）（征求意见稿）〉意见的公告》，汕尾市人民政府网站，2020 年 4 月 26 日，http：//www. shanwei. gov. cn/shanwei/swzdly/kjgl/kjgl01/kjgl0102/content/post_594511. html。

2. 人才动力：一流的战略科技人才是动力转化的外部牵引

近年来，习近平总书记不止一次强调人才对于我国现阶段的重要性，各省市为推动革命老区产业转型，同样出台了系列人才引进与扶持政策，帮助革命老区建设高素质人才队伍，打造一流的战略科技人才聚集地。

（1）革命老区的人才引进政策成效显著。庆阳市创建引才引智基地 2 个，累计引进外国专家 63 人次，引进高层次科技人才 290 多名。黄冈市人才总量达到 77 万人，每万名常住人口中人才数量达到 1280 人；新引进科技副总（创新团队）80 名；全市科技特派员总数达到 476 人，新建科技特派员示范基地 31 个，培训农民技术骨干 1.1 万人次。郴州市 2018~2020 年共引进各类创新创业人才 647 名，其中，9 人纳入"湖南省引进 100 名科技创新人才"计划；评定新引进高层次人才 41 名、青年人才 62 名；引入 A 类外国高端人才 4 人，B 类外国专业人才 15 人。① 龙岩市"十三五"期间共选认省、市个人科技特派员 1559 人（次）、团队特派员 88 组（次）、法人科技特派员 18 家（次），组建乡镇科技特派员工作站 124 个。② 延安市于"十三五"时期建成各类科技创新研发平台 282 个，吸纳各类优秀人才 4300 多名，引进龙头企业 40 多家、创业团队 200 个。组建延安高质量发展院士智库和红色筑梦博士创业联盟，打造"红色筑梦·创业延安"人才品牌，创办"圣地大讲堂"，培养技能人才 2 万多名。先后组建延安市科技人才智库、延安大学博士科技服务团等，已形成第一批入库市级科技人才 356 人、首批博士团成员一对一定向为 20 家科技型企业提供科技服务和选派 140 名科技特派员深入基层开展科技服务的良好局面。③ 其他指标见表 9。

---

① 《抓好科技创新平台建设 打造科技创新高地》，红网百家号，2021 年 6 月 22 日，https：//baijiahao. baidu. com/s？id=1703277276616532199&wfr=spider&for=pc。
② 《创新引领 城市迸发新活力——市第五次党代会以来我市积极实施创新兴市战略》，闽西新闻网，2021 年 9 月 26 日，http：//www. mxrb. cn/news. html？aid=103367。
③ 《让创新成为驱动高质量发展的新引擎——延安市科技创新工作发展纪实》，延安新闻网，2021 年 11 月 3 日，http：//www. yanews. cn/2021/1103/123790. shtml。

表9 2020年革命老区部分城市人才引进指标

城市	全日制硕士研究生及以上学历人才（人）	两院院士及外籍院士（人）	高层次科技人才（人）
广元	1487	36	>500
庆阳	—	—	353
三明	—	—	17
郴州	—	—	647
龙岩	—	—	102
延安	368	39	—

资料来源：根据2020年各市国民经济和社会发展统计公报整理而得。

（2）革命老区的人才激励计划成果颇丰。广元市通过优化科技人才评价激励机制，大力实施"蜀道英才工程"，遴选培养"蜀道英才"713名，建成市级以上重点实验室、院士（专家）工作站及工程技术中心等协同创新平台108家，为经济社会发展提供了有力支撑。

汕尾市深入实施红海扬帆人才计划，孵化育成体系初显成效，截至2020年，全市共有科技企业孵化器7家、众创空间8家，建有省级青少年科技教育基地4家、省级科学教育特色学校2家、省级"科普中国"落地应用e站建设单位3家、汕尾市中小学科学馆（室）5家，成功举办创新创业大赛、青少年科技创新大赛、科普讲解大赛、科技进步月活动暨文化科技卫生"三下乡"等大型活动。

恩施州深入推进实施恩施州"硒谷英才"计划，出台《恩施州推行科技特派员工作实施方案》《恩施州"重点创新团队"项目管理暂行办法》等文件。全州共有国家科技创新创业领军人才1人，省级创业领军人才12人，重点产业创新团队8家，优秀人才创新创业综合平台3家。认定州级优秀创新创业平台13家，培育州级重点创新团队16个。争取国家"三区"科技人才1138人、省级科技特派员56人，选派州级科技特派员165人。其他指标见表10。

表10　2020年革命老区部分城市人才培育指标

城市	本科及以上学历人才（人）	创新平台（个）	高层次科技人才（人）
广元	—	108	1117
汕尾	6058	29	—
恩施	—	16	1372

资料来源：根据2020年各市国民经济和社会发展统计公报整理而得。

（3）革命老区的科研团队建设成绩喜人。三明市于"十三五"期间入围全国首批"小微企业创业创新基地城市示范"，并在2019年的国家绩效评价中获得第三名。通过共建创新平台，集聚了一批高层次科技人才，建成院士工作站21家、博士后工作站7家、博士后创新实践基地7家。

赣州市高端人才队伍不断壮大。瞄准新材料、生物医药等领域创新型高端人才，实施高层次人才团队引进培育计划，入选"科技创新创业人才"4人、"中青年科技创新领军人才"1人；创新"人才+项目+平台"引才模式，获批省级优势科技创新团队9个，建成国家高层次人才产业园2个，实现"引进一个人才、集聚一个团队、兴办一个企业、带动一个产业"；获省政府"庐山友谊奖"1个，获批省"一村一品"专项52个，促成中欧乡村振兴合作项目"兴国能人小组"。

临沂市创新资源加速汇集整合。"十三五"期间，与100多所国内外高校、科研院校开展了产学研合作，举办了院士专家沂蒙行等活动，签署合作协议380多项，引进转化科技成果650多项，破解技术难题730多项。与20多个国家和地区开展了科技合作与交流，累计建成海外研发中心6个，国家级科技合作基地4个。持续加强高层次人才引进和培养，累计引进院士及创新团队500多个，培育国家高层次人才9人、科技类泰山产业领军人才47人；引进外国专家243人次，入选省"外专双百"人才11人。[1]

---

[1] 《临沂市"十四五"科技创新发展规划（征求意见稿）》，临沂市人民政府官网，2021年9月29日，http：//www.linyi.gov.cn/info/9051/309905.htm。

二 革命老区生态文明建设与高质量发展动力转换的实践

近年来，我国革命老区面对新时代新形势，明确高质量发展的时代要求下生态文明建设的定位与作用，把握高质量发展带来的生态文明发展新机遇，研究设计生态文明建设推动引领高质量发展的重要路径机制，围绕生态文明建设五大体系，在构筑生态文明建设与高质量发展协同共进的双赢格局上先行探索与实践，总结出系列宝贵经验。

（一）在生态文化建设上下功夫

党的十八大以来，以习近平同志为核心的党中央将生态文明建设提到了前所未有的高度。生态文化是生态文明建设的重要支撑，是生态文明建设的灵魂，是培植生态文明的根基。生态文明，归根到底是对美丽心灵和健康人格的塑造。[1] 近年来，我国部分革命老区在生态文化建设上先行先试，为其他地区生态文明建设提供可借鉴的经验。

湖北省巴东县地处鄂西南，隶属于恩施州，是长江入鄂第一县，集革命老区、移民库区、国家重点生态功能区于一体。党的十八大以来，巴东县以铸牢中华民族共同体意识为主线，牢牢把握"两个共同"主题，紧扣"中华民族一家亲、同心共筑中国梦"总目标，着力打造政治生态山清水秀、社会生态山清水秀、自然生态山清水秀的新巴东。[2]

---

[1] 李秀香、汪忠华：《习近平生态文明思想的三个理解维度》，《江西财经大学学报》2019 年第 3 期，第 11~18 页。

[2] 《强创建促发展 共绘民族团结最美画卷——湖北巴东县全国民族团结进步示范县创建工作侧记》，中国民族网，2020 年 12 月 4 日，https：//www. 56 - china. com. cn/show - case - 4189. html。

案例1 革命老区巴东县建设国家级文化生态保护实验区

一是完善政策法规，推进文化生态保护实验区建设。2018年9月，《武陵山（鄂西南）土家族苗族文化生态保护实验区总体规划》获得文化和旅游部批准，这为巴东文化生态保护和发展带来重大发展机遇。巴东县成立文化生态保护试验区建设管理机构，出台制定了《巴东县非物质文化遗产代表性传承人保护管理办法》《巴东县重要非物质文化遗产传承活动管理办法》《巴东县传统村落保护办法》等文化生态建设相关配套实施性文件。

二是坚持系统施策，推进非物质文化遗产保护。巴东县组织编制了《总体规划巴东县实施方案》，并将文化生态保护实验区建设纳入县"十四五"总体规划；加大本区域内重点项目的传承基地扶持力度，通过扶持传习设备、资助传承活动等方式，激发传承人开展活动的热情。近年来，巴东先后对"土家族撒叶儿嗬""巴东堂戏""巴东皮影戏"传承基地给予了服装、音响设备、乐器设备和移动舞台等设施设备资助。

三是突出融合发展，推进非物质文化遗产传承利用。作为土（家）苗民族文化资源宝库，巴东先后举办国家级非遗项目"土家族撒叶儿嗬"、省级非遗项目"巴东堂戏"和"巴东皮影戏"培训班共计20余期，累计培训合格学员500余人；出版文化巴东非遗系列丛书共4本。近年来，全县共创建省级民族团结进步创建示范单位7个、评选全国民族团结进步模范个人1位。依托优质的文化和旅游资源，大力推动文旅融合高质量发展，不断推出优秀的文化产品和旅游产品，全方位展现巴东文旅的优势和特色，进而打造巴东旅游品牌，推动巴东文化旅游产业进一步发展。

通过这个案例，我们可以总结以下经验：（1）要建立良好的生态文化体系，确立共存共荣的生态意识、价值取向；（2）在处理人与自然的关系时，要坚守生态价值观，坚持"以人为本"的原则，并把这一原则贯穿到生态文化体系建设的全过程；（3）只有当低碳环保的理念深入人心，绿色生活方式成为习惯时，生态文化才能真正发挥出它的作用，生态文明建设才有了内核。

（二）在生态经济发展上下功夫

2018年5月，习近平总书记在全国生态环境保护大会上指出，要加快建立健全"以产业生态化和生态产业化为主体的生态经济体系"。生态经济体系是生态文明建设的物质基础，保护生态环境就是保护生产力，改善生态环境就是发展生产力。① 近年来，革命老区加快了构建生态经济体系的步伐。

案例2 赣南老区苏区在生态经济方面的实践

近年来，赣南老区苏区牢固树立"绿水青山就是金山银山"理念，坚定不移走生态优先、绿色发展之路，助推生态经济高质量发展。一是立足环境优势，有序开发生态旅游。（1）建立各级各类自然保护地。目前，赣南老区已建立自然保护区51个、森林公园31个、湿地公园20个、景区9个、地质公园4个，并荣获"绿色生态城市保护特别贡献奖"。（2）将环境优势与文化旅游有机融合起来。赣南苏区大力推进旅游、文化、体育、康养四业融合发展，不仅重点打造"一山一湖一居一谷一湾一梯田"旅游产业项目集群，还着力打造大余丫山、崇义阳明山、上犹阳明湖、安远三百山、石城通天寨、会昌汉仙岩、宁都翠微峰等一批南北贯通、东西交错的生态旅游精品线路。

二是统筹林下经济，大力发展油茶产业。2018年，赣南老区苏区出台了《关于加快林下经济发展的指导性方案》等文件，明确重点发展油茶、竹、森林药材与香精香料、森林食品等产业。截至2020年底，赣南林下经济总面积达1200余万亩，产值超470亿元，带动林农超80万户。

三是全面推进绿色发展。构建老区绿色技术创新体系，壮大节能环保、清洁生产、清洁能源产业规模，持续实施煤炭消费减量替代。实施循环发展引领行动，编制静脉产业园建设三年行动计划，在赣南老区规划建设13个

---

① 《牵住创新"牛鼻子"推动高质量发展》，时代在线，2018年11月14日，https://www.time-weekly.com/post/254930。

静脉产业园区。

案例3 革命老区白山市——红色热土上的生态天堂

近年来，白山市大力推进打造生态建设示范区的工作，开启生态发展新时代；上演结构调整大戏，打响经济转型攻坚战。在生态产业化方面，白山市做了以下努力。

一是大力发展矿泉水产业。矿泉水产业是白山的"绿色银行"和"万岁产业"。深化与农夫山泉、娃哈哈、广州恒大等的战略合作，扩大产能，开发中高端产品市场，打响长白山天然矿泉水地域品牌。围绕发挥世界三大矿泉水富集地之一的"金牌"资源优势，白山市坚持"打水牌、兴水业、发水财、建水都"，以期建成远近闻名的国际矿泉城。

二是加快人参产业"二次振兴"，加快标准化种植基地建设，建立产品可追溯体系，加快"药食同源"，推进精深加工，实现产业化发展，打响长白山人参品牌。作为全国人参主产区，白山的人参年产量占全国的50%，出口量占全国的65%。白山市加快推进人参产业"二次创业"，打破多年制约产业发展的政策壁垒，打响了"吉林长白山人参"品牌。

三是发挥生态和资源优势，以居家养老为基础、社区养老为依托、机构养老为支撑，发展基本服务与选择性服务相结合的高端养老地产，打造白山高端养老产业集聚地。白山的林业、特产、矿产、水能以及旅游资源相当丰富，生态优势得天独厚。白山市充分挖掘和利用资源、生态的比较优势和发展空间，集聚生产要素，壮大经济规模，大力推进旅游、矿泉水、人参产业，形成生态产业群。

案例4 革命老区丹江口的生态实践

丹江口地区坚决贯彻习近平总书记"共抓大保护、不搞大开发"的重要指示精神，确立了"生态立市"战略，积极探索产业生态化、生态产业化的绿色发展之路，着力把"绿水青山"转化为"金山银山"。

一是"点水成金"，推动绿色工业"强筋"。依托"中国水都·亚洲天池"的水资源和品牌优势,大力实施水资源利用及水产业发展行动计划。著名企业农夫山泉在丹江口建成3家工厂,带动本地就业上千人,形成年产350万吨饮料及天然水的生产能力,使丹江口成为农夫山泉最具发展潜力和全国最大的饮用水生产基地之一。此外,共同生物、宏迈高科、湖北一专、圣伟屹智能制造等一批优质企业纷纷落地,初步形成了以汽车及装备制造、水资源利用、生物医药、新能源新材料等高端产业为支柱的符合水源地要求的产业体系。同时,利用"互联网+工业化"方式,对传统优势产业实施智能化改造、设备更新、产品升级,深化产学研合作,先后成立7家院士专家工作站,支持企业与高校联合进行技术攻关和产业化,提升自主创新能力,增强核心竞争力。

二是"化绿成银",推动特色农业"壮骨"。坚持以现有产业为主、以种植业为主,重点抓生态农业、品牌农业,建设"百里生态农业走廊",形成"山上经济林、库中有机鱼、库周武当橘"的产业格局。打造以"源头""丹江""武当""水都"为核心的特色品牌20余个,认证"三品一标"农产品33个。拥有丹江口翘嘴鲌、鳜鱼、鳙鱼等国家地理标志产品8个。武当蜜橘被授予"中华名果"称号,年综合产值达6亿元,带动近万户贫困户增收脱贫。开发了具有本地特色的红茶、青砖茶、乌龙茶等武当道茶系列产品。

三是"山水成景",推动全域旅游"活血"。依托特有的山水资源,以创建全域旅游示范区为引领,强力推进基础设施建设,积极发展生态文化旅游产业。以"中国最美山水公路"环库生态景观公路为纽带,建设全域绿道系统,打造环库生态旅游风景道。大力推进"美丽城区"建设,先后建成了沧浪洲生态湿地公园等10处生态修复工程,建成5公里的"一江两岸"景观带。以农旅融合为方向,大力推进美丽乡村建设,打造了武当花谷、双龙紫云、三官殿"农耕渔耕"体验园、习家店农博园、关门岩最美渔村、二道河渔家灯火等一批精品乡村旅游景区景点,成功创建国家级森林公园1个、国家级风景名胜区2个,全市A级以上景区达13家。

通过案例分析，我们可以总结以下经验：（1）只有坚持正确的发展理念和发展方式，才可以实现百姓富、生态美的有机统一；（2）要构建以产业生态化和生态产业化为主体的生态经济体系，坚持传统制造业改造提升与新兴产业培育并重、扩大总量与提质增效并重、扶大扶优扶强与选商引资引智并重，抓好生态工业、生态农业、全域旅游；（3）促进三产融合发展，让生态优势变成经济优势，形成一种浑然一体、和谐统一的关系。

（三）在目标责任体系上抓落实

生态文明建设目标落实得好不好，领导干部是关键。在落实目标责任体系上，革命老区大鹏新区高度重视，建立健全考核机制，为生态文明建设提供制度保障。

案例5　大鹏新区：革命老区的生态文明建设考核体系再探索

大鹏新区是具有光荣革命历史传统的革命老区，始终坚持"生态立区，经济强区"发展定位，积极探索构建以绿色发展为导向的生态文明评价考核体系，丰富绿色发展评价指标和工作内容，提高生态环境保护和经济发展的协调度，推动生态文明建设实现新进步。

一是以考促效，树立绿色政绩观。2013年，深圳市将环境保护实绩考核升级为生态文明建设考核，考核由深圳市组织部全程指导，每年考核结果上报市委常委会通过，由市委、市政府通报。生态文明建设考核作为深圳市委、市政府共同主导的少数专项考核之一，为大鹏领导干部树立绿色政绩观提供了鲜明导向。在此基础上，大鹏建立了区级生态文明建设考核制度，对辖区内各单位开展生态文明建设考核，考核结果由大鹏新区党工委、管委会通报并纳入区级绩效考核，有效引导各级领导干部高度重视生态文明建设工作，进一步促进绿色政绩观的树立。

二是党政同责，建立"双组长"机制。大鹏成立"大鹏新区生态文明建设考核领导小组"，由新区党工委书记和管委会主任出任领导小组"双组长"，负责领导、组织、协调生态文明建设和考核工作，通过领导小组办公室统筹考核工作。党政主要负责人作为生态文明建设的第一负责人，从决策层面引导促进经济发展与环境保护的良性互动，实现经济社会高质量发展和生态环境高水平保护"双提升"。

三是科学规划，统筹推进生态文明考核。对照深圳市生态文明建设考核要求，结合大鹏实际，制定和实施大鹏年度生态文明建设考核实施方案和工作方案。构建对区级各考核对象的评价考核体系，科学、有力地落实大鹏各项生态文明建设任务和评价区级各考核对象的生态文明建设成效。

四是督考结合，实施"双考核""双督办"。建立大鹏新区生态文明建设考核领导小组和考核专家组"双考核"机制。领导小组组长实施生态文明建设工作等级评价，人大代表、政协委员、特邀监察员和生态文明建设领域专家等组成考核组进行年终集中评审评价。同时，实施党工委管委会督查室和生态文明建设考核领导小组办公室"双督查"模式，对重点任务、重点工程和滞后任务实行专项督查督办，确保各项有关任务按时保质完成。

通过这个案例，我们可以总结以下经验：（1）一定要把生态环境放在经济社会发展评价体系的突出位置；（2）要建立责任追究制度，特别是对领导干部的责任追究制度。对那些不顾生态环境盲目决策、造成严重后果的人，必须追究其责任，而且应该终身追究；（3）各级党委和政府要切实重视、加强领导，纪检监察机关、组织部门和政府有关监管部门要各尽其责、形成合力。

（四）在生态文明制度上重完善

生态文明制度是生态文明建设的体制机制支撑。革命老区苏区发展需要建立健全生态文明制度体系。完善生态文明制度对于深化生态文明体制改革、保障生态文明建设高质量推进、深挖绿色生态潜力意义重大。

案例6 老区不老：福建省三明市蹚出改革新路

福建省三明市是一座老工业基地城市，是中央苏区的核心区、中央红军长征的出发地，也是习近平生态文明思想的重要孕育地和创新实践地，被生态环境部命名为国家生态文明建设示范区。习近平同志在福建工作期间，先后 11 次深入三明调研指导，走遍了三明的山山水水，作出了"青山绿水是无价之宝""画好山水画"等一系列重要指示。2021 年 3 月，习近平总书记再次到三明调研时指出，要"尊重群众首创精神，积极稳妥推进集体林权制度创新，探索完善生态产品价值实现机制"，为老区苏区做好生态文明建设各项工作指明了前进方向、提供了根本遵循。三明市是全国林业改革发展综合试点市，为深化林业改革、推动林业发展探路子、做示范，为三明林业碳票试点提供了基本遵循。

三明市在全国率先出台林业碳票管理办法，对林业碳票的制发、登记、流转、质押、抵消、管理和监督等进行规范，明确部门职责、厘清工作流程，为碳减排量项目开发和交易提供制度保障。一是制度建设上，已印发《三明林业碳票管理办法（试行）》《三明林业碳票（SMCER）碳减排量计量方法》。二是管理监督上，已形成项目监测核算、申请登记、备案签发、碳票制发、交易流转、抵押注销等服务体系。三是金融支持上，三明银保监分局已印发《三明银行保险机构支持林票、碳票改革工作方案》，制定了 12 项具体措施，支持林业碳票事业发展。四是司法支持上，三明司法系统引入"生态司法+碳汇"工作机制，通过认购碳汇量替代修复生态环境。五是应用场景上，积极探索从生态司法、金融支持、低碳生活等各个方面协同发力，共同推动碳票多场景应用。

案例 7 赣南老区苏区建立"多元化"流域生态补偿制度

赣南老区苏区建立了"多层次"生态补偿先行区，保障东江一江清水向南流、赣江一江清水入鄱阳湖。一是建立跨省横向生态补偿机制。与广东省签订了东江流域上下游横向生态补偿协议，实行联防联控和流域共治。二是建立省域纵向生态补偿机制。与江西省共建共享省内流域生态补偿机制，在省里倾斜支持纵向生态补偿资金奖补的基础上，赣州市逐步加大生态环境保护和修复治理的资金投入力度，确保赣江"一江清水入鄱湖"。三是建立市域上下游生态补偿机制。在章江流域、贡江流域和东江流域的 24 个断面所涉 19 个县（市、区）建立了上下游横向生态补偿机制，签约数量 23 个，获得省级奖励资金 1.92 亿元，推动建成全流域上下统一、齐抓共管水生态环境保护和修复制度体系。[①]

通过以上案例分析，我们可以总结以下经验：（1）要解决环境保护和发展之间的矛盾、促进社会公平，使老区山区林区能共享经济发展红利，从而助推乡村全面振兴；（2）保护生态环境必须依靠制度、依靠法治；（3）生态文明建设要从治理手段入手，提高治理能力、进行制度创新是关键。

（五）生态安全体系上强治理

生态安全是生态文明建设的底线要求，是国家总体安全的组成部分，是习近平生态文明思想的重要内容，是革命老区人与自然和谐共生、经济社会持续健康发展的重要基础。[②] 自 2016 年 12 月被列入全国首批山水林田湖草生态保护修复试点以来，赣州市在革命老区江西省委、省政府的部署推动下，坚持以习近平生态文明思想为指导，从系统统筹的角度寻求新的治理之道，着力改变以往"管山不治水、治水不管山、种树不种草"的单一修复模式，大力推进生态系统整体保护、系统修复、综合治理，筑牢我国南方地区重要的生态屏障，为建设革命老区高质量发展示范区厚植生态底色。[③]

案例 8　山水林田湖草生态保护修复的赣南老区苏区实践

深入贯彻落实习近平总书记视察江西和赣州重要讲话精神，坚持以习近

① 《赣州：山水林田湖草生态保护修复的赣州实践》，江西生态文明网，2021 年 4 月 12 日，http://mrl.drc.jiangxi.gov.cn/art/2021/4/12/art_24961_3703521.html。
② 范苗苗：《习近平人与自然和谐共生理念研究》，硕士学位论文，西安建筑科技大学，2019。
③ 《赣州：崩岗群的蜕变》，人民网百家号，2020 年 10 月 27 日，https://baijiahao.baidu.com/s?id=1681655598684890399&wfr=spider&for=pc。

平生态文明思想为指导，围绕"打造山水林田湖草综合治理样板，筑牢我国南方地区重要生态屏障"目标定位，扎实有效推进山水林田湖草生态保护修复试点工作，形成以下三种可复制可推广的做法。

一是推行"三同治"稀土矿山治理模式。针对稀土开采造成的矿山环境破坏、水土流失以及水体污染等环境问题，实践探索废弃稀土矿山治理的山上山下同治、地上地下同治、流域上下游同治"三同治"模式，采取种树、植草，固土、定沙，洁水、净流等生态综合治理和工程措施，提高植被覆盖率，改善土壤质量，提升入河水质。

二是开展"全过程"崩岗水土流失治理。针对特殊的地理条件和历史上战争等因素造成的崩岗水土流失问题，采取"上拦下堵、中间削、内外绿化"等方式全方位蓄水保土，因地制宜采用"生态修复型、生态开发型、生态旅游型"等模式进行综合治理，实现"叫崩岗常青树、让沙丘变绿洲"的治理效果。（1）生态修复型。对交通不便、远离居民点的崩岗，通过外沿挖避水沟，塌面削坡、建挡土墙，沟口修筑谷坊，沟外冲积扇修成平地种树植草，加快崩岗自然恢复进程。（2）生态开发型。对交通便利、靠近居民点的崩岗，将崩岗整治成水平梯田，形成可开发利用土地，平面种植杨梅、脐橙、油茶等经果林，坡面铺设椰丝草毯，撒播草籽、种植树苗固土复绿。（3）生态旅游型。对城镇周边、靠近旅游景点的崩岗，把崩岗、水系、农田、村庄、道路作为一个有机整体进行统一规划设计、综合治理，建设水土保持生态示范园。

三是打造"生态清洁型"小流域治理模式。针对溪流湖泊修复、农村生活污水处理、稀土尾水治理等难题，按照小流域分区治理的思路，做好"保水护水"。（1）生态化"疏河理水"。溪流湖泊岸上进行植被修复，建生态护坡，岸下进行清淤疏浚，建梯级拦沙坝；水上进行渔业整治，垃圾清理，水下进行增殖放流，人放天养，增强水体自净能力。（2）多元化"治污洁水"。采用单户式一体化污水厌氧处理、分散性多户式氧化塘生化处理、片区式人工湿地集中处理等多种模式有效收集处理农村生活污水，改善农村人居环境。（3）生物化"消劣净水"。创新采用BIONET生物处理工艺、双级渗滤耦合技术等对稀土尾水生物化减污削氮处理,确保流域水质达标排放。[1]

通过这个案例,我们可以总结以下经验。(1)建立"共同体"机制,破解生态修复难题。要深刻理解习近平生态文明思想内涵,坚持整体保护、综合治理、系统修复,立足全国生态功能定位全局,切实解决生态环境突出问题。(2)打破"碎片化"格局,推进全景式策划。要遵循自然生态系统内在机制和演替规律,统筹考虑区域内山水林田湖草生命共同体突出生态环境问题的综合治理和各要素之间的系统保护,进行科学规划、整体设计。(3)坚持"抱团式"推进,实现全要素保障。推进生态治理修复工作,需要整合生态资金和力量,对项目实行用地、资金、人员要素保障"三优先",实行资金抱团,为项目推进提供资金保障。

三 推动革命老区生态文明建设
与高质量发展转换的政策保障

党的十九届六中全会审议通过了《中共中央关于党的百年奋斗重大成就和历史经验的决议》。决议强调生态文明建设是关乎中华民族永续发展的根本大计,保护生态环境就是保护生产力,决不能以牺牲环境为代价换取一时的经济增长。[2] 革命老区生态优势显著,保护环境、爱护自然的理念深入人心。在后续的发展战略当中,革命老区应当秉承生态优先、绿色发展的宗旨,强化革命老区生态文明建设,带动老区经济转型,实现高质量发展。

(一)加快构建生态思维体系

生态思维是生态文明建设的灵魂。要加快构建符合我国国情的生态思维

---

[1] 《赣州:山水林田湖草生态保护修复的赣州实践》,江西生态文明网,2021 年 4 月 12 日,http://mrl.drc.jiangxi.gov.cn/art/2021/4/12/art_24961_3703521.html。

[2] 吴忠涛:《"绿水青山就是金山银山"的陕西实践》,陕西网,2022 年 2 月 11 日,https://www.ishaanxi.com/c/2022/0211/2335013.shtml。

体系，培养国民的生态环保意识，提升全民生态素养。

（1）推广生态文明理念，强化公民环保意识。在全社会推广生态文明理念教育，把生态文明教育纳入学校思想政治教育的全过程，对党政机关干部和工厂从业人员进行生态文明理念岗前培训。通过新闻媒体的宣传报道，教育并引导人民群众牢固树立环保意识，激发群众参与环境保护的热情。此外，还可通过网络评选和民众投票，评选出一批致力于生态文明教育的先行示范基地，切实发挥模范带头作用，鼓励民众积极参与和生态环保相关的公益活动。

（2）弘扬绿色文化，发展革命老区特色生态文化产业。加强对革命老区优秀文化遗产及红色资源的挖掘和保护，集中打造非物质文化遗产的展示基地和教育基地、孵化基地。对具有地域特色的生态文化产业加大扶持力度，培育一批在文化旅游、文旅融合及文创产品设计领域内颇具影响力的龙头企业，丰富革命老区文化旅游产业的产业链、供应链，推动老区旅游产业繁荣发展。

（3）倡导低碳生活，培养绿色消费思维。推动消费思维向简约适度、绿色环保和可持续发展的方式转变，倡导低碳生活。通过新闻媒体和学校教育，面向全社会弘扬绿色消费，引导革命老区群众强化自身环保意识，推动老区经济高质量、可持续发展。

（二）加快构建生态经济体系

生态经济是生态文明建设的物质基础。要加快构建革命老区生态经济体系，在发展经济的同时注重生态环境保护，形成可持续发展的绿色经济模式。

（1）推动产业转型升级，提高市场准入门槛。坚决关停污染严重、产能过剩和技术水平落后的企业，推动革命老区现有的支柱型产业绿色升级，对污染严重地区进行生态化改造，推动老区支柱型产业绿色、高质量、可持续发展。以技术创新、模式创新为主要内容，推动老区稀土产业绿色升级，大力推广新型技术，对废弃采矿区进行生态恢复，加强矿区周边生态环境监测，防止污染扩散。加快人工智能等高精尖技术在传统产业中的应用，强化污染监测手段，推动产业绿色升级、绿色转型，实现传统产业高质量、可持续发展。

（2）发展绿色生态农业，加强美丽乡村建设。革命老区应加紧巩固脱贫攻坚成果，推动乡村产业振兴。培育富硒特色农产品，重点发展蔬菜、柑橘等特色优势生态农业、有机农业，走"绿色生态"农业之路。在农业现代化建设过程中，大力推广现代农业产业园经营模式，完善产业链和供应链，提高现代化农业种植水平。加强乡村基础设施建设，保护乡村自然生态，鼓励符合条件的村镇申报全国、全省美丽乡村，积极融入乡村文化旅游产业布局，带动乡村经济发展。

（3）加快培育新兴产业，推动产业集群发展。革命老区应加快引进新材料、新能源、生物医药等战略性新兴产业，形成高精尖技术产业集群，推动这些新兴产业成为老区经济发展的支柱。坚持产业信息化、现代化，注重运用"人工智能（互联网）+新兴产业"协同发展，加快革命老区物联网、互联网和大交通网络建设，建立高新技术产业商贸流通网络，推动革命老区产业实现集群式发展。

（4）加强自然生态保护，促进产业融合发展。加强老区实体经济建设，大力发展旅游产业，宣传推广"红色旅游+研学""绿色旅游+康养"等新型旅游项目，并推动非物质文化遗产和非遗技艺与旅游产业深度融合，将旅游产业打造成为我国革命老区旅游新的亮丽名片。

（三）加快构建生态监测体系

生态监测是生态文明建设的重要手段。革命老区需加强生态监测工作，打通司法系统和群众参与生态环境保护工作的渠道。

（1）建立科学完善的生态监测体系。生态环保部门需牵头制定科学完善的生态监测体系，明确相应的生态监测指标，统筹制定绩效评估方案，规范革命老区的生态环境监测考评工作。通过按时公开环境信息、邀请第三方权威机构进行评估和加强群众监督等方式，完善并发展革命老区生态环境体系，带动更多群众加入生态环境保护和监督的工作中来，科学保护革命老区生态环境。

（2）构建全面系统的群众监督体系。在保护革命老区生态环境的工作中，要加大司法监督、人大监督和公众参与的力度，为广大人民群众提供便捷的监督渠道，提高群众在生态环境保护工作中的"主人翁"意识。把绿色、低碳、环保作为革命老区环境保护工作的准则，提高老区群众的生态素养。

（3）健全绿色发展的法律治理体系。革命老区需遵照党中央和省委、省政府的指示，不断完善、健全与生态环境保护相关的法律体系，为革命老区的生态环境保护工作提供法律支撑。在相关法律法规的实施过程中，执法人员需切实做到依法、用法、懂法、守法，依据法律规章办事，维护法律权威。

（四）加快构建生态制度体系

生态制度是生态文明建设的实践保障。各类制度规章的出台，对于革命老区建设生态文明、实现高质量发展无疑是一大助力。

（1）建立健全资源回收利用制度。革命老区要牢固树立资源循环利用的观念，回收利用可用资源，促进资源高效利用，建立健全资源回收利用制度。严格执行自然资源有偿使用制度，科学划定自然资源开采指标，实时监测自然资源开采情况，完善企业环境会计成本核算机制，促进生态环境保护意识的普及与推广。积极响应国家号召，贯彻落实"双减"政策，回收利用废弃资源，减少碳排放。

（2）建立健全生态恢复保护制度。加大革命老区生态环境保护力度，对污染较为严重的地区运用科学手段实现生态恢复，并加强对周边地区的污染监测。对于革命老区现存的大气污染、水污染以及地貌破坏等突出问题，要高度重视、精准施策、科学治理，统筹建立山水林田湖草整体保护机制。遵照谁破坏谁修复原则，大力整治企业乱排滥放现象，加强生态系统的源头保护，强化自然生态环境的水土保持能力，重视生态多样性和生物多样性。

（3）建立健全生态失职追责制度。革命老区要明确各部门的生态保护职责，每年需对相关部门工作人员进行绩效评估，严格执行失职追责制度。对于工作中玩忽职守、敷衍了事的行为要坚决抵制，做到发现一起、处理一起。地方各级政府作为生态环境保护的责任主体，其主要领导人需带头落实生态环境保护职责，定期参与植树活动或环保公益项目，树立保护环境、呵护自然生态的典型，鼓励革命老区群众积极参与到生态文明建设工作中来。加大保护项目的执法力度，完善环境保护相关的法律法规和规章制度，统筹推进生态执法工作，协调地方各生态执法部门定期开展联合执法，确保当地自然生态得到妥善保护。

（五）加快构建生态安全体系

生态安全是国家安全体系的重要基石。革命老区要加快构建生态安全体系，确保当地生态安全、维护地区生态正义。

（1）加大天然林保护力度。革命老区要严格遵守《森林法》等相关规章制度，深化林业改革，禁止天然林区的过度砍伐与过度开发。要加大宣传力度，呼吁当地群众自觉保护周边自然生态，提高群众自然环境保护意识。同时，也要重视《森林法》等相关法规的普及教育，提高群众生态素养。

（2）重视自然生态保护恢复。重点强调生态环境保护与生态经济发展，探索适合各个革命老区的生态环境保护修复的方式，着力解决当地显著的环境问题，创造良好的生态恢复条件，重视当地物种多样性的恢复。对矿区废弃地的重建要注重生态系统的恢复与再造，根据当地自然条件采取科学举措，力求恢复当地植被与生态系统功能，实施矿区治理模范工程。

（3）落实水资源保护举措。对于革命老区的水资源，当地政府要实行最严格的管理制度，大力推进农田节水改造，推广节水种植模式，严禁私自抽取地下水。贯彻落实河湖长制度，加强地表水保护与监测，通过定期巡视发现水资源保护工作过程中存在的问题，并及时采取措施。革命老区水资源的开发利用必须遵循合理、科学的原则，在保护水资源的同时合理利用水资源，形成良好的生态循环。

分 报 告

Topical Reports

B.9

赣南等原中央苏区振兴发展研究

魏日盛 叶 红*

摘　要： 作为最具代表性的革命老区，赣南等原中央苏区的振兴发展成为
建设社会主义现代化强国的重中之重。党的十八大以来，在党和
国家的大力支持下，赣南等原中央苏区脱贫攻坚取得了重大历史
性成就，为新发展阶段的振兴发展奠定了坚实的基础。然而，由
于起步晚、底子薄、历史欠账多等问题，其经济社会发展各项指
标与全国、全省平均水平相比还存在一定的差距。在社会主义现
代化强国建设新征程中，要完善政策帮扶体系、推动区域协调发
展、培育振兴新动能，全面开启新时代赣南等原中央苏区振兴发
展新局面。

关键词： 赣南等原中央苏区　新发展阶段　振兴发展

* 魏日盛，博士，江西师范大学马克思主义学院讲师，研究方向为基层社会治理；叶红，硕
士，江西科技学院马克思主义学院讲师，研究方向为思想政治教育。

赣南等原中央苏区在中国革命史上具有重要的地位。党的十八大以来，在党中央的大力关怀和支持下，赣南等原中央苏区取得历史性成就、发生历史性变革，与全国人民一道同步迈入全面小康社会。在新的发展阶段，党中央提出将赣南等原中央苏区建设成革命老区高质量发展示范区的战略定位，确保让革命老区人民逐步过上更加富裕幸福的生活，从而实现共同富裕的最终目标。

一　赣南等原中央苏区振兴的基础与现状

党的十八大以来，随着革命老区发展上升到国家政策的战略高度，一大批政策、资金、人才等资源向赣南等原中央苏区倾斜，为其发展提供了坚实的基础和保障。

（一）完善政策支撑保障，凝聚推动振兴强大合力

（1）加强国家部委对口帮扶。为了加快赣南等原中央苏区的发展，2013 年 8 月国务院发布了《中央国家机关及有关单位对口支援赣南等原中央苏区实施方案》，明确由国家发展改革委、组织部、宣传部等对江西省 31 个县（市、区）进行结对帮扶，旨在将国家的资金资源优势转化为带动赣南等原中央苏区发展的活力和动力。2012 年至 2019 年，国家层面围绕支持赣南革命老区发展的文件多达 192 个，投入和整合各类帮扶资金高达 140 亿元，实施帮扶项目多达 1145 个。以全南县为例，商务部先后派遣 3 名干部到全南挂职帮扶，根据全南帮扶需求确立了以内贸流通、外贸升级、投资合作、公益捐助为主要内容的多元化、精准化的帮扶方案，同时促成与广州市商务局签订消费扶贫合作框架协议，使全南县成为赣州市乃至江西省对接融入粤港澳大湾区的桥头堡和前沿阵地。在全面建成小康社会的基础上，为了加紧赣南等原中央苏区同步建设社会主义现代化强国的步伐，2021 年 4 月国务院办公厅再次发布了《新时代中央国家机关及有关单位对口支援赣南等原中央苏区工作方案》，对口支援的中央国家机关及有关单位由 52 个增

加到 63 个,受援地区除了江西省的 31 个县(市、区)外,还增加了福建省龙岩市、三明市的 12 个县(市、区),标志着对口支援政策得到了有效延续。

(2)确立"国家—省—市—县(市、区)"四级联动的帮扶工作机制。在国家层面,成立了由国家发展改革委牵头、31 个部委为成员的部际联席会议制度,明确各部委的帮扶资金、帮扶政策和帮扶人才等资源的统筹、协调和实施,确保对口帮扶资源高效利用、落实到位。在省级层面,成立了由省委领导任组长、分管省领导任副组长和省直厅局主要负责人为成员的工作领导小组,建立主要领导亲自抓、分管领导具体抓、专职人员专门抓的工作机制,制定与国家对口帮扶配套相应的政策,统筹资金、项目和人才等资源,集中人力、物力和财力支援赣南革命老区的振兴发展。在市、县(区)等地方层面,成立了振兴办等专门机构来衔接和落实国家层面和省级层面苏区振兴发展政策和资源,根据对口帮扶部委的资源优势和地方实际制定振兴发展方案,确保支援资源用于服务地区经济发展、提高人民生活水平、完善基础设施等核心工作,推动外力支援转化为内生动力。

(二)推动农村经济社会发展,着力补齐民生短板

"三农"问题关乎全面建成小康社会的成色和质量。"十三五"期间,赣南等原中央苏区围绕农业、农村、农民的发展需要聚焦发力,打破城乡二元化壁垒,着力推动区域协调发展,补齐全面建成小康社会的这一短板和弱项。

(1)全力打赢脱贫攻坚战。为了保证在脱贫攻坚道路上不掉队,赣南等原中央苏区按照"提标、提速、提质"的要求,聚焦脱贫标准、深度贫困、脱贫实效,构建党委、政府、市场、社会、村民共同参与的大扶贫格局,为脱贫攻坚注入"源头活水"。同时,赣南等原中央苏区将精准化理念贯穿于贫困人口识别、帮扶、管理和考核等各个方面,深入推进产业扶贫、易地搬迁、兜底保障等扶贫脱贫工程,围绕贫困地区和贫困人口最关心、最急需、最迫切的利益问题,坚持扶贫、扶志、扶智结合,基本解决了"两不

愁三保障"。据统计，从 2012 年到 2020 年，赣南等原中央苏区农村脱贫人口达到 180.0301 万人，29 个贫困县、2692 个贫困村全部脱退（具体见表 1）。

表 1　2012~2020 年赣南等原中央苏区脱贫攻坚战成绩

城市	脱贫人数（万人）	退出贫困县数量（个）	退出贫困村数量（个）
赣州	114.3	11	1023
吉安	34.7	5	570
龙岩	11.07	3	380
三明	5.4569	5	370
梅州	14.5032	5	349
总计	180.0301	29	2692

资料来源：赣南等原中央苏区政府工作报告，由笔者统计整理得到。

（2）人民生活水平显著提高。2016~2020 年，赣州市农村居民人均可支配收入由 8729 元增加到 13036 元，年均增长率为 10.55%，家庭恩格尔系数由 38.1% 下降到 35.5%，城镇居民人均可支配收入由 27086 元增加到 37031 元，年均增长率为 8.13%，家庭恩格尔系数从 34.5% 下降到 32.2%。吉安市农村居民人均可支配收入由 11380 元增加到 16491 元，年均增长率为 9.72%，城镇居民人均可支配收入由 29307 元增加到 39608 元，年均增长率为 7.82%，居民收入与经济发展同步增长。龙岩市农村居民人均可支配收入由 14429 元上升到 20150 元，年均增长率为 8.71%，城镇居民人均可支配收入分别由 30408 元上升到 40190 元，年均增长率为 7.22%。三明市农村居民人均可支配收入由 13918 元上升到 19533 元，年均增长率为 8.84%，城镇居民人均可支配收入从 2016 年的 29677 元提高到 2020 年的 39259 元，年均增长率为 7.25%，增幅均居全省前列。梅州市农村居民人均可支配收入由 2016 年的 12991.2 元上升到 17430 元，年均增长率为 7.62%，城镇居民人均可支配收入由 2016 年的 23642.4 元上升到 2020 年的 29942 元，年均增长率为 6.08%（具体见表 2）。①

———————————

①　本报告统计数据来源于各市国民经济与社会发展统计公报。

表2 2016~2020年赣南等原中央苏区城乡居民人均可支配收入及其年均增长率

城市	年份	城镇居民人均可支配收入(元)	年均增长率(%)	农村居民人均可支配收入(元)	年均增长率(%)
赣州	2016	27086	8.3	8729	12.1
	2017	29567	9.2	9717	11.3
	2018	32163	8.8	10782	11.0
	2019	34826	8.3	11941	10.8
	2020	37031	6.3	13036	9.2
吉安	2016	29307	8.2	11380	9.9
	2017	31936	9.0	12543	10.2
	2018	34692	8.6	13820	10.2
	2019	37543	8.2	15227	10.2
	2020	39608	5.5	16491	8.3
龙岩	2016	30408	7.8	14429	8.7
	2017	33022	8.6	15698	8.8
	2018	35759	8.3	17154	9.3
	2019	38815	8.5	18859	9.9
	2020	40190	3.5	20150	6.8
三明	2016	29677	8.3	13918	8.7
	2017	32261	8.7	15212	9.3
	2018	34862	8.1	16601	9.1
	2019	37942	8.8	18312	10.3
	2020	39259	3.5	19533	6.7
梅州	2016	23642.4	8.4	12991.2	10.1
	2017	25695	8.7	14089	8.4
	2018	27385	6.6	15173	7.7
	2019	29235	6.8	16447	8.4
	2020	29942	2.4	17430	6.0

资料来源：赣南等原中央苏区国民经济与社会发展统计公报，由笔者统计整理得到。

（3）教育、医疗卫生、社会保障等民生事业稳步发展。民生支出平稳增长。2016~2020年，赣州市民生支出分别为552.54亿元、648.19亿元、724.85亿元、863.14亿元、814.32亿元，分别占一般公共预算支出比重的81.6%、83.5%、84.5%、85.7%、83.4%，五年以来累计民生支出高达

3603.04 亿元；吉安市民生支出分别为 309.58 亿元、352 亿元、392.5 亿元、459.8 亿元、422 亿元，分别占财政支出的 80.8%、81.2%、80.8%、81.8%、80.7%，五年民生支出达 1936 亿元。2020 年龙岩市基本完成 26 项为民办实事项目，民生支出占一般公共预算支出的比重达 78.8%。2020 年三明市基本完成 30 项为民办实事项目，民生重点支出高达 272.64 亿元，同比增长 7.89%，占一般公共预算支出的 81.42%。2020 年梅州市基本完成 10 项为民办实事项目，用于民生支出的财力高达 80% 以上。

教育事业成就斐然。"十三五"期间，赣州市教育普及程度明显提高、教育质量实现飞跃、教育保障基础更加坚实，公共财政教育经费支出总量达 902.47 亿元，年均增长 13.2%，学前三年毛入园率、九年义务教育巩固率、高中阶段教育毛入学率、残疾儿童少年入学率均超出规划目标，同时发放资助资金高达 24.59 亿元，资助学生人数高达 309.29 万人次。"十三五"期间，吉安市累计投入 4.8 亿元推进义务教育薄弱环节改善和提升工程，涉及 450 所学校，受益学生 32 万人，13 个县（市、区）全部通过义务教育基本均衡国家评估验收，其中吉州区被评为全省优质均衡发展试点县（区）之一。龙岩市以"教育强市"为抓手，2016 年以来共发放各类助学资金 7.57 亿元，惠及家庭经济困难学生 58.06 万人次；投入 131.1 亿元用于新设和扩建教育扩展项目 102 项。三明市在全市推进党政领导"六一"机制，五年投入教育经费 301.59 亿元，增加学位 6.67 万个，全面取消大规模班额，率先实现"国家义务教育发展基本均衡县"的创设目标。梅州市在"十三五"期间地方教育经费总投入累计达 530 亿元，新增学位 6.87 万个。

案例1 小区配套幼儿园治理的"赣州模式"

针对学前教育"入园难、入园贵"的问题，赣州市坚持以"一园一策"开展小区配套幼儿园专项治理工作，率先走出一条"破解移交、创新办园"的治理新路，其经验在全省和全国推广。对于小区幼儿园产权为国有的，由教育部门调派园长和老师，转办公办幼儿园；对于小区幼儿园产权为开发商所有的，则由辖区限期收回归教育部门统一调整为公办幼儿园；对于产权出售归个人所有的,则由教育部门、开发商和产权所有人三方签订使用权移交协议,由辖区教育部门委托改为公办幼儿园并按标准收费。2020年全市幼儿园3538所、在园幼儿35.25万人,其中公办幼儿园有1831所、公办在园幼儿18.98万人,其占比分别为51.75%和53.84%。

医疗卫生事业迅速发展。2016~2020年,赣州市大力推进健康扶贫工作,完成医疗卫生项目2845个,"四道保障线""先诊疗、后付费""一站式结算"等政策措施成为全国典型健康扶贫经验并在全省推广,此外市、县、乡、村四级医疗卫生服务机构全面解决了"看病难、看病贵"等问题。吉安市以医疗卫生服务系统计划为先导,确立了基层初诊、双向转诊、急慢分治、上下联动的分级诊疗制度,吉水县、井冈山市被纳入全国紧密型医共体建设的试点。龙岩市在城市设立了以三级医院为领头羊的医疗联合体,在县域设立了以综合医院为领头羊的医疗联合体,在优化和整合医疗资源、提高医疗技术水平、开展公立医院综合改革等方面取得明显效果。三明市全力推动医药、医保、医疗"三医联动"改革,"三明医改"经验先后获得习近平总书记、李克强总理的充分肯定,"十三五"期间全市每千名常住人口医疗机构床位、执业(助理)医师、注册护士、全科医生数量分别比全省平均水平多1.27张、0.14人、0.28人、0.94人。"十三五"期间梅州市累计投入35亿元,比"十二五"期间增长129%,人均基本公共卫生服务项目补助标准提高至74元,切实打通了群众就医的"最后一公里"。

案例2 三明医改的"全国样板"

2012年,三明市发起一场医药、医保、医疗"三医联动"改革。具体做法是:一是建立由一位政府负责同志统一分管医疗、医保、医药工作制,集中带量采购药品,降药价、提服务;二是落实公立医院的基本建设等大额支出纳入政府公共预算的投入责任,优化公立医院收入结构,调整医疗服务价格;三是深化全员目标薪酬制、年薪计算工分制等薪酬制度,实现医务人员收入逐年增长;四是建立紧密型县域医共体,推动医疗卫生工作下移、资源下沉。2021年2月,三明被认定为全国深化医药卫生体制改革经验推广基地。

社会保障体系不断完善。"十三五"期间，赣州市每千名老年人养老床位数从36张增至46张，建成居家和社区养老服务设施2981个。吉安市围绕"老有所养、老有所依"问题，探索出智慧养老新模式，全国居家和社区养老服务试点成效凸显，特困失能人员集中照护率达80.35%，落实公建民营养老床位2500张和民办养老床位689张，解决了2.7万名特殊困难老年人"养老难"的问题。龙岩市以开展全国社区居家养老服务改革为抓手，积极探索"三社联动"助力居家养老服务，到2020年底建成84个居家和社区养老服务照料中心、1138个农村幸福院、3个长者食堂，城乡养老服务设施覆盖率均达到100%。

（三）构建现代产业体系，经济发展态势强劲

"十三五"期间，赣南等原中央苏区围绕经济发展这一要务，坚持以农业为基础、工业为主力、服务业为核心，大力推动一二三产业融合，为新发展阶段的振兴发展奠定坚实的经济基础。

（1）经济实力明显提升。"十三五"期间，赣州市全年地区生产总值（GDP）由2194.34亿元增加到3645.20亿元，财政总收入由366.32亿元增加到491.03亿元，一般公共预算收入由243.18亿元增加到285.82亿元，货物进出口总额由41.1239亿美元增加到420.61亿元。吉安市全年地区生产总值（GDP）由1461.37亿元增加到2168.83亿元，财政总收入由229.08亿元增加到307.24亿元，一般公共预算收入由157.02亿元增加到178.28亿元，货物进出口总额由50.4599亿美元增加到529.05亿元。龙岩市全年地区生产总值（GDP）由1895.67亿元增加到2870.9亿元，社会消费品零售总额由729亿元增加到1259.21亿元，货物进出口总额由248.5亿元增加到334.1亿元。三明市全年地区生产总值（GDP）由1860.82亿元增加到2702.19亿元，农林牧渔业总产值由455.34亿元增加到534.49亿元，社会消费品零售总额由480.63亿元增加到781.71亿元。梅州市全年地区生产总

值（GDP）由 1045.56 亿元增加到 1207.98 亿元，社会消费品零售总额由 619.77 亿元增加到 634.88 亿元。

（2）产业结构不断优化。"十三五"期间，赣州市三次产业比例由 2016 年的 14.6∶42.7∶42.7 调整到 2020 年的 11.4∶38.1∶50.5，其中非公有制经济增长迅速，总量由 1298.86 亿元增加到 2262.58 亿元，占 GDP 比重从 59.2%增加到 65.29%。吉安市产业结构发生标志性变化，三次产业比例优化为 10.8∶44.3∶44.9。龙岩市实施"产业兴市"战略，三次产业比例由 2016 年的 11.8∶51.0∶37.2 调整为 2020 年的 11.1∶44.0∶44.9，其中第三产业增长迅速，产值业已突破 1000 亿元。三明市三次产业比例由 2016 年末的 14.8∶50.1∶35.1 调整为 2020 年的 11.6∶51.9∶36.5，其中第三产业增加值从 2016 年的 653.03 亿元提高到 985.72 亿元，增长 50.9%。梅州市三次产业比例由 2016 年的 20.3∶35.5∶44.2 调整到 2020 年的 20.3∶30.4∶49.3，其中现代服务业增加值占比 52.6%（具体见表3）。

表3 赣南等原中央苏区地区生产总值（GDP）及三次产业比例

城市	年份	生产总值（亿元）	第一产业增加值(亿元)	第二产业增加值(亿元)	第三产业增加值(亿元)	三次产业比例
赣州	2016	2194.34	320.12	936.87	937.35	14.6∶42.7∶42.7
	2017	2524.01	345.22	1066.65	1112.14	15.2∶41.6∶43.2
	2018	2807.24	340.30	1194.24	1272.70	12.1∶42.6∶45.3
	2019	3474.34	376.32	1368.19	1729.83	10.8∶39.4∶49.8
	2020	3645.20	414.64	1389.19	1841.37	11.4∶38.1∶50.5
吉安	2016	1461.37	233.21	708.96	519.20	16.0∶48.5∶35.5
	2017	1633.47	242.95	727.19	663.34	14.9∶44.5∶40.6
	2018	1742.23	207.99	790.05	744.19	11.9∶45.4∶42.7
	2019	2085.41	214.34	945.43	925.64	10.3∶45.3∶44.4
	2020	2168.83	235.41	960.40	973.02	10.8∶44.3∶44.9
龙岩	2016	1895.67	223.56	966.99	705.12	11.8∶51.0∶37.2
	2017	2167.49	227.24	1125.18	815.07	10.5∶51.9∶37.6
	2018	2393.3	244.08	1147.27	1001.95	10.2∶47.9∶41.9
	2019	2678.96	288.23	1218.0	1172.73	10.7∶45.5∶43.8
	2020	2870.9	319.73	1263.37	1287.8	11.1∶44.0∶44.9

城市	年份	生产总值（亿元）	第一产业增加值(亿元)	第二产业增加值(亿元)	第三产业增加值(亿元)	三次产业比例
三明	2016	1860.82	275.59	932.20	653.03	14.8∶50.1∶35.1
	2017	2136.06	282.52	1095.15	758.38	13.2∶51.3∶35.5
	2018	2353.72	273.98	1237.90	841.84	11.6∶52.6∶35.8
	2019	2601.56	303.11	1402.92	895.52	11.7∶53.9∶34.4
	2020	2702.19	314.57	1401.90	985.72	11.6∶51.9∶36.5
梅州	2016	1045.56	211.89	371.28	462.39	20.3∶35.5∶44.2
	2017	1125.82	208.50	386.20	531.12	18.5∶34.3∶47.2
	2018	1110.21	196.17	356.72	557.32	17.7∶32.1∶50.2
	2019	1187.06	219.03	370.89	597.14	18.5∶31.2∶50.3
	2020	1207.98	244.96	367.23	595.79	20.3∶30.4∶49.3

资料来源：2016~2020年赣南等原中央苏区国民经济与社会发展统计公报，由笔者统计整理得到。

（3）创新能力稳步增强。"十三五"期间，赣州市大力实施"1122"工程，科技支出高达110.41亿元，全社会研发经费投入强度为1.58%，较"十二五"期间增长1.02%，高新技术产业取得重大增长，其增加值占规上工业增加值的比重超过40%，高新技术产业增加1017家，获认定科技型中小企业增幅位居全省第一。吉安市高新技术产业增加444家，其增加值占规上工业增加值的比重超过50%，战略性新兴产业增加值占规上工业增加值的比重超过35%，这两项指标在全省均列第一。三明市高新技术产业全社会研发投入年均增长16.6%，高新技术产业相较于"十二五"时期增长了2.5倍。梅州市组建"三院一基地"，11项创新驱动发展指标居粤东西北十二市前三，高新技术企业存量数达242家，省级以上各类创新平台增至110家，科技创新"四梁八柱"逐步成形。

案例3 中国科学院稀土研究院在赣州挂牌成立

赣州稀土资源丰富，素有"稀土王国"的美誉。经过几十年的发展，赣州已经探索出集开采、分离、冶炼、加工和研发等于一体的完整稀土产业体系，但其创新能力不强、产业结构单一、资源利用不充分、生态历史欠账较多等问题依然严重。为优化稀土产业结构、加快稀土产业发展，在省委、省政府的沟通、协调和支持下，中国科学院稀土研究院于 2020 年 1 月在赣州挂牌成立。作为中国科学院近十年在全国布局的唯一院所，稀土研究院按照"两区三高地"的发展定位，围绕稀土科技创新能力的提升，加强稀土新材料和高端应用产品研发，真正将研究院的科技优势、创新力量、人才资源转化为稀土产业的经济优势和产业优势，从而推动我国从"稀土资源大国"向"稀土科技强国"转变。

（4）现代农业扬优成势。"十三五"期间，围绕全国特色农产品深加工基地和国家现代农业示范区的建设目标，赣州市将工业化理念运用于发展现代农业，以龙头企业为引领，带动小企业配套，延长产业链、提升价值链，业已建成 3 家农业产业化国家级龙头企业、92 家省级龙头企业。吉安市以国家农业科技园为龙头、现代农业示范园为支撑，建成 161 万亩高标准农田。龙岩市持续推动一二三产业融合发展，2020 年七大特色农业全产业链产值高达 834 亿元。三明市作为全国杂交水稻种子生产优势产区，2020 年种植面积和产量分别占全国的 20.2% 和 25%，成为全国杂交水稻制种第一大市。梅州市现代农业产业增加值年均增长 3.0%，"嘉应茶""梅州柚""客都米"成为全面推进乡村振兴的特色产业名片。

案例 4 "梅州柚"入选国字号

在第十七届中国国际农产品交易会上，梅州柚（梅县金柚）入选中国农业品牌目录和 2019 农产品区域公用品牌名单。由于梅州特殊的地理环境，梅州柚子品质高、种植历史悠久，是梅州地理标志商标，先后获评"中华名果""岭南十大佳果"等荣誉称号。截至 2019 年 11 月，梅州柚类农业龙头企业有 133 家（国家级 1 家、省级 26 家和市级 86 家），辐射带动从业人员超过 70 万人，种植面积超过 50 万亩，总产量超过 80 万吨，产值高达 35 亿元，产品出口多个国家和地区。

（四）推进生态文明建设，筑牢生态安全屏障

良好的生态是赣南等原中央苏区的环境优势，也是其经济发展转型的推动力量。围绕经济社会和生态环境的协调发展，赣南等原中央苏区在重视保护的同时，将绿色产业、生态产业作为新的经济增长点，努力将生态优势转变为经济优势，实现老百姓财富、生态美的统一。

（1）防污治污取得重大成效。"十三五"期间，赣州市坚持把污染防治作为重点工作，中心城区 $PM_{2.5}$、PM_{10} 的平均浓度保持逐年下降，污染防治攻坚战终期战考核指标全面完成。2020 年吉安市所有县（市、区）空气质量均达到二级标准，中心城区 $PM_{2.5}$ 年均浓度为 28 微克/米^3，环境空气质量优良天数比例为 94.5%。龙岩市从精准减排、扬尘污染防治立法出发，多措并举打好大气污染防治战，2020 年 1~5 月中心城区空气质量综合指数为 2.68，颗粒污染物浓度等指标均达到国家二级标准和省年度考核目标。三明市全力推进节能、减排、降耗，加强对重污企业的有效治理，2020 年单位 GDP 能耗累计下降超 20%。梅州市围绕"无废城市"建设目标精准发力，建立了市—县—镇（乡）—村四级联动的露天焚烧网格化监管机制，城区环境空气质量优良率多次位列全省第一。

（2）国家生态文明试验区建设成果丰硕。2020 年赣州市深入实施"八大标志性战役、30 个专项行动"，绿色生态模式建设更是刷新了好成绩，被评为"中国最具生态竞争力的城市"，乌寻、石城寻分别成功创建了国家生态文明建设示范县，生态文明建设取得了决定性的成就。吉安市紧紧围绕美丽中国"江西样板"的要求，全面构建了生态文明制度的"四梁八柱"，井冈山市成功创建了国家的"绿水青山就是金山银山"实践革新基地，形成了生态文明建设的"吉安经验"。龙岩市以国家生态文明示范市创建为抓手，其水土流失治理的"长汀经验"、林改的"武平经验"在全省和全国进行大力推广，向着成为闽西南生态型现代化城市的目标迈进。三明市山水林田湖草体保护修复试验项目完成投资 46.5 亿元，大力实施生物多样性保护、水土流失管理、农田生态功能提升等五大重点项目，生态环境质

量列全省第一。梅州市生态文明先行示范区建设成效显著，获评"美丽山水城市"。

案例5 寻乌县：构建山水林田湖草生命共同体

寻乌县是赣州市稀土大县，从20世纪70年代开始，随着稀土的大量开采，地表植被被大肆破坏，土地荒化、土壤沙化现象突出，水土流失严重。2016年12月，寻乌县紧紧抓住赣州市成为首批山水林田湖草生态保护修复试点的机遇，探索总结"山上山下同治、地上地下同治、流域上下游同治"的南方废弃稀土矿山治理"三同治"模式，被列入全国省部级干部深入推动长江经济带制定培训教材。同时，在治理连片废弃稀土矿区时，寻乌县在矿区项目治理区建设光伏发电站、种植经济作物、打造旅游风景区，实现"变荒为电"、"变沙为油"和"变景为财"。

（五）深化改革攻坚，构建全面开放新格局

赣南等原中央苏区针对经济社会发展的重点、难点和痛点精准发力、分类施策，推动更深层次、更高水平、更加全面的改革发展和对外开放，努力推进区域经济发展的资源共享、优势互补，为缩小区域发展差距、实现协调发展提供强大动力。

（1）深化重点领域改革。赣州市持续深化"放管服"改革，推出"一枚印章、一门办理、一窗受理、一网办结、一次办妥"的"五个一"改革模式，以"赣州通"为代表的数字城市建设成果在第六届世界互联网大会展示。2020年吉安市471项高频多发事项纳入"赣服通"掌上办，"一次不跑""最多跑一次"事项比例提升至91.6%，"一窗受理、集成服务"改革覆盖19个乡镇。2020年龙岩市以项目化推进改革工作，在创建国家普惠金融改革试验区、国家跨境电子商务综合试验区，实现企业开办所有事项最快2小时内"一次办全"，"探索打造'人力资源网上超市'全流程在线服务助企纾困保民生优环境"等方面的改革取得明显成效。梅州市数字政府

改革建设成效卓著，是首个实现省级政务云平台可视、可管、可控的城市，建成覆盖市、县（市、区）、镇、村四级的 2379 个实体政务大厅（公共服务站），大力夯实"综治中心+网格化+信息化"基层社会治理平台。

案例 6　上杭县："四轮驱动"推进殡葬改革

上杭县是"八山一水一分田"的地方。过去，由于公墓设施建设滞后和传统思想文化影响，土葬、乱葬、丧事大操大办等问题突出，既破坏了当地的生态环境，也影响了乡风文明建设，而且加大了老百姓的负担。2018年3月开始，上杭县以政策推动、各方联动、干群互动、标杆带动的"四轮驱动"措施推进殡葬改革，投入 3.5 亿元规划建设 11 座城乡公益性公墓和 242 座农村公益性骨灰堂，整治违建坟墓和骨灰堂 246 座，整治硬化大墓和活死人墓 1171 座，每年投入 2600 余万元用于支付生态安葬五项基本殡葬服务费。2019 年 11 月，殡葬服务市场治理杭州模式被评为全国殡葬综合改革试点工作优秀案例，向全国复制推广。

（2）推动区域经济合作。在"十三五"规划期间，赣州市积极融入"一带一路"倡议和长江经济带等发展战略，以内陆开放型经济示范区为龙头，抓住对外开放的内陆铁路港口建设机遇，积极构建融入粤港澳大湾区的桥头堡，区域经济合作"朋友圈"不断巩固拓展。吉安市坚持吉泰走廊发展战略，推动走廊内一二三产业融合发展，以先进制造业样板区、现代农业示范区和现代服务业集聚区引领革命老区高质量发展。龙岩市主动对接"一带一路"和"海丝"核心区建设，全年进出口总额 334.1 亿元，外商直接投资 2.73 亿元。三明市全力推进"大招商招好商"攻坚战役，2020 年全年进出口总额 115.4 亿元（出口 106.6 亿元、进口 8.8 亿元），新设外商直接投资企业 54 家，实际利用外商直接投资 1.41 亿元。梅州市与粤港澳大湾区合作交流日趋紧密，"三进一出"工程深入实施，央企、省企、民企入梅成果丰硕。

二 赣南等原中央苏区振兴发展面临的主要问题

"十三五"期间,在党和国家的关心和支持下,赣南等原中央苏区经济社会发展全面进步,为新发展阶段的振兴发展打下了坚实的基础。但是从整体来看,一些经济社会发展指标①与全国、全省的平均水平还有一定差距,与全国同步建设社会主义现代化强国依然面临较大困难。

(一)从经济发展相关指标来看,赣南等原中央苏区振兴发展相对滞后

从人均财政收入来看,2020年全国人均GDP 72000元,江西省人均GDP 56871元,赣州市人均GDP 40754元,吉安市人均GDP 48529元,两市分别只及全国的56.6%、67.4%,江西省的71.66%、85.3%。福建省人均GDP 111954元,龙岩市和三明市分别为105407元、108677元,分别只及全省的94.2%、97.1%。广东省人均GDP为88210元,而梅州市为31011元,只及全国的43.07%、广东省的35.16%(具体见表4)。

表4 2020年赣南等原中央苏区人均GDP及占全国和全省的比重情况

城市	人均GDP(元)	占全国的比重(%)	占全省的比重(%)
赣州市	40754	56.6	71.66
吉安市	48529	67.4	85.3
龙岩市	105407	146.4	94.2
三明市	108677	150.9	97.1
梅州市	31011	43.07	35.16

资料来源:2020年全国和赣南等原中央苏区国民经济与社会发展统计公报,由笔者统计整理得到。

---

① 因材料和篇幅限制,本部分仅选取人均财政收入、居民人均可支配收入、居民人均消费支出三个经济发展指标,铁路营业里程、公路营业里程和完成电信业务总量三个基础设施指标以及医疗床位数量、卫生技术人员数量等基本公共服务指标。

从居民人均可支配收入来看,2020 年全国居民人均可支配收入 32189 元,城镇为 43834 元、农村为 17131 元。江西省居民人均可支配收入 28001 元,城镇 38556 元,农村 16981 元。赣州市城镇居民人均可支配收入 37031 元,农村 13036 元,分别为全国的 84.5%、76.1%,全省的 96.0%、76.8%。吉安市城镇居民人均可支配收入 39608 元,农村 16491 元,分别为全国的 90.4%、96.3%,全省的 96.2%、97.1%。福建省居民人均可支配收入为 37202 元,城镇为 47160 元,农村为 20880 元。龙岩市居民人均可支配收入为 30403 元,城镇为 40190 元,农村为 20150 元,分别只及全国的 91.7%、117.6%,全省的 85.2%、96.5%;三明市居民人均可支配收入为 30302 元,城镇为 39259 元,农村为 19533 元,分别只及全国的 89.6%、114.0%,全省的 83.2%、93.5%。广东省居民人均可支配收入为 41029 元,城镇为 50257 元,农村为 20143 元。梅州市居民人均可支配收入为 23873 元,城镇为 29942 元,农村为 17430 元,分别只及全国的 68.3%、101.75%,全省的 59.6%、86.5%(见表 5)。

表 5　2020 年赣南等原中央苏区居民人均可支配收入占全国和全省的比重情况

城市	城镇/农村	占全国的比重(%)	占全省的比重(%)
赣州	城镇	84.5	96.0
	农村	76.1	76.8
吉安	城镇	90.4	96.2
	农村	96.3	97.1
龙岩	城镇	91.7	85.2
	农村	117.6	96.5
三明	城镇	89.6	83.2
	农村	114.0	93.5
梅州	城镇	68.3	59.6
	农村	101.75	86.5

资料来源:2020 年全国、部分省市和赣南等原中央苏区国民经济与社会发展统计公报,由笔者统计整理得到。

从居民人均消费支出来看,2020 年全国城镇居民人均消费支出 27007 元,农村为 13713 元。江西省城镇居民人均消费支出 22134 元,农村为

13579 元。赣州市城镇居民人均消费支出 21975 元，农村为 11676 元，分别占全国的 81.4%、85.1%，全省的 99.3%、86.0%。福建省城镇居民人均消费支出 30487 元，农村为 16339 元。龙岩市城镇居民人均消费支出为 25547 元，农村为 13649 元，分别占全国的 94.6%、99.5%，全省的 83.8%、83.2%。三明市城镇居民人均消费支出为 26059 元，农村为 13530 元，分别占全国的 96.5%、98.7%，全省的 85.5%、82.8%。广东省城镇居民人均消费支出 33511 元，农村为 17132 元。梅州市城镇居民人均消费支出 19479 元，农村为 14515 元，分别占全国的 72.1%、105.8%，全省的 58.1%、84.7%（见表 6）。

表 6　2020 年赣南等原中央苏区居民人均消费支出占全国和全省的比重情况

城市	城镇/农村	占全国的比重(%)	占全省的比重(%)
赣州	城镇	81.4	99.3
	农村	85.1	86.0
吉安	城镇	—	—
	农村	—	—
龙岩	城镇	94.6	83.8
	农村	99.5	83.2
三明	城镇	96.5	85.5
	农村	98.7	82.8
梅州	城镇	72.1	58.1
	农村	105.8	84.7

资料来源：2020 年全国、部分省市和赣南等原中央苏区国民经济与社会发展统计公报，由笔者统计整理得到。

从赣南等原中央苏区内部来看，经济发展不平衡、城乡居民收入和消费差异大等问题依然较为严峻。就人均 GDP 而言，龙岩和三明人均 GDP 所占比重远远高于另外三个地区；就居民人均可支配收入而言，梅州市城镇居民人均可支配收入所占比重远远落后于其他地区；就居民人均消费支出来看，梅州市城镇居民人均消费支出所占比重明显低于其他地区，而农民居民人均消费支出又呈现高于其他地区的态势。

（二）从基础设施相关指标来看，赣南等原中央苏区振兴发展动力不足

从铁路营业里程来看，2020 年全国铁路营业里程为 14.63 万公里。江西省铁路营业里程为 0.4941 万公里，赣州市、吉安市分别为 0.037 万公里、0.073 万公里，仅占全国的 0.25%、0.5%，全省的 7.49%、14.7%。福建省铁路营业里程为 0.3774 万公里，龙岩市、三明市分别为 0.0592 万公里、0.049 万公里，仅占全国的 0.4%、0.33%，全省的 15.7%、13.0%。广东省铁路营业里程为 0.4891 万公里，梅州市为 0.0317 万公里，分别占全国的 0.22%、全省的 6.48%（见表 7）。

表 7　2020 年赣南等原中央苏区铁路营业里程占全国和全省的比重情况

城市	铁路营业里程(万公里)	在全国所占比重(%)	在全省所占比重(%)
赣州	0.037	0.25	7.49
吉安	0.073	0.50	14.77
龙岩	0.0592	0.40	15.69
三明	0.049	0.33	12.98
梅州	0.0317	0.22	6.48

资料来源：2020 年全国、部分省市和赣南等原中央苏区统计年鉴，由笔者统计整理得到。

从公路营业里程来看，2020 年全国公路里程为 519.81 万公里。江西省公路营业里程为 21.0642 万公里，赣州市、吉安市分别为 4.36372 万公里、3.0544 万公里，分别占全国的 0.84%、0.59%，全省的 20.7%、14.5%。福建省公路营业里程为 11.0118 万公里，龙岩市、三明市分别为 1.4702 万公里、1.5406 万公里，分别占全国的 0.28%、0.30%，全省的 13.4%、14.0%。广东省公路营业里程为 22.2 万公里，梅州市为 2.076 万公里，分别占全国的 0.4%、全省的 9.36%（见表 8）。

表 8　2020 年赣南等原中央苏区公路营业里程占全国和全省的比重情况

城市	公路营业里程（万公里）	在全国所占比重（%）	在全省所占比重（%）
赣州	4.36372	0.84	20.7
吉安	3.0544	0.59	14.5
龙岩	1.4702	0.28	13.4
三明	1.5406	0.30	14.0
梅州	2.076	0.4	9.36

资料来源：2020 年全国、部分省市和赣南等原中央苏区统计年鉴，由笔者统计整理得到。

从完成电信业务总量来看，2020 年全国完成电信业务总量为 136758 亿元。江西省完成电信业务总量为 3539.9 亿元，赣州为 59.40 亿元、吉安为 39.74 亿元，分别占全国的 0.04%、0.03%，全省的 1.68%、1.12%。福建省完成电信业务总量为 3908.46 亿元，龙岩、三明分别为 197.2944 亿元、186.4 亿元，分别占全国的 0.14%、0.14%，全省的 5.05%、4.77%。广东省完成电信业务总量为 15023.8 亿元，梅州市为 241.91 亿元，仅占全国的 0.18%、全省的 1.61%（见表 9）。

表 9　2020 年赣南等原中央苏区完成电信业务总量以及占全国和全省的比重情况

城市	完成电信业务总量（亿元）	在全国所占比重（%）	在全省所占比重（%）
赣州	59.40	0.04	1.68
吉安	39.74	0.03	1.12
龙岩	197.2944	0.14	5.05
三明	186.4	0.14	4.77
梅州	241.91	0.18	1.61

资料来源：2020 年全国、部分省市和赣南等原中央苏区统计年鉴，由笔者统计整理得到。

从赣南等原中央苏区各地区来看，由于经济社会发展的基础和动力不同，基础设施建设的侧重点也呈现明显的差异性。从铁路营业里程来看，赣州和梅州的铁路营业里程仅为吉安的一半；从公路营业里程来看，赣州的公路营业里程大约为龙岩和三明的 3 倍、梅州的 2 倍；从完成电信业务总量来看，龙岩、三明和梅州为赣州、吉安的 3~4 倍之多。

（三）从基本公共服务相关指标来看，赣南等原中央苏区社会建设亟待加强

从医疗床位来看，2020 年江西省为 28.5797 万张，赣州市为 5.4077 万张，吉安市为 2.8919 万张，分别为全省的 18.9%、10.1%。福建省医疗床位 21.6753 万张，龙岩市有 1.9550 万张，三明市有 1.6134 万张，分别只占福建省的 0.9%、0.7%。广东省医疗床位 52.39 万张，梅州市有 2.034 万张，只占广东省的 0.38%（见表 10）。

表 10　2020 年赣南等原中央苏区医疗床位占全省比重情况

城市	医疗床位（万张）	在全省所占比重（%）
赣州	5.4077	18.9
吉安	2.8919	10.1
龙岩	1.9550	0.9
三明	1.6134	0.7
梅州	2.034	0.38

资料来源：2020 年部分省市和赣南等原中央苏区统计年鉴，由笔者统计整理得到。

从卫生技术人员来看，2020 年江西省共有 28.6089 万人，赣州市有 5.2428 万人，吉安市有 2.4652 万人，分别只占全省的 18.3%、8.6%。福建省共有 27.8397 万人，龙岩市有 2.0871 万人，三明市有 1.839 万人，分别只占福建省的 7.5%、6.6%。广东省共有 83.2 万人，梅州市有 2.6524 万人，只占广东省的 3.2%（见表 11）。

表 11　2020 年赣南等原中央苏区卫生技术人员占全省比重情况

城市	卫生技术人员（万人）	在全省所占比重（%）
赣州	5.2428	18.3
吉安	2.4652	8.6
龙岩	2.0871	7.5
三明	1.839	6.6
梅州	2.6524	3.2

资料来源：2020 年部分省市和赣南等原中央苏区统计年鉴，由笔者统计整理得到。

三 推动赣南等原中央苏区高质量发展的思路与建议

（一）赣南等原中央苏区振兴发展的总体思路

2021年1月国务院发布的《关于新时代支持革命老区振兴发展的意见》为赣南等原中央苏区振兴发展提供了总体思路。该意见围绕革命老区高品质发展示范区的建设目标，统一推进政治、经济、文化、社会、生态的全面发展，为社会主义现代化强国的建设开辟了新的征程。

（1）坚持和加强党的全面领导。要坚持把苏区振兴发展作为"一号工程"和头等大事加以推进，建立"省—市—县（区）—镇（乡）—村"五级党组织书记负主体责任的领导机制，完善苏区振兴发展的重大事项、重要问题和重点工作在各级党组织充分征集民意的基础上讨论决定机制，确保赣南等原中央苏区振兴发展各项工作在党的领导下有序推进。

（2）立足新发展阶段。当前，我国已经从全面建成小康社会迈向建设社会主义现代化强国的新征程，在农村地区已经从打赢脱贫攻坚战到全面推进乡村振兴的新阶段。赣南等原中央苏区要在坚持和巩固经济社会发展成果的基础上，立足于新阶段、新情况、新问题、新要求和新任务制定振兴发展的方案和规划，以全国、全省的经济社会发展指标为参考，迈向更高层次、更高水平的发展阶段。

（3）贯彻新发展理念。赣南等原中央苏区振兴发展是全面、系统和整体的振兴发展，不仅仅局限于经济发展方面，更多的是满足革命老区人民在教育、医疗、养老、卫生、安全等方面日益增长的美好生活需要。因此，要坚持创新、协调、绿色、开放、共享的理念，充分发挥和尊重人民群众在经济社会发展中的主体地位、作用和功能，实现人与自然、人与人、人与社会的协调发展。

（4）构建新发展格局。受地理位置、自然环境的影响，赣南等原中央苏区传统经济增长方式趋于内向型和自然型。新时代，要破除苏区振兴发展思维固化、老化、僵化的限制，主动融入国内国际大市场发展格局中，充分利用市场和资本的力量激发老区人民内生动力，保证革命老区发展的常态化、可持续。

（5）推动高质量发展。高质量发展不仅仅意味着速度快，更侧重于结构更加优化、生产更加清洁、生活更加健康。因此，对内赣南等原中央苏区要充分挖掘已有的生态资源、旅游资源，将自身的资源优势转化为推动发展优势；对外以高新技术产业、发展战略性新兴产业、现代服务业作为招商引资的重点，改变传统的资源密集型、劳动密集型产业结构，推动革命老区经济社会发展由"量"到"质"的根本飞跃。

（二）赣南等原中央苏区振兴发展的政策建议

在全面建设社会主义现代化新征程中，赣南等原中央苏区要紧紧围绕经济社会发展的最薄弱环节，在充分用好自上而下的政策、资源帮扶基础上，更加注重培育革命振兴发展的内生动力和新的增长点，实现其稳定、长效和可持续发展。

1. 全面落实支持政策，推进老区全面振兴发展

（1）落实对口支援政策。在对口支援赣南等原中央苏区已有政策的基础上，协调好中央国家机关、发达城市、省直机关、高等院校、科研院所等对口支援和帮扶政策，形成上下联动、协同推进的对口支援新格局。

（2）完善支持政策体系。在落实对口支援政策的基础上，制定系统、全面、完善的支持革命老区振兴发展的政策体系，以财政支持、税收优惠、社会影响、乡情召唤等为内驱力和导向力，推动引导更多的政策、资金、项目、人才、科技等资源向赣南等原中央苏区倾斜并加快落地转化。

2. 以经济建设为中心，大力实施高质量发展战略

（1）大力发展现代农业。创新农业生产经营方式，加强"农业+文化""农业+旅游""农业+康养"等农业综合体建设，以"一村一名大学生""农业技术指导员""新兴职业农民"等人才工程助推产业振兴，不断提升农业的产业化、组织化、规模化、市场化，真正实现"小农业"与"大市

场"的有机衔接。

（2）推动工业转型升级。按照"去产能、降能耗"的要求，调整和改善工业结构，一方面依托高新技术产业园发展电子信息、现代家具、医药食品等中高端产业，提升革命老区的市场竞争力；另一方面要因地制宜发展纺织服装、电子装配等劳动密集型产业，为转移农村剩余劳动力、带动农民增产增收创造条件。

（3）加快发展红色旅游业。以红色文化、宋城文化、围屋文化、客家文化等特色资源开发利用为基础，以乡村民宿、休闲生态、田园观光等为依托，打造集休闲、康养、亲子运动、爱国教育等多功能于一体的新业态。引导社会资本参与红色旅游景点的基础设施建设、旅游品牌升级、旅游服务升级，打造特色鲜明、绿色生态、利益共享的国际级休闲旅游景点。

3. 推动城乡融合发展，实现共同富裕的根本目标

（1）全面实施乡村振兴战略。以乡村振兴战略为契机，统筹财政、税收、人才、项目、科技等资源向农村倾斜，激活农村各类生产要素和自有资源，以推进产业兴旺、构建宜居环境、提升文明程度为核心推动传统农村向现代农村转变、自然农业向市场农业过渡、兼业农民向新型职业农民升级，不断缩小城乡之间、区域之间、人与人之间发展差距，使乡村振兴战略切实贯彻落实到位。

（2）完善新型城镇化战略。按照城乡互促互补和城乡一体化发展要求，加快实施以人为核心的新型城镇化战略，深入进行以高质量发展为导向的新型城镇化建设，以生态园林城市、海绵城市、绿色生态城区建设为重点改善城镇居民的生活。持续深化户籍制度改革，解决农村居民落户城市面临的子女就学、社会保障、卫生医疗等一系列公共服务问题，帮助新生代农民工融入城市。

4. 构建完善的基础设施体系，为振兴发展注入强劲动力

（1）加快建设综合性交通枢纽。以推进革命老区交通强国建设试点为契机，根据赣南等原中央苏区各地区的地理位置、经济社会情况和运输量搭建"纵贯南北、连接东西"的综合交通枢纽。以"四好农村路"建设试点为契机，加大农村公共交通的政策投入、经费投入、人力投入等，把农村道路改建、扩建等作为重点，真正将其建成推动乡村振兴的"幸福路"。

（2）加强信息化基础设施建设。以信息化基础设施建设为"新基建"的主攻方面，打造覆盖全面、运转高效、适用性强的信息化网络系统，同时构建"产学研用"共同体，以创新驱动、科技支撑为区域性通信网络交换枢纽提供大力支持，提升革命老区人民对信息化技术的学习、掌握和运用能力，并将其转化为增产增收、精神富裕、全面发展的显著优势。

5. 坚持生态优先，打造赣南等原中央苏区绿色振兴示范新样板

（1）坚持人与自然协调发展。在呵护自然、保护环境的基础上发展经济，严格按照生产生态化和生产产业化的原则，将无污、绿色、节能、环保、减排、降耗作为招商引资的重要标准，同时加强对钢铁、重金属等传统工业的绿色改造，搭建绿色生态产业体系。推进资源的综合利用，推行生活垃圾强制分类，推进"无废城市"试点建设，使赣南等原中央苏区的"天更蓝、水更清"。

（2）实施最严格的生态文明保护制度。按照"谁污染、谁治理"的原则，坚持源头严防、过程严管、后果严惩，完善市场化、多元化生态补偿机制，以最严格的生态保护制度倒逼赣南等原中央苏区加强生态文明建设。同时，探索和完善生态环境公益诉讼制度，构建检察机关、公益律师、社会组织和群众个人共同参与的"四位一体"的制度实施体系，切实提升制度的实施效果和治理效能。

B.10
陕甘宁革命老区振兴发展研究

沈夏珠　和聪贤*

摘　要： 基于陕甘宁革命老区的特殊情况、特殊地位，推动老区振兴不仅
对区域经济社会发展具有重大意义，而且对国家经济社会发展具
有全局意义。通过调查与研究可知，经济基础、文化基础、生态
基础是推动老区振兴最具区域性特征的三个基础条件。同时，产
业化引领的市场动力、城镇化催生的社会动力、一体化聚合的地
区动力、特殊化供给的政策动力构成了陕甘宁革命老区振兴
"四位一体"的动力系统。在多方合力之下，陕甘宁革命老区振
兴成效显著，经济、文化、社会、生态文明等各项目标基本实
现，为老区人民进一步朝共富目标迈进奠定了坚实的基础。在新
的历史条件下，应坚持解决当前问题与着眼长远发展相结合、资
源开发与利民富民相结合、加快经济发展与推动社会进步相结
合、发挥比较优势与促进区域合作相结合、自力更生与国家支持
相结合、全面深化改革与扩大对外开放相结合，保持将一张蓝图
绘到底的自信，不断巩固拓展老区振兴成果。

关键词： 陕甘宁　革命老区　振兴发展

　　基于陕甘宁革命老区（以下简称"老区"）的特殊情况、特殊地位，

---

* 沈夏珠，博士，江西师范大学苏区振兴研究院（革命老区振兴研究院）助理研究员，研究方
向为苏区振兴、党的创新理论；和聪贤，博士，江西师范大学苏区振兴研究院（革命老区振
兴研究院）讲师，研究方向为苏区振兴、粮食安全。

国家发改委依据《中华人民共和国国民经济和社会发展第十二个五年规划纲要》和《中共中央国务院关于深入实施西部大开发战略的若干意见》（中发〔2010〕11 号）有关精神，组织编制了《陕甘宁革命老区振兴规划（2012—2020 年）》（以下简称《规划》），并于 2012 年 3 月 25 日正式颁布实施，2020 年已经执行完毕。站在新的历史起点上，对《规划》及其实施情况进行分析研究，是进一步推进老区振兴的必然要求。本报告主要从基础、动力、成效三个维度，分析研究老区振兴的历史、现状与未来。

一 陕甘宁革命老区振兴的基础

要推动老区振兴，必须先充分认识当地发展的历史和现实条件，这些历史和现实条件构成了推动老区振兴的多元基础，其中包括经济、政治、文化、社会、生态等各个方面。相比全国其他地区，老区的政治、社会条件并不是最为显著的差异性条件，这种差异性主要表现在经济、文化、生态三个方面。老区振兴正是在当地特定的经济基础、文化基础、生态基础上展开的，这些基础有些方面构成支持性条件，有些方面构成约束性条件，充分利用其支持性条件，大力克服其约束性条件，是推动老区可持续发展的基本方略。

（一）经济基础

在国民党统治时期，老区人民承受着繁重的税赋负担，且频繁的战争对当地生产力破坏极大，人们生存状态极差。共产党中央和中央红军到达陕北后的十四年间，老区人民大力发展生产、积极支援前线，生活亦有所改善。新中国成立后，老区人民在党的领导下，迅速医治战争的创伤，掀起了社会主义建设热潮，社会生产有了长足发展，生存状态大为改善。自 1978 年改革开放以来，国家不断给予老区政策倾斜，使老区的经济社会加速发展、全面建设小康社会进程不断提速。但是，直到 2012 年，由于经济底子薄、自然条件差，老区仍然存在许多特殊困难和问题，地区经济实力偏弱、人民生活水平偏低，经济社会发展水平落后于全国平均水平的处境并没有得到根本改变。

当然，老区的经济社会发展水平相对落后，并不意味着它没有发展的潜力。首先，它有得天独厚的自然资源禀赋优势，如化石能源、矿产资源、风能、太阳能等能源资源丰裕，具有培育大型清洁能源企业的自然条件。通过长期努力，依托自然资源禀赋优势，老区的能源、化工等优势产业获得长足发展，逐步形成规模。但是当地经济发展对资源依赖度高，也带来了工业结构不合理的问题，经济发展与自然环境资源之间的关系紧张。其次，它有区位比较优势。老区的区位条件固然比不上沿海、沿江、沿边地区，缺少对外开放的口岸，离水路运输线较远，但是它在西北区域的通道作用非常突出：它位于陕甘宁三省交界处，是西北地区的重要通衢。只是由于地区内及其与外界相连的铁路、高速公路、国道的密度不够、质量不高，基础设施长期缺少更新换代，总体老化、落后，作为区域重要通衢的作用和优势没有得到很好的发挥。

（二）文化基础

老区传统文化、红色文化资源极为丰富，但是，对其挖掘开发严重不足，文化产业化程度不高，尚未产生应有的社会效益和经济效益，总体状况如下。

一是管理体制不顺畅。对于文化资源存在多头管理问题。管理单位多为机关事业单位，普遍缺乏市场意识，缺乏激活文化资源、创造经济社会效益的动力。在全国文化旅游产业蓬勃发展之际，管理体制不顺畅成为制约老区文化旅游产品市场化运营的重要因素。二是产品单一少创新。老区文化旅游产品形式单一，大多数景区仅有遗址、纪念碑、展览馆等传统设施，展出的文物数量有限、质量不高；展示手段陈旧，游客难以产生沉浸体验，导致游客数量少、消费水平低。三是发展资金不充足。由于文化事业在很大程度上依靠财政全额拨款支持，在地方财力有限的情况下，它的发展必然遇到瓶颈。基础设施建设滞后、前期投入不足，严重制约文化旅游产业发展。特别是在信息技术迅速发展的时代背景下，数字化展览馆、云旅游项目、VR沉浸体验产品风起云涌，如果不投入发展资金，推动文化事业和文化产业迭代发展，未来市场将会进一步萎缩。四是资源整合力度弱。革命老区红色文化事业和产业发展对所在地及其周边地区的历史文化资源整合不够、带动力弱，红色文化与相关产业融合发展水平较低，尚未形成规模集聚效应较大的以红色文化为核心的文化旅游产业链，产业化水平普遍较低。

（三）生态基础

任何文明，都是在一定的自然空间中展开的，这是文明存在与发展的物质前提。从历史经验来看，文明赖以存在的自然空间往往决定其基本特征。自古以来，中国就追求天人合一的崇高境界。大禹治水的传说反映了华夏民族按照自然规律驯服自然、为我所用的早期实践。新中国成立后，直至改革开放最初的二十几年里，追求经济社会发展的迫切愿望，使得局部地区、局部领域轻视甚至忽视了自然规律，从而遭到了自然的报复。党的十八大正式将生态文明建设纳入"五位一体"总体布局，时至今日，绿色发展已经不只是中国人民共识的理念，而且形成了一整套严格实施的法律制度，日益转化为全体党员干部和广大人民群众的自觉行动。

老区地处西北腹地，生态地位十分重要。虽然土地资源较为丰富，但水资源十分匮乏，老区年均降雨量仅为 200～500 毫米，人均水资源总量不及全国平均量的 15%。此外，水土流失严重，老区生态环境问题尤为严重，其中甘肃革命老区最甚。虽然老区部分地方政府有所作为，当地生态恶化趋势得到有效抑制，生态环境有所改善。但是，由于自然环境先天不足，生态系统脆弱，随着承载人口的不断增长，土地资源开发过度的情况没有得到遏制，环境保护与生态建设的历史欠账没有解决，又产生新的欠账，生态环境总体呈现出严峻形势，令人担忧。

如前所述，老区振兴的基础条件是多方面的，比如社会条件，促进当地社会事业发展，是推动老区振兴的重要目标任务，只有获得了更好的收入，有了更好的教育、医疗卫生和社会保障条件，老区人民才有老区振兴的获得感、幸福感。但是，就老区振兴而言，最重要的基础仍然是经济基础，最重要的目标仍然是推动经济高质量发展。文化基础对于老区的经济社会发展构成支持性条件，生态基础则对老区经济社会发展构成约束性条件。概而言之，经济基础、文化基础、生态基础是推动老区振兴必须充分认识的最具区域性特征的三个基础条件。

二 陕甘宁老区振兴的动力

要充分利用老区的优势资源禀赋，克服其发展的制约性因素，需要多方合力。产业化引领的市场动力、城镇化催生的社会动力、一体化聚合的地区动力、特殊化供给的政策动力，共同构成了推动老区振兴的力量之源。

（一）市场动力：产业化

"产业化"是以"产业"为基础演变而来的，在我国的国民经济结构中，通常将产业细分为第一、第二、第三产业。产业化指在市场经济条件下，某种产业以需求为导向，以效益为目标，通过专业服务和质量管理，形成规模化、系列化、品牌化的高质量生产经营方式和组织形式。长期以来，老区拥有丰富的矿产资源，但是很多资源没有进行产业化开发，存在低水平开发的情况；拥有深厚的文化资源，但是没有对这些文化资源进行产业化经营；拥有丰富的具有地理标识的农产品，但是这些农产品没有实现产业化生产和经销。产业化不足，导致老区经济发展动力不足。没有产业化，或者产业化水平不高，这些优势资源禀赋就不能产生它们应有的经济社会效益。因此，要推动老区经济发展，就必须提升当地产业的产业化水平。

以能源产业为例，适应产业化的要求，首先，要优化生产布局、加强资源整合。加快煤炭生产企业重组，提高集约化程度，不断提高安全生产水平和科技含量，着力发展大型煤炭企业、建设安全矿井，全面提高煤炭供应能力、保障水平。其次，要优化产业结构、加强油气开发。对现有的油气田进行提升改造，提高产能。同时，积极开发新的石油资源，在具备条件的地区大力发展石油炼化以及石油精加工的项目。再次，要与时俱进，大力推进能源革命、优化能源结构。积极开发新能源，发展新能源产业，如风电产业、太阳能等，运用当地丰富的太阳能资源，发挥比较优势，推动光伏产业发展，并促进形成规模效应，形成完整产业链。同时，要注重"引进来"，对于拥有油页岩、致密砂岩气等非常规油气资源的开采技术的优势企业，应大力引进。不断提升对能源资源的开发能力和质效。积极开发利用城乡有机垃圾、秸秆、水、人畜粪便，构建生物质能开发利用体系。最后，要完善基础设施，提高外送能力。老区要根据国家有关发展规划，发挥煤炭等本地资源富集优势，提升煤炭资源的电能转换能力，以及老区电力向外输送能力。

（二）社会动力：城镇化

人类文明由古代文明转型为现代文明，主要是由乡村文明转型为城市文明。工厂的诞生，必然催生与之相适配的工人聚居区，一个工厂可能催生一个小城镇，几个工厂可能催生一个上规模的城市。中国城市的历史十分悠久，汉唐时期的长安是当时世界上规模最大的"国际"大都市。中国古代城市的生成往往依循两个逻辑路径：一是"因城而市"，因中央或地方政权建设的需要，建造一座"城"，然后围绕着"城"而发展出"市"（商业市场），从而兼具一个国家或地区的政治中心、经济中心、文化中心功能。二是"因市而城"，因为地理位置、资源气候等条件，在生产生活中自然形成人口集聚地、商业活动中心，而后中央或地方政权选择此地建政，使其具有一个国家或地区的政治中心、经济中心、文化中心功能。依据政治和商业的逻辑路径推动的城市化进程是缓慢的，工业化推动城市化的力度和速度远超前者。

新中国成立之初，农村人口约占全国总人口的80%，城市化率很低，这与当时的工业化程度非常低是相对应的，经过70多年的努力，随着工业化的推进，中国城市化率也不断提高。今日中国的城市化率超过了60%，这是了不起的进步，但是相比发达资本主义国家普遍在80%以上的水平，相比全面建成社会主义现代化强国的目标要求而言，城市化率依然需要有一定程度的提升。有鉴于此，2019 年 4 月，国家发改委制定并颁布《2019 年新型城镇化建设重点任务》[①]，强调我国应继续加大户籍制度改革力度，针对三种规模大小的城市，积极推动农业转移人口落户在城镇。由此可知，加速推进老区城镇化，是实现社会主义现代化的必要路径。老区城镇化的推进，将有助于从根本上改变老区人民的生产生活方式，对当地的经济社会发展产生巨大推动作用。

（三）地区动力：一体化

党的十九大庄严宣告中国特色社会主义进入新时代。这就表明，自 1978 年改革开放以来，经过 40 多年的奋斗，让一部分人、一部分地区先富起来的阶段性目标已经实现，新时代将聚焦于先富带后富、未富，推动各个区域之间、领域之间更加协调地发展，最终实现全国范围、全体中国人民对全面美好生活的向往。老区地处西北腹地，离边境口岸和东南发达地区较远，与境外企业合作共赢、与国内发达地区互补发展的区位条件较差，因此，必须推动本区域的一体化发展，实现合作发展、组团发展。只有实现一体化发展，才能实现本区域的共富目标。

推动老区一体化发展也是实现区域协调发展的必经之路，是贯彻创新、协调、绿色、开放、共享新发展理念的重要体现。区域发展不平衡问题，自古影响着中华民族的历史进程。夏人在西、商人在东，东西发展不平衡，最终商灭夏；周人在西，商人在东，西东发展不平衡，最终周灭商；秦人在西，周人在东，西东发展不平衡，最终秦灭了周及其所属的诸侯国，一统天下。秦一统天下之后，华夏文明与东夷、南蛮、西戎、北狄之间的矛盾成为中华民族内部重要矛盾，制约着中华民族发展。当今东西部发展不平衡问题依然严峻，而在老区内部，也存在地区之间、城乡之间发展不平衡的情况。因此，目前亟须推动老区一体化发展，实现协调发展。

---

① 《发展改革委关于印发〈2019 年新型城镇化建设重点任务〉的通知》，中华人民共和国中央人民政府网，2019 年 4 月 8 日，http://www.gov.cn/xinwen/2019-04/08/content_5380457.htm。

（四）政策动力：特殊化

我国各项扶贫政策惠及老区振兴，支持老区振兴的特殊化优惠政策相叠加，构成了巨大的政策驱动力。

一是特殊的财税金融政策。中央财政通过转移支付，加大对老区的支持力度，并且通过贴息、补贴等方式，鼓励金融机构大力支持老区发展。在确保金融安全的前提下，设立村镇银行、组建小额贷款公司等，为老区农业发展输血、补血，加强农村自身的造血功能。二是特殊的投资政策。一方面是加大财政直接投资力度，中央和地方财政投向老区的民生领域和重大工程，着力解决好人民的生活和生产难题，减轻县级财政负担，加大中央财政投入力度。另一方面是发挥国家项目的带动作用，在同等条件下，做有关项目布局时，优先考虑在老区落地。三是特殊的国土资源政策。为了支持老区的工农业发展，守住民生底线，实现粮食自给，需要鼓励老区人民在守住生态保护和环境治理底线的基础上，开垦荒地，加以利用。四是特殊的生态环境政策。坚持把经济社会发展的速度和自然环境的可承受程度结合起来，但是也要考虑到老区发展的现实困难，因此必须加大对老区人民退耕还林的补贴力度，同时加大对老区企业的环保补贴力度。五是特殊的人才政策。老区要振兴，关键在人，事在人为。由于老区的生活条件差、产业不发达，引不进人才、留不住人才的问题异常突出。这就需要推动当地高等教育、职业教育事业发展，培养大量本土人才，并且实施大力度的人才支持政策。国家有关部门要采取有力措施，通过选派干部和人才交流任职或挂职锻炼等形式，对老区给予人才支持。

三 陕甘宁老区振兴的成效[①]

规划实施以来，在多方合力作用下，陕甘宁革命老区振兴成效显著，各项目标基本实现，为老区人民进一步朝共富目标迈进奠定了坚实的基础。目

---

① 下文主要以陕甘宁革命老区的 8 个地级市为样本进行研究。

前，老区已建成重要能源化工基地、现代旱作农业示范区、高效集约发展区，极大地推动了文化事业、文化产业发展，在发展中保障和改善民生，不断增强自我发展能力。

（一）经济建设成效

经济基本盘发展稳定。"十三五"时期，陕甘宁革命老区经济发展稳定，尤其老区8个地级市的GDP呈稳步上升趋势。如表1所示，2016~2020年，陕西铜川、延安、榆林的GDP分别增长了22.51%、47.89%、47.48%，城镇居民人均可支配收入分别增长了23.73%、19.17%、19.81%，农村居民人均可支配收入分别增长了16.63%、21.55%、35.31%；甘肃的平凉与庆阳的GDP分别增长了29.64%、26.24%，城镇居民人均可支配收入分别增长了32.63%、32.87%，农村居民人均可支配收入分别增长了39.21%、39.33%；宁夏的吴忠、固原与中卫的GDP分别增长了40.54%、46.97%、38.95%，城镇居民人均可支配收入分别增长了33.44%、32.29%、30.94%，农村居民人均可支配收入分别增长了47.90%、54.92%、40.54%。其中，延安、榆林、吴忠及固原的GDP增长幅度均超过40%，增速较快；铜川的GDP增长幅度较小。从人均可支配收入来看，2016~2020年，陕甘宁革命老区的城镇居民可支配收入与农村居民可支配收入均呈增长趋势，宁夏的吴忠、固原与中卫的增长较为迅速（见表1）。

表1　2016~2020年陕甘宁革命老区部分地区经济发展情况

地区生产总值（GDP）（单位：亿元）								
年份	铜川	延安	榆林	平凉	庆阳	吴忠	固原	中卫
2016	311.61	1082.91	2773.05	367.30	597.83	442.43	239.81	339.13
2017	348.43	1312.59	3361.29	354.66	585.50	508.11	270.10	374.13
2018	327.96	1555.33	3848.62	395.17	708.15	534.53	303.19	402.99
2019	354.72	1663.89	4136.28	456.58	742.94	580.19	322.66	437.65
2020	381.75	1601.48	4089.66	476.16	754.73	621.77	352.46	440.32

城镇居民人均可支配收入 （单位:元）

年份	铜川市	延安市	榆林市	平凉	庆阳	吴忠	固原	中卫
2016	27594	30693	29781	23446	25300	23351	22717	23277
2017	27707	29849	28954	25415	27476	25364	24628	25344
2018	29996	32226	31317	27448	29646	29616	28727	29602
2019	32504	34888	33904	29644	32107	27478	26709	27372
2020	34143	36577	35682	31096	33616	31160	30052	30479

农村居民人均可支配收入 （单位:元）

年份	铜川市	延安市	榆林市	平凉	庆阳	吴忠	固原	中卫
2016	9478	10568	10582	7008	7480	9938	7714	8626
2017	8507	9878	11031	7611	8116	10912	8579	9365
2018	9289	10786	12034	8303	8862	12045	9557	10236
2019	10229	11876	13226	9083	9686	13337	10657	11308
2020	11054	12845	14319	9756	10422	14698	11951	12123

资料来源：陕甘宁革命老区 8 个地级市统计年鉴（2017~2021 年）。

三大产业发展迅速。"十三五"时期，陕甘宁革命老区一二三产业的生产总值整体呈上升趋势。如表 2 所示，在第一产业方面，2016~2020 年，陕西的铜川、延安、榆林的第一产业生产总值分别增长了 28.65%、61.89%、67.74%，甘肃的平凉、庆阳的第一产业生产总值分别增长了 6.65%、14.19%，宁夏的吴忠、固原、中卫的第一产业生产总值分别增长了 53.78%、46.57%、29.47%。其中，延安、榆林的增长幅度最大，超过了 60%，其次是吴忠与固原，增幅超 45%，而平凉的增幅居这 8 个地级市的末位。在第二产业方面，2016~2020 年，陕西的铜川、延安、榆林的第二产业生产总值分别增长了 -16.54%、54.25%、51.70%，甘肃的平凉、庆阳的第二产业生产总值分别增长了 28.16%、24.83%，宁夏的吴忠、固原、中卫的第二产业生产总值分别增长了 9.00%、13.09%、17.35%。由此可见，第二产业生产总值增长幅度最大的是延安与榆林，均超过 50%，而铜川在此期间却不增反降，其他地区的增幅基本在 10%~30%。在第三产业方面，2016~2020 年，陕西的铜川、延安、榆林的第三产业生产总值分别增长了

70.12%、34.33%、36.25%，甘肃的平凉、庆阳的第三产业生产总值分别增长了32.56%、44.08%，宁夏的吴忠、固原、中卫的第三产业生产总值分别增长了93.01%、63.13%、43.52%。陕甘宁革命老区各地区三产发展特色显著，整体来看，陕西的延安、榆林第一、第二产业发展形势较好，铜川在第三产业的表现较为突出；甘肃的平凉与庆阳在三次产业发展方面均处于中等水平；宁夏的吴忠、固原、中卫则是在第一、第三产业方面发展较好，第二产业发展整体偏弱。

表2 2016～2020年陕甘宁革命老区部分地区三次产业生产总值

单位：亿元

第一产业生产总值							
年份	铜川	延安	榆林	平凉	庆阳	吴忠	固原	中卫
2016	23.91	117.62	162.44	103.00	85.49	55.34	49.09	52.49
2017	24.54	119.88	167.68	72.34	56.31	57.80	51.02	52.81
2018	24.74	138.07	231.00	87.89	71.01	66.55	57.82	57.72
2019	26.77	149.33	250.72	91.29	85.20	70.21	56.80	60.18
2020	30.76	190.41	272.48	109.85	97.62	85.10	71.95	67.96

第二产业生产总值							
年份	铜川	延安	榆林	平凉	庆阳	吴忠	固原	中卫
2016	159.76	574.20	1684.69	91.06	285.47	250.50	61.13	149.11
2017	179.10	757.43	2150.53	95.31	283.33	299.02	73.64	167.15
2018	141.66	925.97	2417.65	103.89	355.67	302.69	84.56	175.37
2019	130.63	999.85	2690.34	123.69	372.56	257.15	62.63	187.11
2020	133.34	885.72	2555.64	116.70	356.36	273.02	69.13	174.98

第三产业生产总值							
年份	铜川	延安	榆林	平凉	庆阳	吴忠	固原	中卫
2016	127.94	391.09	925.92	226.87	173.24	136.60	129.58	137.53
2017	144.79	435.28	1043.08	245.86	187.01	151.29	145.44	154.17
2018	161.56	494.87	1199.97	281.47	203.39	165.30	160.82	169.90
2019	197.32	514.71	1195.22	285.18	241.61	252.83	203.24	190.35
2020	217.65	525.35	1261.55	300.75	249.61	263.65	211.38	197.38

资料来源：陕甘宁革命老区8个地级市统计年鉴（2017～2021年）。

　　建成国家重要能源化工基地。"十三五"时期,《延安综合能源基地发展规划》获批实施,延安原油生产保持稳定,炼油结构调整优化,煤炭产量稳中有升,天然气、液化天然气(下文简写为"LNG")、发电量高位增长,工业集中区入园企业达到466户,316个重大能源转化和非能产业项目建成投产;如表3所示,2021年,延安的原油生产、加工量分别为1444万吨、920万吨,煤炭、天然气、LNG产量分别为5000万吨、86亿立方米、175万吨,发电量为103.5亿千瓦时。其中,天然气、LNG产量与发电量相较于2018年,分别增长了1.18倍、1.11倍、1.43倍;186个重大产业项目陆续建成投产,非油工业占GDP的比重相对于2016年增长了11.6个百分点;5G通信基站达到3119个,城乡光网实现全覆盖,支撑保障能力明显增强。[1] 自2018年起,榆林高端能化基地建设驶入"快车道",改写初级能源主宰城市的命运。"12363"煤化工产业高端化发展新战略确定并不断深化,创造了发电方面两项"世界第一"的榆能横山、陕能赵石畔电厂并网发电,强力推进50余个、总投资3100多亿元的重大转化项目,加快新旧动能转换。截至2020年底,榆林原煤产量5.17亿吨,油气当量2729万吨,规上工业增加值增长6%。此外,加强战略性新兴产业的培育,如启动建设华秦氢能产业园、扩建神府—河北南网外送通道等。[2] "十三五"期间,庆阳能源开发迈出新步伐,能源经济稳步发展。新发现储量10亿吨级庆城大油田,截至2020年,庆阳的原油产量、加工量较"十二五"时期分别增加了29.3%和8.9%,天然气生产从无到有达到5亿立方米。在"十四五"时期的开局之年,原有产量稳步增长,加工量保持稳定。同时,庆阳近年来大力推进大型能源项目投产达产。此外,油气配套服务产业也不断壮大,地方工业发展势头强劲。[3]

① 《2021年延安市政府工作报告》,陕西省人民政府官网,2021年3月9日,http://www.shaanxi.gov.cn/zfxxgk/zfgzbg/sqszfgzbg/202103/t20210309_2155647.html。

② 《2021年榆林市政府工作报告》,陕西省人民政府官网,2021年6月8日,http://www.shaanxi.gov.cn/zfxxgk/zfgzbg/sqszfgzbg/202106/t20210608_2178681.html。

③ 《庆阳市政府工作报告(2021年)》,庆阳市人民政府官网,2021年2月19日,http://www.zgqingyang.gov.cn/gk/zfxxgkml/qtfdxx35zwgkb/subject5235zwgkb/content_15967。

表3　2018~2021 年延安市主要能源开采情况

年份	原油产量（万吨）	原油加工量（万吨）	煤炭产量（万吨）	天然气产量（亿立方米）	LNG 产量（万吨）	发电量（亿千瓦时）
2018	1516.5	907.8	5015.2	39.5	82.9	42.6
2019	1515.8	950.9	5090.1	56.6	110.6	70.0
2020	1550.0	950.0	5300.0	64.7	132.72	79.8
2021	1444.0	920.0	5000.0	86.0	175.0	103.5

资料来源：延安市政府工作报告（2019~2022 年）。

建成现代旱作农业示范区。如表4所示，2016~2020 年，延安粮食总产量除在2018年略微低于70万吨，其余年份均在70万吨以上，最高产量达到78.01万吨；苹果的产量与品牌价值都位居全国前茅；大力发展旱作农业，2021年第一产业增加值增长4.2%，集体经济"空壳村"全部清零，土地承包经营权确权颁证工作受到农业农村部通报表彰。[1] 榆林实施现代农业"4+X"工程，2020年，粮食产量高达253.8万吨，相较于2016年，增长了58.55%。[2] 2020年，铜川粮食产量为31.57万吨，相较于2016年，增长了30.56%。[3] 截至2020年，庆阳建成高标准农田109.1万亩，粮食年产量近三年来均稳定在140万吨左右。同时，庆阳还注重发展现代农业集群，其正在从农业大市向农业强市转型，2020年，其特色主导产业产值占农业总产值比重高达60%以上，产业收入占农民人均可支配收入比重为35.6%。[4] 2016~2020年，平凉粮食总产量均保持在100万吨以上。同时，注重农产品示范基地建设。得益于平凉市农业全产业链快速发展，2020年，平凉红牛

---

[1] 《2021 年延安市政府工作报告》，陕西省人民政府官网，2021年3月9日，http://www.shaanxi.gov.cn/zfxxgk/zfgzbg/sqszfgzbg/202103/t20210309_2155647.html。

[2] 《2021 年榆林市政府工作报告》，陕西省人民政府官网，2021年6月8日，http://www.shaanxi.gov.cn/zfxxgk/zfgzbg/sqszfgzbg/202106/t20210608_2178681.html。

[3] 《2021 年铜川市政府工作报告》，陕西省人民政府官网，2021年2月23日，http://www.shaanxi.gov.cn/zfxxgk/zfgzbg/sqszfgzbg/202102/t20210223_2153983.html。

[4] 《庆阳市政府工作报告（2021 年）》，庆阳市人民政府官网，2021年2月19日，http://www.zgqingyang.gov.cn/gk/zfxxgkml/qtfdxx35zwgkb/subject5235zwgkb/content_15967。

已获得国家级体育赛事供应资格，且取得直供港澳高档活牛配额；"静宁苹果"品牌价值高达 158.9 亿元，给果农带来更高的收益；设施蔬菜规模化发展，已有 218 个农产品获得"三品一标"认证。[①] 2016~2020 年，吴忠粮食产量几乎均在 100 万吨以上，成功实现"十七连丰"。2020 年，吴忠农林牧渔业总产值增长 4.6%，主要农产品加工转化率为 58%，瓜菜、酿酒葡萄、枸杞、道地中药材面积分别为 53.7 万亩、24.6 万亩、10.8 万亩、24 万亩，奶牛存栏 27.3 万头，肉牛、肉羊饲养量分别为 45.2 万头和 586.6 万只。[②] 2016~2020 年，虽然固原粮食产量有略微下降的趋势，但是在肉牛业、草业以及马铃薯种植业方面取得长足发展。2016~2020 年，中卫粮食总产量突破 368 万吨。同时，建成高标准农田 22.3 万亩，建成富硒农产品标准化生产示范基地 25 万亩、示范园 22 个。[③]

表 4　2016~2020 年陕甘宁革命老区 8 个地级市的粮食总产量

单位：万吨

年份	延安	榆林	铜川	庆阳	平凉	吴忠	固原	中卫
2016	78.01	160.08	24.18	156.74	110.91	110.91	101.47	74.55
2017	76.71	165.89	24.29	128.09	102.54	102.54	102.36	71.66
2018	69.56	266.19	28.78	141.60	107.72	107.72	103.59	84.29
2019	70.57	265.48	28.67	145.44	104.65	102.32	87.31	68.27
2020	71.81	253.80	31.57	147.46	110.01	99.58	91.31	69.58

资料来源：陕甘宁革命老区 8 个地级市统计年鉴（2017~2021 年）。

（二）文化建设成效

陕甘宁革命老区积极发展文化事业，不仅有助于满足当地人民群众

① 《平凉市政府工作报告（2021 年）》，平凉市人民政府，2021 年 2 月 28 日，http://www.pingliang.gov.cn/zfxxgk/fdzdgknr/qtfdxx/zfgzbg/art/2022/art_3eb4c03d3a1e4d348895c3f7bdcab2e4.html。

② 《吴忠市政府工作报告（2021 年）》，吴忠市人民政府，2021 年 2 月 18 日，http://www.wuzhong.gov.cn/xxgk/zfgzbg/list.html。

③ 《中卫市政府工作报告（2021 年）》，中卫市人民政府，2021 年 1 月 28 日，http://www.nxzw.gov.cn/zwgk/zfxxgkml/zfgzbg/202101/t20210128_2583415.html。

不断增长的精神文化需求，还有利于推动第三产业的稳步发展。一是完善公共文化基础设施体系，提升公共文化服务水平。老区持续实施文化惠民工程，以乡村、城镇社区为重点，加大市县文化馆、公共图书馆以及乡镇综合文化站的建设投入力度，积极举办群众性文化活动，完善公共文化服务体系，满足群众的精神需求。二是提升互联网普及率。提高农村互联网接入能力，推动有线数字电视网络走入农户，加强"三农"的信息平台建设并指导农民关注与使用，早日实现"乡乡通光缆、村村通电话、户户通广播电视"的目标，实现广播电视信号全覆盖，提升县级（含县级）以上城市地面数字电视信号覆盖率，推进县级数字影院的建设。三是深度挖掘文化资源。对于陕甘宁革命老区内的文物、历史文化名城名镇名村和民族特色村寨、非物质文化遗产和自然文化遗产应给予保护和利用，同时针对文化典籍做好收集、整理及梳理的工作。四是争创红色旅游城市品牌。

全国红色旅游城市品牌影响力主要从品牌知名度、品牌吸引力、品牌活跃度、品牌传播力四个维度进行考评，并且结合舆论传播、搜索指数、游客评价等方面的数据，对全国红色旅游品牌影响力进行全面分析，延安于 2017 年在全国排名第三，仅次于北京、上海。延安大力深挖文化资源，实施"红色旅游兴业"战略、"文化旅游带动"战略，积极推动红色旅游产业发展。如表 5 所示，2016～2019 年，延安接待国内外旅游人数持续上涨。2019 年接待游客人数高达 7308.3 万人次，相较 2016 年增长了 81.56%，实现旅游综合收入 495 亿元。由于受到新冠肺炎疫情的影响，2020 年的旅游人数及综合收入都下降。但是 2016～2020 年，延安接待游客总数已经突破 2.46 亿人次，旅游带来的收入超过 1500 亿元，红色教育培训覆盖人数超 80.8 万人。因此，延安深挖红色资源卓有成效，且红色资源已经成为延安经济社会发展的重要基础。此外，延安红色旅游持续推进也为其红色旅游演艺发展提供了充足的基础性保障（详见案例 1）。

表5　2016~2020年延安市旅游业发展情况

年份	国内外旅游人数（万人）	旅游综合收入（万元）	旅游综合收入占第三产业增加值比重（%）
2016	4025.2	2280000	58.3
2017	5059.0	2987000	68.8
2018	6344.0	4107000	83.0
2019	7308.3	4953100	96.2
2020	1847.7	1089600	20.7

资料来源：延安市统计年鉴（2017~2021年）。

案例1　延安红色旅游演艺发展特征

一是形成了红色旅游演艺发展的"延安模式"。作为红色旅游资源优秀且独特的革命圣地，大量红色旅游者的到来为延安红色旅游演艺发展提供了庞大的观众基础。目前，延安的9个红色旅游演艺节目分别是《延安保卫战》《延安保育院》《延安颂》《延安印象》《延安记忆》《延安　延安》《文安驿·穿越道情》《黄河大合唱》《转战陕北》。延安在积极发展红色旅游过程中，结合自身红色旅游资源特色和红色文化底蕴，紧扣"延安"这一特殊的红色旅游品牌，使所有旅游演艺项目源于红色文化、展现红色文化、传播红色文化，使延安成为红色旅游演艺发展的核心城市，并在学界、业界和旅游者中形成了较为清晰的延安红色旅游演艺品牌，延安成为欣赏红色旅游演艺的重要首选地之一。延安的红色旅游演艺发展既重视"量"的增加，又强调对"延安"红色旅游品牌的精准把握，其9个红色旅游演艺节目中的6个名称中有"延安"二字，呈现出较高的辨识度和较大的影响力，从而形成红色旅游演艺发展的"延安模式"，这是符合延安自身红色旅游及红色旅游演艺发展的重要模式，具有典型性和独特性。

二是红色旅游演艺集中于城区范围。延安地处黄土高原的丘陵沟壑之间，在抗日战争时期和解放战争时期作为党中央所在地前后达13年之久，留存下来众多革命遗迹。延安红色旅游资源多集中于城区，如宝塔山、枣园革命旧址、杨家岭革命旧址、延安革命纪念馆、中共中央西北局旧址等是游客必到的旅游景区，2020年1月以这5家联合申报的延安革命纪念地景区正式跻身国家5A级景区行列。由于延安的高等级红色旅游景区多集中于城区，且延安本身就是高知名度旅游城市，因此，延安的9个红色旅游演艺节目中的7个集中于城区范围，产业集聚明显，对延安红色旅游的整体发展起到了积极支撑作用。

三是陕西本土旅游演艺企业贡献良多。随着文旅融合的持续推进，一批实力雄厚的陕西文旅企业开始在全国形成较大影响力，如陕西旅游集团有限公司（以下简称"陕旅集团"）、陕西演艺集团有限公司（以下简称"陕演集团"）、西安演艺集团有限公司（以下简称"西演集团"）、陕西文化产业投资控股（集团）有限公司（以下简称"陕文投集团"）等，这些陕西文旅企业扎根于陕西文化旅游领域，深挖陕西本土文化，在旅游演艺领域做出了积极努力，其中又以陕旅集团最为突出，其已推出12个旅游演艺节目，其中《长恨歌》《法门往事》等已是业内经典。延安9个红色旅游演艺节目中，陕旅集团参与了《延安保育院》《延安记忆》《文安驿·穿越道情》《黄河大合唱》等节目的主要投资与制作，陕演集团、西演集团、陕文投集团分别参与了《延安颂》《黄河大合唱》《延安 延安》的投资与演出。这些陕西本土文旅企业在延安红色旅游演艺领域的深耕与开拓，既能促进延安红色文化的产业化发展，也能最大限度地确保延安红色文化在参与旅游开发中不变色、不变味。[1]

（三）社会建设成效

加快社会事业发展，切实提高老区人民幸福感、获得感、安全感。一是扩大新型农村社会养老保险和城镇居民社会养老保险的覆盖范围。如表6所

---

[1] 毕剑、李忠：《新时代背景下延安红色旅游演艺高质量发展研究》，《焦作师范高等专科学校学报》2021年第2期，第32～33页。

示，2016~2019 年，延安市城镇居民最低生活保障人数的应保与已保人数一致，均保持在 3 万人以上。同期，农村居民最低生活保障人数的应保与已保人数也一致，且有上升趋势，2019 年应保与已保人数相较于 2016 年，增长了 22.02%。二是扩大城镇职工失业、工伤等保险覆盖面。如表 7 所示，2016~2020 年，榆林市参加失业保险、养老保险、医疗保险、工伤保险、生育保险的人数逐年增加，2020 年这五类险种的参保职工人数相较于 2016 年，分别增长了 24.07%、43.97%、24.22%、62.82%、39.41%。三是健全城乡居民的基本医疗保障体系，提高医疗保障水平。① 例如，2020 年，庆阳的城乡居民基本医疗、基本养老保险和老年人高龄津贴基本已实现 100%覆盖，城市社区和行政村养老服务设施覆盖率分别达到 87%、71%，城乡低保标准分别提高 34%、77%。四是加大抚恤补助资金支持力度。针对老红军、老党员和军人、烈士遗属的生活困难问题，积极提供解决方案。针对城乡困难群众、特殊群体、优抚对象，不断完善社会保障机制，同时，完善面向老年人、孤儿、残疾人、流浪未成年人、精神健康问题人群的福利机构设施。②

表 6　2016~2019 年延安市社会保障基本情况

年份	城镇、社区服务设施数（个）	城镇居民最低生活保障人数		农村居民最低生活保障人数	
		应保（万人）	已保（万人）	应保（万人）	已保（万人）
2016	1892	3.58	3.58	7.31	7.31
2017	1906	3.30	3.30	8.24	8.24
2018	2323	3.10	3.10	7.66	7.66
2019	2323	3.06	3.06	8.92	8.92

资料来源：延安市统计年鉴（2017~2020 年）。

---

① 《2021 年延安市政府工作报告》，陕西省人民政府官网，2021 年 3 月 9 日，http://www.shaanxi.gov.cn/zfxxgk/zfgzbg/sqszfgzbg/202103/t20210309_2155647.html。
② 《庆阳市政府工作报告（2021 年）》，庆阳市人民政府官网，2021 年 2 月 19 日，http://www.zgqingyang.gov.cn/gk/zfxxgkml/qtfdxx35zwgkb/subject5235zwgkb/content_15967。

表7 2016~2020年榆林市社会保障基本情况

单位：万人

年份	城镇居民最低生活保障人数	参加失业保险职工人数	参加养老保险职工人数	参加医疗保险职工人数	参加工伤保险职工人数	参加生育保险职工人数
2016	6.27	24.97	27.79	38.06	43.12	32.71
2017	5.64	26.37	29.60	39.72	51.28	35.47
2018	5.28	27.62	32.66	42.30	59.73	37.37
2019	4.89	29.45	36.16	44.39	65.10	39.95
2020	4.60	30.98	40.01	47.28	70.21	45.60

资料来源：榆林市统计年鉴（2017~2021年）。

实施更加积极的就业政策，重点做好高校毕业生、农村富余劳动力和城镇就业困难人员就业工作。一是千方百计增加就业岗位和机会，注重以非农产业和小型微型企业发展带动就业，以创业促进就业。到2020年，铜川市建成创业孵化基地90个，带动就业41135人，成为省级创业型城市。① 如表8所示，在失业率方面，2016~2020年，榆林、平凉的城镇登记失业率均控制在3.5%左右，庆阳的城镇登记失业率则整体控制在3.0%以内，2020年受疫情影响，失业率有所提高。二是加强职业培训，提高劳动者就业能力。在城镇新增就业人口方面，2016~2020年，平凉新增17.5万人，庆阳新增22.8万人。在城镇就业困难对象再就业人数方面，2016~2020年，平凉新增2.25万人，庆阳新增1.58万人。三是建立老区统一规范灵活的人力资源市场，不断完善就业服务体系，为劳动者提供优质高效的服务，积极维护其合法权益。规范发展中介服务，加大劳务输出培训，有序组织劳动力输出。

加快医药卫生体制改革，完善基本医疗卫生制度。如表9所示，2016~2020年，陕甘宁革命老区健全县、乡、村三级和城市社区医疗卫生服务网络，医疗卫生机构数、床位数、工作人员数以及卫生技术人员数等均呈上升

---

① 《2021年铜川市政府工作报告》，陕西省人民政府官网，2021年2月23日，http://www.shaanxi.gov.cn/zfxxgk/zfgzbg/sqszfgzbg/202102/t20210223_2153983.html。

表8 2016~2020年榆林、平凉、庆阳失业率及平凉、庆阳城镇新增就业、再就业情况

年份	城镇登记失业率(%)			城镇新增就业人口(人)		城镇就业困难对象再就业人数(人)	
	榆林	平凉	庆阳	平凉	庆阳	平凉	庆阳
2016	3.55	3.63	2.05	37000	78971	5162	1994
2017	3.31	3.61	2.48	35840	39705	4510	1819
2018	3.20	3.49	2.74	33180	39620	3322	4205
2019	3.10	3.34	2.81	37173	37801	5160	3744
2020	3.64	3.70	3.63	31569	31670	4307	4077

资料来源：榆林市、平凉市、庆阳市统计年鉴（2017~2021年）。

趋势，加强卫生人才队伍建设，医疗服务条件持续改善。例如，延安市中医医院迁建、市第三人民医院建成投用，组建三大医疗集团，托管市域内医院11家;[1] 陕甘宁革命老区的8个地级市中，榆林的医疗卫生机构床位数最多，且在2016~2020年不断上升，截至2020年已达到21912张，延安、平凉、庆阳的床位数均在10000张以上，吴忠、固原、铜川在5000张以上，中卫的床位数较少，但也有将近5000张。医疗机构的工作人员及卫生技术人员的数量均大幅上升，保障了老区医疗卫生事业稳步发展。同时，陕甘宁革命老区部分地区还大力发展中医药和民族医药产业，不断推进整合县域医疗卫生资源，政府积极引导和鼓励社会力量积极参与医疗卫生事业的发展，形成多元化的医疗体系。[2]

不断增加各级各类教育投入。一是积极发展学前教育。如表10所示，2016~2020年，陕甘宁革命老区推进学前教育发展，幼儿园数量整体呈上升趋势。二是不断提高义务教育质量和水平。不仅针对之前存在的"大通铺""大班额"问题进行综合治理，还积极推进城乡义务教育一体化发展，旨在保证县域义务教育均衡发展。例如，平凉于2020年新建及改建校舍共244万

---

[1] 《2021年延安市政府工作报告》，陕西省人民政府官网，2021年3月9日，http://www.shaanxi.gov.cn/zfxxgk/zfgzbg/sqszfgzbg/202103/t20210309_2155647.html。

[2] 《庆阳市政府工作报告（2021年）》，庆阳市人民政府官网，2021年2月19日，http://www.zgqingyang.gov.cn/gk/zfxxgkml/qtfdxx35zwgkb/subject5235zwgkb/content_15967。

表9　2016～2020年陕甘宁革命老区部分地区医疗卫生机构、床位、

工作人员及卫生技术人员数

年份	医疗卫生机构数(个)			床位数(张)			工作人员数(人)			卫生技术人员数(人)		
	铜川	延安	榆林	铜川	延安	榆林	铜川	延安	榆林	铜川	延安	榆林
2016	950	3151	4631	5939	13384	20436	10167	22412	33589	8159	16030	24890
2017	884	3029	4284	6534	13197	20712	10673	23273	34929	8702	17087	26223
2018	873	2655	3860	6568	13705	20623	11262	23481	34206	9186	17597	26394
2019	871	2631	3826	6585	14560	21803	11852	24298	36743	9600	18317	29207
2020	860	2504	3767	6840	15208	21912	11792	24837	37793	9721	18962	29916
年份	吴忠	固原	中卫	吴忠	固原	中卫	吴忠	固原	中卫	吴忠	固原	中卫
2016	906	1125	732	6238	5448	3914	8952	6738	6346	6903	4815	4970
2017	913	1124	731	6817	6744	4787	10088	8836	6934	7845	6676	5460
2018	950	1122	753	6638	7122	5121	10392	9156	7353	8201	7004	5845
2019	941	1100	650	6584	7051	5190	10674	9828	7518	8552	7545	6057
2020	948	1111	673	6512	7172	4927	11409	10351	7934	9295	7987	6448
年份	平凉		庆阳	平凉		庆阳	平凉		庆阳	平凉		庆阳
2016	2700		1943	12251		9420	15174		13370	10769		9431
2017	2677		2010	13069		10255	15938		13457	11650		9716
2018	2614		2003	13830		11311	15563		13715	12098		10269
2019	2559		1962	14736		13062	17335		17240	13881		13529
2020	2436		1896	14614		13766	17619		18096	14325		14416

资料来源：陕甘宁革命老区8个地级市统计年鉴（2017～2021年）。

平方米，全市整体实现县域义务教育基本均衡发展目标，平凉一中新校区全面建成，陕师大平凉实验中学成功创办；延安新建、改扩建中小学、幼儿园480所，增加学位9.1万个。三是加快普及高中阶段教育，改善办学条件。[1]如表10所示，2016～2020年，陕甘宁革命老区的普通中学数量有所增加，固原增加1所、中卫增加2所、平凉增加2所等。四是大力发展职业教育。陕甘宁革命老区积极推进职业教育服务于当地产业发展，同时注重职业教育的实地培训，部分地区实行中等职业教育免费制度。五是针对农村义务教育

---

[1]　《2021年延安市政府工作报告》，陕西省人民政府官网，2021年3月9日，http://www.shaanxi.gov.cn/zfxxgk/zfgzbg/sqszfgzbg/202103/t20210309_2155647.html。

的经济困难家庭，提高其寄宿生生活费补助标准，同时积极落实农村中小学生营养改善计划，对于农村教师的招聘给予政策倾斜，不仅仅局限于教师特设岗位计划，逐步提高教师工资待遇，并向艰苦边远地区倾斜。[①]

表 10 2016~2020 年陕甘宁革命老区部分地区学校建设情况

单位：所

年份	中等职业学校数			普通中学数			普通小学数			幼儿园数		
	吴忠	固原	中卫	吴忠	固原	中卫	吴忠	固原	中卫	吴忠	固原	中卫
2016	3	5	3	60	69	64	306	666	291	151	245	106
2017	4	5	3	60	69	65	299	502	289	188	408	119
2018	5	5	3	60	69	64	293	442	245	221	439	126
2019	5	5	3	61	72	64	292	427	199	242	442	173
2020	5	5	3	60	70	66	264	424	193	269	436	196

年份	普通高等学校数		普通中学数		普通小学数		幼儿园数	
	平凉	庆阳	平凉	庆阳	平凉	庆阳	平凉	庆阳
2016	2	2	161	167	848	990	844	631
2017	2	2	164	166	816	805	854	680
2018	2	2	164	166	779	747	868	684
2019	2	2	163	166	734	640	886	688
2020	2	2	163	166	715	617	866	689

资料来源：陕甘宁革命老区部分地区统计年鉴（2017~2021 年）。

（四）生态文明建设成效

生态脆弱，人与自然关系紧张，是老区的显著特点和弱点。在此条件下，推动老区振兴更应该将加强生态文明建设、保护生态环境作为底线要求。《规划》对加强生态建设与环境保护、强化综合治理、加大环境污染防治力度、节约资源减少排放、推进生态文明建设进行了全面部署。经过十年

---

① 《平凉市政府工作报告（2021 年）》，平凉市人民政府官网，2021 年 2 月 28 日，http：//www.pingliang.gov.cn/zfxxgk/fdzdgknr/qtfdxx/zfgzbg/art/2022/art_3eb4c03 d3a1e4d348895c3f7 bdcab2e4. html。

的继续奋斗，生态文明建设已经取得了初步成效。

陕甘宁革命老区的8个地级市坚持不懈，深入实施大绿化行动，生态环境持续好转。如表11所示，2016~2020年，陕甘宁革命老区的8个地级市建成区绿化覆盖率整体均呈上升趋势。其中，延安与吴忠的建成区绿化覆盖率均在40%以上，铜川、榆林、固原、平凉、中卫则保持在35%以上，庆阳的绿化覆盖率最低，但也呈上升趋势。由表11可知，在此期间，陕甘宁革命老区的8个地级市的人均公园绿地面积整体呈增加趋势。2016~2020年，固原的人均公园绿地面积增长最快，2020年为35.08平方米，相较于2016年增长了2.5倍，且目前在这8个地级市中，固原的人均公园绿地面积最大。吴忠与中卫的人均公园绿地面积基本维持在20%以上，其余城市在10%以上。此外，延安的农村人居环境整治受到国务院表彰，榆林建成国家森林城市，庆阳南梁镇被生态环境部命名为"绿水青山就是金山银山"实践创新基地；部分城市的优良天气率大幅提高，水质不断改善，天蓝水清地绿的愿景正在变成现实。[1] 由此说明，陕甘宁革命老区在生态文明建设与生态安全屏障构建工作中下了大功夫。

表11 2016~2020年陕甘宁革命老区的8个地级市绿化情况

建成区绿化覆盖率 单位:%							
年份	铜川	延安	榆林	平凉	庆阳	吴忠	固原	中卫
2016	38.79	40.43	33.65	37.10	33.77	41.31	36.68	39.42
2017	38.96	40.76	35.80	39.36	30.42	40.61	36.68	39.60
2018	39.47	40.76	36.24	39.44	31.90	41.04	36.37	40.10
2019	39.73	40.76	37.55	39.54	32.04	42.29	39.45	42.47
2020	39.91	40.77	37.88	39.59	34.31	42.74	41.22	43.63
人均公园绿地面积 单位:平方米							
年份	铜川	延安	榆林	平凉	庆阳	吴忠	固原	中卫
2016	11.84	10.65	12.37	8.35	7.48	20.55	10.06	26.13
2017	11.53	10.33	14.34	11.25	7.24	16.76	24.77	23.14

---

① 《庆阳市政府工作报告（2021年）》，庆阳市人民政府官网，2021年2月19日，http://www.zgqingyang.gov.cn/gk/zfxxgkml/qtfdxx35zwgkb/subject5235zwgkb/content_15967。

人均公园绿地面积 单位:平方米							
年份	铜川	延安	榆林	平凉	庆阳	吴忠	固原	中卫
2018	11.89	12.49	15.77	12.89	11.80	23.96	25.55	24.14
2019	12.08	12.53	16.35	12.93	11.79	22.62	26.10	26.52
2020	12.10	12.54	16.63	12.93	12.37	21.82	35.08	24.83

资料来源:Wind 数据库。

四　陕甘宁革命老区振兴的启示

推动老区振兴不仅对于区域经济社会发展具有重大意义,而且对国家经济社会发展具有全局意义。在新的历史条件下,必须坚持一张蓝图绘到底的自信与定力,不断巩固拓展老区振兴成果。

(一)坚持解决当前问题与着眼长远发展相结合

党的基本路线明确以经济建设为中心,这在全国具有普遍、长远指导意义,必须毫不动摇,脱离了这个中心,就无法解决各地当前问题。对于老区而言,当前的首要问题正是经济发展问题,经济发展不了,就没有推动就业、分配、教育、医疗、保障等社会事业发展的基础条件,人与自然的紧张关系就无法得到缓和,也就解决不了长远问题,无法实现可持续发展。因此,老区振兴,第一重要、第一紧迫的必然是经济发展问题。陕甘宁老区10年来的振兴发展之所以能够取得显著成效,最根本的一点就在于扭住了经济发展这个中心,实现了区域 GDP 和人均可支配收入的快速增长。但是在解决当前问题的过程中,必须想好"后手棋",寅吃卯粮、不顾后果的大开发、大发展必然遗患无穷,所以,推动当地经济发展,必须坚持科学发展。老区在努力补齐经济发展短板的同时,努力偿清生态环境欠账,从而为老区的长远发展夯实了基础、优化了条件。

（二）坚持资源开发与利民富民相结合

众所周知，民心是最大的政治。要赢得民心，必须办好民生事业、增进人民福祉。因此，无论从经济角度看，还是从政治角度看，老区振兴都必须坚持以人民为中心，坚持一切发展为了人民、一切发展依靠人民、一切发展成果由人民共享。老区矿产资源富集，长期以来，当地的能源企业对老区经济发展作出了重要贡献，也服务了国家经济发展。虽然这些矿产资源属于国家，但是矿产资源带来的收益应该由人民共享。如果老区某个地区矿产资源丰富、采矿产业发展迅速、能源企业为当地经济发展作出较大贡献，但是当地人民从中没有获益，或者说获益很少，那么这个产业的发展、这些企业的发展就没有践行以人民为中心的发展思想。多年以来，老区人民为当地的资源开发贡献了体力与智力，甚至承受了环境污染的代价，但是经济上的获得感不强，现在这种状况已经得到根本改变。当资源开发与利民富民相结合时，相关产业、企业就能更好地得到人民的支持，就获得了加快发展的社会环境，从而实现经济社会良性互动、平衡发展。

（三）坚持加快经济发展与推动社会全面进步相结合

不发展教育、医疗、保障事业，就不能培养人才、留住人才，没有广大的知识型、技能型、创新型劳动者，就无法发展知识密集型、科技含量高的创新型产业和企业，当地就无法实现高质量发展。一句话，没有社会进步，经济发展后续乏力、不可持续，老区就无法实现后程发力、弯道冲刺，赶不上全国的发展速度，未来还是会再一次掉队。当前，我国社会主要矛盾是人民日益增长的美好生活需要和不平衡不充分的发展之间的矛盾，人民对美好生活的向往，不仅包括对美好的物质生活的向往，还包括对美好的政治生活、文化生活、社会生活、生态环境的向往。新时代，人民对于民主、法治、公平、正义、安全、环境的需要日益迫切。因此，老区在加快经济发展的同时必须推动社会进步、文化繁荣、生态优化，积极解决当前社会主要矛盾，满足人民对美好生活的向往需求。

（四）坚持发挥比较优势与促进区域合作相结合

老区振兴不能完全照搬其他发达地区发展经验，必须立足区域的实际情况，实事求是地探索适合自己的发展路径。在推动老区振兴的过程中，要认清老区的基础条件，寻找和挖掘老区的比较优势，并且将这种优势转化为社会效益和经济效益，力求与周边区域、发达区域形成合作发展、互补发展的局面。老区农村富余劳动力充足，顺应工业化和城市化大潮，组织富余劳动力外出务工，可以增加农民收入，从而解决千家万户的紧迫问题，同时也可支援全国的生产建设。随着中国经济总量的不断增大，在这个大基数上继续保持中高速增长，对于能源的需求量将不断攀升，老区矿产资源丰富，适应我国经济发展的需要，必然要利用这个比较优势，扩大供给，既服务于地方经济发展，也服务于全国经济发展。另外，老区内部，各地方之间、城乡之间发展不平衡，需要增进合作。单靠老区各市、各县自身的单一市场，不可能实现跨越发展。

（五）坚持自力更生与国家支持相结合

老区要想不断发展，固然需要国家财政、政策、项目支持，以及全国各个地方、社会各界的共同关心，但精准扶贫的经验表明，扶贫先扶志、扶智，贫困人口如果自身没有摆脱贫困的强烈意志、不提高自身的脱贫致富能力，即便在国家的大力帮助之下脱贫，也很容易返贫。单靠国家和各个地方、社会各界的帮扶力量输血生存，老区永远都无法实现可持续的振兴发展。老区的发展，必须立足于自身的基础、资源、力量基点，任何一个区域的发展都等不来、靠不来、要不来，必须以自力更生为主、争取外援为辅，否则，就容易产生新的路径依赖。推动老区振兴，施以特殊政策、给予特殊照顾，不是永久的政策和做法，这些政策和做法的目的是帮扶老区赶上时代的步伐，冀望老区依凭自身的力量并跑甚至领跑全国，因此，老区要有国家特殊支持政策结清的准备，在这个过程中形成独立发展的能力。

（六）坚持全面深化改革与扩大对外开放相结合

老区发展速度落后于其他地区，有自身改革动力没有得到充分释放的主观因素，从客观方面看，则是沿海、沿江、沿边地区得开放之先机，率先发展起来，抬高了全国的平均数，从而使得老区落后于全国平均水平。因此，新时代，老区必须进一步全面深化改革，建立健全经济、政治、文化、社会、生态等各个领域的体制机制，提高治理效能，坚持不懈发展生产力。另外，随着时代的发展，特别是随着世情的发展，中国对外开放的路径将不得不作出战略调整，必须在广大新兴市场国家和发展中国家深耕细作，创造新一轮开放发展的机会。"一带一路"倡议的提出与实施，对于地处中国西部的老区而言，是历史机遇。因此，要大力发挥自身通道作用、桥头堡作用，勇做内陆开放的排头兵，这是老区实现弯道超车的必然选择。

总之，新时代，老区人民必须以习近平新时代中国特色社会主义思想为指导，立足新发展阶段、贯彻新发展理念，以推动高质量发展为主题，以深化供给侧结构性改革为主线，不断加强基础设施建设，提升发展保障能力；加强生态建设和环境保护，切实加大综合治理力度，构建国家生态安全屏障；加快实施优势资源转化战略，建设国家重要能源基地；着力夯实农业发展基础，推动乡村振兴；大力保障和改善民生，促进基本公共服务均等化；继续全面深化改革、扩大对外开放，努力走出一条生态环境良好、能源资源集约开发、人民生活富裕的高质量发展之路！

左右江革命老区振兴发展研究

周 琪 杨丽萍 黄小红*

摘 要： 革命老区振兴发展一直受到党中央、国务院高度重视，近年来，在政策的支持下，左右江革命老区发展空间布局不断优化，发展整体性、协调性不断增强，经济社会得到飞跃式发展，但仍然面临交通、产业等基础设施薄弱，生态系统脆弱，基本公共服务供给能力不足等诸多难题。加快左右江革命老区振兴发展是一项重大的政治任务，既有优势，也面临许多困难和挑战，需要不断加强基础设施建设，壮大特色产业，保护生态环境、发展低碳经济，提高基本公共服务水平。

关键词： 左右江 革命老区 振兴发展

　　左右江革命老区是中国革命史上重要的革命根据地之一，当地人民为中国革命、民族解放、边疆稳定作出了重要贡献。实现革命老区振兴发展是党中央、国务院的重托，是老区群众的热切期盼，也是稳定老区发展大局和稳边固疆的根本要求。2015 年，国务院批复《左右江革命老区振兴规划（2015—2025 年）》。经过几年发展，左右江革命老区爬坎上坡、加速迈进，经济社会发展取得长足进步，但由于历史、地理等条件限制，所在区域基础设施不完善、生态系统脆弱、产业发展滞后、基本公共服务水平有待提高，

＊ 周琪，中国地质大学（武汉）马克思主义学院博士研究生，江西师范大学苏区振兴研究院（革命老区振兴研究院）研究助理；杨丽萍，江西师范大学马克思主义学院、苏区振兴研究院（革命老区振兴研究院）硕士研究生；黄小红，江西师范大学商学院硕士研究生。

整体发展进程缓慢。进一步推动革命老区振兴发展是一项重要的政治任务，更是实现共同富裕的必然要求。

一 左右江革命老区振兴发展取得的成效①

近些年，在中央大力支持下，左右江革命老区各地党委、政府高度重视老区振兴发展，印发了《广西贯彻落实左右江革命老区振兴规划的实施方案》《左右江革命老区重大工程建设三年行动计划实施方案》《关于加大脱贫攻坚力度加快左右江革命老区振兴的实施方案》等重要政策文件，以脱贫攻坚与振兴发展为主攻方向，给予资金、项目倾斜性支持，在基础设施巩固、产业发展、生态文明建设、基本公共服务有效供给等方面取得丰硕成果，特别是在经济社会发展上呈现持续健康平稳运行发展的势头，整个老区面貌发生巨大变化，呈现一派新气象。

（一）基础设施建设不断巩固，经济发展取得显著效果

近年来，左右江革命老区不断增加基础设施、旅游景区、产业发展建设的资金投入，极大地改善了交通、旅游、生态等环境。数据显示，2019年，左右江革命老区生产总值达3076.44亿元，同比增长7.8%，比全区增速高1.8个百分点；人均地区生产总值30542元，同比增长7.2%；工业增加值788.23亿元，同比增长9.6%；财政收入306.65亿元，同比增长5.8%；居民人均可支配收入18598元，同比增长9.4%，其中城镇居民人均可支配收入31198元，同比增长7.5%，农村居民人均可支配收入11759元，同比增长10.5%。2020年第一季度，左右江革命老区生产总值为686.82亿元，同比增长1.7%，比全区增速高5.0个百分点；城镇居民人均可支配收入8857元，同比增长1.2%；农村居民人均可支配收入3800元，同比增长5.2%。②

---

① 若未特别说明，本部分数据均来源于相应地区统计年鉴、统计公报及政府官网。
② 《广西左右江革命老区五年大变样》，百色市发展和改革委员会官网，2020年6月19日，http://fgw.baise.gov.cn/xwzx/bsyw/t5581230.shtml。

迄今为止，百色左右江革命老区经济发展取得显著成果，特别是在交通方面，已基本形成了"五位一体"的交通格局，并不断加强对外联系，增强内生动力，为当地振兴发展奠定了坚实的物质基础。

1. 交通条件不断改善，基础设施建设加快

左右江革命老区着力补齐基础设施短板，一是与贵州建成了3条铁路、3条高速公路，与云南建成了2条铁路、2条高速公路的省区联系快速通道。① 二是高速公路网已覆盖9个县区，2020年，百色市公路总里程达1.87万公里，比2019年增加497公里，河池至百色、靖西至龙邦、乐业至百色、来宾至马山、马山至平果、崇左至靖西、贵港至隆安、崇左至水口等高速公路建成通车，新增东兰、巴马、凤山、乐业、凌云5县通达高速公路，高速公路覆盖老区32个县（市、区）中的30个，老区县与县之间通高速公路率达94%，② 县县通二级及以上公路，建制村通硬化路。③ 三是右江黄金水道全线贯通，千吨级船舶直达珠三角，左江、右江航道自崇左、百色以下可实现1000吨级货轮直达粤港澳地区，红水河航道自曹渡河口以下可实现500吨级货轮直达粤港澳地区，百色已建成25个千吨级泊位，港口年通过能力达1296万吨。④

2. 对外开放再上新台阶，内生动力持续增强

百色通过紧抓"一带一路"建设和西部陆海新通道建设等机遇，在《左右江革命老区振兴规划》、中国（广西）自由贸易试验区、广西百色重点开发开放试验区等政策支持下，对外开放红利持续释放，进一步加快构建全方位开放合作新格局。一是紧随政策支持的东风，推动形成开放合作新格局。从区位上看，百色等沿边地区背靠西南、连接东盟、通江达海，走活开

---

① 陈雷、孙国玉、崔长彬：《加快推进左右江革命老区振兴的思考——以广西百色市为例》，《老区建设》2020年第8期，第3~8页。
② 《广西左右江革命老区五年大变样》，百色市发展和改革委员会官网，2020年6月19日，http://fgw.baise.gov.cn/xwzx/bsyw/t5581230.shtml。
③ 数据来源：《百色市统计年鉴2020》。
④ 陈雷、孙国玉、崔长彬：《加快推进左右江革命老区振兴的思考——以广西百色市为例》，《老区建设》2020年第8期，第3~8页。

放发展这盘棋，是老区跨越发展的关键所在。2020年3月，国务院正式批复设立百色试验区，百色区域开放合作新格局初步形成。截至2020年底，百色试验区首批68个重大项目集中开工，总投资额达1005.7亿元。[①] 与百色相邻的崇左市是左右江老区又一开放"窗口"，被形容为"打开门就是越南，走两步就进东盟"。"十三五"期间，崇左外贸进出口总额累计达7700多亿元，年均增速达8%，进出口总额连续多年排名广西首位。[②] 此外，2016年广西凭祥重点开发开放试验区落户崇左，中国（广西）自由贸易试验区崇左片区、崇左跨境电商综合试验区等一批国家级开放平台的建立，为崇左老区打造新时代沿边开放新高地提供有力支撑。二是不断完善国家口岸功能，加强与东盟国家贸易往来。2016年8月，广西龙州县水口口岸扩大开放，口岸的开放进一步方便了国际性的往来，增强了广西地区与越南地区的联系及贸易往来，提高了当地的经济发展水平。2017年，凭祥市人民政府扩大友谊关口岸开放区域范围，增加弄尧边贸点作为辅助通道，使友谊关口岸与越南两大口岸实现直接有效对接，进一步减少贸易的中间环节，贸易成本也大大降低。这些口岸的扩大和开放，不仅有利于两国边境贸易往来，不断满足人们日益增长的物质文化需求，也有利于促进两国之间的跨境合作，从而带动相关产业的发展。2019年11月，中越双方同意进一步加快硕龙—里板口岸升级为国际性口岸并扩大至岩应—板空通道，崇左在落实中央赋予广西的三大定位和自治区党委建设面向东盟开放合作、积极融入陆海新通道建设方面又向前迈出了一步。截至2020年12月，硕龙口岸主体工程已基本完成，经国家验收开放后，口岸进出境旅客通关能力将满足每年100万人次。[③] 三是积极创新，多措并举，推动对外开放经济取得新突破。一方面，自贸区崇左片区立足推动跨境金融，创新开展保税保证保险、中越人民

---

① 《广西百色重点开发开放试验区68个重大项目集中开工》，广西壮族自治区人民政府官网，2020年12月12日，http://www.gxzf.gov.cn/mlgxi/gxjj/xmtz/t7297368.shtml。

② 《革命老区左右江：谱写开放新篇章》，广西新闻网，2022年5月9日，http://gx.news.cn/newscenter/2022-05/09/c_1128632126.htm。

③ 《硕龙海关今日正式揭牌成立》，大新县人民政府官网，2020年11月29日，http://www.daxin.gov.cn/xwzx/dxyw/t7167336.shtml。

币现钞跨境调运、边民互市贸易结算模式等工作。截至 2021 年 6 月，已为 132 家外贸企业提供 1.03 亿元税款担保，累计办理互市贸易结算金额 10.76 亿元。另一方面，加快建设跨境物流体系。截至 2021 年 6 月，崇左开通跨境公路物流线路近 20 条，通达东盟国家 20 多个城市。通道经济正在不断转化为口岸经济。统计显示，2021 年，凭祥综保区已吸引 380 多家企业入驻，崇左累计引进 148 家口岸贸易加工企业，其中有 110 家企业已形成一定的规模。友谊关口岸进出口贸易在政策支持下取得更大的发展，货运量达到 335.3 万吨，进出口货值达到 2641.91 亿元。[①]

（二）特色产业不断壮大，"造血功能"明显增强

合则强，孤则弱，优势互补、互利共赢，才能实现"1+1+1>3"的集成集聚效应。近年来，左右江革命老区充分发挥文化旅游、生态环境、矿产资源等方面的优势，促进红色旅游、特色农业、资源精深加工、商贸物流、大健康等产业迅猛发展。

1. 特色农业发展成效明显

近些年，左右江革命老区充分发挥当地特色资源优势，大力发展特色农业。一是在农产品基地建设上，特色农产品基地建设位居全国前列。在种植业方面，截至 2020 年 9 月，河池市建成 1185 个核桃示范基地，全市核桃种植面积达 261 万亩，产业覆盖 11 个县（区）122 个乡镇 1052 个行政村，参与种植农户 36 万户 120 万人。[②] 在特色生态养殖方面，打造多种产业，建成多个养殖基地，如环江和巴马香猪种苗、百色田东金陵种鸡、南丹瑶鸡种苗、河池肉牛繁育基地等，为后期的产业发展奠定了良好的基础。在繁育基地建好之后，崇左优质肉牛产业化基地，崇左龟鳖养殖，龙州、都安黑山羊等产业化项目也取得明显成效。二是在品牌创建上，截至 2019 年 7 月，当地已培育国家级和自治区级农业产业化龙头企业 33 家，393 个产品获得

---

① 向志强、徐海涛：《边陲老区如何谱写开放新篇?》，《瞭望》2021 年第 22 期。
② 《河池核桃现场会暨核桃丰收节在凤山县举行》，河池市林业局政府官网，2020 年 9 月 21 日，http://lyj.hechi.gov.cn/zwdt/t6325153.shtml。

"三品一标"认证,"百色芒果"地理标志产品列入国家与欧盟互认谈判的35个地理标志农产品之一。[①] 三是在产业规模上,当地产业的规模根据实际需要不断扩大。如当地桑园总面积93万亩,蚕茧产量14.19万吨,2020年,仅河池市就新种2.49万亩桑园,桑园面积不断扩大,为当地的桑蚕产业的进一步发展提供了良好的产品来源。[②] 四是在现代生态农业示范区建设方面,示范区的建设给其他地方发展产业提供了良好的借鉴,当地重点推进河池、百色、崇左等核心城市的现代特色农业示范区建设,通过加强现代科学技术的使用,提高产业的生产效率,不断优化当地的产业布局。[③]

2. 资源深加工产业不断发展

左右江革命老区有色金属资源丰富,当地不断加强科技创新能力,进一步深化产业深加工,促进产业转型升级。一是在铝产业深加工的发展上取得显著的成效,铝产业是当地的支柱性产业。当地通过加速推进和建设生态型铝产业示范基地和全国区域性铝制造业中心,不断攻坚克难,目前在百色市已经形成了较为完备的铝产业链。数据显示,2019年当地氧化铝加工达到846.5万吨,电解铝加工完成181.6万吨,铝材加工完成128.5万吨,铝产业总产值643.5亿元,2020年,铝产业总产值达到705.9亿元,同比增长9.7%,占百色市规模以上工业总产值的一半以上,铝产业的发展也给当地带来了很好的经济效益。[④] 同时铝产业也在不断进行产业优化升级,从之前的粗放资源型产业向精深加工技术型产业转变,各项节能环保指标均向发达国家看齐。[⑤] 二是锰产业深加工取得显著发展。当地的有色金属资源丰富,锰产业也是当

---

① 《广西左右江革命老区快速发展,4年来170余万人脱贫》,腾讯网,2019年7月29日,https://new.qq.com/omn/20190729/20190729A0PCKS00.html。

② 康敏华:《广西左右江革命老区产业高质量发展路径研究》,《市场论坛》2021年第7期,第36~41页。

③ 康敏华:《广西左右江革命老区产业高质量发展路径研究》,《市场论坛》2021年第7期,第36~41页。

④ 陈雷、孙国玉、崔长彬:《加快推进左右江革命老区振兴的思考——以广西百色市为例》,《老区建设》2020年第8期,第3~8页。

⑤ 《百色成国家生态型铝产业示范基地》,广西新闻网,2019年7月4日,http://bs.gxnews.cn/staticpages/20190704/newgx5d1e03ae-18478760.shtml。

地重点发展的产业之一，在深加工方面，有很多大型企业入驻和发展推动其产业不断升级，如中信大锰、汇元锰业、桂柳化工、靖西湘潭电化等企业工艺指标达到国内领先水平。当地还不断支持产业园区的建设，提供基础服务，湘潭电化新能源电池材料产业园区已经开发碱锰级、碳锌级、锰酸锂级电解二氧化锰产品，进一步延伸和完善了当地锰产业链。三是在其他有色金属深加工的发展上，当地依靠独有的有色金属资源禀赋，发展金属深加工产业，数据显示，2020 年崇左铜业产值达 118.5 亿元。碳酸钙产业同样依托当地的资源取得重大发展，河池诞生了全国首个全智能、全环保、全空调标准化食品级碳酸钙封闭生产车间。① 左右江革命老区依托已有的有色金属资源，不断延伸基础工业产业链，进一步促进了左右江革命老区工业的发展。

3. 红色文化和休闲生态旅游蓬勃发展

左右江革命老区是一片红色热土，有着丰富的红色文化资源；同时这也是一片绿土，山清水秀，气候宜人，生态资源丰富。当地充分利用红色和绿色资源促进旅游业蓬勃发展。在红色旅游上，一是通过打造红色品牌，提升红色旅游核心竞争力。近些年，左右江革命老区以打造百色起义纪念馆国家5A 级旅游景区为依托，同步建设"古城恢复、红城提升"项目，打造了以百色起义纪念馆为代表的多处红色景点，通过对当地红色资源的开发，进一步促进红色旅游的发展，从而带动革命老区经济发展水平不断提高。据统计，2019 年百色市接待红色旅游 1510.2 万人次，红色旅游消费 152.5 亿元。② 二是组合各类红色资源，促进红色旅游的开发与建设，创建红色旅游核心区。在红色核心区域内，桂西革命老区拥有丰富且具有深远影响的红色资源，当地深入挖掘和研究红色资源，处理好资源开发和环境保护的关系，建设具有思想政治教育性质的旅游专题园区，打造爱国主义教育实践高地，

---

① 康敏华：《广西左右江革命老区产业高质量发展路径研究》，《市场论坛》2021 年第 7 期，第36~41 页。
② 《红色旅游促振兴，老区脱贫显成效——广西壮族自治区百色市红色旅游发展典型案例》，国家发展和改革委员会官网，2021 年 6 月 8 日，https：//www.ndrc.gov.cn/xwdt/ztzl/qgxclyd xalhjpxl1/hslyfzdxal/202106/t20210608_1282773.html？code＝&state＝123。

形成左右江革命老区的品牌优势，让红色旅游成为广西旅游的一张绚丽的名片。在红色旅游核心区域外，打破省内、省际的行政区域壁垒，积极跨区联动，加强合作，践行互利互惠的经营理念。其一，充分利用便利的交通设施打通左右江革命老区城市之间的联系，充分挖掘红色文化内涵，打造红色旅游产业集群带，开发区域协同的精品旅游线路，构建左右江红色旅游区，促进红色文化与旅游的深度融合发展。其二，推动"红色""绿色""古色"资源相结合，以"红色"为主要吸引物，带动本区域"绿色""古色"联动发展。比如景区附近的当地村民，借助当地的民族服饰、特色农产品、工艺雕塑品等具有当地特色的周边产品，一方面增加收入，提升生活水平，另一方面又增强旅游景区的吸引力和影响力。同时，左右江革命老区位于我国西南边陲，与东南亚地区接壤，当地充分利用地理位置优势，将红色旅游与边关风情相结合，吸引东南亚地区的游客来当地旅游。①

在休闲生态旅游上，当地积极创建全域旅游示范区。截至 2019 年 7 月，左右江革命老区有一家国家生态旅游示范区——中越德天—板约瀑布跨境旅游合作区，包括 6 个特色旅游名县，1 个 5A 级旅游景区，52 个国家 4A 级旅游景区。② 数据显示，百色市 2019 年接待旅游总人数 1.59 亿人次，旅游总收入 1751.8 亿元，较 2015 年分别增长 159.5%、222.5%，休闲生态旅游人次和收入逐年增加，越来越成为文旅收入的重要组成部分。③ 同时左右江革命老区的核心城市积极创建全域旅游示范区，因地制宜挖掘民族民俗、山水田园、文化历史等旅游资源，继承和开发当地的非物质文化遗产及其衍生产品，培育差异化的旅游新业态。④

---

① 孟萍、唐秀海：《多措并举 推动红色旅游提质升级》，《中国旅游报》2021 年 12 月 24 日，第 3 版。

② 《广西推进左右江革命老区发展情况新闻发布会召开》，广西壮族自治区人民政府官网，2019 年 7 月 29 日，http：// www.gxzf.gov.cn/xwfbhzt/gxtjzyjgmlqfzqkxwfbh/xwdt/20190729 -759419.shtml。

③ 康敏华：《广西左右江革命老区产业高质量发展路径研究》，《市场论坛》2021 年第 7 期，第 36~41 页。

④ 《广西推进左右江革命老区振兴》，中国新闻网广西新闻，2019 年 7 月 30 日，http：// www.gx.chinanews.com.cn/sz/2019-07-30/detail-ifzmnmnw3019889.shtml。

（三）生态修复不断强化，环境质量持续改善

左右江革命老区山清水秀，气候宜人，生态资源丰富。当地在原有的基础上持续开展退耕还林、水土保持、石漠化治理，并将山水林田湖草生态修复工程列入国家试点等重大生态修复工程，稳固生态优势，改善区域流域水环境，加强对环境质量的监管，对石漠化及水土流失等问题进行有效治理。截至 2018 年底，当地的森林面积由 2014 年底的 8929 万亩增长到 9651.49 万亩，森林覆盖率提高到 70.13%，生态环境得到明显改善。[1]

一是通过生态保护修复工程，采用"边开采边复垦"的模式对矿山进行生态修复和综合治理，南宁市隆安县点灯山矿山用这种新型的模式修复矿山面积近 10 万平方米，将废弃矿山变成公园，在改善矿山生态环境的同时，为隆安县震东扶贫生态移民新区居民提供休闲场所。二是推广石漠化治理"封、造、退、管、沼、补"的六字方针，当地石漠化面积比 2011 年减少8.09 万公顷，石漠化问题得到明显改善。[2] 三是加快水系生态修复进度，进一步恢复湿地面积。经过几年修复，百色市县两级饮用水源地水质基本达标，地表水考核断面水质也不断变好，国家地表水考核断面水环境质量进入全国水质最好的 30 座城市榜单，水质的不断提升进一步保障了民众的生活安全。崇左市恢复 51 公顷被挤占的水域、271 公顷湿地，同时吸引新开发银行等多家银行参与融资建设，进一步推动崇左市生态水系修复工程。[3] 四是提高植被的覆盖率，百色市植树造林总面积连年增加，森林覆盖率从2014 年的 67.0% 提高到 2018 年的 70.6%，还获得"国家卫生城市""国家

---

① 《广西推进左右江革命老区振兴》，中国新闻网广西新闻，2019 年 7 月 30 日，http://www.gx.chinanews.com.cn/sz/2019-07-30/detail-ifzmnmnw3019889.shtml。

② 陈雷、孙国玉、崔长彬：《加快推进左右江革命老区振兴的思考——以广西百色市为例》，《老区建设》2020 年第 8 期，第 3~8 页。

③ 《广西百色保好水、治差水、护饮水 水质从全国第二十三位跃升至第七位》，广西壮族自治区生态环境厅官网，2021 年 11 月 25 日，http://sthjt.gxzf.gov.cn/zwxx/sxdt/t10845968.shtml。

园林城市""国家森林城市"等荣誉。① 老区的山更美，水更绿，天更蓝，空气更清新。

（四）基本公共服务有效供给，不断满足民众需求

习近平总书记指出："要重点加强基本公共服务，特别是要加大对革命老区、民族地区、边疆地区、贫困地区基本公共服务的支持力度，加强对特定人群特殊困难的帮扶，在此基础上做好教育、就业、收入分配、社会保障、医疗卫生等各领域民生工作。"左右江革命老区进一步加强基本公共服务的有效供给，不断满足民众需求。在教育方面，优先发展教育事业，落实立德树人根本任务。左右江革命老区拥有广西百色干部学院、百色学院、广西民族师范学院等高等院校。一方面，强化学校管理，提升办学质量，加快构建德智体美劳全面发展的教育体系。另一方面，通过创新财政投入机制，完善教师工资待遇、职称评聘等方面的激励机制，稳步加快高校转型发展、特色发展，进一步推进高等教育资源合理有效利用。在医疗卫生方面，百色市一方面加强市、县疾控、妇幼、康复保健、精神健康、采供血机构体系建设，加强传染病的宣传和预防监控，加大慢性病医保报销力度，提高老区医疗保障水平，推动重大疾病监督防控体系建设；另一方面加强食品卫生质量监督检测，健全食品安全领域相关法律法规，完善食品监督监测体系，健全医药卫生监管和疾病防控机制，努力提高应对公共卫生突发问题防控、应急处理能力。在公共文化服务方面，老区尤其注重保护和传承的关系。百色市将生态环境发展要素融入红色旅游开发，联合"非遗"手工艺人与周边产品制造厂商，推出具有左右江革命老区文化特色的"非遗"手工纪念品，处理好"非遗"文化资源开发和保护的关系，形成民族品牌优势。同时，由于左右江革命老区少数民族居多，传统民族工艺及文化艺术种类丰富，当地通过打响"一县一节"文化品牌，不断丰富民众的精神文化生活。在体

---

① 《右江区河流8个考核断面地表水水质达标率优良率均达100%》，广西新闻网，2020年8月3日，http：//news.gxnews.com.cn。

育事业方面，进一步加强民族体育品牌的建设，响应国家全民健身的口号，积极构建四级（市、县、乡、村）大型群众体育运动场馆，增加青少年运动训练场所，适当恢复重建革命老区各县业余体育运动学校，并积极打造老区少数民族传统体育项目研究与开发训练基地，如百色民族体育中心、百色水上训练基地、东巴凤金三角山地自行车运动训练基地，满足民众的体育锻炼需求。在社会保障和就业方面，加强保障性安居工程建设，支持优抚医院、社会福利院、养老院、应急避难所建设。不断建设公共就业服务信息平台，掌握老区毕业生动态，及时帮助就业困难人员就业，促进资源信息共享，提升当地就业比例，大力发展第三产业，增加就业岗位，同时促进当地工业园区的发展和加大财政支持力度，使劳动者在家门口就可以实现就业，一方面有可观的收入，另一方面可以照顾家庭，进一步提升生活的幸福感。

二　左右江革命老区振兴发展面临的挑战

左右江革命老区地处桂、黔、滇三省区交界处，是西南地区通往边疆和国外的重要通道之一，所在地区以山地、丘陵为主，面临交通等基础设施建设难度高、周期长、投资大，区域互联互通能力不强，产业分散经营、高质量发展根基浅，生态修复和环境保护任务繁重，基本公共服务供给能力不足等挑战。

（一）基础设施短板突出，重大项目建设资金缺口大

百色市是左右江革命老区的核心区域，处在滇、黔、桂三省区交界处，主要为喀斯特地貌，地形较为复杂，基础设施建设存在项目配套资金筹措压力巨大、建设难度高等难题，进而导致融资难、融资贵，重大项目的经济效益和回报率都低于周边市，故而当地的经济发展水平相对于周边城市而言一直处于低谷期，[1] 主要体现在以下两方面。

---

[1] 韩继伟：《大力推进和加快实施〈左右江革命老区振兴规划（2015-2025）〉的几点思考》，《老区建设》2019年第6期，第13~19页。

一是交通基础设施建设明显滞后。百色市地形复杂，交通基础设施建设成本高，加之当地经济发展水平和能力有限，有限的资金投入和巨大的基础设施资金缺口使得当地的交通基础设施水平低于国内平均水平，更不用说与发达城市相比。各县市之间的便捷联系通道还处在建设阶段，沿边通道公路等级标准偏低，安全通畅和产品运输较难保障。不少跨省区重大基础设施项目由于前期工作经费缺乏、协调难度大，建设周期一拖再拖，阻碍了当地经济社会发展，交通基础设施的不完善是制约百色进一步发展的重要因素之一。

二是沿边区位优势未完全发挥。百色市在境内外贸易中拥有地理位置优势，它不仅是我国西南地区出边入海的重要通道，还是"一带一路"建设重要节点城市。但是，百色市自身发展能力和财政收入有限，进行对外贸易，首先要进行边境口岸的建设，资金不足是制约口岸建设最关键的一环。边境口岸基础设施落后，物流无法跟上，投资者则会选择其他的口岸进行替代和交易，使得原有的区域优势无法有效发挥。同时边境贸易更多的是通道经济，投资者都是短时间停留，口岸的规模和基础设施留不住投资者，资源利用和转化率不高。特别是在当前形势下，边境贸易既有机遇，也面临诸多挑战，对基础公共服务的提供要求越来越高。

（二）产业分散经营，高质量发展水平有待提升

左右江革命老区有色金属、煤炭和农林等资源丰富，是国家重要的有色金属产业基地。此外，当地纬度低，适合很多农产品的生产，也是特色农产品基地。但是目前当地更多以现有的资源为依托，生产方式相对粗放，产业结构比较单一，资源优势没有更好地发挥作用，产品处于产业链中低端，核心竞争力不强，传统优势产业发展链条短，新兴产业发展滞后、高端产业涉及少，产业潜力尚未充分释放。[1]

———————————

[1] 韩继伟：《大力推进和加快实施〈左右江革命老区振兴规划（2015-2025）〉的几点思考》，《老区建设》2019 年第 6 期，第 13~19 页。

一是传统优势产业发展处于低端状态。一方面，当地产业还是以消耗原材料为主，百色著名的铝产业大部分仍以初中级加工为主，能源消耗大、产业链不完善、高精尖产品少、环境负担沉重。数据显示，2020年百色完成900万吨氧化铝的产量，其中电解铝产量只有170万吨，铝材加工也只有150万吨，产品的转化率低，缺乏高附加值产品，高精尖的工艺还未投入到生产中，几乎没有高纯铝、航空航天等高端用铝的生产技术。[①] 另一方面，农业产业经营分散，处于低水平发展阶段。由于种种原因，革命老区的农村面临产业规模小、科技含量低、防范风险能力差、利润空间有限等难题，发展后劲严重不足，农业发展还处在粗放型的低层次阶段，很难实现农业产业链的延伸和整合。加上农户的市场意识有限、信息壁垒等，一方面，当产品供不应求时，则疯狂涨价，即使签订了契约也时有违约现象出现，农户的契约意识有待提高，另一方面，当产品供过于求时，农户辛辛苦苦生产出来的农业产品卖不到好价钱，大量产品滞销，农户之间互相踩价，导致利润亏空。

二是新兴产业发展滞后。左右江革命老区工业原材料资源丰富，当地工业发展具有很强的依赖性，仍然以传统资源型工业为主，直到近几年才开始逐渐推动产业结构优化升级，但是产业结构优化升级的效果有限。如百色市依靠自身铝产业的优势，在新能源、生物医药、新材料等新兴产业发展方面取得一定的进展，但与广西其他市相比仍有差距，更不用说我国的其他一些发达城市。差距主要表现在创新能力有限，专业人才匮乏，生产的产品同质化严重，产品核心竞争力不强，未能很好地将能源优势转化为产品产业优势进而转化为经济优势。[②] 数据显示，2020年百色新兴产业产值占广西新兴产业产值的比重仅为4%，石墨烯前沿材料还处在科研和探索阶段，没有投产，更未形成生产力，基因工程药物和疫苗制造也还未涉猎，高端装备制造

① 陈雷、孙国玉、崔长彬：《加快推进左右江革命老区振兴的思考——以广西百色市为例》，《老区建设》2020年第8期，第3~8页。
② 杨熊炎、叶德辉、赵玉婷：《左右江革命老区设计扶贫策略研究》，《边疆经济与文化》2020年第3期，第13~15页。

业中机器人、卫星及应用产业、航空装备、铁路高端装备等高端领域也未涉及。① 百色未来的新兴产业发展还有很大的空间。

三是产业配套能力弱，营商环境有待进一步优化。一方面，当地的产业基础配套能力弱，使得产业专业化分工程度低，故而生产的产品附加值不高，未能形成上游、中游、下游产业的产业集群，很多项目产品所需的配件、设备维修等都需要从外地采购，大部分企业还处于原始低端的阶段，产品同质化严重，产业转型升级也面临诸多困难。另一方面，受国际国内环境影响，当地投入园区建设的资金有限，园区基础设施配套差，生产需要的很多配件都要从别处购得，增加了企业的生产成本。故而外地企业来当地进行产业转移和投资的兴趣不大，当地要招商引资、引进企业也比较困难。

（三）生态系统较为脆弱，保护修复任务繁重

左右江革命老区生态环境优美，但生态修复和环境保护任务繁重。当地汇聚了左江、右江、红水河，是国家生物多样性的重要宝库、国家自然保护区，生态资源丰富，森林覆盖率达 58.7%。但区域内多为喀斯特地貌，石漠化、水土流失等生态问题严重，生态系统极其脆弱，在处理资源开发与环境保护问题上矛盾突出。②

一是生态环境脆弱。人类得以生存和发展的最重要的基础条件是有一个宜居的环境。然而，为了发展经济、提高民众的生活水平，需要建设工厂，人们保护生态环境的意识不到位，甚至忽视对生态环境的保护，工厂偷排废气废水等情况时有发生，而在农村地区，生态环境更为脆弱。一方面，自然灾害时而发生，如强降雨导致山体滑坡，冲毁道路甚至导致房屋坍塌。另一方面，人类过度的开发和消耗自然，使得生态环境愈发脆弱。目前部分生活污水、工业污水排放情况已经有所改善，但是偷排的现象仍然屡禁不止，很

---

① 康敏华：《广西左右江革命老区产业高质量发展路径研究》，《市场论坛》2021 年第 7 期，第 36~41 页。
② 韩继伟：《大力推进和加快实施〈左右江革命老区振兴规划（2015—2025）〉的几点思考》，《老区建设》2019 年第 6 期，第 13~19 页。

多水源受到污染。农村地区的垃圾回收情况仍未得到明显改善，虽然有专门的垃圾回收处和垃圾桶，但是农户随地乱丢垃圾的习惯还没有完全改变。在农业生产过程中农药、化肥的大量使用，不仅导致土壤盐渍化，还污染地下水，这一系列人类的活动都影响着生态安全，也影响着人们的生活质量。

二是生态修复和环境保护任务繁重。生态一旦被破坏，修复的难度会越来越高。左右江革命老区是国家生物多样性的重要宝库之一，也是珠江流域重要的生态屏障，当地的生态环境质量会影响整个西南地区的生态质量。百色市作为左右江革命老区的核心区域，山地丘陵居多，多为喀斯特地貌，可用的耕地面积较少，数据显示，当地 24% 的土地为石漠化土地。而石漠化地区的生产生活又导致当地的生态环境不断恶化。特别是在前些年，部分干部为了追求 GDP 的增长不惜以生态环境为代价，承接企业转移时没有考虑到当地的环境承受能力，让一些高污染高耗能的企业入驻当地，给当地的环境保护带来极大的压力。而民众为了生活，滥砍滥伐，破坏当地的植被种群，生态环境被破坏，修复的难度不断加大，严重制约着革命老区的可持续发展。

（四）公共投入不足，基本公共服务供给短缺和滞后

左右江革命老区各族人民继承革命传统，共同发展，共同繁荣，为我国西南边疆稳定作出了重要贡献。但当地的经济发展水平有限，投入公共事业的资金明显不足，社会事业和民生发展滞后，基础教育留不住优秀的教师和优质的生源，乡镇和农村医疗卫生体系发展落后，当地大部分劳动者专业技能不强，基本公共服务的提供与老区人民日益增长的美好生活需要存在较大的矛盾。[①] 在教育方面，当地教育信息资源开发不充分，学校信息化建设顶层设计业余，专业人员缺乏信息化规划意识，校际交流闭塞，教师培训次数与效果不容乐观，教学理念落后，教师工资福利待遇难以吸引人，年轻教师

---

① 韩继伟：《大力推进和加快实施〈左右江革命老区振兴规划（2015—2025）〉的几点思考》，《老区建设》2019 年第 6 期，第 13~19 页。

不愿扎根乡村教育，教师群体老龄化严重。老一辈的教师虽然愿意扎根乡村教育，但相对年轻教师而言，其文化层次可能较低，教育理论和方式较为古板和单一，不符合日渐提高的新时代教学发展要求，从而导致革命老区教学质量难以进步，甚至存在倒退的风险。[①]

在医疗卫生事业上，人才引进机制不健全，从事基本公共服务事业的专业技术人员匮乏。受经济实力、薪酬待遇等多种因素影响，医疗卫生人才引进难，医疗水平较高的医护人员也通常选择外出就业。而留在乡村的医护人员医护技术和能力十分有限，且多为家庭传承制，缺乏专业医疗系统的培养，医疗水平难以保障，医疗质量普遍较低。

三　振兴发展左右江革命老区的对策

深刻认识革命老区振兴发展的重要性和紧迫性，进一步增强责任感和使命感，切实提高政治站位，把思想和行动统一到党中央、国务院和各级党委、政府的重大决策部署上来，用好用足国家支持老区的各项政策，把老区振兴作为一项重大任务。进一步加大政策扶持力度，着力补齐基础设施短板；发展特色产业，延长产业链；创新生态文明保护和建设体制机制；进一步保障和改善民生，提升基本公共服务水平。持续推进革命老区的开发建设，不断增强老区当地开发建设的能力，提高老区经济发展和人民生活水平，让老区人民共享改革发展成果，过上幸福美好生活。

（一）着力补齐基础设施短板，大力推进老区开放合作

着力补齐基础设施短板，加强基础设施建设，要充分发挥信息化和人工智能的作用，以新一代信息基础设施建设为基础，加快推进基础设施布局，大力发展高科技新型产业。进一步加强与珠江—西江经济带和周边经济区的

---

① 农小玲、李绍来：《左右江革命老区农业转移人口市民化问题及对策》，《区域治理》2019年第40期，第230~232页。

联系，培育壮大沿边开放经济带以及两大"组团"，同时以百色等城市为中心，打造"两环三纵四横"的区域开发主骨架，形成"一带二组团多中心"的空间发展格局。同时加强开放合作，发挥边关优势，开发建设外向型经济，不断扩大内需，拉入投资，推动经济发展，提高人们生活水平，满足不断增长的需求，推动双循环发展新格局的形成。

一是实施既有线路改造，提高铁路运输能力，加强区域内城际轨道和城市轨道交通建设。一方面，规划建设沿边铁路，提升通边、沿边公路等级，加快实施沿边金融综合改革试验，推动建设凭祥重点开发开放试验区、边境经济合作区及跨境经济合作区。另一方面，推动出境铁路通道建设，稳步推进泛亚铁路东线建设，提升南宁—凭祥铁路等级，畅通中国—中南半岛经济走廊，加快建成沪昆客专、云桂铁路、南昆铁路扩能、黔桂铁路复线等项目，形成内联外通的铁路网络。

二是完善干线公路网络，打通省际"断头路"，强化左右江革命老区内主要节点城市间交通联系。一方面，积极主动对接西部陆海新通道建设，联合黔西南州、文山州加快一批跨省互联互通项目建设，规划建设区域交通网络，把旅游景区、景点连成线，从时间上缩短城市间的距离。针对政府财力不足问题，可以考虑通过 PPP 模式引入社会资金投资基础配套工程，打造便捷的通边达海国际运输通道。着力解决"断头路""瓶颈路"问题，在建设进入景区的高等级公路的同时，引入神州专车等现代"互联网+出行"投资运营企业，打击黑车拉客，补贴合法企业经营，构建"快旅慢游、便捷安全、无缝换乘"的旅游立体交通体系。另一方面，推动建立跨省区跨部门的船闸协同运行联合管理机制和统一调动系统，理顺船闸管理体制，完善空间网络布局，建设满足发展需求的实用机场，不断增强机场服务保障能力，推动构建方便快捷、功能齐全的一体化航空体系。①

三是加强信息网络基础设施建设。一方面，强化 5G 通信、物联网等技

---

① 袁东超：《困难与挑战：新时代左右江革命老区经济发展路径》，《区域治理》2019 年第 44 期，第 41~45 页。

术应用，高标准建设交通运输综合状态环境监测网和交通运输大数据中心，进一步加强互联网等网络基础设施建设。加快实施城市客运车辆4G视频和智能视频设备安装，抓紧建设汽车客运站安全应急视频监管平台。不断深化与公安交警等部门的联合监管机制，持续巩固动态监控违法违规信息分类闭环处理试点成果，搭建公路建设智慧管理平台，加快实现对区域内公路项目建设的数字化管理。另一方面，加快沿边地区信息网络设施建设，促进信息网络平民化普及，不断提高边远农村山区电子商务服务水平，加强邮政服务点的建设，不断推进构建一体化政务网平台，提升革命老区政务服务便利化、标准化水平，让广大群众享受快捷、便利一体化的政务服务。同时充分利用现代化信息技术，推进远程教育和医疗服务建设，采用线上线下相结合的模式，提高办事效率。

（二）大力发展特色优势产业，构建完备的产业体系

左右江革命老区不仅拥有丰富的自然资源，还拥有影响深远的红色资源，要积极推进当地工业高质量发展，充分挖掘特色农业发展潜力，大力发展旅游、大健康、电商物流等现代服务业，培育振兴发展的动力。一方面要坚持推进产业结构转型升级，通过优化产业结构，提升产业生产效率，如依托当地的特色资源，建立数字化经济平台，形成数字产业带，不断提高企业的创新能力水平，形成独有的竞争优势，延长产业链。另一方面要学习借鉴国内其他地区先进经验，充分运用VR、人工智能等现代科技手段，开发高精尖新产品，不断提高数字化水平。此外，还要结合"线上+线下"双轮驱动模式，为产品市场搭建销售渠道，提升产品知名度和影响力，形成老区的品牌优势。

1.大力发展资源精深加工业，构建完备的工业产业体系

革命老区振兴发展离不开工业产业的发展，要因地制宜发展产业。一要依托优势资源，对产业进行深加工。左右江革命老区横跨三省区，已经有生态型铝产业示范基地、现代服务业开放试验区以及产业承接示范区等平台，要依托这些平台加强与周边省市的交流合作，不断提高资源的利用率，大力

发展资源精加工产业以及以红色旅游为代表的现代服务业，促进当地经济的不断发展。河池拥有多家有色金属产业示范基地和经济开发区等平台，可以大力发展壮大有色金属、装备制造、生物产业、农产品加工和文化旅游、康体养生等产业。百色拥有丰富的煤炭资源，要充分发挥煤炭资源的作用，统筹协调各地的煤炭资源，提高其开发利用效率，开发清洁煤炭，淘汰污染严重的落后煤炭产业，加强煤炭产业的基础设施建设，不断提高科学技术水平，推动煤炭产业有序形成一体化生产加工体系。

二要构建完整的产业链和产业体系。一方面，左右江革命老区铝矿资源丰富，要充分发挥铝矿资源优势，但是这些资源有限，在开采过程中会影响生态环境，故而要处理好资源开发和保护的关系。要加强地区间的合作交流，完善基础设施，进一步发展新兴产业，融入现代科学技术要素，实现资源利用效率最大化，对当地的产业进行转型升级，制造高精尖产品，形成响亮的品牌优势。另一方面，左右江革命老区靠近珠三角、粤港澳大湾区，具有独特的地理位置优势，要不断加强与两大经济区的贸易合作，在环境承受能力范围内承接沿海地区产业转移，形成产业发展配套协作和梯队发展的比较优势，强化产业合作联动的优势。同时，合作共建"飞地经济"产业园区，研究制定共建产业园利益分享实施方法，建立产业转出地和承接地间的统计指标分算和财政收入分成机制，明确利益共享比例，积极推动革命老区融入周边都市圈建设。[①]

2. **大力发展现代特色高效农业，构建现代农业产业体系**

左右江革命老区的经济基础相对薄弱，尤其是农村产业发展进程缓慢，因此要充分挖掘农村产业发展潜力，学习借鉴江苏、浙江等农村的先进经验，依托当地的资源优势，发展绿色农业，引进高科技的团队，共同创建优势特色产业基地，进一步构建现代农业产业体系，提高民众的经济收入和生活水平。

---

① 康敏华：《广西左右江革命老区产业高质量发展路径研究》，《市场论坛》2021年第7期，第36~41页。

一是培育农业产业化联合体，推广"公司+农户"模式，建立利益联动机制。充分发挥龙头企业的领导带头作用，利用企业对资源进行整合和配置，不断学习借鉴先进技术，提高企业生产效率，使资源利用效率实现最大化。继续完善"公司+基地+农户"的运作模式，明确成本分担和利益分配制度，充分调动农民参与生产发展的积极性和主动性。龙头企业利用自身的优势为劳动者提供技能培训等服务，提高劳动技能，培养职业农民。另外，企业的核心竞争力是创新，龙头企业也要开发高质量产品，形成自己的品牌优势，采取与家庭农场、农民合作社、农户分工协作的形式，深化各环节之间分工合作，不断提升产业协同发展水平。

二是加强各产业间的交流合作。首先，当地农产品协会引导成立"一个标准供应、一个平台运作、一个体系监督"的运作模式，共同打造特色农业产业基地。发挥资源汇聚的优势，采取绿色发展模式，规模化、专业化生产，促进多种产业之间的融合发展，打造以绿色发展为主题的多种产业融合发展模式。其次，各产业之间要分工协作，将生产的各个环节进行剥离，形成一条完整的产业链，同时各方发力，精准定价和监管，最后将产品销售出去。当地要依托乡村旅游经济、林下经济、电商经济、文创经济、康养经济等经济业态，发展农产品精深加工、文化旅游等产业，实现乡村经济多元化，增加农民收入。①

三是加快培育农业产业化龙头企业、农民合作社和家庭农场，拓展企业发展空间。一方面，引导龙头企业发挥带头作用，抢抓新一轮科技革命和产业变革的机遇，深化产品分工合作，打造优势产业集群，建设具有全国影响力的特色产业园区。另一方面，大力引进精深加工企业入驻，增加科技研发投入，促进企业转型升级，不断增加产品的附加值。进一步抓好田东县百色芒果、田阳县百色番茄等广西特色农产品优势区创建工作和特优区绿色食品生产认证、高端品牌打造等环节，推进绿色食品产业快速发展。

---

① 蔡有清、李凤玉、罗伟刚：《左右江革命老区实施乡村振兴战略的思考及实践路径——以广西那坡县为例》，《农村经济与科技》2020年第10期，第254~255、259页。

四是加快推进农民职业化。加强农村产业孵化基地建设，以种养大户、农业合作社骨干为重点，培育一批有文化、懂技术、立志扎根农村的新型职业农民。首先，积极支持社会力量投入到农村建设中，鼓励一批高素质、有情怀的乡贤、大学生等群体参与到农村建设中来，充分发挥新时代乡贤作用，使他们留在乡村发光发热，这样不仅能将优秀的和与时俱进的文化资源带回乡村，也可以引导和鼓励异地商会、行业协会等社会组织发挥桥梁纽带作用，大力引进新产业、新业态、新技术。其次，鼓励自主创业，政府要营造良好的营商环境，如出台政策鼓励企业进行孵化、减免税收、银行降低贷款利率等方式为创业者提供初始创业资金和扶持，吸引创业者返乡创业。最后，劳动者要不断提升自身技能，不仅要学习所在行业的知识，参加职业技能培训，还要了解当地的政策和相关的法律法规，从而进一步提高自己的职业技能和知识素养，助推当地的经济社会发展。

3. 立足资源禀赋，大力发展旅游业

"多规合一"编制左右江革命老区旅游产业发展规划，融合红色旅游、民族文化旅游、生态旅游、长寿养生旅游等模式，打破行政区划的分割和部门壁垒，整合资源，完善旅游发展格局。

一是抓好革命文物保护管理工作。左右江革命老区红色资源丰富，要以百色为核心，大力开发红色旅游资源，整合各处景区的资源优势，统筹规划精品旅游线路，推动景区运营与资源优势深度融合。同时还要以爱国主义教育和红色基因传承为主旨，邀请相关的专家对其进行解读，将当地的红色景区打造为全国知名的爱国主义实践高地，提高知名度与影响力，吸引更多游客前来接受红色文化的洗礼。此外还要引导当地的高校依托当地红色文化资源打造一系列红色精品课程，讲好红色故事，传承红色基因，传播红色文化。

二是推动红色资源转化利用。充分挖掘革命老区"红色基因"，讲好红色故事，打造一批红色教育基地，推出一批红色精品展览，开展一批红色文化活动，创作一批红色题材文艺精品，依托红色资源打造经典景区，开辟公共文化空间。一方面开发设计周边产品，提高景区周边产品知名度，以周边产品的"出圈"带动左右江革命老区"走出去",实现文旅产业的高质量可持续发展。另一方面推动红色资源向文化旅游产品转化,充分发挥当地红色资源的优势,将红色资源与当地民族特色相融合,创新文艺产品,留住游客,让游客为当地做更好的宣传与推介。

三是扩大文化旅游消费规模。着力打造特色产业,丰富文化旅游消费市场,促进左右江革命老区文化旅游产业链不断延伸,推动文化旅游与特色产业深度融合。加强革命老区旅游宣传推广,拓宽营销渠道,做大游客总量,提升文化和旅游消费水平,扩大文化旅游产业规模,充分发挥文化旅游对当地的带动作用。以巴马长寿养生国际旅游区为核心,联合荔波世界自然遗产等共同打造长寿养生旅游目的地。同时,瞄准老区"红色+绿色"的比较优势,将生态元素融入红色旅游开发,聚焦生态、康养、文旅一体化发展。

(三)切实加强生态环境保护,发展低碳循环经济

"建设生态文明是中华民族永续发展的千年大计。"良好的生态环境是经济发展的重要条件,因此,要不断引导老区人民树立生态环境保护意识,走绿色协调可持续的振兴发展之路。左右江革命老区推进生态文明建设,要从战略全局出发,全面协调推进,形成多措并举、综合发力的新格局,保护和促进生态系统良好发展。

1. 实施污染综合整治,提升生态系统修复功能

一是全力保护自然生态空间。一方面,继续实施退耕还林、湿地恢复、防护林建设等重大生态修复治理工程,建立健全生态领域相关法律法规,明确保护职责权限、管理程序和行为准则,使生态保护有法可依。另一方面,坚持系统观念,联合各部门推进山水林田湖草生命共同体建设,进一步实现可持续发展。

二是持续改善区域环境。一方面,通过思想教育、制度保障、实践维护,三管齐下,加大对高污染、高耗能企业的整治力度,坚决禁止建设污染排污企业,严格按照企业排污标准对偷排偷放的企业进行处罚。同时对企业实行最严格的环境准入制度,加快淘汰有色、水泥等重污染行业落后产能,

压缩过剩产能，强力实施环境倒逼机制，大力整合有色金属等资源型产业，加强对环境污染严重企业的监督打击，建立污染防治机制。另一方面，重点加强生态保护区建设以及入湖入江河流的环境整治，实施垃圾分类，对河道定期清淤，对污染环境、破坏水土等生态环境违法犯罪行为进行严厉打击。

三是推动区域绿色低碳发展，有效防范各类环境风险。一方面，围绕"碳达峰、碳中和"目标愿景，始终把降碳作为源头治理的"牛鼻子"，大力推进革命老区产业生态化、生态产业化，促进生态环境优势转化为生态经济优势，支持革命老区开展碳汇交易等生态产品价值实现机制试点。[①] 另一方面，不断健全各类风险防范体系以及相关法律法规，加大各类风险预防普及力度，制定应急管理制度，增强风险评估以及管理能力，不断提升老区应对突发事件以及风险的监测预警和防治能力。

2. 建立生态补偿长效机制，推动建设美丽生态环境

多年来，为了保护自然生态环境，左右江革命老区群众牺牲了较多的发展机会，付出了很大的代价，目前该区域很多地区还处于落后的状态。因此要建立健全生态补偿机制，加大环境保护力度，让企业享受生态建设的优惠政策，对因生态环境保护、管理以及利用需要致使合法权益受到损害的资源所有者、使用者给予补偿。[②]

一是继续推进"谁受益谁补偿"的生态补偿原则。要制定和完善相应的生态补偿政策，整合各级职能部门资金，切实发挥资金的规模效应。财政部门依据生态文明建设的总体布局，制定出财政扶持生态文明建设的计划，把分散在各部门的生态保护与建设资金（如现有水土保持、退耕还林、天然林保护等专项资金等）进行整合使用。在整合资源过程中，要根据不同的资源进行合理区分，对于矿产等资源的开采，可以给予周围居民短期生态补偿。[③]

---

① 庾新顺：《左右江革命老区振兴发展的若干思考》，《传承》2016年第12期，第14~18页。

② 蔡有清、李凤玉、罗伟刚：《左右江革命老区实施乡村振兴战略的思考及实践路径——以广西那坡县为例》，《农村经济与科技》2020年第10期，第254~255、259页。

③ 龙腾飞：《美丽左右江革命老区生态经济建设研究》，《商》2016年第15期，第58~59页。

二是加强对企业从业者的宣传教育，强化企业生态责任感。坚持"谁开发谁保护，谁破坏谁治理"原则，"要求企业在开发和利用资源的同时，要进行环境的保护、治理和恢复"，加快发展循环经济，着力实现从污染型经济向生态型经济转变。

3. 加强全民环境教育，提升全民生态意识

群众是生态文明教育的主要对象，是推进生态文明建设不可忽略的力量。在生态文明教育中，应注意社会教育与学校教育的重要性。

一是在校园内宣传生态保护的重要性，促进青少年树立科学的生态观念，从而逐渐树立起他们尊重自然、顺应自然、保护自然的理念。

二是加强对本地企业的生态文明教育。让生态文明发展理念不仅扎根于思想中，更要落实到行动上，实现经济效益与生态效益最大化。同时，加强环境法、实施可持续发展战略等方面的教育与培训，促进本地企业资源参与到生态环境保护的工作中，建设生态文明。

三是相关职能部门要推进社会生态文明教育。一方面，用系统论的观点处理好资源开发与保护的关系，切实做到"既要金山银山，更要绿水青山"。另一方面，宣传教育是提高生态文明意识的重要渠道，因此各级环保部门要借助网络媒体等平台宣传教育，普及保护环境的相关知识，同时利用环保纪念日等活动，开展多种形式的生态文明教育实践活动，设计以及张贴趣味性的警示性标语，加大宣传力度，提高全民环保意识，做到人与自然和谐相处，自觉采取绿色、文明、健康的生产生活方式，树立正确的消费观念。

（四）有效整合区域资源，提供优质基本公共服务

基本公共服务的普及和普惠是实现共同富裕的重要一环。推动革命老区振兴发展，一是优先发展教育事业。加快发展学前教育，新（改扩）建一批城乡公办幼儿园，扶持普惠性民办幼儿园的发展，解决革命老区儿童"入园难"问题。提高家庭经济困难寄宿生生活费补助标准，全面改善义务教育薄弱学校基本办学条件、提高办学质量。鼓励周边国家边境地区学生到

当地学习，增进双方边民理解互信。加快普及高中阶段教育，提高学生文化水平。要加大财政支持力度，加强老区相对贫困落后县普通高中的建设改造。加强教师队伍建设，吸引更多知识分子留在家乡、建设家乡，不断提升师资教学力量。抢抓职业教育创新发展高地的机遇，率先组建跨区域职业教育集团，不断提升职业技能人才的育人水平，不断满足企业定制人才的需要。加快构建现代职业教育体系，为革命老区经济社会发展提供人才保障。①

二是提高医疗卫生服务水平。开展多种形式的联合办医，实现公积金、医保、社保有效衔接，不断完善医疗卫生服务体系，建立健全医疗卫生领域相关法律法规体系，大力开发远程医疗服务平台，使患者能够享受最佳的医疗资源，为老区群众提供安全有效、方便实惠的公共卫生和基本医疗服务。同时不断提高医疗工作者的专业文化知识水平和职业技能，加强城乡医生交流学习，将医疗资源持续有效地下沉。此外还要深化医疗体系改革，加强传染病预防监督以及建立应急机制，加大宣传普及和防治力度，让民众享受共享化和均等化的医疗服务。

三是大力发展文娱事业。积极推进文化事业发展，不断加强公共文化基础设施建设，为人们提供更多喜闻乐见的大众文化，不断丰富人民的精神文化生活。另外重视非物质文化遗产的保护与传承，加强与"非遗"技艺传承人、文化学者以及设计名家的合作，在周边产品设计创意上下功夫，推出更多凸显特色、设计精巧、便于携带、质量有保障的"爆款"产品。同时推动壮族"三月三"、布依族"六月六"、苗族"四月八"、侗族萨玛节、水族卯节、毛南族分龙节等民族传统节日申报非物质文化遗产。加大建设完善四级体育运动场馆（所）等基本公共体育设施力度，广泛开展全民健身运动，建设民族传统体育训练基地，创办民族体育品牌赛事。

四是激发就业创业活力。要不断促进革命老区经济发展，统筹谋划产业

---

① 袁东超：《困难与挑战：新时代左右江革命老区经济发展路径》，《区域治理》2019年第44期，第41~45页。

布局，改善营商环境，有序接受企业转移，吸引企业在当地投资建厂，提高当地的就业率和民众的生活水平。同时要不断加强与粤港澳大湾区等沿海发达地区的合作交流，建立合作长效机制，增加就业机会，有效解决"就业难"等民生问题，使人们实现在家门口就业。另外要完善银行小额贷款制度，降低贷款利率以及实行税收减征制度，鼓励青年自主创业，为其提供创业初期的启动资金支持，还要不断优化创业环境，提供更多创业基地，从而间接地缓解就业压力。最后，要引导劳动者不断提升自身技能、学习科学文化知识、参加职业技能培训，充分满足当前的劳动力市场需要，形成竞争有力的人力资源市场。

五是完善社会保障体系，加大职业技能培训力度。以基本养老、基本医疗、最低生活保障为重点，完善覆盖城乡、制度健全、管理规范的多层次社会保障体系，将社会救助和保障标准与物价上涨挂钩联动，适当提高医疗保障补助标准，健全优抚保障制度。[1] 加强公益性医疗养老康复机构以及福利院等基础设施建设，为革命老区社会弱势群体提供最基本的公共服务。

---

① 农小玲、李绍来：《左右江革命老区农业转移人口市民化问题及对策》，《区域治理》2019年第 40 期，第 230~232 页。

B.12
大别山革命老区振兴发展研究

王钰鑫　安心雅*

摘　要： 《大别山革命老区振兴发展规划》实施以来，以黄冈、信阳、六安中心城区为龙头，核心增长极建设成效明显，带动大别山革命老区经济社会发展取得了重大进展。"十四五"时期大别山革命老区振兴发展机遇与挑战并存，机遇大于挑战，要把巩固拓展脱贫攻坚成果摆在重要位置，促进实体经济发展，补齐公共服务短板，促进绿色转型发展，大力弘扬大别山精神。

关键词： 大别山　革命老区　振兴发展

推动革命老区振兴发展，是历史的必然和现实的需要。1921~1949年，中国共产党在大别山地区领导人民坚持革命斗争，创造了28年红旗不倒的奇迹，这是大别山革命老区形成的历史根据。大别山革命老区地跨鄂豫皖三省，是鄂豫皖革命根据地的中心区域。大别山革命老区地处中原腹地，地跨北纬30°10′~32°30′，东经112°40′~117°10′，东西绵延380公里，南北宽175公里。大别山革命老区地形地貌复杂，大别山自西向东横亘于鄂豫皖三省边界，绵延起伏数百里；全域以崇山峻岭、低山丘陵为主，盆地、平原和洼地相间其中，湖泊星罗棋布。大别山革命老区的地理空间范围是特定的，但在推动这一区域发展时，其规划的范围则具有一定的延展性。《大别山革命老区振兴发展规划》（2015年）的规划范围综合考虑经济社会联系和协调

---

* 王钰鑫，博士，博士后，硕士生导师，江西师范大学马克思主义学院教授，马克思主义学院院务委员，研究方向为马克思主义中国化；安心雅，江西师范大学马克思主义学院硕士研究生。

发展要求，主要包括三省 64 个县（市、区），区域总面积达 10.86 万平方公里。其中，核心发展区域包括黄冈、信阳、六安三市 27 个县（市、区）。这构成了大别山革命老区振兴发展的地理空间格局。截至 2020 年底，大别山革命老区常住人口 4200 万人，地区生产总值 1.86 万亿元，城镇化率约 49%。近年来，河南、湖北、安徽等省认真贯彻落实习近平新时代中国特色社会主义思想，深入实施《大别山革命老区振兴发展规划》，用好新时代革命老区振兴发展的政策红利，大别山革命老区振兴发展取得显著成效。同时，受自然、历史等因素影响，大别山革命老区仍属于欠发达地区，振兴发展的基础仍然比较薄弱，必须进一步加大支持力度，推动大别山革命老区高质量发展，开启社会主义现代化建设新征程。

一　大别山革命老区振兴发展成效显著

大别山革命老区以习近平新时代中国特色社会主义思想为指导，认真贯彻落实国家和省市各项政策，以黄冈、信阳、六安中心城区为龙头，核心增长极建设成效明显，带动大别山革命老区经济社会发展取得了重大进展。

（一）大别山革命老区综合实力显著增强

从地区生产总值来看，大别山革命老区经济持续健康稳定发展，全域纳入革命老区的省辖市地区生产总值全部跨越 1000 亿元台阶（具体见表 1）。黄冈市地区生产总值从 2016 年的 1726.17 亿元增长到 2021 年的 2541 亿元，增长 47.20%；信阳市地区生产总值从 2016 年的 2037.80 亿元增长到 2021 年的 3081.78 亿元，增长 51.23%；六安市地区生产总值从 2016 年的 1108.15 亿元增长到 2021 年的 1923.5 亿元，增长 73.58%。从横向来看，2021 年，信阳市、驻马店市地区生产总值突破 3000 亿元，黄冈市、安庆市地区生产总值突破 2500 亿元，显示出这一区域经济规模实现了新突破，发展的内生动力更加强劲。与此同时，农产品加工、矿产资源加工、纺织服装等产业发展水平加快提升，汽车及零部件、电子信息、新型建材等产业培育成效明显，初步形成了一批具有竞争力的产业集群。这表明大别山革命老区经济发展后劲十足。

表 1　大别山革命老区部分地区生产总值

单位：亿元

城市	2016 年	2017 年	2018 年	2019 年	2020 年	2021 年
黄冈市	1726.17	1921.83	2035.20	2322.73	2169.55	2541
信阳市	2037.80	2194.51	2534.47	2758.47	2805.68	3081.78
六安市	1108.15	1168.05	1288.10	1620.13	1669.50	1923.5
随州市	852.18	935.72	1011.19	1162.23	1096.72	1241.45
驻马店市	1972.99	2175.04	2485.26	2742.06	2859.27	3083
安庆市	1531.18	1708.83	1917.60	2380.52	2467.68	2656.88

资料来源：各地市国民经济和社会发展统计公报。

大别山革命老区产业结构明显优化。一般来说，产业结构是指农业、工业和服务业在一国经济结构中所占的比重。近年来，大别山革命老区注重因地制宜、突出特色，发挥比较优势，以千亿级、百亿级产业集群为重点，老区产业结构调整步伐加快，现代农业加快发展，优势产业发展壮大，服务业比重明显提高。以大别山革命老区核心区域三市为例，2021 年，黄冈市三次产业结构比例为 19.8∶31.8∶48.4。其中，第一产业增加值 503.41 亿元，增长 11.3%；第二产业增加值 807.41 亿元，增长 18.6%；第三产业增加值 1230.48 亿元，增长 11.9%。信阳市三次产业结构比例为 19.6∶34.7∶45.7。其中，第一产业增加值 601.29 亿元，增长 6.8%；第二产业增加值 1064.75 亿元，增长 4.7%；第三产业增加值 1398.92 亿元，增长 7.8%。六安市三次产业结构比例更趋合理。其中，第一产业增加值 255.9 亿元，增长 8.9%；第二产业增加值 745.5 亿元，增长 12.2%；第三产业增加值 922.1 亿元，增长 10.6%。[①]

---

① 数据来源：各地市 2021 年国民经济和社会发展统计公报。

（二）全面打赢脱贫攻坚战，民生福祉不断提升

大别山革命老区聚焦"两不愁三保障"，农村贫困人口全部脱贫，与全国一道打赢脱贫攻坚战，"为实现全面建成小康社会目标任务作出了关键性贡献"。① 相关市县公布的资料显示，信阳市贫困县全部脱贫摘帽，920个贫困村全部退出贫困序列，84.7万农村建档立卡贫困人口全部脱贫；黄冈市6个贫困县全部摘帽，892个贫困村全部退出贫困序列，102.8万农村建档立卡贫困人口全部脱贫；六安市5个贫困县全部摘帽，442个贫困村全部出列，70.96万农村建档立卡贫困人口全部脱贫；等等。在此基础上，脱贫攻坚成果得到巩固拓展，河南、安徽、湖北等明确主要帮扶政策总体稳定，在财政、税收、金融、土地和教育、医疗、住房、饮水等方面对大别山革命老区振兴发展的支撑保障作用进一步增强。

与此同时，大别山革命老区民生福祉进一步提升，基础教育面貌发生格局性变化，"大别山革命老区通过注重多元主体协同、注重先进文化培养、注重数字技术运用、注重职业技能培训、注重贫困对象识别、注重教师队伍建设，不断助力教育扶贫质量提升"。信阳市建立从学前教育到高等教育各学段全覆盖的资助体系，2016~2020年，共资助家庭经济困难学生175.72万人次，确保不让一个家庭困难学生因贫失学。② 此外，基本医疗和公共卫生服务体系进一步完善，公共文化设施建设成效显著，基本医疗保险、基本养老保险实现全覆盖。

（三）大别山革命老区基础设施显著完善

大别山革命老区基础设施建设支持力度持续加大，公路、铁路、机场和能源、水利、应急等重大基础设施建设取得积极进展，加快形成发达的快速网、完善的干线网和广泛的基础网，推进现代交通体系建设。安徽省大别山

---

① 习近平：《在全国脱贫攻坚总结表彰大会上的讲话》，《人民日报》2021年2月26日，第2版。
② 张雯鑫：《大别山革命老区教育扶贫质量不断提升》，皮书网，2022年3月28日，https://www.pishu.cn/psgd/579833.shtml。

革命老区建成一大批重大交通基础设施项目，2015 年 12 月开通运营宁安城际铁路，2020 年开通运营合肥至安庆高铁，建成德上高速淮南至合肥段、岳武高速安徽段等，有力有序推进实现"市市通高铁""县城通高速"，农村公路通城达乡、进村入户。河南省大别山革命老区交通基础设施建设也取得了长足发展，"高铁南北贯通、普铁一横两纵、民航一点突破"格局已形成，内联外通的高速公路网日趋完善，农村公路交通网络已初步形成，淮河淮滨至三河尖（豫皖省界）四级航道常年通航。[①] 湖北省大别山革命老区信息基础设施不断完善，支持相关县市建成基站布局科学、通信覆盖全面的第三代移动通信系统，武汉至杭州高铁黄冈至黄梅段（简称黄黄高铁）全线正式开通运营，大别山革命老区集中连片特困地区通电建制村实现互联网全覆盖，实现所有行政村通宽带网络。

（四）大力传承弘扬大别山精神、传承红色基因

充分发掘大别山革命故事，传承红色基因、弘扬大别山精神，把大别山革命老区的红色资源优势转化为发展优势，成为推动大别山革命老区振兴发展的最强动力。近年来，大别山革命老区以更加宽广视野、更加开放姿态，深入挖掘大别山红色文化承载的政治、经济、文化、历史、教育等多重价值，与时俱进地为大别山红色文化资源赋能，不断提升其资源开发和利用的附加值。安徽省金寨县革命烈士陵园作为中华民族文化基因库（第一期）红色基因库项目试点中大别山区唯一的烈士纪念设施试点单位，先后数字化采集 68 件革命文物、7500 平方米建筑物、2 平方千米纪念设施，建立县域红色文化大数据体系。[②] 信阳市出台《信阳市红色资源保护条例》，充分发挥大别山干部学院作用，筹备成立河南省大别山精神研究会，举办"中国共产党建党基地暨大别山精神学术研讨会"，组建大别山精神研究专家库，等等。黄冈市出台《黄冈市革命遗址遗迹保护条例》，完成了李先念故居、

---

① 黄强：《大别山革命老区基础设施建设情况调研报告》，《河南日报》2019 年 12 月 6 日。
② 《金寨开启〈大别山精神红色教育课程〉进校园活动》，六安文明网，2021 年 7 月 13 日，http：//la. wenming. cn/nccj/202107/t20210713_7212839. htm。

七里坪长胜街革命旧址群等一批重要革命遗址遗迹保护修缮工程。六安市大别山革命历史纪念馆建设取得新进展，通过图文展板和声光电科技手段，对皖西革命史、皖西籍著名烈士事迹和皖西籍108位开国将军事迹等进行立体展示。统筹推进长征国家文化公园建设，贯彻落实《长征国家文化公园建设保护规划》，推进一批红色文化和革命遗址保护利用设施建设项目。在党史学习教育中，大别山红色资源成为生动课堂，给人们带来源源不断的精神力量。此外，还通过不断加强爱国主义教育基地建设管理使用，高标准打造提升一批红色旅游经典景区，大力传承弘扬大别山精神，让大别山精神在新时代老区振兴发展的实践中焕发新光彩。

（五）大别山革命老区振兴发展政策体系更加健全

党中央、国务院以及河南、湖北、安徽三省省委和省政府高度重视大别山革命老区发展，不断完善并形成涵盖国家、省、市县等层级的振兴发展政策体系，为大别山革命老区振兴发展提供了重要政策遵循和强大政策红利。从中部地区崛起的层面看，2006年，中共中央、国务院印发《关于促进中部地区崛起的若干意见》；2012年，国务院印发《关于大力实施促进中部地区崛起战略的若干意见》；2021年，中共中央、国务院印发《关于新时代推动中部地区高质量发展的意见》。与此同时，2016年还印发了《促进中部地区崛起规划（2016—2025年）》。从革命老区振兴发展来看，2021年，国务院印发《关于新时代支持革命老区振兴发展的意见》，这些意见和规划为大别山革命老区振兴发展提供了宏观政策依据。从大别山革命老区来看，2013年，国务院批复《大别山片区区域发展与扶贫攻坚规划（2011—2020年）》，湖北省出台《关于推进湖北大别山革命老区经济社会发展试验区建设的意见》，河南省出台《关于加快老区发展的意见》，安徽省出台《关于进一步促进安徽大别山革命老区又好又快发展的若干意见》，这些规划和意见为大别山革命老区振兴发展奠定了良好基础。

随着各方努力，大别山革命老区振兴发展的条件日益成熟。早在2011年，湖北省就率先规划成立大别山试验区。2013年7月，国家发改委正式启动

《大别山革命老区振兴发展规划》编制工作，同年9月，在黄冈市召开编制工作专题会议。经过近两年的努力，2015年，国务院印发《大别山革命老区振兴发展规划》，明确要努力把大别山革命老区建设成为"欠发达地区科学发展示范区、全国重要的粮食和特色农产品生产加工基地、长江和淮河中下游地区重要的生态安全屏障、全国重要的旅游目的地"，使老区人民早日过上富裕幸福的生活。随着大别山革命老区振兴发展上升为国家战略，三省积极推动老区振兴发展规划的实施。2015年12月，安徽省率先印发《安徽省贯彻落实大别山革命老区振兴发展规划实施方案》；2016年，湖北省印发《关于加快推进湖北大别山革命老区振兴发展的实施意见》，河南省印发《河南省大别山革命老区振兴发展规划实施方案》。这就明确了各省落实规划的主要目标、重点任务和保障措施。进入新发展阶段，为贯彻落实国家政策，有关部委和河南、安徽、湖北三省相继印发新时代支持革命老区振兴发展的实施意见或方案。交通运输部印发《大别山革命老区综合交通运输"十四五"发展规划》，确立了"十四五"时期大别山革命老区综合交通运输的重点任务和保障措施。河南省印发《关于贯彻落实习近平总书记视察河南重要讲话精神支持河南大别山革命老区加快振兴发展的若干意见》，绘就河南省大别山革命老区"红绿金"蓝图；湖北省印发《省人民政府关于新时代支持革命老区振兴发展的实施意见》；安徽省印发《关于新时代支持大别山革命老区振兴发展的实施意见》，制定《安徽大别山革命老区"十四五"振兴发展规划》，确立"十四五"安徽省大别山革命老区振兴发展的规划依据和行动纲领；等等。

二 大别山革命老区振兴发展的机遇和挑战

《大别山革命老区振兴发展规划》实施以来，大别山革命老区振兴发展成效显著。"十四五"时期，大别山革命老区振兴发展面临重大历史机遇，也存在不少薄弱环节。准确分析才能有的放矢，推动大别山革命老区高质量发展。综合分析来看，"十四五"时期大别山革命老区振兴发展机遇与挑战并存，机遇大于挑战。

（一）大别山革命老区振兴发展的重大意义

大别山革命老区振兴发展立足自身、影响全局，既有利于本地区经济社会发展，也有利于借助区域比较优势，在更大范围发挥作用，具有多重意义。第一，是缩小区域发展差距的重要抓手。区域协调发展既是发展手段，又是发展目标。大别山革命老区振兴发展把做大做强区域中心城市摆在重要位置，推动信阳、黄冈、六安等城市加快发展，城市功能布局不断优化，中心城市和小城镇有序推进，促进区域比较优势的发挥，实现区域联动发展，从而增强大别山革命老区发展的内生动力和自我发展能力。同时，这是走出一条欠发达地区实现科学发展新路子的重要探索和必然要求，更好地融入周边区域协调发展，特别是有助于促进长江经济带建设和区域协调发展。第二，是基本实现社会主义现代化的战略举措。全面建成小康社会，最艰巨最繁重的任务在农村特别是农村贫困地区。推动大别山革命老区振兴发展，是完成脱贫攻坚任务的必然要求，在解决突出民生问题中进一步保障和改善民生，确保这一区域同步实现全面建成小康社会目标。现在，要在全面建成小康社会的基础上，要对标社会主义现代化国家的要求加快建设。推动大别山革命老区振兴发展，是社会主义现代化建设的必然要求。第三，是美丽中国建设的坚实根基。人与自然和谐共生是中国式现代化的重要特征。大别山革命老区振兴发展致力于加强生态建设和环境保护。通过构筑生态屏障，加强环境保护，促进资源节约集约利用，加强大气、水体、土壤污染综合防治，实施长江、淮河、史河、浠河、皖河、倒水等流域水污染防治和综合治理，有利于保障长江、淮河中下游生态安全，促进可持续发展。

（二）大别山革命老区振兴发展面临重大机遇

"三新一高"为大别山革命老区振兴发展带来重大历史契机。习近平总书记明确指出："加快构建新发展格局，是我们把握未来发展主动权的战略举措，是为了在各种可以预见和难以预见的惊涛骇浪中增强我们的生存力、竞争力、发展力、持续力，是一场需要保持顽强斗志和战略定力的攻坚战、持久战。"① 当前，受国际国内多重因素影响，我国产业链、供应链和价值链不断调整重构，着力形成具有更强创新力、更高附加值以及更安全可靠的产业链供应链。在大格局中找准选好大别山革命老区的定位，既可以为国家富强和社会主义现代化建设作贡献，也有助于大别山革命老区发挥区域比较优势及发展特色优势产业优势，融入国内大循环。

大别山革命老区面临重大战略叠加覆盖的重大历史机遇。进入新时代，以习近平同志为核心的党中央谋划实施区域重大战略和区域协调发展战略，不断完善相关机制和政策。国家推进长三角一体化发展、共建"一带一路"、推动长江经济带发展、促进中部地区高质量发展，国家级增长极的引领、组织和辐射带动作用明显增强，形成了区域性支撑新发展格局的空间动力系统，这为大别山革命老区振兴发展提供了空间组织基础和完善政策支持。同时，从脱贫攻坚到乡村振兴，接续奋斗新征程。国家深入实施乡村振兴战略，更多资源要素进一步向农村聚集，城乡融合发展进程加快，这为大别山革命老区加快实现巩固拓展脱贫攻坚成果同乡村振兴有效衔接、让革命老区人民过上更好生活、逐步实现共同富裕提供了有力支撑。

大别山革命老区实现跨越式高质量发展具有良好的环境。随着我国常住人口城镇化率超过 60%，新型城镇化开启下半程，从快速发展阶段转向高质量发展阶段。根据国际经验，这一阶段城镇化将由以一次城镇化为主转向二次城镇化。当前，都市圈和城市群发展已经成为国家推动区域协调发展的重要载体，"四化同步"加速推进。其中，工业化是动力引擎，信息化是植入赋能，城镇化是平台空间，农业现代化是重要基础。在这一背景下，推动大别山革命老区大中小城市和小城镇之间加强产业协作、基础设施互联互通、公共服务共建共享，推动策应附近中心城市、城市群、都市圈发展，有助于推动大别山革命老区实现跨越式高质量发展。国家推进

---

① 《习近平主持召开中央全面深化改革委员会第二十次会议强调　统筹指导构建新发展格局 推进种业振兴　推动青藏高原生态环境保护和可持续发展》，《人民日报》2021 年 7 月 10 日，第 1 版。

"碳达峰、碳中和",加快经济社会发展全面绿色转型,为大别山革命老区加快产业结构优化升级、坚定走生态优先绿色低碳的高质量发展道路注入了强大动力。

(三)大别山革命老区振兴发展面临诸多挑战

从全国范围来看,我国发展韧性强、潜力大、后劲足,国民经济运行整体效能明显提升,内需完整性提高、外需支撑力增强;同时也面临需求收缩、供给冲击、预期转弱三重压力,一些不利因素在复杂演变,下行压力加大。从区域来看,对标社会主义现代化建设目标,大别山革命老区振兴发展的基础仍然较为薄弱。

一是经济总量不大、人均水平偏低的现状仍未根本改变。表1表明,大别山革命老区发展起点低,尽管近年来实现较快发展,但总量仍然有待进一步做大,必须把做大"蛋糕"摆在重要位置。一方面,大别山革命老区居首位的城市地区生产总值刚刚突破 3000 亿元关口,在国内省辖市中排名并不靠前;另一方面,随州市、六安市地区生产总值尚未跨过 2000 亿元关口。以六安市为例,2021 年该市 GDP 总量占安徽省比重仅为 4.5%,总量居安徽省第 10 位;规上工业增加值占全省比重为 4.0%。也就是说,大别山革命老区振兴发展面临规模和质量同步提升的任务,在我国经济发展三重压力并存的大背景下任务艰巨。同时,人均水平在实现较快提高的同时仍然偏低,差距甚至有所拉大。2020 年人均地区生产总值仅为全国平均水平的 60%、西部地区平均水平的 80%。此外,区域内发展不平衡不充分的问题依然突出,产业结构层次偏低,大企业、高科技企业数量较少,工业支撑带动能力还不够强,产业园区建设相对滞后。

二是区域中心城市建设有待提速。进入新时代,我国深入推进以人为核心的新型城镇化战略,农业转移人口市民化加快推进,城市群和都市圈承载能力增强,2021 年末常住人口城镇化率达到 64.72%。然而,大别山革命老区城镇化率低于全国平均水平,存在规模不大、实力不强、能级不高的问题。《大别山革命老区振兴发展规划》中确认信阳、六安、驻马店、安庆等四个区域性中心城市的地位。截至 2021 年底，信阳市建成区面积超过 100 平方公里，常住人口 618.60 万人，其中城镇常住人口 316.35 万人，乡村常住人口 302.25 万人；常住人口城镇化率为 51.14%。截至 2020 年 11 月，六安市建成区面积 80 平方公里左右，常住人口为 439.37 万人，其中城镇常住人口 213.03 万人，乡村常住人口 226.34 万人；常住人口城镇化率为 48.49%。这使得大别山革命老区城市辐射带动能力有限。

三是居民收入水平偏低。2021 年，全国居民人均可支配收入 35128 元，中位数 29975 元。分城乡看，城镇居民人均可支配收入 47412 元，中位数 43504 元；农村居民人均可支配收入 18931 元，中位数 16902 元。大别山革命老区居民收入水平低于全国平均水平和中位数水平。在核心发展区域的三个省辖市中，湖北省黄冈市 2021 年农村常住居民可支配收入 16456 元，城镇常住居民人均可支配收入 34032 元。河南省信阳市 2021 年居民人均可支配收入 23948 元，低于全省的 26811 元。其中，农村居民人均可支配收入 16595 元，低于全省的 17533 元；城镇居民人均可支配收入 33480 元，低于全省的 37095 元。安徽省六安市农村居民人均可支配收入与全省差距由 2020 年的 2171 元扩大到 2021 年的 2365 元，居全省第 14 位；城镇居民人均可支配收入与全省差距由 2020 年的 5795 元扩大到 2021 年的 6216 元，居全省第 16 位。

四是红色资源保护利用水平有待提高。通常来说，受地理条件限制，革命老区交通运输能力相对较差，红色文化资源分布集中程度较低而分散程度较高。有研究表明，大别山革命老区范围内，安徽省境内红色文化资源可达性整体较弱，境内红色文化资源可达性多处于大别山革命老区可达性圈层结构的外围地区。同时，鄂豫皖三省交界地区红色文化资源整合和可达性仍显不足，这都制约了红色资源保护利用。① 信阳市在开发红色旅游资源过程中存在的问题有：红色旅游资源开发和保护意识相

---

① 韩勇等：《大别山革命老区红色文化资源可达性研究》，《地理信息世界》2021 年第 4 期。

对薄弱，以致有些遗迹和遗址年久失修，正面临消失的危险；各县区在进行旅游开发时各自为政、缺乏联合，甚至不尊重历史、胡编乱造，景点重复建设；等等。

此外，大别山革命老区基础设施条件依旧薄弱，综合交通运输通道有待完善、结构有待优化、效率有待提高，内部贯通通道尚不完善，智慧交通还处于起步阶段；大别山革命老区属于典型的生态脆弱带，部分山地生态系统功能退化，水土流失较为严重，生物多样性保护亟须加强；教育、医疗、养老、托育、住房等民生领域还有不少短板；等等。

三　"十四五"时期大别山革命老区振兴发展的思路与对策

"十四五"时期，大别山革命老区振兴发展要贯彻落实国务院《关于新时代支持革命老区振兴发展的意见》，努力把大别山革命老区建设得更好，让大别山革命老区人民过上更好生活，在高质量发展中促进共同富裕。

（一）把巩固拓展脱贫攻坚成果摆在重要位置

一是推动实现巩固拓展脱贫攻坚成果同乡村振兴有效衔接。为增强脱贫稳定性，中央明确设立 5 年过渡期。在这个阶段，要充分认识脱贫攻坚和乡村振兴的辩证关系，二者都是促进区域和人的全面发展的历史任务，是中国特色社会主义面向全体人民共同发展的战略选择。从制度属性来看，党中央强调推动实现巩固拓展脱贫攻坚成果同乡村振兴有效衔接，是中国特色社会主义本质的具体体现，均指向全体人民共同富裕的奋斗目标。新发展阶段推动大别山革命老区振兴发展，要坚持统筹谋划、因地制宜、各扬所长，一定时期内要保持脱贫攻坚政策总体稳定，严格落实"四个不摘"的要求，增强政策延续性，守住不发生规模性返贫的底线。要以巩固"两不愁三保障"和安全饮水成果为基础，进一步健全和完善防止返贫动态监测和帮扶机制，适当放宽监测对象认定标准，建好大数据监测平台，切实做到早发现、早干预、早帮扶，实施帮扶对象动态管理和动态清零。要做好易地扶贫搬迁后续帮扶工作，建设配套产业园区，提升完善安置区公共服务设施。要坚持扶志扶智相结合，进一步引导贫困群众摆脱意识和思路的贫困，加大对农村低收入群体就业技能培训和外出务工的扶持力度，激发脱贫内生动力。同时，建议国家将大别山革命老区县市纳入国家乡村振兴重点帮扶县市，更好发挥市场作用和政府作用，主要是从财政、金融、土地、人才、基础设施建设、公共服务等方面给予集中支持，增强其区域发展能力。

二是优化城市空间布局，提升城镇化发展质量。支持大别山革命老区县市抢抓机遇，积极对接长江经济带发展建设，积极参与"一带一路"建设，以开放合作增强振兴发展活力；积极融入武汉城市圈、中原城市群、合肥都市圈发展，共同探索全方位合作机制。科学合理规划城市的生产空间、生活空间、生态空间，加快区域性中心城市提升功能品质、承接产业转移。湖北省要积极支持黄冈市着力实施一批增强"造血"功能的工程和项目，推进产城融合，引导人口集聚，完善城市功能，加快组团发展，实现市区首位度明显提升，加快建设大别山革命老区中心城市步伐。[1] 河南省要支持信阳等地加快提升规模能级，早日建成豫南中心城市和鄂豫皖省际区域中心城市；支持驻马店市加快推进城市更新，科学完善城市功能，集聚高端发展要素，促进城区和县域经济高质量发展，建成现代城镇体系。安徽省要支持六安市打造大别山区域性中心城市、安庆市打造长三角区域重点城市和皖西南现代化区域中心城市。同时，要着眼于完善城镇化空间布局，促进中小城市协调发展，提升城镇综合承载能力和服务功能，不断提高城镇化率。加强以县城为重要载体的城镇化建设，建议设立国家级大别山革命老区县域经济发展专项资金，以更大的政策力度全面支持大别山革命老区县城建设和县域经济发展，全面支持大别山革命老区县市开发区、产业园区建设，增强内生发展动力和服务农业农村能力，打造一批各具特色的制造强县、农业强县、商贸强

---

[1] 《黄冈市国民经济和社会发展第十四个五年规划和二〇三五年远景目标纲要》，黄冈市人民政府官网，2021 年 4 月 9 日，http://www.hg.gov.cn/art/2021/4/9/art_13622_1401826.html。

县、文旅强县。要抢抓国家推动信息网络等新型基础设施建设的重大机遇，推动大别山革命老区相关市县加快打造智慧城市，以数字化、智能化、精准化水平新提升推进城市管理和社会治理现代化。落实《关于推进以县城为重要载体的城镇化建设的意见》，尊重县城发展规律，明确大别山革命老区县城发展趋势，按照以人为核心的新型城镇化的要求，顺应城镇人口流动趋势，努力吸引更多农业转移人口在革命老区城镇落户，推进城镇基本公共服务覆盖全部常住人口。[①]

（二）促进实体经济发展

全面建设社会主义现代化国家，必须加快发展现代产业体系，推动经济体系优化升级。大别山革命老区与全国同步基本实现社会主义现代化，要加快构建现代产业体系。实体经济是经济发展的根基，也是现代产业体系的核心。要以构建现代化产业体系为目标，加快完善革命老区基础设施，发展特色产业体系，有序承接产业转移，不断推动大别山革命老区产业结构优化升级。

一是完善基础设施网络，提高互联互通水平。要多方努力，贯彻落实大别山革命老区综合交通运输"十四五"发展规划，朝着到2025年建成现代综合交通运输体系的发展目标前进，"努力建成革命老区、多省交界地区交通运输高质量发展先行示范区、协同发展绿色发展样板区"。[②] 要坚持项目为王，做好重大基础设施项目储备，机场、铁路、公路和应急水利、能源、等项目一旦具备条件要尽快启动建设，在扎实推进基础设施互联互通的同时释放经济发展动力。建议将南阳经驻马店至阜阳高铁、武汉经安庆至马鞍山北高铁、沿淮铁路、宿松经望江至宣城城际铁路纳入国家中长期铁路网及"十四五"相关规划，推动京九高铁阜阳至黄冈段、南阳经信阳至合肥高铁

---

① 《中办国办印发〈关于推进以县城为重要载体的城镇化建设的意见〉》，《人民日报》2022年5月7日，第1版。
② 《大别山革命老区综合交通运输"十四五"发展规划》，交通运输部官网，2022年5月10日，https://xxgk.mot.gov.cn/2020/jigou/zhghs/202205/t20220510_3655096.html。

尽早开工建设，加快沿江高铁武汉至合肥段、六安至安庆铁路、武汉城市圈环线、武汉至大悟、枣阳至石首高速公路，鄂黄第二过江通道等的建设。建议把机场布局和功能完善作为大别山革命老区现代综合交通体系建设的重要工程，加快推进信阳机场、安庆机场改扩建工程以及潢川机场建设各项工作，大力推进金寨运输机场前期工作，不断优化航线网络；推动商城、新县通用机场，麻城通用机场，金安通用机场等一批重大基础设施建设，完善大别山革命老区通用航空服务。建议支持大别山革命老区优化完善水资源配置格局，加强长江干线、淮河等高等级航道建设，进一步提升水利在大别山革命老区振兴发展中的支撑保障能力。河南省要积极实施淮河干流治理等重大水利工程，推进淮河淮滨至息县航运工程、唐河省界至社旗航运工程、淮滨县公铁水一体化淮河淮滨港码头工程建设。① 安徽省要加快实施淮河干流正阳关至峡山口段行洪区调整和建设、淮河行蓄洪区居民迁建、寿县九里保庄圩等工程，启动淮河流域重要行蓄洪区、华阳河蓄滞洪区建设，推进沿淮行蓄洪区等其他洼地治理、长江安庆河段整治。

二是加快发展特色农业。全面落实永久基本农田保护制度，严守耕地和永久基本农田保护红线，推进农田水利和高标准农田建设。大别山革命老区承担着粮食安全的重要功能，要以全面提升粮食综合生产能力为目标，策应国家优质粮食工程建设，加快发展优质专用粮食，打造优质粮食工程升级版，全面落实国家粮食安全战略。要以实现农业结构调整和质量提升，构建现代农业产业体系、生产体系、经营体系为目标，以深化农业供给侧结构性改革为动力，突出规模化、产业化、品牌化，抓好"品种、品质、品牌"建设，聚焦资源禀赋优化农业产业结构、明确农业产业方向，做大做强现代种养业、特色农林产业，因地制宜发展黄冈佛手山药、信阳毛尖、大别山区道地药材生产基地等一批乡土特色产业。推进农业区域化布局，推动融合发展，大力发展农产品加工流通业，规划建设一批农村产业融合发展园区、农

---

① 《河南省人民政府关于新时代支持革命老区振兴发展的实施意见》，河南省发展和改革委员会官网，2021 年 9 月 13 日，https：//fgw. henan. gov. cn/2021/09-13/2311334. html。

业标准化示范区、农产品质量检验检测中心和冷链物流基地，逐步对大宗优势农产品生产全过程实行标准化管理，推进"六安茶谷""江淮果岭""西山药库"等平台建设，支持中国（驻马店）国际农产品加工产业园发展，积极推动电商企业与农林全产业链深度融合以实现产业链延长。完善现代农业经营体系，构建家庭经营、合作经营、企业经营等共同发展的新型农业经营体系。

三是培育壮大战略性新兴产业。战略性新兴产业是培育发展新动能、获取未来竞争新优势的关键领域。在未来经济社会发展中，战略性新兴产业是重要力量。大别山革命老区要着眼于抢占未来产业发展先机，围绕若干前沿技术、颠覆性技术等未来产业领域，围绕主导产业精准招商，积极承接国内外新兴产业转移，着力优化提升产业链、供应链，提升聚集度，建设一批特色优势产业集群，形成规模优势、配套优势和部分领域先发优势，夯实高质量发展的基础，打造高质量发展的引擎。积极培育形成一批规模大、效益好、竞争力强的新型支柱产业，这对大别山革命老区经济行稳致远、形成竞争新优势具有重要意义。比如，安徽大别山革命老区就根据自身综合优势和实际特点，提出要大力发展新一代信息技术、新能源、新材料、高端装备制造、节能环保、生命健康、绿色食品等新兴产业，培育形成一批具有较强带动力的产业发展新支柱；推进六安高端装备基础零部件、安庆化工新材料重大新兴产业基地高质量发展，打造若干千亿级产业集群。《河南省"十四五"战略性新兴产业和未来产业发展规划》提出要实现战略性新兴产业和未来产业整体跃升，明确信阳在推动风电装备产业链更加完备中发挥重要作用。

四是推动传统产业结构转型升级。推动产业结构转型升级是实现高质量发展的重要途径。推动传统产业结构转型升级，是大势所趋、规律所致、现实所需。充分发挥信息化的赋能作用，推动传统产业数字化、智能化、网络化转型，是传统产业升级转型的主要方向。大别山革命老区要结合自身的产业禀赋，开展技术改造专项行动，以智能技术推动传统产业提质增效。通过深入实施特色优势产业培育工程，让"老树发新芽"，重构传统产业竞争新优势，既是新旧动能转换接续的关键所在，也是大别山革命老区振兴发展的重要举措。要聚焦创新发展，因地制宜培育形成新型"研发在外、生产在内"合作发展模式，切实提高创新驱动发展能力。

（三）补齐公共服务短板

要从新时代革命老区振兴发展的实际出发，既进一步推进基本公共服务均等化，也着力扩大普惠性非基本公共服务供给。这是大别山革命老区改善人民生活的必要举措，也是促进社会公平正义的应有之义，有助于增强大别山革命老区人民群众获得感、幸福感、安全感。新发展阶段，人民群众日益增长的美好生活需要对公共服务体系提出了新的更高的要求。因此，要贯彻落实国家《"十四五"公共服务规划》，依据国家基本公共服务标准，本着尽力而为、量力而行的原则，结合大别山革命老区的实际情况，突出保障全体人民生存和发展基本需要、与经济社会发展水平相适应的公共服务，全面提升公共服务供给保障能力，在幼有所育、学有所教、劳有所得、病有所医、老有所养、住有所居、弱有所扶、优军服务保障和文体服务保障等领域的公共服务上着力，坚决守住向大别山革命老区人民群众提供基本公共服务的底线，切实保障群众基本生活。

落实基本公共卫生倾斜政策，逐步提高大别山革命老区基本公共卫生服务人均财政补助标准。要按照"保基本、强基层、建机制"要求，推动优质医疗资源向革命老区下沉和区域均衡布局。大别山革命老区相关市县要结合自身实际确立建设目标和步骤，比如黄冈市要加快建设省级区域医疗中心的步伐，六安市要加快争创国家中医药综合改革试验区的步伐。此外，要深化县域综合医改，推动发展县域医共体，完善城乡医疗服务网络。积极实施中医临床优势培育工程和中医康复服务能力提升工程，加大基层中医药人才培养力度，鼓励引导基层医疗卫生机构提供适宜的中医药服务。

要根据老区城乡人口发展和分布，科学规划建设城乡公共文化设施，完善公共文化服务设施网络，普遍建成村级综合文化服务中心，优化广播电视公共服务供给和基层公共文化服务网络，进一步缩小公共文化服务差距。要进一步健全完善全面健身基础设施，提高公共体育设施建设运营水平，积极承办全国性、区域性文化交流和体育赛事活动。要不断提高教育质量，加大奖补资金支持力度，逐步提高公办幼儿园在园幼儿占比，完善大别山革命老区中小学布局，加强中小学幼儿园教师队伍建设；要推动大别山革命老区高等教育高质量发展，加大对相关高校的支持力度，加快发展现代职业教育，继续面向革命老区实施相关专项招生计划倾斜。

（四）促进绿色转型发展

秀美的生态环境是大别山革命老区重要的资源优势和品牌。要牢固树立"绿水青山就是金山银山"理念，促进生态保护和经济发展、民生保障相得益彰。

遵循经济效益、社会效益、生态效益相统一的原则，科学确定大别山革命老区区域内市、县（市、区）主体功能定位，促进生产空间集约高效、生活空间宜居适度、生态空间山清水秀，实现国土空间开发保护格局持续优化。要牢固树立以水而定、量水而行的理念，倒逼大别山革命老区经济社会发展活动限定在水资源承载能力范围之内，把水资源作为最大刚性约束，严格取用水管理。要统筹推进山水林田湖草沙系统治理，以精准到乡镇为尺度加快建立全覆盖的生态环境分区管控体系，切实把生态保护红线、环境质量底线、资源利用上线和生态环境准入清单即"三线一单"的硬约束落实到环境管控单元。要支持大别山革命老区实施生物多样性保护重大工程，积极推进探索设立大别山国家公园，建成新县香山湖、桐柏县淮河源等湿地公园，加强自然保护地建设和源头生态环境治理，打造淮河流域生态文明建设示范带。

要积极践行绿色发展方式，继续推动大别山革命老区的发展革命，使绿色消费成为一种时尚和责任。要促进产业结构绿色转型，发展节能环保、清洁生产、清洁能源等绿色产业，建立健全绿色低碳循环发展的经济体系，用绿色技术改造形成绿色经济。要推动生态产品价值转化，推动老区绿色矿山建设，加强历史遗留废弃矿山生态修复，加强工矿遗产、"三线"遗址等保护利用，打造一批集城市记忆、知识传播、创意文化、休闲体验于一体的"生活秀带"。

（五）大力弘扬大别山精神

大别山精神不仅是革命年代的精神支柱，更是奋斗新时代、奋进新征程的精神动力。要打造好大别山红色文化传承区，释放出大别山红色文化资源开发利用的最大效益。

加强保护，妥善留存红色文化历史。红色文化是一种宝贵资源，我们既要注重有形遗产的保护，也要注重无形遗产的传承。要坚持"保护为主、抢救第一、合理利用、加强管理"的基本原则，在应保尽保、应修即修的基础上，进一步加大红色资源保护利用的力度，推动由单一的管理部门区域性保护转变为整体的政府统筹全面性保护，不断完善大别山革命老区红色资源保护体系。要用好用足各级各类政策，积极争取政策红利和政策支持，借助红二十五军长征出发地的历史地位和独特优势，规划建设红二十五军长征主题公园和系统展示大别山精神的场馆，打造精品展陈；要进一步提升鄂豫皖苏区首府革命博物馆和鄂豫皖革命纪念馆等重点纪念场馆的建设水平，生动传播红色文化。同时，要推动相关遗迹遗址积极申报国家级爱国主义教育示范基地、重点文物保护单位等。

加紧梳理，全面开展红色文化研究。要本着客观、科学的态度，深入全面摸清大别山红色文化资源的存量、分布及可开发利用价值，开展中华民族文化基因库红色基因库试点建设。要加强对红色历史、红色精神、红色遗产的保护性开发利用等进行基础理论研究和应用研究，重点凝练概括、研究阐释大别山精神，推出一批标志性成果。要按照"一院引领、两翼辐射、八地协同、九线联动"的办学布局支持并办好大别山干部学院，在干部培训中加强"四史"学习教育，打造全国知名的红色文化传承区。

加快开发，持续擦亮红色文化品牌。红色文化与经济融合发展，是实现红色文化创造性转化、创新性发展和促进经济社会高质量发展的必然要求。

要支持大别山革命老区通过"生态景观+红色景点"的方式，设计打造精品旅游线路，创新红色旅游演艺产品，形成以红推绿、以绿带红，红绿结合、红绿相映的发展格局。要支持老区创建全国红色旅游精品线路和红色旅游融合发展示范区，推出一批乡村旅游重点村镇和精品线路，加快特色旅游产业发展，形成文化、旅游、观光、休闲产业带，推动红色旅游高质量发展，叫响大别山革命老区"红色品牌"。

B.13
川陕革命老区振兴发展研究*

汪忠华 江映霖 刘 烨**

摘　要： 川陕革命老区是中国共产党领导的革命根据地，是土地革命战争时期的第二大苏区，为中国革命的胜利作出了重要贡献和巨大牺牲。党的十八大以来，在以习近平同志为核心的党中央坚强领导下，川陕革命老区振兴发展取得显著成效，老区面貌焕然一新。但受历史、自然、地理等方面因素影响，川陕革命老区仍属于欠发达地区，面临基础设施网络不完善、公共服务发展不均衡、产业综合实力不强劲等诸多困难。在新时代，进一步推动革命老区振兴发展不仅是一项重要的政治任务，还是推动区域经济高质量发展的内在要求，更是实现共同富裕的必然要求。

关键词： 川陕　革命老区　振兴发展

　　川陕革命老区（以下简称"老区"）是中国共产党领导的红四方面军在川陕边界建立的革命根据地，是土地革命战争时期第二大苏区，为中国革命胜利作出了重要贡献和巨大牺牲。党的十八大以来，习近平总书记多次赴革命老区考察调研，强调要把老区建设得更好，让老区人民过上更好的生

　　＊ 项目来源：2022年度江西省智库研究项目"'双碳'目标下革命老区生态文明建设模式与路径研究"（项目编号：22ZK46）。

　＊＊ 汪忠华，博士，江西师范大学苏区振兴研究院（革命老区振兴研究院）副教授，研究方向为苏区振兴、环境与贸易；江映霖，江西师范大学马克思主义学院、苏区振兴研究院（革命老区振兴研究院）硕士研究生；刘烨，江西师范大学马克思主义学院、苏区振兴研究院（革命老区振兴研究院）硕士研究生。

活。2016年7月，经国务院批准，国家发展改革委印发《川陕革命老区振兴发展规划》（以下简称《规划》），规划范围以原川陕苏区为核心，包括68个县（市、区）①，总面积15.7万平方公里。《规划》给予老区财政、土地、干部人才等8个方面41项政策支持。五年多来，老区抢抓机遇、攻坚克难，振兴发展取得了重要的阶段性成果。但受历史、自然、地理等多方面因素影响，老区仍属于欠发达地区，对标社会主义现代化建设目标，振兴发展的基础仍然较为薄弱，制约高质量发展的短板问题仍然明显。在新时代，进一步推动老区振兴发展不仅是一项重要的政治任务，还是推动区域经济高质量发展的内在要求，更是实现共同富裕的必然要求。

一 川陕革命老区振兴发展的主要成效

自《规划》实施以来，川陕革命老区聚焦基础设施、特色产业、扶贫脱贫、公共服务等重点领域，加大重大项目建设和政策支持力度，革命老区面貌发生深刻变化，与全国全省同步建成小康社会，为"十四五"时期振兴发展奠定了坚实基础。

（一）促进实体经济发展，不断增强发展活力

（1）大幅提升经济综合实力。"十三五"期间，巴中、南充、汉中等革命老区区域性中心城市的综合实力明显增强，并提升了对川陕革命老区其他地区的辐射带动作用。与2015年相比，2020年四川省川陕革命老区5市

---

① 包括四川省巴中市巴州区、恩阳区、通江县、南江县、平昌县，广元市利州区、昭化区、朝天区、旺苍县、青川县、剑阁县、苍溪县，达州市通川区、达川区、宣汉县、开江县、大竹县、渠县、万源市，南充市顺庆区、高坪区、嘉陵区、南部县、营山县、蓬安县、仪陇县、西充县、阆中市，绵阳市涪城区、游仙区、三台县、盐亭县、安县、梓潼县、北川县、平武县、江油市，陕西省汉中市汉台区、南郑区、城固县、洋县、勉县、西乡县、略阳县、镇巴县、宁强县、留坝县、佛坪县，安康市汉滨区、汉阴县、石泉县、宁陕县、紫阳县、岚皋县、平利县、镇坪县、旬阳县、白河县，商洛市商州区、洛南县、丹凤县、商南县、山阳县、镇安县、柞水县，宝鸡市凤县、太白县，重庆市城口县，共68个县（市、区）。

GDP 由 5620 亿元增加到 9280 亿元，是 2015 年的 1.65 倍；[①]一般公共预算收入由 348 亿元增加到 488 亿元，是 2015 年的 1.40 倍；社会消费品零售总额由 2937 亿元增加到 4598 亿元，是 2015 年的 1.57 倍；人均 GDP 由 127574 元增加到 214888 元，是 2015 年的 1.68 倍。陕西省川陕革命老区 4 市 GDP 由 4164.59 亿元增加到 5698.41 亿元，是 2015 年的 1.37 倍；一般公共预算收入由 192 亿元增加到 218 亿元，是 2015 年的 1.14 倍；社会消费品零售总额由 1306 亿元增加到 1932 亿元，是 2015 年的 1.48 倍；人均 GDP 由 131237 元增加到 190325 元，是 2015 年的 1.45 倍。重庆市城口县 GDP 由 42.54 亿元增加到 55.20 亿元，是 2015 年的 1.30 倍；一般公共预算收入由 2.85 亿元增加到 4.41 亿元，是 2015 年的 1.55 倍；社会消费品零售总额由 12.76 亿元增加到 24.73 亿元，是 2015 年的 1.94 倍；人均 GDP 由 22834 元增加到 27986 元，是 2015 年的 1.23 倍。具体如表 1 所示。

表 1　2015 与 2020 年川陕革命老区主要综合经济指标比较

市、县	年份	GDP(亿元)	一般公共预算收入(亿元)	社会消费品零售总额(亿元)	人均 GDP(元)
巴中市	2015	501	39	318	16645
	2020	743	48	482	27951
广元市	2015	605	41	276	24883
	2020	1008	53	419	43337
达州市	2015	1351	79	683	24628
	2020	2118	112	1085	39182
南充市	2015	1463	85	766	24325
	2020	2401	134	1218	42482
绵阳市	2015	1700	104	894	37093
	2020	3010	141	1394	61936
汉中市	2015	1065	45	319	31136
	2020	1593	49	520	41890

---

① 国家发展改革委：《推进革命老区振兴典型经验介绍之七：四川省统筹谋划和积极推动革命老区振兴发展》，《中国经贸导刊》2021 年第 12 期，第 2 页。

续表

市、县	年份	GDP（亿元）	一般公共预算收入（亿元）	社会消费品零售总额（亿元）	人均GDP（元）
安康市	2015	689	31	219	26095
	2020	1089	28	437	43666
商洛市	2015	622	32	155	26415
	2020	739.46	51	173	36226
宝鸡市	2015	1788.59	84	613	47591
	2020	2276.95	89	802	68543
城口县	2015	42.54	2.85	12.76	22834
	2020	55.20	4.41	24.73	27986

资料来源：根据2015年与2020年各市（县）的国民经济和社会发展统计公报整理而得。

（2）不断优化产业结构。在2015~2020年期间，巴中市三次产业结构比例由2015年的16.8：46.6：36.6调整至2020年的21.1：28.0：50.9，其中三产增加值增长了112.6%；广元市三次产业结构由2015年的16.5：47.2：36.3调整至2020年的18.5：39.0：42.5，其中第三产业增加值增长了94.6%；达州市三次产业结构由2015年的21.5：43.1：35.4调整至2020年的18.6：34.0：47.4，其中三产增加值增长了109.7%；南充市三次产业结构由2015年的22.1：48.9：29.0调整至2020年的19.2：37.9：42.9，其中三产增加值增长了134.1%；绵阳市三次产业结构由2015年的15.3：50.5：34.2调整至2020年的12.3：39.0：48.7，其中三产增加值增长了152.0%；汉中市三次产业结构由2015年的18.0：44.0：38.0调整至2020年的16.4：40.3：43.3，其中三产增加值增长了70.7%；安康市三次产业结构由2015年的12.4：55.3：32.3调整至2020年的14.4：40.3：45.3，其中三产增加值增长97.5%；商洛市三次产业结构由2015年的14.8：52.0：33.2调整至2020年的15.5：36.0：48.5，其中三产增加值增长了73.7%；宝鸡市三次产业结构由2015年的9.2：64.4：26.4调整至2020年的9.0：55.4：35.6，其中第三产业增加值增长了71.8%；城口县三次产业结构由2015年的17.2：49.6：33.2调整至2020年的22.2：17.9：59.9，其中三产增加值增长了134.2%。具体如表2所示。

表 2 2015~2020 年川陕革命老区三次产业增加值及结构比例

单位：亿元

市、县	年份	第一产业增加值	第二产业增加值	第三产业增加值	三次产业结构比例
巴中市	2015	83.98	233.81	183.55	16.8：46.6：36.6
	2016	89.92	253.94	200.80	16.5：46.6：36.9
	2017	93.30	293.39	214.75	15.5：48.8：35.7
	2018	98.27	316.39	231.22	15.2：49.0：35.8
	2019	124.00	242.12	388.17	16.4：32.1：51.5
	2020	161.81	214.94	390.24	21.1：28.0：50.9
广元市	2015	99.76	285.53	220.14	16.5：47.2：36.3
	2016	106.44	307.41	246.16	16.1：46.6：37.3
	2017	113.16	327.01	291.95	15.4：44.7：39.9
	2018	118.10	358.56	325.19	14.7：44.7：40.6
	2019	153.01	389.68	399.16	16.2：41.4：42.4
	2020	186.79	392.93	428.29	18.5：39.0：42.5
达州市	2015	290.82	581.19	478.76	21.5：43.1：35.4
	2016	310.02	606.20	530.87	21.4：41.9：36.7
	2017	322.13	558.12	703.69	20.3：35.3：44.4
	2018	326.24	603.91	760.02	16.7：34.8：48.5
	2019	344.80	706.30	990.40	16.9：34.6：48.5
	2020	393.57	720.30	1003.93	18.6：34.0：47.4
南充市	2015	335.23	741.11	439.86	22.1：48.9：29.0
	2016	354.98	797.13	499.29	21.5：48.3：30.2
	2017	363.68	749.69	714.56	19.9：41.0：39.1
	2018	381.87	824.05	800.12	19.0：41.1：39.9
	2019	404.25	937.62	980.36	17.4：40.4：42.2
	2020	460.80	910.80	1029.50	19.2：37.9：42.9
绵阳市	2015	260.05	858.93	581.35	15.3：50.5：34.2
	2016	280.29	896.04	654.09	15.3：49.0：35.7
	2017	291.66	838.76	944.33	14.1：40.4：45.5
	2018	301.27	929.40	1073.15	13.1：40.3：46.6
	2019	302.45	1151.34	1402.41	10.6：40.3：39.1
	2020	370.95	1174.36	1464.77	12.3：39.0：48.7
汉中市	2015	191.53	468.84	404.46	18.0：44.0：38.0
	2016	205.74	495.03	455.72	17.8：42.8：39.4
	2017	209.98	617.88	505.44	15.8：46.3：37.9

市、县	年份	第一产业增加值	第二产业增加值	第三产业增加值	三次产业结构比例
汉中市	2018	205.47	702.15	564.26	14.0：47.7：38.3
	2019	227.63	662.88	657.08	14.7：42.8：42.5
	2020	261.36	641.48	690.56	16.4：40.3：43.3
安康市	2015	96.06	426.73	249.67	12.4：55.3：32.3
	2016	100.12	467.11	284.62	11.8：54.8：33.4
	2017	104.62	529.69	340.34	10.7：54.3：33.0
	2018	123.25	626.80	383.72	10.9：55.3：33.8
	2019	137.52	553.93	490.61	11.6：46.9：41.5
	2020	157.20	438.55	493.03	14.4：40.3：45.3
商洛市	2015	91.75	323.42	206.66	14.8：52.0：33.2
	2016	96.65	371.79	230.86	13.8：53.2：33.0
	2017	98.18	442.23	260.36	12.3：55.2：32.5
	2018	94.56	441.69	288.51	11.5：53.5：35.0
	2019	103.40	376.91	356.90	12.4：45.0：42.6
	2020	114.49	265.94	359.02	15.5：36.0：48.5
宝鸡市	2015	165.13	1151.55	471.91	9.2：64.4：26.4
	2016	171.46	1227.06	533.62	8.9：63.5：27.6
	2017	175.32	1404.81	599.68	8.0：64.5：27.5
	2018	163.39	1434.07	667.70	7.2：63.3：29.5
	2019	178.75	1273.88	771.18	8.0：57.3：34.7
	2020	205.14	1261.18	810.63	9.0：55.4：35.6
城口县	2015	7.31	21.12	14.11	17.2：49.6：33.2
	2016	8.30	20.67	16.15	18.4：45.8：35.8
	2017	8.75	23.32	16.71	19.5：20.6：59.9
	2018	9.06	22.00	24.71	19.3：17.7：63
	2019	10.52	9.52	32.46	20.0：18.1：61.9
	2020	12.27	9.90	33.04	22.2：17.9：59.9

资料来源：根据2015~2020年各市（县）的国民经济和社会发展统计公报整理而得。

（3）稳步增强创新能力。"十三五"期间，四川省川陕革命老区5市支持巴中市创新设立总规模37.5亿元的老区振兴发展产业投资和股权投资基金，省级银行机构5年授信2570亿元。汉中市高新技术企业增加52家，科技创新团队增加 28 家，每万人发明专利拥有量增加 0.9 件，装备制造、高品质食药、现代材料三大支柱产业产值占规上工业总产值比重达 88.2%。[1] 安康市六大绿色工业占比达 85%；包装饮用水产业连年保持 20% 以上增长；毛绒玩具文创产业经营实体、在营新社区工厂分别达 558 家、691 家。[2] 商洛市实施重点项目、完成投资、实施延链补链强链项目、培育科技型企业、培育高新技术企业分别为 3359 个、4705 亿元、120 多个、231 家、43 家，非矿工业产值占比提高到 50%。[3] 城口县抢抓宏观政策机遇，积极争取国家和市级重大政策项目，上级投入达到 180 亿元、年均增长 10.76%，新增市场主体 8922 家、增长 71.7%，成功争取锰产业直供电政策为企业降成本 1 亿元，升级改造锰钡、建材等传统产业，发展中药材、食品等绿色加工业，培育各类品牌 99 个，研发功能食品 5 个，消费品工业企业达到 34 家，产值占比由 7% 提高到 27%。[4] 宝鸡市建成投产陕汽商用车项目、吉利发动机项目、秦川机器人关节减速器项目、青啤扩能项目，数量分别为 10 万辆、36 万台、18 万套、15 万吨；战略性新兴产业增加值占 GDP 比重达到 11.5%；建成国家级研发平台 18 个，万人发明专利拥有量、高新技术企业分别为 3.53 件、210 家，均居全省地级市首位，获评国家支撑绿色发展型创新型城市。[5] 2021 年 1 月 8 日，陕西省委网信办会同省发展改革委、省工信厅认定汉中市智慧汉台数字经济产业示范园、安康市汉滨区数字经济产业园、商洛市高新数字经济产业园获批首批省级数字经济示范园；安康扶贫空间大数据平台获批首批省级数字经济示范平台。

---

① 《努力打造发展新优势——市人大代表市政协委员为我市高质量发展建言献策》，《汉中日报》2021 年 2 月 24 日，http://epaper.hanzhongnews.cn/hzrb/20210224/html/content_20210224006001.htm。
② 《以绿为底绘就生态画卷——安康"十三五"生态环境保护综述》，陕西省生态环境厅官网，2021 年 6 月 4 日，http://sthjt.shaanxi.gov.cn/dynamic/city/2021-06-04/70798.html。
③ 《2021 年商洛市政府工作报告》，陕西省人民政府官网，2021 年 4 月 8 日，http://www.shaanxi.gov.cn/zfxxgk/zfgzbg/sqszfgzbg/202104/t20210408_2159106.html。
④ 《2021 年城口县人民政府工作报告》，城口县人民政府官网，2021 年 3 月 21 日，http://www.cqck.gov.cn/zwgk_270/zfgzbg/202103/t20210324_9029762.html。
⑤ 《2021 年宝鸡市政府工作报告》，陕西省人民政府官网，2021 年 7 月 20 日，http://www.shaanxi.gov.cn/zfxxgk/zfgzbg/sqszfgzbg/202107/t20210720_2183694.html。

（4）加快培育现代农业。"十三五"期间，四川省川陕革命老区5市现代农业加快发展，南充国家农业科技园区通过科技部验收，成功创建中国特色农产品优势区，如苍溪猕猴桃、通江银耳、朝天核桃、涪城麦冬、渠县黄花等。商洛市用好"国家农产品质量安全市"金字招牌，入选全国农产品区域公用品牌目录45个，名特优新农产品数量跃居全国首位；建成中药材基地245万亩，规模医药企业有16家。① 截至2021年底，安康市的富硒农业园区、市级以上农民专业合作社、富硒茶种植面积、富硒魔芋种植面积、富硒核桃面积、富硒生猪年饲养量、富硒水产品产量、规模以上富硒食品加工企业、工业加工园分别为1530个、299家、108万亩、60万亩、200万亩、300万头以上、4万吨以上、255家、15个（其中国家级1个，省级2个），开发富硒茶、富硒水、富硒魔芋、富硒鱼及植物富硒片、富硒黑豆多肽等产品300多种，建成全国最大的富硒矿泉水生产基地；② 千亿康养产业集群扎实起步，入选国家级医养结合示范市和"中国康养城市"50强，建成1340个现代农业园区。宝鸡市引进正大、飞鹤、陕果等一批特色农业行业领军企业，培育龙头企业247户，建成现代农业园区173个，猕猴桃面积64.6万亩，苹果面积137.8万亩，奶山羊存栏89.1万只，中蜂养殖33.8万群。③ 城口县山地特色农业提质增效，打造特色产业链4个，建成产业扶贫基地252个。

（5）大力发展现代服务业。"十三五"期间，四川省川陕革命老区5市一批旅游景点加快打造，成功创建国家5A级旅游景区2个，即朱德故里和光雾山景区。④ 2021年，巴中市接待游客3600万人次，旅游收入320亿

① 《2021年商洛市政府工作报告》，陕西省人民政府官网，2021年4月8日，http://www.shaanxi.gov.cn/zfxxgk/zfgzbg/sqszfgzbg/202104/t20210408_2159106.html。
② 《全产业链推进 富硒首位产业提质升级——安康市打造"千亿级"富硒产业集群的调研与思考》，安康市人民政府官网，2022年4月18日，https://www.ankang.gov.cn/Content-2391275.html。
③ 《2021宝鸡市政府工作报告》，陕西省人民政府官网，2021年7月20日，http://www.shaanxi.gov.cn/zfxxgk/zfgzbg/sqszfgzbg/202107/t20210720_2183694.html。
④ 《四川省"十四五"川陕革命老区发展规划》，巴中市人民政府官网，2021年11月3日，http://www.cnbz.gov.cn/zmhd/rdgz/13156891.html。

元，新增国家 4A 级旅游景区 2 个。广元市分别建成乡镇客运站 42 个、村级招呼站 2267 个、覆盖县乡村三级农村货运物流网点 208 个。商洛市分别建成 3A 级以上景区 42 家、省级旅游度假区 4 家、全国乡村旅游重点村 5 个、国家四星级民宿 1 家，入选全国乡村旅游发展模式典型案例。① 安康市实现国家电子商务进农村综合示范县"全覆盖"。宝鸡市蝉联全国优秀电子商务城市，网络交易额年均增长 31.6%；旅游综合收入、游客接待量分别是 2015 年的 2.6 倍和 2.4 倍，大水川、九龙山、周文化景区等 12 个精品景区建成开放，太白山旅游区成为全省唯一的国家级旅游度假区；新增金融机构、各项贷款余额、新三板挂牌企业分别为 44 家、2037 亿元、8 户；服务业更具吸引力，国金中心、吾悦广场、陈仓老街等商业新地标相继建成，宝鸡擀面皮、岐山臊子面等美食热销海内外，获评"国际（丝路）美食之都"。② 城口县旅游综合收入年均增长 25%，加快亢家寨国家 5A 级旅游景区和亢谷国家级旅游度假区建设，建成乡村旅游集群片区 6 个、提质发展大巴山森林人家 2000 家，电商站点贫困村覆盖率、电商交易额年均增长率、服务业增加值年均增长率分别为 100%、25% 以上、6.4%。③

（二）拓展脱贫攻坚成果，有效提升民生福祉

（1）脱贫攻坚取得决定性胜利。2012~2020 年，四川省川陕革命老区 5 市精准扶贫精准脱贫扎实开展，28 个贫困县（市、区）全部摘帽、4076 个贫困村全部出列、236.7 万贫困人口全部脱贫；陕西省川陕革命老区 4 市 32 个贫困县（市、区）全部摘帽、3224 个贫困村全部出列、244.08 万贫困人口全部脱贫；重庆市城口县以攻坚之初贫困程度全市最深、决胜之时群众满

① 《2021 年商洛市政府工作报告》，陕西省人民政府官网，2021 年 4 月 8 日，http://www.shaanxi.gov.cn/zfxxgk/zfgzbg/sqszfgzbg/202104/t20210408_2159106.html。
② 《2021 年宝鸡市政府工作报告》，陕西省人民政府官网，2021 年 7 月 20 日，http://www.shaanxi.gov.cn/zfxxgk/zfgzbg/sqszfgzbg/202107/t20210720_2183694.html。
③ 《2021 年城口县人民政府工作报告》，城口县人民政府官网，2021 年 3 月 21 日，http://www.cqck.gov.cn/zwgk_270/zfgzbg/202103/t20210324_9029762.html。

意度全市最高的成效，实现高质量整体脱贫"摘帽"，整县全部摘帽、90个贫困村全部出列、4.5万贫困人口全部脱贫。老区绝对贫困和区域性整体贫困得到历史性解决。具体情况如表3所示。

表3 2012~2020年川陕革命老区脱贫攻坚成绩

市、县	脱贫人数（万人）	退出贫困县数量（个）	退出贫困村数量（个）
巴中市	49.9	5	699
广元市	34.7	7	739
达州市	71.6	7	828
南充市	57.8	7	1290
绵阳市	22.7	2	520
汉中市	52.4	10	1010
安康市	79.9	10	992
商洛市	57.28	7	701
宝鸡市	54.5	5	521
城口县	4.5	1	90
总计	485.28	61	7390

资料来源：根据2021年各市（县）政府工作报告整理而得。

（2）人民生活水平不断提高。"十三五"时期，四川省川陕革命老区5市居民生活水平显著提高，城镇居民人均可支配收入36915元，与四川平均水平差距由1558元缩小至1338元，农村居民人均可支配收入16625元，比四川平均水平高696元。[1] 2015~2020年，巴中市、广元市、达州市、南充市、绵阳市、汉中市、安康市、商洛市、宝鸡市、城口县的城镇居民人均可支配收入年均增长率分别为8.5%、8.6%、8.6%、8.5%、7.9%、7.8%、3.3%、1.5%、4.2%、7.7%；巴中市、广元市、达州市、南充市、绵阳市、汉中市、安康市、商洛市、宝鸡市、城口县的农村居民人均可支配收入年均

---

① 《四川省"十四五"川陕革命老区发展规划》，巴中市人民政府官网，2021年11月3日，http://www.cnbz.gov.cn/zmhd/rdgz/13156891.html。

增长分别为 9.7%、10%、9.6%、9.8%、9.3%、7.9%、7.4%、4.4%、8.3%、9.3%。具体情况如表 4 所示。

表 4　2015~2020 年川陕革命老区城乡居民人均可支配收入及其增长率

市、县	年份	城镇居民人均可支配收入(元)	增长率(%)	农村居民人均可支配收入(元)	增长率(%)
巴中市	2015	23845	9.1	9084	10.6
	2016	25950	8.8	9969	9.7
	2017	28286	9.0	10946	9.8
	2018	30816	8.9	12002	9.6
	2019	33663	9.2	13232	10.2
	2020	35821	6.4	14429	9.0
广元市	2015	23628	8.6	8939	10.4
	2016	25762	9.0	9819	9.8
	2017	28132	9.2	10801	10.0
	2018	30592	8.7	11854	9.7
	2019	33481	9.4	13122	10.7
	2020	35740	6.7	14367	9.4
达州市	2015	23884	8.6	10688	10.1
	2016	26016	8.9	11718	9.6
	2017	28383	9.1	12843	9.5
	2018	30882	8.8	14055	9.4
	2019	33823	9.5	15504	10.3
	2020	36001	6.4	16876	8.8
南充市	2015	23950	8.5	10292	10.0
	2016	25993	8.5	11273	9.5
	2017	28333	9.0	12389	9.9
	2018	30810	8.7	13583	9.6
	2019	33749	9.5	15027	10.6
	2020	36057	6.8	16431	9.3
绵阳市	2015	27170	8.2	12349	9.5
	2016	29407	8.2	13504	9.3
	2017	31822	8.2	14752	9.2

续表

市、县	年份	城镇居民人均可支配收入(元)	增长率(%)	农村居民人均可支配收入(元)	增长率(%)
绵阳市	2018	34411	8.1	16101	9.1
	2019	37454	8.8	17735	10.1
	2020	39680	5.9	19303	8.8
汉中市	2015	23625	8.8	8164	9.8
	2016	25595	8.3	8855	8.5
	2017	27812	8.7	9666	9.2
	2018	30380	9.2	10088	4.4
	2019	32828	8.1	11098	10.0
	2020	34417	4.8	11937	7.6
安康市	2015	23985	8.7	7913	9.8
	2016	25962	8.2	8590	8.6
	2017	28158	8.5	9394	9.4
	2018	24977	−11.3	9504	1.2
	2019	27016	8.2	10475	10.2
	2020	28247	4.6	11288	7.8
商洛市	2015	26420	8.4	8689	9.5
	2016	25468	−3.6	8358	−3.8
	2017	27647	8.6	9132	9.3
	2018	23491	−14.5	9112	−0.2
	2019	25503	8.6	10025	10.0
	2020	26616	4.4	10773	7.5
宝鸡市	2015	29475	8.5	9511	9.5
	2016	31730	7.7	10287	8.2
	2017	34351	8.3	11209	9.0
	2018	31802	−7.4	11936	6.5
	2019	34446	8.3	13094	9.7
	2020	36209	5.1	14189	8.4
城口县	2015	21116	9.1	7224	11.3
	2016	22974	8.8	7946	10.0
	2017	24914	8.4	8661	9.0
	2018	26932	8.1	9458	9.2
	2019	29087	8.0	10404	10.0
	2020	30541	5.0	11257	8.2

资料来源：根据2015~2020年各市（县）政府工作报告整理而得。

（3）民生事业工作成效明显。

民生支出平稳增长。2021 年，巴中市、广元市、达州市、安康市、南充市、绵阳市、商洛市民生支出分别为 41.28 亿元、181.42 亿元、309.1 亿元、284.4 亿元、334.9 亿元、496.3 亿元、225.89 亿元，占财政支出比重分别为 70%、66.4%、70.9%、81.8%、65%、67.87%、82.4%。

教育事业不断进步。"十三五"时期，四川省川陕革命老区 5 市义务教育均衡发展全部达标。城口县新建中、小学校 10 所，建成投用重师城口附中、第一实验小学，改造薄弱学校 130 余所，新建、改造幼儿园 100 所，引进重师大、天坤教育合作办学，创建 4 所国家级和 7 所市级特色学校，"暖冬计划"惠及 3 万余人次，本科上线率达到 67.1%。[1] 汉中市 217 所城区学校与农村薄弱学校形成教育联盟，常态化对口培训，11 个县区与陕西理工大学等 10 余所高校建立结对帮扶，送教到县 1 万人次，共培育陕西省教学名师 16 人、省级学科带头人 74 人、省级教学能手 705 人，组织全市 90 余个名师工作室（学科带头人工作坊）联动开展工作，打破县域和校域的限制，充分发挥辐射引领作用，培养青年骨干教师 1100 余人，教师队伍整体水平提升，有效助推了汉中教育的发展。[2] 安康市建立市、县、校三级"1+1"听思政课制度，录制思政金课 200 余节，培养县级以上思政课教学能手 144 人、陕西省中小学思政课教学标兵 34 人，已分别建成县级以上农业、工业、劳动、红色文化教育基地 26 个、43 个、16 个、53 个、27 个，补充基层紧缺教师 732 名。[3] 宝鸡市学前教育普惠率达 90% 以上，义务教育大班额占比降低 12 个百分点，义务教育基本均衡发展受到省政府表彰，

---

[1] 《2021 年城口县人民政府工作报告》，城口县人民政府官网，2021 年 3 月 21 日，http://www.cqck.gov.cn/zwgk_270/zfgzbg/202103/t20210324_9029762.html。

[2] 《"十三五"陕西教育事业发展情况 第二场新闻发布会（实录）》，陕西省人民政府新闻办公室新闻发布厅，2021 年 1 月 22 日，http://pub.cnwest.com/data/content/2021/01/2135.html。

[3] 《"十三五"陕西教育事业发展情况 第二场新闻发布会（实录）》，陕西省人民政府新闻办公室新闻发布厅，2021 年 1 月 22 日，http://pub.cnwest.com/data/content/2021/01/2135.html。

教育现代化先进县占比达到 75%，全省首个职业技能实训中心基本建成。①

医疗卫生事业迅速发展。"十三五"时期，城口县人民医院成功创建二级甲等综合医院，完成 125 个村卫生室标准化建设，结束了 60 多年以药补医的历史。② 商洛市中心医院晋升为"三甲"，初步形成全生命周期健康服务体系，共成立 654 个家庭医生服务团队，重点人群的签约覆盖率达65.2%。③ 宝鸡市入选首批国家公立医院综合改革示范城市、医改工作连续九年全省第一、县级医院全部达到二甲标准，每千人拥有执业医师和床位数均高于全省平均水平，被评为"全国中医药工作先进市"。

社会保障体系不断完善。"十三五"时期，城口县改造乡镇敬老院 8个，完成 19 个乡镇敬老院托管改革，基本实现社区养老服务全覆盖，城乡低保、特困供养等保障水平逐年提高，养老保险、医疗保险覆盖率均达到 95%。④ 商洛市调整六大类 18 个群体社保待遇。⑤ 汉中市城乡低保标准连续 12 年提高，企业退休人员基本养老金连续 16 年上调，全生命周期健康服务体系初步形成。⑥ 宝鸡市城乡低保标准分别提高 38.7% 和96.8%，建成保障性住房 26.59 万套，成为中央财政支持居家和社区养老试点城市。⑦

---

① 《2021 年宝鸡市政府工作报告》，陕西省人民政府官网，2021 年 7 月 20 日，http：//www. shaanxi. gov. cn/zfxxgk/zfgzbg/sqszfgzbg/202107/t20210720_2183694. html。
② 《2021 年城口县人民政府工作报告》，城口县人民政府官网，2021 年 3 月 21 日，http：//www. cqck. gov. cn/zwgk_270/zfgzbg/202103/t20210324_9029762. html。
③ 《2021 年商洛市政府工作报告》，陕西省人民政府官网，2021 年 4 月 8 日，http：//www. shaanxi. gov. cn/zfxxgk/zfgzbg/sqszfgzbg/202104/t20210408_2159106. html。
④ 《2021 年城口县人民政府工作报告》，城口县人民政府官网，2021 年 3 月 21 日，http：//www. cqck. gov. cn/zwgk_270/zfgzbg/202103/t20210324_9029762. html。
⑤ 《改革春潮正澎湃——商洛市"十三五"期间全面深化改革工作综述》，《商洛日报》2020年 12 月 28 日，http：//eslrb. slrbs. com/slrb/20201228/html/content_20201228001002. htm。
⑥ 《让天汉儿女过上更加美好的生活——市人大代表市政协委员及市民热议高品质生活》，《汉中日报》2021 年 2 月 25 日，http：//epaper. hanzhongnews. cn/hzrb/20210225/mhtml/page_05_ content_20210225006004. htm。
⑦ 《2021 年宝鸡市政府工作报告》，陕西省人民政府官网，2021 年 7 月 20 日，http：//www. shaanxi. gov. cn/zfxxgk/zfgzbg/sqszfgzbg/202107/t20210720_2183694. html。

（三）推进生态环境治理，筑牢绿色发展基础

（1）生态优势持续巩固。"十三五"时期，四川省川陕革命老区 5 市森林覆盖率达到 52.8%，县级集中式饮用水水源地水达标率 100%，其中巴中成功创建"国家森林城市"，广元获评"全国绿化模范城市"，绵阳荣获"中国美丽山水城市"称号，北川获批全国第三批生态文明建设示范县。① 汉中市的森林覆盖率提高至 63.8%，汉江、嘉陵江出境断面水质达Ⅱ类标准，空气优良天数在 330 天以上，② 成功创建国家森林城市、国家园林城市，有省级名镇 9 个、美丽乡村示范村 100 个、风景线 10 条。③ 商洛市森林覆盖率达到 69.56%，市区空气质量连续 8 年居陕西省第一，被授予"中国气候康养之都"称号；治理水土流失、营造林、实施城周绿化分别为 2609 平方公里、324.8 万亩、2.63 万亩。④ 宝鸡市森林覆盖率达 56.04%，覆土植绿 6.46 万平方米，"三北"防护林建设获国家表彰，凤县、陇县、太白县荣获国家生态文明建设示范县。⑤ 城口县空气质量优良天数在 340 天以上，国控断面水质达Ⅱ类标准，成功创建市级生态文明建设示范县，生态环境质量指数连续 10 年位列全市十个生态功能重点县第一；落实生态环境损害赔偿制度，完成"三线一单"编制及成果发布，完成营造林 149 万亩，森林覆盖率为 72.5%；连续 29 年无较大森林火灾；建设绿色矿山 8 个。⑥

① 《四川省"十四五"川陕革命老区发展规划》，巴中市人民政府官网，2021 年 11 月 3 日，http://www.cnbz.gov.cn/zmhd/rdgz/13156891.html。
② 《争当追赶超越排头兵，加快建设区域中心城市，汉中高质量发展的底气何来？——从全省"奋斗百年路 启航新征程"汉中专场发布会探析我市发展路径》，《汉中日报》2021 年 7 月 22 日，http://epaper.hanzhongnews.cn/hzrb/20210722/mhtml/index_content_20210722001004.htm。
③ 《汉中过去五年发展的历程极不平凡 取得的成绩极不简单》，《汉中日报》2022 年 3 月 22 日，http://epaper.hanzhongnews.cn/hzrb/20220322/mhtml/page_01_content_20220322002010.htm。
④ 《2021 年商洛市政府工作报告》，陕西省人民政府官网，2021 年 4 月 8 日，http://www.shaanxi.gov.cn/zfxxgk/zfgzbg/sqszfgzbg/202104/t20210408_2159106.html。
⑤ 《2021 年宝鸡市政府工作报告》，陕西省人民政府官网，2021 年 7 月 20 日，http://www.shaanxi.gov.cn/zfxxgk/zfgzbg/sqszfgzbg/202107/t20210720_2183694.html。
⑥ 《2021 年城口县人民政府工作报告》，城口县人民政府官网，2021 年 3 月 21 日，http://www.cqck.gov.cn/zwgk_270/zfgzbg/202103/t20210324_9029762.html。

（2）绿色动能日益增强。"十三五"时期，四川省川陕革命老区5市节能减排有效推进，广元经济技术开发区入选国家循环改造园区。安康市高新区在169个国家高新区中综合排名跃升到63位，建成现代农业园区1340个、省级县域工业集中区和"飞地经济"园区19个。城口县推进生态资源资本价值化实践，建设国家储备林50万亩，实施森林覆盖率指标交易1.5万亩。①

（3）城乡环境治理日见成效。"十三五"时期，四川省川陕革命老区5市中绵阳、广元、巴中获评国家卫生城市。宝鸡市大气污染防治扎实推进，整治"散乱污"企业3122户，淘汰老旧机动车1.3万辆，拆改燃煤锅炉5647台，完成农村清洁能源替代68.2万户；坚决有力推进秦岭生态治理，实施最严格的秦岭保护政策，完成勘界立标眉县试点，拆除小水电站9座、各类违建7.45万平方米；建成卫生厕所44.2万座，行政村垃圾和生活污水有效治理率分别达到91.6%和55.3%；系统推进水生态治理，扎实开展渭河流域水污染防治和生态修复、综合治理成效显现，完成13条中小河流治理，清姜河获评全国"最美家乡河"，城市水污染处理率达到96.7%，水环境质量居关中城市第一。② 城口县完成农村人居环境整治三年行动任务，卫生厕所普及率、行政村生活垃圾有效治理率分别达到70.2%、93%，分别创建全国文明村镇1个、国家级绿色村庄8个、市级绿色村庄40个、大美乡村市级示范片2个、美丽宜居示范村庄17个。③ 安康市森林覆盖率达到68%；建成县镇垃圾污水处理设施145座，治理水土流失2104.4平方公里，补充耕地4.1万亩。商洛市分别创建国家重点镇12个、全国最美休闲乡村5个、省级美丽宜居示范村48个。④ 城口县

---

① 《2021年城口县人民政府工作报告》，城口县人民政府官网，2021年3月21日，http：//www.cqck.gov.cn/zwgk_270/zfgzbg/202103/t20210324_9029762.html。

② 《2021年宝鸡市政府工作报告》，陕西省人民政府官网，2021年7月20日，http：//www.shaanxi.gov.cn/zfxxgk/zfgzbg/sqszfgzbg/202107/t20210720_2183694.html。

③ 《2021年城口县人民政府工作报告》，城口县人民政府官网，2021年3月21日，http：//www.cqck.gov.cn/zwgk_270/zfgzbg/202103/t20210324_9029762.html。

④ 《2021年商洛市政府工作报告》，陕西省人民政府官网，2021年4月8日，http：//www.shaanxi.gov.cn/zfxxgk/zfgzbg/sqszfgzbg/202104/t20210408_2159106.html。

落实"河长制",严厉打击河道非法采砂,完成 13 条中小河流域治理,综合治理水土流失 179 平方公里;建成县乡两级污水处理系统;开展大棚房和违建别墅专项整治;深化农村"厕所革命",健全县乡村垃圾转运处理机制。①

(四)聚焦基础设施建设,不断增强发展动力

(1)综合交通体系加快成型。"十三五"期间,四川省川陕革命老区 5 市兰渝铁路、西成客专、巴广渝高速、南大梁高速、达万高速、巴中恩阳机场等一批重大交通基础设施建成投运,高速公路通车里程超过 2300 公里,嘉陵江全线通航,交通设施得到较快发展。2021 年,巴中市的恩阳机场已开通 16 个城市航线,汉巴南铁路巴中段站前工程累计完成投资 30.5 亿元,S408 线鹿角垭隧道和 S303 线江口至青云段开工建设,米仓大道、诺水大道等 12 个国省道项目加速推进,打通乡村振兴产业路旅游路 136.8 公里,完成撤并建制村畅通工程 804.3 公里。② 广元市交通基础设施日益完善。在公路方面,公路通车里程达 23021 公里,县县通高速,基本形成 1 小时到区县、2 小时到达周边毗邻 5 市的高速公路主骨架网;在铁路方面,县县通铁路、个个有站点,形成"米字形"铁路网络枢纽,铁路营业里程达 485 公里;在航空方面,盘龙机场新增至昆明、济南等 6 条航线,航线覆盖国内 11 个城市。③ 汉中市城固机场各项运量指标位居西部机场前列,实现立体交通网络畅连全国。④ 宝鸡市对外通道更加完善,宝鸡机场立项获批,建成太凤高速、银昆高速陇县至陕甘界段和岩湾至汉中段、旬凤高速太峪至良舍段,新增高速公路 181 公里,通车里程达到 450 公里,实现县县通高速;新

① 《2021 年城口县人民政府工作报告》,城口县人民政府官网,2021 年 3 月 21 日,http://www.cqck.gov.cn/zwgk_270/zfgzbg/202103/t20210324_9029762.html。

② 《巴中市 2021 年国民经济和社会发展计划执行情况及 2022 年计划草案的报告》,巴中市人民政府官网,2022 年 10 月 21 日,http://www.cnbz.gov.cn/public/6600041/13320621.html。

③ 《回看广元基础设施建设跨越式发展关键五年》,腾讯新闻,2021 年 8 月 17 日,https://view.inews.qq.com/k/20210817A0FYY500?web_channel=wap&openApp=false。

④ 《汉中市人民政府工作报告(2021 年)》,汉中市人民政府官网,2021 年 3 月 17 日,http://www.hanzhong.gov.cn/hzszf/zwgk/ghjh/zfgzbg/szfgzbg/202103/84823b1085cd4c8483a781c59230d46d.shtml。

建和改扩建国省道路 437 公里，公路总里程 1.71 万公里；宝兰客专、宝麟铁路建成投用，铁路里程达到 597 公里；宝鸡至西安"绿巨人"动车组即将开通；陆港、联盟、植物园跨渭河大桥建成通车，大庆路等 30 多条城市道路提标改造。① 商洛市全省首条"省市共建"的水阳高速公路建成通车，全国首个采用 PPP 模式建设的丹凤通用机场建成运行。② 城口县致力于打通对外"大交通"、畅通内部"毛细血管"，渝西高铁成功落地；城口至万源、城口至巫溪、城口至宣汉高速公路启动前期工作；在全市率先推行"路长制"，新（改）建普通干线公路 521 公里，建成"四好农村路"通达工程 1552 公里、通畅工程 1488 公里，安装防护栏 1330 公里，公路总里程提升到 4400 公里，路网密度提升到每百平方公里 134 公里，建成县城客运中心。③

（2）能源保障水平持续提升。"十三五"期间，四川省川陕革命老区 5 市能源保障持续加强，D720 天然气输气管道改线、元坝至阆中输气管道、龙岗至巴中输气管道建成通气，国能南部生物质发电站建成投运；基本实现 4G 全覆盖。④ 2021 年，巴中市建成投运 110 千伏变电站 1 座及在建 3 座，完成巴中市城市垃圾焚烧发电项目扩建工程，城镇燃气供应保障能力得到提升。⑤ 广元市建成油气输送管道 1637 公里，实现各区县管网全覆盖，管网长度、用气规模均居四川省第一，95% 的乡镇通天然气；建成 11 条联通周边市州的市域管线。⑥ 商洛市投资 88 亿元建设一批打基础、利长远的重大

---

① 《2021 年宝鸡市政府工作报告》，陕西省人民政府官网，2021 年 7 月 20 日，http：//www. shaanxi. gov. cn/zfxxgk/zfgzbg/sqszfgzbg/202107/t20210720_2183694. html。

② 《2021 年商洛市政府工作报告》，陕西省人民政府官网，2021 年 4 月 8 日，http：//www. shaanxi. gov. cn/zfxxgk/zfgzbg/sqszfgzbg/202104/t20210408_2159106. html。

③ 《2021 年城口县人民政府工作报告》，城口县人民政府官网，2021 年 3 月 21 日，http：//www. cqck. gov. cn/zwgk_270/zfgzbg/202103/t20210324_9029762. html。

④ 《四川省"十四五"川陕革命老区发展规划》，巴中市人民政府官网，2021 年 11 月 3 日，http：//www. cnbz. gov. cn/zmhd/rdgz/13156891. html。

⑤ 《巴中市 2021 年国民经济和社会发展计划执行情况及 2022 年计划草案的报告》，巴中市人民政府官网，2022 年 10 月 21 日，http：//www. cnbz. gov. cn/public/6600041/13320621. html。

⑥ 《回看广元基础设施建设跨越式发展关键五年》，腾讯新闻，2021 年 8 月 17 日，https：//view. inews. qq. com/k/20210817A0FYY500？web_channel=wap&openApp=false。

项目，如镇安抽水蓄能电站等。① 城口县新（改）建中低压输变电线路1054公里，农网改造惠及 5.79 万户，总变电容量达到 1056 兆伏安，实现行政村通动力电目标。②

（3）新型基础设施建设稳步推进。2021 年，巴中市建成 5G 基站 1179个，布局建设充电桩 53 个，投运联通信创云 210U，新增省级企业技术中心1 家，智慧文旅、交通、城管等项目建设有序推进。③ 宝鸡市主城区 5G 网络全覆盖，开启智慧城市"十大应用"场景。④ 城口县建成通信网络 6892皮长公里、通信基站 1839 个，行政村光纤网络和县城 5G 信号全覆盖。⑤ 截至 2020 年底，达州市共有 5G 站点 1109 个物理站址，其中铁塔承接改造914 个、承接新建 22 个、移动自建 150 个、电信自建 23 个，基本实现全域重要聚集区布局；有大型数据中心 2 个，其中，达州市云计算中心具备1000 核 CPU、10T 内存、500T 储存容量，达州市川东大数据中心主体工程基本建设完成，投入使用后将成为川、渝、陕区域通信枢纽中心，为至少10000 家企业"上云"及持续健康发展奠定基础，同时担负起川东大数据运营管理及灾备任务。⑥

（五）坚持深化改革开放，提升经济发展水平

（1）全面深化改革。"十三五"时期，汉中市推进重点领域改革，不断

---

① 《2021 年商洛市政府工作报告》，陕西省人民政府官网，2021 年 4 月 8 日，http://www.shaanxi.gov.cn/zfxxgk/zfgzbg/sqszfgzbg/202104/t20210408_2159106.html。

② 《2021 年城口县人民政府工作报告》，城口县人民政府官网，2021 年 3 月 21 日，http://www.cqck.gov.cn/zwgk_270/zfgzbg/202103/t20210324_9029762.html。

③ 《巴中市 2021 年国民经济和社会发展计划执行情况及 2022 年计划草案的报告》，巴中市人民政府官网，2022 年 10 月 21 日，http://www.cnbz.gov.cn/public/6600041/13320621.html。

④ 《2021 年宝鸡市政府工作报告》，陕西省人民政府官网，2021 年 7 月 20 日，http://www.shaanxi.gov.cn/zfxxgk/zfgzbg/sqszfgzbg/202107/t20210720_2183694.html。

⑤ 《2021 年城口县人民政府工作报告》，城口县人民政府官网，2021 年 3 月 21 日，http://www.cqck.gov.cn/zwgk_270/zfgzbg/202103/t20210324_9029762.html。

⑥ 《达州市人民政府关于印发〈达州市"十四五"新型基础设施建设规划（2021—2025年）〉的通知》，达州市发展和改革委官网，2022 年 1 月 19 日，http://fgw.dazhou.gov.cn/news-show-6713.html。

改善营商环境，市场主体数量突破 23 万户。① 安康市探索形成"144520"招商引资工作机制和"特色产品展示+重点项目推介"招商模式，成功入选"中国营商环境质量十佳城市"。② 商洛市坚持以改革促发展，信用监测排名跃居四川省第三。③ 宝鸡市 743 项经济社会改革任务落地实施，4637 个事项"最多跑一次"政务服务事项网上可办率在 93%以上，入选全国 80 个营商环境参评城市，监管"双随机一公开"模式获国务院通报表扬，"好差评"政务服务模式成为国务院确定的全国试点，商事制度改革、相对集中行政许可权改革、镇村便民站点建设走在全省前列；市场主体达到 25.6 万户，清欠中小企业、民营企业账款 18 亿元，减免税费 228 亿元以上。④ 城口县深化供给侧结构性改革，去除工矿业落后产能 130 万吨，减免各类税费 6.9 亿元，清理注销空壳公司和僵尸企业 7 家；完成农村产权制度改革，深化农村"三变"改革，培育新型集体经济组织 190 个，全面消除产业"空壳村"；探索点状用地、收储挂钩、以地入股、以房联营改革，在全市率先破解乡村旅游用地难题；深化公共资源交易监管改革，限额以上工程项目公开招标率达 92.8%；投资项目审批时限压缩 2/3 以上；建立信用"红黑名单"发布和联合奖惩制度。⑤

（2）扩大开放合作。"十三五"时期，汉中市招商引资到位资金、实际利用外资、进出口总额年均分别增长 17.7%、49.6%、28.5%；⑥ 安康市累

---

① 《汉中市人民政府工作报告（2021 年）》，汉中市人民政府官网，2021 年 3 月 17 日，http：//www. hanzhong. gov. cn/hzszf/zwgk/ghjh/zfgzbg/szfgzbg/202103/84823b1085cd4c8483a781c59230d46d. shtml。

② 《全产业链推进 富硒首位产业提质升级——安康市打造"千亿级"富硒产业集群的调研与思考》，安康市人民政府官网，2022 年 4 月 18 日，https：//www. ankang. gov. cn/Content-2391275. html。

③ 《2021 年商洛市政府工作报告》，陕西省人民政府官网，2021 年 4 月 8 日，http：//www. shaanxi. gov. cn/zfxxgk/zfgzbg/sqszfgzbg/202104/t20210408_2159106. html。

④ 《2021 年宝鸡市政府工作报告》，陕西省人民政府官网，2021 年 7 月 20 日，http：//www. shaanxi. gov. cn/zfxxgk/zfgzbg/sqszfgzbg/202107/t20210720_2183694. html。

⑤ 《2021 年城口县人民政府工作报告》，城口县人民政府官网，2021 年 3 月 21 日，http：//www. cqck. gov. cn/zwgk_270/zfgzbg/202103/t20210324_9029762. html。

⑥ 《汉中市人民政府工作报告（2021 年）》，汉中市人民政府官网，2021 年 3 月 17 日，http：//www. hanzhong. gov. cn/hzszf/zwgk/ghjh/zfgzbg/szfgzbg/202103/84823b1085cd4c8483a781c59230d46d. shtml。

计引进项目 1974 个，到位资金 3511 亿元；[①] 商洛市引进 7 家金融机构、11 户 500 强企业，累计到位招商引资资金较"十二五"增长 135.5%；[②] 宝鸡市加快建设陆港新城、空港新城、综合保税区、会展中心"四组团"，与 156 个国家（地区）建立贸易关系，众多"宝鸡造"和"宝鸡产"漂洋过海，外贸进出口总额较 2015 年增长 46.4%，2020 年注册总部企业 387 户，"十三五"期间招引项目 4719 个、到位资金 6627.5 亿元；[③] 城口县深化开放带动发展，成功召开乡情大会，组团参加各类经贸活动，引进亿联、碧桂园、慧远药业、汇达柠檬等一批知名企业，招商引资到位资金 79.12 亿元；[④] 广元市参与"一带一路"建设，累计进出口总额 2.53 亿美元，到位市外资金 3035.84 亿元人民币，促成签约项目 2065 个，签约资金 4643.88 亿元人民币，其中累计进出口总额是"十二五"时期的 1.7 倍。[⑤]

（3）激发发展活力。安康市建立国家级创新研发平台 13 个、院士工作站 9 个，培育科技型中小企业 225 户，获 21 项省级科技奖，与 20 多家科研院校建立战略合作关系。[⑥] 商洛市获批国家级和省级科技项目 408 项、攻克关键技术 45 项，建成省级高新区 2 个、示范县域工业集中区 5 个、重点实验室 1 个、院士工作站 2 个、小微企业"双创"基地 10 个，拥有深度贫困地区首个通过 IPO 绿色通道上市的企业，41 家企业在"四

[①] 《全产业链推进 富硒首位产业提质升级——安康市打造"千亿级"富硒产业集群的调研与思考》，安康市人民政府官网，2022 年 4 月 18 日，https：//www.ankang.gov.cn/Content-2391275.html。

[②] 《2021 年商洛市政府工作报告》，陕西省人民政府官网，2021 年 4 月 8 日，http：//www.shaanxi.gov.cn/zfxxgk/zfgzbg/sqszfgzbg/202104/t20210408_2159106.html。

[③] 《2021 年宝鸡市政府工作报告》，陕西省人民政府官网，2021 年 7 月 20 日，http：//www.shaanxi.gov.cn/zfxxgk/zfgzbg/sqszfgzbg/202107/t20210720_2183694.html。

[④] 《2021 年城口县人民政府工作报告》，城口县人民政府官网，2021 年 3 月 21 日，http：//www.cqck.gov.cn/zwgk_270/zfgzbg/202103/t20210324_9029762.html。

[⑤] 《回看广元基础设施建设跨越式发展关键五年》，腾讯新闻，2021 年 8 月 17 日，https：//view.inews.qq.com/k/20210817A0FYY500？web_channel=wap&openApp=false。

[⑥] 《安康市 2021 年政府工作报告》，安康市人民政府官网，2021 年 4 月 2 日，https：//www.ankang.gov.cn/Content-2241055.html。

板"挂牌。① 城口县深化创新驱动发展，新增专利授权 140 件，打造科普示范基地 15 个，科技型企业达到 67 家，城口山地鸡、中蜂种质资源开发利用获得市级科技进步二等奖；推行"云长制"，建设"云平台"，大数据智能化运用和数字经济发展步伐加快。②

二 川陕革命老区振兴发展存在的主要困难

国际环境日趋复杂，全球产业链供应链稳定性受到严重挑战，未来国际经济充满不确定性。我国经济正处于质量变革、效率变革和动力变革关键期，"碳达峰""碳中和"双目标对经济质效和产业结构提出更高要求。老区地处南北气候过渡区，是生物多样性保护和森林生态功能区建设的重要地区，而秦巴山是地质灾害易发、多发区，生态脆弱，自然灾害频发，水土流失严重，生态环境污染治理压力大，环境资源约束日益趋紧，发展面临重大难题。

（一）协同推进机制不健全，振兴发展帮扶力度不够

（1）尚未建立协同工作机制。老区在国家层面未建立部委统筹协调和川陕渝三省市合作推进机制，难以及时有效解决跨区域重大项目布局、推进构建区域统一大市场等振兴发展中的重大问题。例如，《川陕革命老区振兴发展规划》中明确提出，要"拓展区域发展空间，加强区域协作联动"，但是受到当地行政区划的制约，老区生态文明建设还缺乏整体的框架设计，行政界线的分割仍然明显，统一协调合作机制尚未建立。尤其是区域污染联防联控规划、法规体系尚未建立，跨地区环保机构尚处于探索阶段，联席会议、信息共享制度有待完善，区域联动执法、生态补偿机制有待建立。协调

---

① 《2021 年商洛市政府工作报告》，陕西省人民政府官网，2021 年 4 月 8 日，http://www.shaanxi.gov.cn/zfxxgk/zfgzbg/sqszfgzbg/202104/t20210408_2159106.html。
② 《2021 年城口县人民政府工作报告》，城口县人民政府官网，2021 年 3 月 21 日，http://www.cqck.gov.cn/zwgk_270/zfgzbg/202103/t20210324_9029762.html。

推进与区域联动机制的欠缺，导致老区各自为政、各行其是，极大制约了川陕革命老区振兴发展的进程，亟须得到有效解决。

（2）合作平台建设不足。川陕革命老区区域经济发展板块互动不足，缺乏功能性合作平台，与成渝双核产业协作配套不够，与陕西革命老区、甘肃等毗邻区域未建立紧密合作关系；区域合作平台产业合作层级较低，承接产业转移能力较差；开放合作程度不深，从四川省川陕革命老区来看，老区开放水平不高，2020 年 37 个县（市、区）平均进出口总额 1.1 亿美元，不到四川省平均水平的 20%。

（3）缺乏专项资金支持。国家和省级层面均未单独安排老区专项资金、项目补助资金，也没有体现倾斜和支持，从而造成地方财力保障不足。例如，四川省川陕革命老区中欠发达地区占 70%，地方财力薄弱，2020 年县（市、区）平均地方一般公共预算收入 13.2 亿元，仅及四川省平均水平的 56.7%。财政自给率低，只有 23.8%，比四川省平均水平低 14.2 个百分点。[1]

（二）基础设施网络不完善，振兴发展保障能力不强

（1）立体交通网络还未建成。川陕革命老区大多属于山区，交通建设成本高，交通基础设施建设总体滞后。在公路方面，平武、北川、梓潼未通高速公路，G8513 九寨沟（川甘界）至绵阳、绵阳至苍溪、苍溪至巴中、开江至梁平、南充至潼南、南充过境（二绕东北段）、广元至平武及 G5 绵广扩容、G42 成南扩容与镇广高速王坪至川陕界段、达州绕城西段、阆中至营山、大竹至垫江及 G5 广陕扩容等高速公路项目进程不够快；城宣大邻、万源至城口、南江至盐亭、青川至剑阁、南充至仪陇及 G42 广安至南充段扩容等高速公路项目前期工作推进缓慢；万源至南江、平昌至仪陇、剑阁至阆中、绵阳至南部、平武至松潘等高速公路项目规划研究要提上日程。在铁

---

① 《四川省"十四五"川陕革命老区发展规划》，巴中市人民政府官网，2021 年 11 月 3 日，http：//www.cnbz.gov.cn/zmhd/rdgz/13156891.html。

路方面，老区区域内除少数县城外，县、区以下的交通运输网络建设缓慢且程度较低，铁路延伸范围有限，鲜有乡镇通铁路，甚至一些县城还没有通铁路，如四川省南充市仪陇县；成达万高铁、渝西高铁、汉巴南铁路南充至巴中段、成兰铁路还未开工建设，绵遂内铁路还未完成建设，广巴、达万铁路扩能改造工程、广安经南充至成都快速通道前期工作、汉巴南铁路巴中至汉中段规划研究工作、成都经巴中至安康铁路纳入国家规划等都还没有落实。在水运方面，嘉陵江航运通行能力偏低，航电、港口等配套设施尚不完善，渠江凤洞子航运枢纽、嘉陵江利泽航电枢纽、嘉陵江水东坝航电综合枢纽等工程还未实施。在空运方面，机场航线覆盖范围窄、航班少，尚处于起步阶段；达州（迁建）机场、阆中机场还未建成投运，巴中恩阳机场、南充高异机场、广元查龙机场改扩建工程还未实施。

（2）从基础设施相关指标来看，老区振兴发展动力不足。从铁路营业里程来看，2020年巴中市、广元市、达州市、南充市、绵阳市的铁路营业里程占全国的比重分别为0.09%、0.35%、0.45%、0.23%、0.18%，占全省的比重分别为2.42%、9.55%、12.52%、6.31%、5.05%。

从公路里程来看，2020年巴中市、广元市、达州市、南充市、绵阳市的公路里程占全国的比重分别为0.48%、0.44%、0.55%、0.59%、0.45%，占全省的比重分别为6.35%、5.84%、7.30%、7.74%、5.99%；汉中市、安康市、商洛市、宝鸡市的公路里程占全国的比重分别为0.40%、0.49%、0.28%、0.34%，占全省的比重分别为11.61%、14.04%、8.20%、9.81%；城口县的公路里程占全国的比重分别为0.08%，占重庆市的比重为2.44%。

从完成电信业务总量来看，2020年巴中市、绵阳市的完成电信业务总量占全国的比重分别为0.15%、0.34%，占全省的比重分别为2.74%、6.24%；汉中市、安康市、商洛市、宝鸡市的完成电信业务总量占全国的比重分别为0.20%、0.17%、0.11%、0.22%，占全省的比重分别为6.63%、5.69%、3.71%、7.16%。具体情况如表5所示。

表5　2020年川陕革命老区与全国、对应省市主要基础设施指标比较

	铁路营业里程（公里,%）			公路里程（公里,%）			电信业务总量（亿元,%）		
	总量	占全国比重	占全省（市）比重	总量	占全国比重	占全省（市）比重	总量	占全国比重	占全省（市）比重
全国	146300	100	/	5198100	100	/	136758	100	/
四川省	5312	3.63	100	394371	7.59	100	7526	5.50	100
巴中市	128.7	0.09	2.42	25057	0.48	6.35	206.38	0.15	2.74
广元市	507.3	0.35	9.55	23021	0.44	5.84	—	—	—
达州市	665	0.45	12.52	28784	0.55	7.30	—	—	—
南充市	335	0.23	6.31	30514	0.59	7.74	—	—	—
绵阳市	268	0.18	5.05	23639	0.45	5.99	469.65	0.34	6.24
陕西省	6423	4.39	100	180660	3.48	100	4149	3.03	100
汉中市	—	—	—	20976	0.40	11.61	275	0.20	6.63
安康市	—	—	—	25359	0.49	14.04	236	0.17	5.69
商洛市	—	—	—	14812	0.28	8.20	154	0.11	3.71
宝鸡市	—	—	—	17717	0.34	9.81	297	0.22	7.16
重庆市	2394	1.64	100	180796	3.48	100	3190	2.33	100
城口县	—	—	—	4403	0.08	2.44	—	—	—

注：部分数据未获得，以"—"表示。

资料来源：根据2020年全国、省市（县）国民经济和社会发展统计公报整理计算而得。

（3）水安全保障能力不强。川陕革命老区工程性缺水问题突出，有效灌溉面积还无法充分契合当地的耕地面积，部分山区人畜饮水较为困难，饮水安全问题未得到有效解决。亭子口灌区一期、红鱼洞水库及灌区、开工李家梁、渔洞河水库等工程建设及州河引水、小南海水库等重大水利工程研究论证依然滞后，资源性缺水与工程性缺水并存。①

（三）公共服务发展不均衡，振兴发展共享水平不高

（1）从公共卫生服务相关指标来看，老区建设亟待加强。从医疗床位

---

① 《四川省"十四五"川陕革命老区发展规划》，巴中市人民政府官网，2021年11月3日，http：//www.cnbz.gov.cn/zmhd/rdgz/13156891.html。

来看，2020 年巴中市、广元市、达州市、南充市、绵阳市的医疗床位占全国的比重分别为 0.25%、0.27%、0.44%、0.50%、0.45%，占全省的比重分别为 3.49%、3.71%、6.13%、7.01%、6.26%；汉中市、安康市、商洛市、宝鸡市的医疗床位占全国的比重分别为 0.28%、0.19%、0.17%、0.32%，占全省的比重分别为 9.42%、6.48%、5.77%、10.53%；城口县的医疗床位占全国的比重为 0.01%，占重庆市的比重为 0.56%。

从卫生技术人员来看，2020 年巴中市、广元市、达州市、南充市、绵阳市的卫生技术人员占全国的比重分别为 0.17%、0.19%、0.29%、0.34%、0.34%，占全省的比重分别为 2.87%、3.21%、4.81%、5.75%、5.74%；汉中市、安康市、商洛市、宝鸡市的卫生技术人员占全国的比重分别为 0.25%、0.19%、0.16%、0.31%，占全省的比重分别为 7.47%、5.58%、4.57%、9.16%；城口县的卫生技术人员占全国的比重为 0.01%，占重庆市的比重为 0.51%。具体情况如表 6 所示。

表 6　2020 年川陕革命老区与全国、对应省市（县）基本公共服务指标比较

	医疗床位(张,%)			卫生技术人员(人,%)		
	总量	占全国比重	占全省(市)比重	总量	占全国比重	占全省(市)比重
全国	9100700	100	/	10678019	100	/
四川省	649658	7.14	100	633275	5.93	100
巴中市	22687	0.25	3.49	18162	0.17	2.87
广元市	24125	0.27	3.71	20302	0.19	3.21
达州市	39834	0.44	6.13	30482	0.29	4.81
南充市	45514	0.50	7.01	36435	0.34	5.75
绵阳市	40666	0.45	6.26	36345	0.34	5.74
陕西省	272400	2.99	100	363483	3.40	100
汉中市	25648	0.28	9.42	27138	0.25	7.47
安康市	17658	0.19	6.48	20300	0.19	5.58
商洛市	15717	0.17	5.77	16620	0.16	4.57
宝鸡市	28677	0.32	10.53	33279	0.31	9.16
重庆市	235500	2.59	100.00	237686	2.23	100
城口县	1321	0.01	0.56	1216	0.01	0.51

资料来源：根据 2020 年全国、省市（县）国民经济和社会发展统计公报整理计算而得。

（2）从教育服务方面来看，老区教育亟须补齐短板。从学前教育来看，截至 2020 年，安康市普惠性幼儿园数量为 69 所，商洛市幼儿园数量为 426 所，汉中市幼儿园数量为 545 所，广元市幼儿园数量为 250 所，绵阳市幼儿园数量为 844 所，达州市幼儿园数量 729 所，南充市幼儿园数量为 1442 所，巴中市幼儿园数量为 1707 所。① 其中，巴中市现有幼儿园 1707 所，具有独立法人机构的公办幼儿园 97 所、民办园 162 所，在园幼儿数共计 9.1 万人；公办园现有教职工 2389 人，民办园有教职工 3178 人；学前三年毛入园率、普惠性幼儿园覆盖率分别为 82%、77%。② 老区公共服务支出水平在全国范围内处于落后状态，城乡基本公共服务水平差距大，学前教育设施建设滞后，师资力量不足，学费昂贵，公办幼儿园和民办幼儿园资源分配不合理，这是川陕革命老区学前教育存在的短板。

从义务教育来看，各类学校义务教育毕业生数随着招生数的增长而增加，以广元市为例，2020 年，广元市各类学校义务教育毕业生人数为 47975 人，义务教育招生人数为 47770 人。③ 这表明了义务教育群体正在扩大，但同时，也在一定程度上反映了义务教育过程中可能存在的横向招生不平等的问题，因此，保障每一位适龄儿童都享受平等的义务教育权利是川陕革命老区尤其需要重视的问题。

从高等教育来看，截至 2020 年末，在拥有高校数及高校在校生人数方面位列前七地市的情况为：绵阳市 15 所、15.2 万人，南充市 7 所、9.1 万人，宝鸡市 6 所、4.86 万人，广元市 5 所、2.37 万人，达州市 3 所、4.5 万人，汉中市 3 所、4.03 万人。综合该组数据情况来看，各地拥有高校数及高校在校生人数与各地经济呈明显正相关关系。其中，广元市至今无一所本科院校。

---

① 2020 年《安康市统计年鉴》；2020 年《商洛市统计年鉴》；2020 年《汉中市统计年鉴》；2020 年《广元市统计年鉴》；2020 年《绵阳市统计年鉴》；2020 年《达州市统计年鉴》；2020 年《南充市统计年鉴》；2020 年《巴中市统计年鉴》。

② 《巴中市学前教育发展状况调查报告》，四川省人民政府官网，2018 年 5 月 31 日，https://www.sc.gov.cn/10462/10464/10591/10592/2018/5/31/10452269.shtml?from=groupmessage。

③ 中国经济社会大数据研究平台：https://data.cnki.net/。

（3）城市吸引力不强。以广元市为例，第七次全国人口普查数据显示，广元市常住人口共 230.57 万人，与第六次全国人口普查相比，7 个县区中，仅利州区常住人口增加 10.56 万人，其他 6 个县区均为不同程度减少。2020 年，广元市常住人口相较 2019 年减少 9.95 万人，相较 2015 年减少 32.43 万人。即"十三五"期间，广元市常住人口总量明显减少，减少总量约为 30 万人。这主要是广元的城市吸引力不强所致。2016 年以来，广元各级党委、政府着力中心城区、县城、重点镇协调发展的现代城镇体系构建。广元市建成区面积由 9466 平方公里增长到 114.41 平方公里，常住人口城镇化率、城市建成区绿地率、人均公园绿地面积分别达到 47.04%、38.33%、16.19 平方米，先后获得"最美中国旅游城市""全国康养十强地级市""全国文明城市提名城市"等称号。但整体而言，广元与周边地市的城市吸引力仍存在较大差距，致使人口流失严重。结合医疗卫生、公共文化、高等教育等因素，老区地市难以取得吸引力优势。

（四）产业综合实力不显著，振兴发展内生动力不足

（1）资源转化率较低。老区地处南北气候过渡区，资源禀赋好，土壤有机质含量高，是全国最大的天然硒资源区，有"天然基因库""天然药库"之称。达州、广元天然气探明储量 1.9 万亿立方米；巴中矿产资源富集，石墨矿石储量达到 1.0021 亿吨，居全省第二位；达州钾资源储量巨大、钾盐（杂卤石）资源量（矿石量）为 1.9978 亿吨。但老区高等级资源转化率不高，广元是三国旅游线的重要板块，是大蜀道的核心地段，是川陕革命老区的腹心地带，拥有国家 A 级景区总量居全国第五位、四川省第二位。但全市近 5 年的旅游人次与旅游总收入长期位列四川省前五名开外，单位游客收益系数 0.09，落后于绵阳市与南充市 0.01。广元曾令人耳熟能详的苍溪雪梨、青川黑木耳、剑门豆腐等地方公用品牌，在公众视野中逐渐淡出；与巴中 25 公里之隔，集峡谷溶洞景观、百余道瀑布群、漫山红叶、冰雪冰花景观等于一体的檬子大峡谷至今未能得以开发利用，周边居民仍在"抱着金娃娃哭穷"；唐家河自然保护区是野生大熊猫的重要栖息地之一，但该

地区在发展文旅业中并未以此为名片做足宣传；全国唯一的地区性传统文化节庆——女儿节应有的经济及社会效应与品牌尚未形成。老区在由资源优势向资本优势转化的工作中任重道远。

（2）产业化水平低，规模经营力度不够。川陕革命老区大多数尚处于工业化初期阶段，"一产不优、二产不强、三产不活"的状况未得到根本改变。"小、散、弱"农业经营主体占比较高，特色农业"散、小"特点尤为突出，经营规模长期凝固化，科技创新能力较低，缺乏深加工、精加工、高附加值的生产项目，种养殖更新换代能力较弱，从而制约了农业的规模化经营；工业产业规模小、链条短、集群化程度不高，现代服务业发展相对滞后；资源性初级产品、价值链中低端产品占比较大，缺乏领军型龙头企业，品牌竞争力不强，资源优势尚未转化为发展优势，内生发展动力不足。① 以广元市为例，截至 2020 年末，全市拥有地理标志产品 25 个、优质农产品174 个，但第一产业对经济的拉动不足 1%。

"十三五"期间，广元一二三产业均呈正向增长（见表 7），年均增速分别为 4.1%、7.7%、7.9%，皆高出全国相应增速，其中第三产业略低于四川省水平；在川东北 4 市（广元、南充、达州和巴中）中，接近南充年均增速，但其年均绝对增量仅为南充市相应值的 41.5%、53%、54%；在川陕甘接合部 3 市（汉中、宝鸡、广元）中，广元的一二三产业年均绝对增量分别为汉中的 61%、57%、58.8%；在川陕革命老区 9 市中，广元的各产业年均增速整体低于南充市与绵阳市，接近达州市，一、二产业增速不及安康市，年均绝对增量远远低于达州、南充、绵阳、汉中、宝鸡5 市。

（3）创新驱动力较弱。全社会研发投入总额及投入强度是衡量投入地内生发展的重要指标之一。战略性新兴产业、数字经济发展滞后，以广元市为例，"十三五"期间，广元的全社会研发投入总额峰值仅 6.8 亿元，研发

---

① 《四川省"十四五"川陕革命老区发展规划》，巴中市人民政府官网，2021 年 11 月 3 日，http://www.cnbz.gov.cn/zmhd/rdgz/13156891.html。

表7 "十三五"期间广元同周边战略地市的产业年均增速

单位：%

	第一产业	第二产业	第三产业		第一产业	第二产业	第三产业
全国	3.4	5.3	6.5	陕西省	3.9	6.2	7.1
四川省	3.8	6.8	8.0	汉中市	4.5	8.4	6.6
广元市	4.1	7.7	7.9	安康市	4.1	9.6	6.1
巴中市	3.8	6.5	7.1	商洛市	3.9	7.5	5.6
达州市	4.0	7.7	8.3	宝鸡市	3.7	6.7	6.7
南充市	4.1	9.8	9.6	重庆市	4.3	7.0	7.9
绵阳市	4.0	7.9	8.9	城口市	4.4	7.1	5.7

资料来源：由2016~2020年国民经济和社会发展统计公报数据析出。

经费投入强度仅为0.7%，低于四川省1.5个百分点，居四川省第13位，科技成果转化率不高，技术合同交易仅占四川省的0.058%。这一投入情况在周边战略关系地市中长期处于偏低状态（见表8）。2020年，广元全社会研发投入总额6.8亿元，仅为绵阳2016年的5.3%、南充2017年的78.16%、宝鸡2018年的20.48%、汉中2018年的53.13%。整体来看，各样本地市的全社会研发投入总额及投入强度均与该市的经济总量、经济增速及相对排名呈正相关。因此，在"十三五"期间，除广元储备项目质量不高、龙头型企业缺乏、消费对经济增长拉动不足等因素外，全社会研发投入长期偏低是广元产业相对内生动力不足的主要原因之一。

表8 "十三五"期间广元同周边战略地市全社会研发投入情况

单位：亿元，%

	指标	2016年	2017年	2018年	2019年	2020年
全国	全社会研发投入总额	15676.7	17606.1	19677.9	22143.6	24393.1
	研发经费投入强度	2.1	2.1	2.1	2.2	2.4
陕西省	全社会研发投入总额	419.6	460.9	532.4	584.6	632.3
	研发经费投入强度	2.2	2.1	2.2	2.3	2.4
重庆市	全社会研发投入总额	302.2	364.6	410.2	469.6	526.8
	研发经费投入强度	1.7	1.9	2.0	2.0	2.1

	指标	2016 年	2017 年	2018 年	2019 年	2020 年
四川省	全社会研发投入总额	561.4	635.9	737.1	871.0	1055.3
	研发经费投入强度	1.7	1.7	1.8	1.9	2.2
广元市	全社会研发投入总额	2.8	3.4	4.2	5.2	6.8
	研发经费投入强度	0.4	0.5	0.5	0.6	0.7
巴中市	全社会研发投入总额	1.4	1.5	1.7	2.0	0.7
	研发经费投入强度	0.3	0.2	0.3	0.3	2.3
汉中市	全社会研发投入总额	—	—	12.8	16.4	22.3
	研发经费投入强度			0.9	1.1	1.4
安康市	全社会研发投入总额	—	—	5.1	6.1	6.1
	研发经费投入强度			0.5	0.5	0.6
商洛市	全社会研发投入总额		3.1	0.8	1.8	1.0
	研发经费投入强度	—	—	0.1	0.2	0.1
宝鸡市	全社会研发投入总额			33.2	25.7	29.8
	研发经费投入强度			1.5	1.1	1.3
达州市	全社会研发投入总额	4.8	6.1	6.8	9.9	14.8
	研发经费投入强度	0.3	0.4	0.4	0.5	0.7
南充市	全社会研发投入总额	5.3	8.7	10.4	13.8	20.4
	研发经费投入强度	0.3	0.5	0.5	0.6	0.9
绵阳市	全社会研发投入总额	128.1	136.0	152.4	186.3	215.0
	研发经费投入强度	7.0	6.5	6.6	6.5	7.1
城口市	全社会研发投入总额	—	—	—	—	13.9
	研发经费投入强度	—	—	—	—	0.2

注：城口县的数据是 2021 年的，因为 2021 年之前都没有该项数据统计。

资料来源：由 2016~2020 年国民经济和社会发展统计公报数据析出。

（五）生态经济建设不强劲，振兴发展全面赋能不力

党的十八大以来，老区坚定不移地全面推进"五位一体"理论，坚定不移地深入践行"绿水青山就是金山银山"理念，开展生态环境治理与维护。"十三五"期间，老区在各级党委、政府的引领及各界人士的共同努力下，实现了"绿水青山"、"一江清水"及"蓝天碧水"之生态战略目标，为老区守住了绿色家底、夯实了可持续发展基础、提供了绿色基质条件。老

区在守护"绿水青山"中取得了较为可喜的业绩，但在变"绿水青山"为"金山银山"方面仍有欠缺。以广元市为例，其城区空气质量优良天数率、河流水质优良率、森林覆盖率分别达96%以上、100%、57.47%，但目前为止并无基于这些优势的"卖空气""卖森林""卖阳光"类产品为"建设中国生态康养旅游名市"战略形成产业支撑。广元以"四着力"有效推进了有机农业发展，建成了一批有机农业园区，开发了系列有机农产品，打造了一批有机特色农产品品牌，但因园区的产能限制、企业的深加工与精加工技术制约、产业链配套不足等问题，广元市生态农产品精品较少，品牌影响力不大，经济效益整体偏低。

（六）经济总量提升不充分，振兴发展支撑活力不显

从人均 GDP 来看，2020 年巴中市、广元市、达州市、南充市、绵阳市的人均 GDP 占全国的比重分别为 38.58%、59.82%、54.08%、58.64%、85.49%，占全省的比重分别为 48.17%、74.68%、67.52%、73.21%、106.73%；汉中市、安康市、商洛市、宝鸡市的人均 GDP 占全国的比重分别为 57.82%、60.27%、50.00%、83.57%，占全省的比重分别为 63.19%、65.87%、54.65%、91.32%；城口县的人均 GDP 占全国的比重为 38.63%，占全市的比重为 35.80%。

从居民人均可支配收入来看，2020 年巴中市、广元市、达州市、南充市、绵阳市的城镇居民人均可支配收入占全国的比重分别为 81.72%、81.53%、82.13%、82.26%、90.52%，占全省的比重分别为 93.64%、93.43%、94.11%、94.26%、103.73%；汉中市、安康市、商洛市、宝鸡市的城镇居民人均可支配收入占全国的比重分别为 78.52%、64.44%、86.39%、82.60%，占全省的比重分别为 90.89%、74.59%、100%、95.62%；城口县的城镇居民人均可支配收入占全国的比重为 69.67%，占全市的比重为 76.34%。2020 年巴中市、广元市、达州市、南充市、绵阳市的农村居民人均可支配收入占全国的比重分别为 84.23%、83.87%、98.51%、95.91%、112.68%，占全省的比重分别为 90.58%、90.19%、

105.95%、103.15%、121.18%；汉中市、安康市、商洛市、宝鸡市的农村居民人均可支配收入占全国的比重分别为 69.68%、65.89%、77.73%、82.83%，占全省的比重分别为 89.64%、84.77%、100%、106.56%；城口县的农村居民人均可支配收入占全国的比重为 65.71%，占全市的比重为 68.80%。

从居民人均消费支出来看，2020 年巴中市、广元市、达州市、南充市、绵阳市的城镇居民人均消费支出占全国的比重分别为 67.32%、31.01%、70.87%、67.54%、76.83%，占全省的比重分别为 86.22%、89.40%、90.77%、86.50%、98.40%；汉中市、商洛市、宝鸡市的城镇居民人均消费支出占全国的比重分别为 57.99%、46.97%、66.90%，占全省的比重分别为 81.64%、66.12%、94.18%；城口县的城镇居民人均消费支出占全国的比重为 63.49%，占全市的比重为 77.23%。

2020 年巴中市、广元市、达州市、南充市、绵阳市的农村居民人均消费支出占全国的比重分别为 27.43%、16.68%、28.51%、29.83%、34.31%，占全省的比重分别为 80.41%、80.81%、83.57%、87.44%、100.57%；汉中市、商洛市、宝鸡市的农村居民人均消费支出占全国的比重分别为 21.45%、20.08%、25.38%，占全省的比重分别为 82.64%、77.37%、97.80%；城口县的农村居民人均消费支出占全国的比重为 19.64%，占重庆市的比重为 60.88%。具体情况如表 9 所示。

表 9　2020 年川陕革命老区与全国、对应省市主要经济发展指标

	人均 GDP（元）	居民人均可支配收入（元）		居民人均消费支出（元）	
		城镇	农村	城镇	农村
全国	72447	43834	17131	32189	43834
四川省	58029	38253	15929	25133	14953
巴中市	27951	35821	14429	21669	12023
占全国比重（%）	38.58	81.72	84.23	67.32	27.43
占全省比重（%）	48.17	93.64	90.58	86.22	80.41
广元市	43337	35740	14367	22469	12083

	人均GDP（元）	居民人均可支配收入（元）		居民人均消费支出（元）	
		城镇	农村	城镇	农村
占全国比重(%)	59.82	81.53	83.87	31.01	16.68
占全省比重(%)	74.68	93.43	90.19	89.40	80.81
达州市	39182	36001	16876	22813	12496
占全国比重(%)	54.08	82.13	98.51	70.87	28.51
占全省比重(%)	67.52	94.11	105.95	90.77	83.57
南充市	42482	36057	16431	21740	13075
占全国比重(%)	58.64	82.26	95.91	67.54	29.83
占全省比重(%)	73.21	94.26	103.15	86.50	87.44
绵阳市	61936	39680	19303	24730	15038
占全国比重(%)	85.49	90.52	112.68	76.83	34.31
占全省比重(%)	106.73	103.73	121.18	98.40	100.57
陕西省	66292	37868	13316	22866	11376
汉中市	41890	34417	11937	18668	9401
占全国比重(%)	57.82	78.52	69.68	57.99	21.45
占全省比重(%)	63.19	90.89	89.64	81.64	82.64
安康市	43666	28247	11288	—	—
占全国比重(%)	60.27	64.44	65.89	—	—
占全省比重(%)	65.87	74.59	84.77	—	—
商洛市	36226	37868	13316	15119	8802
占全国比重(%)	50.00	86.39	77.73	46.97	20.08
占全省比重(%)	54.65	100.00	100.00	66.12	77.37
宝鸡市	60541	36209	14189	21535	11126
占全国比重(%)	83.57	82.60	82.83	66.90	25.38
占全省比重(%)	91.32	95.62	106.56	94.18	97.80
重庆市	78173	40006	16361	26464	14140
城口县	27986	30541	11257	20438	8608
占全国比重(%)	38.63	69.67	65.71	63.49	19.64
占全市比重(%)	35.80	76.34	68.80	77.23	60.88

资料来源：根据2020年全国、省市国民经济和社会发展统计公报整理计算而得。

三 加快川陕革命老区振兴发展的对策建议

新时代老区振兴发展，要深入贯彻党中央重大决策部署，抢抓新时代西部大开发、成渝地区双城经济圈建设等国家战略机遇，立足新发展阶段，贯彻新发展理念，深度融入新发展格局，破解老区发展难题，增强老区发展动力，塑造老区发展新优势。为此提出以下六方面的建议。

（一）聚焦建立健全协同发展机制，带动老区全面振兴发展

锚定目标、问题导向，建立健全长效普惠性的扶持、精准有效差别化的支持机制，整合区域资源，搭建协同发展平台，带动老区全面振兴和高质量发展。一方面，争取国家部委与陕西、重庆、四川三省市联合建立老区振兴发展"部省联席会议制度"，旨在推动重大平台建设，助力老区协调协同发展。例如，争取国家支持老区发行专项债券、设立基金等；编制《陕西省"十四五"川陕革命老区振兴发展规划》，进一步完善老区振兴发展的支持政策。另一方面，完善投资融资机制。加大重点领域投资力度，如公共服务、重大基础设施、战略性新兴产业等领域。加大对老区县（市、区）重点公益性项目的资金支持力度，在政府债务风险可控的前提下，对符合条件的专项债券项目给予积极支持，整合投融资资源，拓宽项目融资渠道，搭建跨区域的投融资服务平台。鼓励地方设立产业发展基金、建立健全地方融资担保体系等，支持地方法人金融机构向老区提供金融服务。

（二）推动巩固脱贫攻坚成果，衔接老区乡村振兴高质量发展

一是做好易地扶贫搬迁后续帮扶。巩固脱贫攻坚成果同乡村振兴有机衔接，要建立防止返贫动态监测和帮扶机制，针对不同安置方式，实施差异化的帮扶措施，加强对分散安置户的返贫监测和落实针对性帮扶措施。二是加快实施乡村振兴重点帮扶。加大对纳入国家和省乡村振兴重点帮扶县的帮扶力度，推动东西部协作向资源共享、产业共建、多领域合作深化，配合中央

单位开展定点帮扶，整合老区毗邻区域资源。三是提高公共服务水平。适当增加民生支出，改善教学教育环境，配备先进的教学设备，增强居民的受教育观念和意识，促进全民健康发展，同时为高校毕业生以及待业人群提供就业咨询，帮助其更好地匹配合适的就业岗位。

（三）加快补齐基础设施短板，构建老区开放合作新格局

大力实施城乡基础设施补短板强弱项行动，进一步完善老区综合交通网络，布局一批打基础、利长远的重点项目，加快构建高效实用、安全可靠的现代化基础设施体系，提高老区振兴发展支撑能力。老区振兴发展应当抓住机遇，出台相关的发展政策，改善内部发展条件，增强内生发展动力。

（1）尽快出台发展规划。要尽快出台《川陕革命老区综合交通基础设施振兴发展规划》。《国务院关于新时代支持革命老区振兴发展的意见》提出，要"加快完善革命老区基础设施"，"支持将革命老区公路、铁路、机场和能源、水利、应急等重大基础设施项目列入国家相关规划，具备条件后尽快启动建设，促进实现互联互通"。《"十四五"特殊类型地区振兴发展规划》指出，"以脱贫地区为重点，支持欠发达地区优先布局交通、能源、通信等重大基础设施建设项目，完善防灾减灾配套工程设施"，"系统谋划和统筹推进红色资源开发利用，加快完善旅游基础设施和公共服务设施，打造一批景点红色旅游线路"。这既为编制《川陕革命老区综合交通基础设施振兴发展规划》提供了政策支撑，也指出了《川陕革命老区综合交通基础设施振兴发展规划》编制的重要任务。该规划有利于完善国家现代化综合立体交通网络，打造南北互动、东西交融的交通硬动脉；有利于加快推进老区交通基本公共服务均等化，促进沿线地区融入区域经济大循环，助力老区振兴发展，促进区域协调发展，加快实现共同富裕；有利于以红色资源为老区"塑形""铸魂"，打造"红色+旅游"融合发展示范区、红色文化传承新名片，增强老区振兴发展"软实力"。

（2）优化区域交通网络。在公路方面，要完善高速公路网络，优化高速公路出入口布局，支持重点城镇、红色文化纪念地就近上高速；不断优化

县城及城镇间公路网络，进一步修缮公路，拓宽现有偏远山区公路，改善路面环境条件和建设高速公路，打通"断头路""瓶颈路"。在铁路方面，推进城际铁路、快速通道和旅游快速通道建设。在航空方面，完善现有机场的功能，扩大机场容客量，提高机场的服务水平，同时要更加注重机场的安全问题，确保安全隐患零漏洞，在此基础上，寻找建设新型机场的区域，促进该区域航空的发展，进而增强内生发展动力。

（3）强化能源基础设施支撑。一是加大老区天然气勘探开发力度。要大力推动天然气等清洁能源就地规模化转化利用，支持老区发展天然气产业。二是支持老区天然气转化利用。为了支持资源地政府发展天然气产业，要提高天然气地方留成比例和给予优惠价格。充分利用央企在生产要素方面的优势，对老区进行项目帮扶，发展关联产业。三是鼓励石化企业在老区就地注册公司。为了更好地开发利用天然气，要支持石油石化企业在老区设立独立核算的公司并允许老区本地企业或政府参股投资，增加重点税源，参与收益分配。四是支持建设清洁能源示范基地。支持老区建设清洁能源开发基地，实现资源的集中规模化开发，不断完善基础设施。

（4）共建区域协调开放新格局。构建立体式"空铁公水"多维度的交通网络，打造老区开放走廊。抢抓国家战略机遇，充分发挥老区"中间通道"作用，打造区域特色产业出口基地，增强与周边省、市、区和共建"一带一路"国家的商贸合作和经济联系；依托长江经济带的综合产业体系，通过产业配套、能源产品输出、特色农产品加工，加强与长江中下游地区的合作，融入长江经济带建设；充分发挥重庆、成都、西安三市对老区的辐射带动作用，探索共建产业园区、科技成果转化基地，建设广（元）巴（中）达（州）万（州）经济带、南（充）达（州）万（州）经济带、嘉陵江流域经济带三条经济带。

（四）扩大公共服务有效供给，增强老区高质量发展内生动力

推动优质公共服务资源向川陕革命老区倾斜，不断提升公共服务水平，提高公共服务惠民、便捷度，提升老区人民获得感。

（1）加强优质教育服务供给。要加强学前教育资源供给，分区域新建、扩建一批教学设备优、幼师素质高、学费在可承受范围内的普惠性幼儿园，基础教育从幼时抓起；全面加强九年义务教育的普及性、均衡发展，不断弥补义务教育薄弱环节，持续开展"八一爱民学校"援建工作；要支持特殊教育发展，尽快普及其义务教育，将关注残疾儿童身体健康成长和关注心理健康成长放在同等重要的地位，培养一支可以为特殊教育对象进行精准教育的教师队伍；实施普通高中质量提升工程，加强与成都等地优质公办学校合作办学，提升区域教育发展水平；支持高等院校与老区合作。

（2）支持现代职业教育发展。加强职业教育基础能力建设，将职业教育和高等教育较好地分离开来，避免造成高等教育和职业教育糅杂在同一所学校管理的状态。支持绵阳、南充等地优质企业和学校联合组建职教集团，做大做强特色职教品牌。鼓励成渝高校在老区布局一批就业培训基地，为当地培养技能人才。

（3）提升教育服务保障能力。优化柔性引才机制，加大名特优教师引进力度，为边远艰苦地区农村教师提供周转宿舍，落实贫困边远地区教师待遇政策，同时，鼓励城乡教师进行区域间支教性质的流转和调动。统筹城乡师资配置，健全城乡学校校长之间、教师之间的定期与不定期交流机制，继续实施支教计划。

（五）培育壮大优势特色产业，加快构建老区现代产业体系

优化产业发展布局，坚持"一县一业"，实施主导产业培育行动，推进产业集约化发展，发展高质量的生态经济，全面提升市场竞争能力，努力把生态资源、资源富集优势转化为经济优势，构建老区的现代产业体系。

（1）推进现代农业高效高质发展。老区要大力发展优势特色农业，做大区域农产品公共品牌，加快建设一批现代农业加工园区和种养基地，创建现代农业产业园，争创国家级现代农业园区，促进农民多元化增收。聚焦新一代信息技术与农业生产经营深度融合，集成、推广农业先进实用技术和生产模式，建设数字乡村和智慧农业，推进巴中市、绵阳市、南充市等国家级

和省级农业科技园区提档升级。发挥绵阳市、南充市的全国百强农业科学院等科研院所在种质资源研发、农产品检测和农技人员培养中的积极作用，增强对川陕革命老区农业的科技服务能力。

（2）支持先进制造业集聚发展。围绕新能源汽车、汽车零部件总成等主攻方向，优化川陕革命老区 5 市汽车汽配产业布局，发挥"龙头+配套零部件"生产企业带动作用和转型升级，承接成渝地区相关产业转移，加快推动南充新能源汽车产业园、达州汽摩零配件制造等重点项目建设，协同打造立足成渝双核、辐射西部地区的汽车汽配产业基地。以绵阳、巴中等现代生物医药产业园为载体，推动药材种植、饮片加工、提取物、成药制造等全产业链发展。深入对接成渝地区中成药产业链，加强与成都、重庆、广安等地医药企业合作，建设合作型医药产业示范园区，提升产品研发和技术创新能力，加快建成川渝生物医药生产加工基地。充分发挥绵阳科技城的带动作用，加强电子信息产业的深度融合，重点推进高端产品的制造应用。积极发展新产业新业态，打造电子信息产业配套基地，建设国家级先进碳材料基地，建设川陕渝接合部重要的新型建材基地。

（3）推动文化旅游融合发展。推进 G108、G318、G244 等国省干线服务品质和能力提升，加快配套建设国省干线旅游服务设施，畅通景区交通连接线，努力实现"城景通""景景通"。组建旅游推广联盟，整合利用各类资源，联合推出一批旅游营销活动，推介区域代表性文化旅游品牌，全面提升光雾山红叶节、升钟湖国际垂钓节、巴人文化艺术节等品牌影响力。支持涉旅企业兼并重组，引进培育一批知名旅游集团。积极拓展长三角、粤港澳大湾区等重要客源地，努力开拓国际市场，全面提升川陕革命老区生态文化旅游品牌影响力。加强旅游集散中心建设，进一步完善配套设施建设，开发高附加值特色文旅商品。

（六）持续加强生态环境保护，全面推进老区绿色低碳发展

牢固树立"绿水青山就是金山银山"的理念，加强生态环境共建共保，持续做好环境污染联防联治，全面推动绿色低碳发展，让川陕革命老区天更

蓝、山更绿、水更清、环境更优美。

（1）加强生态建设。统筹推进山水林田湖草沙综合治理，加强生态管控，加强对秦巴山生物多样性自然保护、生态功能、生态保护红线、风景名胜等重点区域的生态建设和保护修复，推动建设秦巴山脉自然保护地体系。大力实施森林质量提升、水土保持、高质量国土绿化等重点生态工程，推进历史遗留矿山生态修复和采煤沉陷区治理。

（2）探索建立跨省域生态治理机制。加强与陕西、重庆等地在生态建设和环境保护方面的协同联动，积极开展秦巴山脉现代化治理研究，组织建设统一的区域生态数据库，协同开展跨省域生态廊道管理、生态修复、生态补偿，共同争取国家政策支持，共建秦巴山脉重要生态屏障。协同开展跨省域生态廊道管理，让开发企业及受益地区对资源地进行补偿。

（3）全面倡导绿色生活方式。加强绿色生活方式宣传引导，强化"双碳"教育培训，合力构建全民参与的绿色行动体系。提高公交出行分担率，支持公交车电能替代，推广新能源汽车；大力推广运用环境标志、有机等绿色产品；积极引导绿色饮食、居住、出行和休闲，深入开展节约型机关及绿色学校、社区、家庭创建。

（4）推动产业绿色化发展。要推进产业园区绿色化、循环化改造，积极发展生态旅游等生态产业。加强重点领域节能减排降碳，突破循环经济关键链接技术，搭建各类服务平台；共建废弃物资源循环利用基地，共同组建环保联盟，联合发展节能环保产业；调整优化区域产业布局，加快技术改造升级，严格产业准入，严禁新建落后产能和高污染项目；加快发展先进制造业、节能环保装备、新能源汽车、信息安全等高端成长型新兴产业；大力提升服务业的比重和水平，提高第三产业在老区产业结构中的占比，推动老区经济高质量、可持续发展。

Abstract

The old revolutionary base areas are the root of the Party and the people's army, and they are the historical testimony of the Chinese people's choice of the Communist Party of China. In the arduous revolutionary struggle, the people of the old revolutionary base areas did not hesitate to contribute all family property and sacrifice their lives to alleviate national crisis, and made indelible contributions to the victory of the Chinese Revolution. Entering the new era, the Party Central Committee with Comrade Xi Jinping at its core has placed the revitalization and development of old revolutionary base areas in a prominent position in state governance. General Secretary Xi Jinping has initiated a lot of researches about the old revolutionary base areas and poverty-stricken areas, and he concerns about the poor people the most. Over the past decade, the Party and State have continuously increased their support for the revitalization and development of old revolutionary base areas, and initially formed a support policy system of "1258" and "1+N+X". Through continuous efforts and overcoming difficulties, the old revolutionary base areas have made brilliant achievements in economic and social development, with great changes having taken place, they have achieved breakthroughs and leaps of great historical significance, and compose a hymn of struggle that is powerful and earth-shattering.

This report is divided into three parts: the general report, the special reports and the topical reports. Taking five key old revolutionary base areas as the research object, including the former Central Soviet Area such as Southern Jiangxi, Shaanxi-Gansu-Ningxia Old Revolutionary Base Areas, Zuoyoujiang Old Revolutionary Base Areas, Dabie Mountain Old Revolutionary Base Areas, and Sichuan-Shaanxi Old Revolutionary Base Areas. Various research methods are adopted, such as literature research, field research, qualitative research, empirical research and statistical analysis. The report reviews the revitalization and development process of the old revolutionary base areas and the problems they face, looks into the development prospects, specifically analyzes the current situation of rural revitalization, infrastructure, characteristic industries, innovation efficiency, public services, red cultural tourism, ecological civilization construction and other aspects of the old revolutionary base areas, discusses the opportunities and challenges facing the revitalization and development of the old revolutionary base areas, and puts forward policy suggestions.

Since 2012, the State Council has successively approved policies to support the revitalization and development of the former Central Soviet Areas such as Southern Jiangxi and the old revolutionary areas such as Shaanxi-Gansu-Ningxia, Zuoyoujiang, Dabie Mountain, Sichuan-Shaanxi, and has deployed and implemented a number of support measures and major projects to help the old revolutionary base areas, providing strong support in finance, investment, industry, talents, etc.. The people in the old revolutionary base areas have forged ahead with gratitude, overcame difficulties, and worked with the people of the whole country to create a miracle of development that shocks the world. All the poor people in rural areas were lifted out of poverty. In 2020, all 832 poverty-stricken counties and 128, 000 poverty-stricken villages were lifted, and all rural poor people under the current standard were lifted out of poverty. For the first time in history, absolute poverty and overall poverty in the region were eliminated, and we completed the building of a moderately prosperous society in all respects on schedule. It further consolidated the industrial foundation, talent foundation, cultural foundation, ecological foundation and organizational foundation for rural revitalization. The innovation efficiency has been significantly improved, and the breakthrough and path for the integrated development of culture and tourism have been identified. Cultural resources are fully valued by The Times. Based on resource endowment and comparative advantages, it has cultivated and strengthened characteristic industries. Better infrastructure will help the local economy grow. In 2019, the total GDP of the five old revolutionary base areas including Shaanxi-Gansu-Ningxia, Gan-Min-Yue, Zuoyoujiang, Dabie

Mountain and Sichuan-Shaanxi totaled 5, 551. 652 billion yuan, with an increase of 66. 32% over 2013, and an average annual nominal growth of 8. 9%, which means economic strength has reached a new level. Excellent achievements have been made in basic public services such as education, medical care, sports, culture and social security. In the transformation of the driving force of ecological civilization construction and high-quality development, we have made outstanding achievements. As of the end of October 2019, a total of 21 prefecture-level cities in the five old revolutionary base areas have been awarded the title of "National Forest City", accounting for 61. 76% of the prefecture-level cities under the jurisdiction of the old revolutionary base areas.

From a vertical perspective, the old revolutionary base areas have made remarkable progress, but compared with the national average level of development, there is still a large gap and difficulties. For example, problems still exist, such as a large gap between the old revolutionary base areas and the national average level of development, unbalanced regional development, inadequate exploitation and utilization of resource advantages in the old revolutionary base areas, low level of industrial structure, and weak driving force for innovation. Therefore, in the new journey of building a modern socialist country in an all-round way, the old revolutionary base areas should concentrate on strengthening the weak points, repairing the weak points both inside and outside, doing everything possible to develop their advantages, pioneering and innovating, and working doggedly to basically realize socialist modernization in step with the whole country. The first is to maintain the overall stability of the poverty alleviation policy, improve and implement the poverty return monitoring and assistance mechanism, and continue to consolidate the achievements of "two assurances and three guarantees"; the second is to take the lead in scientific and technological innovation and accelerate the construction of a modern industrial system; the third is to expand domestic demand with consumption upgrading as the starting point, and focus on improving people's livelihood and well-being; the fourth is to coordinate the construction of new and traditional infrastructure, deepen the reform of "decentralization, management and services", and strive to create the best development environment; the fifth is to promote the two-way opening of old areas at a high level, and create a governance system of co-construction, co-governance and sharing; the sixth is to strengthen the inheritance and development of red culture, and promote ecological advantages to rise to green rising advantages.

Keywords: Old Revolutionary Base Areas; High-quality Development; Rural Revitalization; Characteristic Industries; Ecological Civilization

Contents

I General Report

Abstract: Since the 18th National Congress of the Communist Party of China , in order to further increase the support for the old revolutionary base areas , the party and the state have successively issued and implemented a series of policy documents , giving strong support in the aspects of finance , investment , industry and talents. The people of the old revolutionary base areas are grateful to forge ahead , overcome difficulties , and rise from backwardness. For the first time in history , absolute poverty and regional overall poverty have been eliminated , and a moderately prosperous society has been built in an all-round way as scheduled. In the new journey of building a modern socialist country in an all-round way , the old revolutionary base areas should concentrate their efforts on making up for their shortcomings , improving their strengths and weaknesses both internally and externally , do everything possible to leverage their advantages , strive to basically achieve socialist modernization in sync with the whole country.

Keywords: Revitalize Development; Old Revolutionary Base Areas; New Era

II　Special Reports

B . 2　Study on The Pattern and Promotion Strategy of Rural

Revitalization in Old Revolutionary Base Areas

Wang Jiangwei, Cao Jia and Feng Jingwen / 034

Abstract: The national old revolutionary base areas win the battle against poverty as scheduled, and it is an important task to consolidate and expand the achievements of poverty alleviation and promote the rural revitalization of the old revolutionary base areas. Under the dedsion of the CPC Central Commitee and the State Council, the old revolutionary base areas relying on their own characteristic resource advantage, realize the characteristic industry development, talent structure optimization and upgrading, cultural resources era value, ecological environment, grassroots party organization cohesion and combat effectiveness, further strengthen the rural revitalization of industrial foundation, talent base, cultural foundation, ecological foundation and organizational foundation. However, many of the old revolutionary base areas are stil underdeveloped areas, and the opportunities and challenges to achieve rural revitalization coexist. Comprehensive poverty alleviation has laid a solid material foundation for rural revitalization, the state's assistance to old revolutionary base areas has provided a strong institutional guarantee for rural revitali zation, and the basic resources of old revolutionary base areas themselves have provided favorable development conditions for rural revitalization. The challenges of rural revitalization in old revolutionary base areas lie in the great resistance to agricultural modernization, the vitality of characteristic industries has not been fully stimulated, the infrastructure constrution needs to be improved, and the great pressure to prevent them from returning to poverty. In combination with the beneficial experience model of rural revitali zation in old revolutionary base areas, we should further strengthen the guidance of Party building to promote rural revitalization, develop characteristic industries in accordance with local conditions, take multiple measures to cultivate talents for rural revitalization, and take comprehensive measures to promote the revitalization and development of old revolutionary base areas.

Keywords: Old Revolutionary Base Areas; Rural Revitalization; Agriculture, Rural Areas and Farmers

B.3   Research on Infrastructure Construction and its Enabling Effect in Old Revolutionary Base Areas

Liu Shanqing, Qi Juan, Wang Yanqiao,
Long Yinxiang and Huang Yufa / 059

Abstract: Infrastructure plays a fundamental, guiding and strategic role in overall economic and social development. This topic selects five old revolutionary base areas as the research object and analyzes the construction of transportation, energy, water conservancy and information infrastructure in the old revolutionary base areas since the 18th CPC National Congress. The panel data of Ganzhou city from 2012 to 2019 were further selected as samples, and the enabling effect of infrastructure construction in the old revolutionary base area on the economic growth of Ganzhou city was empirically tested by using STATA software. The results show that infrastructure construction can enable economic growth to a certain extent, and information infrastructure and transportation infrastructure have a significant effect on the level of economic growth in Ganzhou, while energy infrastructure is not significant enough. On this basis, policy suggestions are put forward: in the future, we should constantly improve policies and measures, pay more attention to infrastructure construction in the old revolutionary base areas, focus on improving the utilization efficiency of infrastructure, and constantly speed up the pace of high-quality development in the old revolutionary base areas.

Keywords: Empowerment Effect; Infrastructure Construction; Old Revolutionary Base Areas

B.4   The Challenges and Optimization Ideas of Characteristic Industry

  Development in Old Revolutionary Base Areas

  Yang Xin, Chen Chongli, Wan Yushuang and Huang Shijiao / 087

Abstract：Due to the unique historical and geographical background, the old revolutionary base area has a special and important position in the history of the Party and the country. Based on the resource endowment and comparative advantages of the old revolutionary base areas, cultivating and expanding characteristic industries is an important foundation for the revitalization and development of the old revolutionary base areas. Nowadays, depending on characteristic industries, the old revolutionary base areas have found a way which conforms with "coordinated development of primary, secondary and tertiary industries" and a way which helps people in the old base areas become rich. But at the same time, there are also many deficiencies, including two challenges：the development of characteristic industrial resources needs to be optimized, and the forging of characteristic industrial chain needs to be improved. Therefore, it is necessary to follow the "Industry-based, characteristics-featured" principle to build the social network development strategy of characteristic industries according to local conditions and the network development strategy of characteristic industries according to the Internet of Things. As a result, we can do a good job in the "revitalization of characteristic industries in the old revolutionary base area".

Keywords：Old Revolutionary Base Areas; Characteristic Industries; Endowment of Resources

B.5   Analysis of Innovation Efficiency and Its Influencing Factors

  in Old Revolutionary Base Areas   *Wang Junshu / 109*

Abstract：During the 13th Five Year Plan period, under the strong leadership of the Central Committee of the Communist Party of China (CPC) and the state, the revitalization and development of the old revolutionary base areas made remarkable achievements. Entering a new stage of development, innovation-driven development of old revolutionary base areas is critical for its revitalization of high-quality development. The innovation efficiency of national high-tech zones in old revolutionary base areas including Ganzhou, Xinyu, Ji'an, Yulin, Changzhi, Sanming, Longyan, Linyi, Chenzhou and Suizhou from 2016 to 2020 was analyzed using the data envelopment analysis (DEA). Based on the analysis of output oriented BCC model, it is shown that the average technical efficiency of 10 national high-tech zones in old revolutionary base areas is 0.849, which is in the median efficiency zone, and the innovation efficiency can be improved in the future. The mean values of pure technical efficiency and scale efficiency are 0.857 and 0.986 respectively. The influence of scale factor was stronger than that of technological progress factor. Based on Malmquist index model, it is shown that the total factor productivity of Longyan, Suizhou and Chenzhou national high tech zones was improved. The technique change index and technique efficiency change index of Longyan and Suizhou national high tech zones was improved (double-high type); the technique efficiency change index of Chenzhou, Ji'an, Changzhi, Sanming and Yulin national high tech zones was improved, but the technique change index was relatively decreased (high and low type); the technique change index and technique efficiency change index of Xinyu, Linyi and Ganzhou national high tech zones was decreased (double-low type). To promote the innovation and development of old revolutionary base areas, it is recommended to strengthen the top-level design of innovation and development, improve the driving force of innovation driven development and deepen collaborative innovation, opening-up and cooperation.

Keywords: Old Revolutionary Base Areas; Innovation-driven Development; Innovation-efficiency Analysis; Data Envelopment Analysis

B . 6   The Challenges and Optimization Ideas of Equalization of Basic
Public Services in Old Revolutionary Base Areas

Zhou Qi , Huang Xiaohong and Yang Liping ╱ 142

Abstract: General Secretary Xi Jinping has pointed out many times that it is a historical responsibility never to be forgotten to let the people in the old base area live a happier and better life, to speed up the development of the old base area and to make the people in the old base area share the fruits of reform and development. In recent years, the state has given great support to the development of old revolutionary base areas, and remarkable achievements have been made in education, medical care, sports, culture and social security. However, due to natural conditions, location factors and other objective conditions, there is a gap between the old revolutionary base areas and coastal and other developed areas in the equalization of basic public services, and the level of basic public services needs to be improved. Promoting the equalization of basic public services is a historical, economic, social and political proposition, and an important goal to promote the high-quality development of old revolutionary base areas. It plays an important role in the common prosperity of old revolutionary base areas.

Keywords: Old Revolutionary Base Areas; Basic Public Services; Equalization

B . 7   Thinking and Understanding of the Integration of Red Culture
and Tourism in Old Revolutionary Base Areas

Gu Yuxin , Jiang Ling ╱ 169

Abstract: The integration of red culture and tourism in the old revolutionary base areas is a major issue to promote the revitalization and development of the old revolutionary base areas in the new era. In order to find the breakthrough and path of the integrated development of culture and tourism, Ganzhou city has made practical exploration for many years and achieved fruitful results. This paper comprehensively analyzes the present situation of red culture and tourism integration and the main problems, and puts forward four countermeasures for the integration of red culture and tourism in the new era: the first is to strengthen red culture and tourism integration culture support; the second is to construct red culture and tourism integration development industry system; the fourth is to construct the red culture and tourism integration development innovation system.

Keywords: Old Revolutionary Base Areas; Red Culture; The Integration of Culture and Tourism

B.8   Study on the dynamic transformation of ecological civilization
construction and high-quality development Old Revolutionary
Base Areas

Wang Zhonghua, Wang Kai, Li Na and Wang Shaolong / 191

Abstract: In the first year of the "14th Five-Year Plan", an important strategic measure to build a beautiful and healthy China is to vigorously promote the construction of ecological civilization. Green has become a bright background color for high-quality development. The construction of ecological civilization in old revolutionary areas is an important part of the construction of ecological civilization. In recent years, the old revolutionary areas of our country in the ecological civilization construction and high quality development of the dynamic transformation of the trial, according to the government, market, technology, talent and other dynamic transformation mechanism analysis, summed up the revolutionary old areas of ecological civilization construction of high quality development of the successful experience, the "14" stage, In the old revolutionary areas, how to practice the concept of high quality development based on ecological first and guided by green development, it is particularly important to successfully construct the policy guarantee of ecological civilization system with five major systems as the main body.

Keywords: Old Revolutionary Base Areas; Ecological Civilization Construction; High Quality Development; Power Switching

III Topical Reports

B.9 Research on Revitalization and Development of Former Central Soviet Areas such as Southern Jiangxi

Wei Risheng, Ye Hong / 226

Abstract: As the most representative old revolutionary base areas, the revitalization and development of Gannan and Other Former Central Soviet Areas has become the top priority of building a modern socialist power. Since the 18th CPC National Congress, Gannan has made great achievements and made a solid foundation for the revitalization of the former CPC Central Committee and the new stage of national development. However, due to the problems of late start, weak foundation and many historical debts, there is still a certain gap between its economic and social development indicators and the national and provincial average level. In the new journey of building a modern socialist power, we should improve the policy assistance system, promote regional coordinated development, cultivate new drivers of revitalization, and comprehensively open a new situation for the revitalization and development of the Former Central Soviet Areas such as southern Jiangxi in the new era.

Keywords: Gannan and Other Former Central Soviet Areas; New Development Stage; The Revitalization of Development

B. 10   Study on Revitalization and Development of Shaanxi－Gansu－
Ningxia Old Revolutionary Base Area

Shen Xiazhu, He Congxian / 250

Abstract: Based on the special situation and status of shaanxi-Gansu-Ningxia revolutionary old base areas, promoting the revitalization of the old base areas is not only of great significance to the regional economic and social development, but also has a global significance to the national economic and social development. Through investigation and research, this paper finds that economic basis, cultural basis and ecological basis are the basic conditions that promote the revitalization of the old base areas with regional characteristics. At the same time, industrialization, urbanization, integration and specialization constitute a four-in-one dynamic system of " market-society-region-policy " for the revitalization and development of Shaanxi-Gansu-Ningxia old revolutionary base area. Thanks to the concerted efforts of all parties, the Shaanxi-Gansu-Ningxia old revolutionary base areas have achieved remarkable results in their revitalization, the economic, cultural, social and ecological goals have been basically achieved, laying a solid foundation for the people in the old revolutionary base areas to further advance toward the goal of common prosperity. In the new historical conditions, should adhere to solve current problems combined with long-term development, combining the rich resource exploitation and polity, speed up the economic development and promoting social progress, play to the comparative advantage and promote the combination of regional cooperation, self-reliance and state support, comprehensively deepen reform and expand opening to the outside world, we will continue to consolidate and expand our achievements in revitalizing old base areas with keeping the confidence to draw a blueprint to the end.

Keywords: Shaanxi-Gansu-Ningxia; Old Revolutionary Base Areas; The Revitalization of Development

B.11 Research on Revitalization and Development of Zuoyoujiang

  Old Revolutionary Base Area

Zhou Qi, *Yang Liping and Huang Xiaohong* / 278

Abstract: Old revolutionary base areas has always been of the CPC Central Committee and state council attaches great importance to the revitalization of development, in recent years, with the support of policy, Zuoyoujiang old revolutionary base areas development space layout optimization, to enhance development of overall coordination, get leap type development of economy and society, but it is still faced with transport, industry, such as weak infrastructure, ecological system is fragile, the supply capacity of basic public services is insufficient. It is a major political task to accelerate the revitalization and development of Zuoyoujiang Old Revolutionary Base Area, which has both advantages and faces many difficulties and challenges. It is necessary to continuously strengthen infrastructure construction, expand industries with distinctive features, protect the ecological environment, develop a low-carbon economy, and improve basic public services.

Keywords: Zuoyoujiang; Old Revolutionary Base Areas; The Revitalization of Development

B.12 Research on Revitalization and Development of Dabie

  Mountain Old Revolutionary Base Area

Wang Yuxin, *An Xinya* / 305

Abstract: Since the implementation of the "Revitalization and Development Plan for the Old Revolutionary Base Areas of Dabie Mountain", the central urban areas of Huanggang, Xinyang and Lu'an have taken the lead, and the construction of the core growth pole has achieved remarkable results, which has led to significant progress in the economic and social development of the Old

Revolutionary Base Areas of Dabie Mountain. Opportunities and challenges coexist in the revitalization and development of the Old Revolutionary Base Areas of Dabie Mountain during the "14th Five-Year Plan" period. Opportunities are outweigh challenges. It is important to consolidate and expand the achievements of poverty alleviation, promote the development of the real economy, complement the shortcomings of public services, promote green transformation and development, and vigorously promote the spirit of Dabie Mountain.

Keywords: Dabie Mountain; Old Revolutionary Base Areas; The Revitalization of Development

B.13 Study on Revitalization and Development of Sichuan—Shaanxi Old Revolutionary Base Area

Wang Zhonghua, Jiang Yinglin and Liu Ye / 325

Abstract: Sichuan-Shaanxi Old Revolutionary Base Area is the revolutionary base area led by the Communist Party of China. It is the second largest Soviet Area during the Agrarian Revolutionary War. It has made important contributions and great sacrifices to the victory of the Chinese revolution. However, affected by historical, natural and geographical factors, the old revolutionary base areas in Sichuan-Shaanxi are still underdeveloped areas, facing many difficulties, such as imperfect infrastructure network, unbalanced development of public services, weak comprehensive industrial strength and so on. In the new era, further promote the revitalization and development of old revolutionary base areas is not only an important political task, but also the internal requirement of promoting the high-quality development of regional economy, but also the inevitable requirement of realizing common prosperity.

Keywords: Sichuan-Shaanxi; Old Revolutionary Base Areas; The Revitalization of Development

社会科学文献出版社

皮 书

智库成果出版与传播平台

❖ 皮书定义 ❖

皮书是对中国与世界发展状况和热点问题进行年度监测，以专业的角度、专家的视野和实证研究方法，针对某一领域或区域现状与发展态势展开分析和预测，具备前沿性、原创性、实证性、连续性、时效性等特点的公开出版物，由一系列权威研究报告组成。

❖ 皮书作者 ❖

皮书系列报告作者以国内外一流研究机构、知名高校等重点智库的研究人员为主，多为相关领域一流专家学者，他们的观点代表了当下学界对中国与世界的现实和未来最高水平的解读与分析。截至 2021 年底，皮书研创机构逾千家，报告作者累计超过 10 万人。

❖ 皮书荣誉 ❖

皮书作为中国社会科学院基础理论研究与应用对策研究融合发展的代表性成果，不仅是哲学社会科学工作者服务中国特色社会主义现代化建设的重要成果，更是助力中国特色新型智库建设、构建中国特色哲学社会科学"三大体系"的重要平台。皮书系列先后被列入"十二五""十三五""十四五"时期国家重点出版物出版专项规划项目；2013~2022 年，重点皮书列入中国社会科学院国家哲学社会科学创新工程项目。

皮书网

（网址：www.pishu.cn）

发布皮书研创资讯，传播皮书精彩内容
引领皮书出版潮流，打造皮书服务平台

栏目设置

◆ **关于皮书**
何谓皮书、皮书分类、皮书大事记、
皮书荣誉、皮书出版第一人、皮书编辑部

◆ **最新资讯**
通知公告、新闻动态、媒体聚焦、
网站专题、视频直播、下载专区

◆ **皮书研创**
皮书规范、皮书选题、皮书出版、
皮书研究、研创团队

◆ **皮书评奖评价**
指标体系、皮书评价、皮书评奖

◆ **皮书研究院理事会**
理事会章程、理事单位、个人理事、高级
研究员、理事会秘书处、入会指南

所获荣誉

◆ 2008 年、2011 年、2014 年，皮书网均
在全国新闻出版业网站荣誉评选中获得
"最具商业价值网站"称号；
◆ 2012 年，获得"出版业网站百强"称号。

网库合一

2014年，皮书网与皮书数据库端口合
一，实现资源共享，搭建智库成果融合创
新平台。

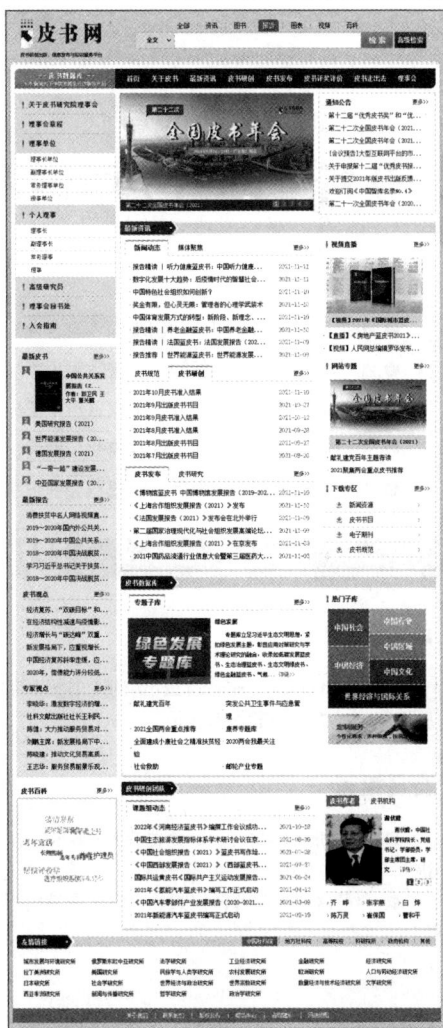

皮书网

"皮书说"
微信公众号

皮书微博

S 基本子库
SUB DATABASE

中国社会发展数据库（下设 12 个专题子库）

紧扣人口、政治、外交、法律、教育、医疗卫生、资源环境等 12 个社会发展领域的前沿和热点，全面整合专业著作、智库报告、学术资讯、调研数据等类型资源，帮助用户追踪中国社会发展动态、研究社会发展战略与政策、了解社会热点问题、分析社会发展趋势。

中国经济发展数据库（下设 12 专题子库）

内容涵盖宏观经济、产业经济、工业经济、农业经济、财政金融、房地产经济、城市经济、商业贸易等 12 个重点经济领域，为把握经济运行态势、洞察经济发展规律、研判经济发展趋势、进行经济调控决策提供参考和依据。

中国行业发展数据库（下设 17 个专题子库）

以中国国民经济行业分类为依据，覆盖金融业、旅游业、交通运输业、能源矿产业、制造业等 100 多个行业，跟踪分析国民经济相关行业市场运行状况和政策导向，汇集行业发展前沿资讯，为投资、从业及各种经济决策提供理论支撑和实践指导。

中国区域发展数据库（下设 4 个专题子库）

对中国特定区域内的经济、社会、文化等领域现状与发展情况进行深度分析和预测，涉及省级行政区、城市群、城市、农村等不同维度，研究层级至县及县以下行政区，为学者研究地方经济社会宏观态势、经验模式、发展案例提供支撑，为地方政府决策提供参考。

中国文化传媒数据库（下设 18 个专题子库）

内容覆盖文化产业、新闻传播、电影娱乐、文学艺术、群众文化、图书情报等 18 个重点研究领域，聚焦文化传媒领域发展前沿、热点话题、行业实践，服务用户的教学科研、文化投资、企业规划等需要。

世界经济与国际关系数据库（下设 6 个专题子库）

整合世界经济、国际政治、世界文化与科技、全球性问题、国际组织与国际法、区域研究 6 大领域研究成果，对世界经济形势、国际形势进行连续性深度分析，对年度热点问题进行专题解读，为研判全球发展趋势提供事实和数据支持。

法律声明

"皮书系列"（含蓝皮书、绿皮书、黄皮书）之品牌由社会科学文献出版社最早使用并持续至今，现已被中国图书行业所熟知。"皮书系列"的相关商标已在国家商标管理部门商标局注册，包括但不限于 LOGO（▨）、皮书、Pishu、经济蓝皮书、社会蓝皮书等。"皮书系列"图书的注册商标专用权及封面设计、版式设计的著作权均为社会科学文献出版社所有。未经社会科学文献出版社书面授权许可，任何使用与"皮书系列"图书注册商标、封面设计、版式设计相同或者近似的文字、图形或其组合的行为均系侵权行为。

经作者授权，本书的专有出版权及信息网络传播权等为社会科学文献出版社享有。未经社会科学文献出版社书面授权许可，任何就本书内容的复制、发行或以数字形式进行网络传播的行为均系侵权行为。

社会科学文献出版社将通过法律途径追究上述侵权行为的法律责任，维护自身合法权益。

欢迎社会各界人士对侵犯社会科学文献出版社上述权利的侵权行为进行举报。电话：010-59367121，电子邮箱：fawubu@ssap.cn。

社会科学文献出版社